ENCADREMENT CONSTITUTIONNEL DU POUVOIR

Étude comparée des droits béninois et congolais (RDC)

Notes de cours

Collection dirigée par : Benjamin Mulamba Mbuyi

L'objet de la collection est de susciter les publications dont la vocation est double : d'une part offrir aux professeurs d'universités l'opportunité de publier leurs notes de cours, utilisées tout au long de leur carrière, et d'autre part offrir aux étudiants et chercheurs les outils de travail dont ils ont grandement besoin.

La collection s'adresse principalement aux étudiants et se propose d'envisager toutes les questions qui touchent tous les aspects de droit, de science politique et de relations internationales qui font l'objet d'un enseignement universitaire autonome.

Nous privilégierons la publication de manuels de grande qualité scientifique qui seront mis à la disposition des étudiants, régulièrement révisés comme des outils pédagogiques et utilisés dans un grand nombre d'institutions universitaires à travers le monde.

Corneille YAMBU-A-NGOYI

ENCADREMENT CONSTITUTIONNEL DU POUVOIR

Étude comparée des droits béninois et congolais (RDC)

Préface du Pr Jean-Louis ESAMBO KANGASHE

Postface du Pr Benjamin MULAMBA MBUYI

L'Harmattan

Rue de l'École-Polytechnique – Paris
www.editions-harmattan.fr

ISBN : 978-2-336-50770-5
EAN : 9782336507705
Dépôt légal : janvier 2026

À la mémoire de Myriam Ekanga Hunyumbe, d'Olivier Mposhi Samba Mushinga, d'Agnès Mbwese Fuamba et de Célestin Kasongo Muidingie Maluilo.

À mes parents, Constantin Ngoyi Samba et Constantine Kitengie Ngongo, et à ma grande famille Lusanga-na-Mwese Mukoko.

À Josué Yambu-a-Yambu, Ruth Kitengie-a-Yambu et Fidel Kabasele Lumu, Nathaniel Kabasele Lumu, Caleb Ngoyi-a-Yambu, Sandrine, et Hannah Myriam ; Neville Yambu, Esther Ngiele-a- Yambu, Lys Mulembwe –a-Yambu, Espérance Mawenga-a- Yambu, Marthe Kitoto Hunyumbe et Dieu-Merci Sekie.

AVANT- PROPOS.

Ce livre est un aperçu de la thèse de doctorat en droit public, soutenue, le 20 septembre 2024 à la Faculté de Droit de l'Université de Kinshasa, à Kinshasa devant le Jury composé du Doyen, professeur Jean-Louis Esambo Kangashe (Promoteur), et de professeurs, Léon Odimula Lofunguso (Co promoteur), Jacques Djoli Eseng'Ekeli (Président), Benjamin Mulamba Mbuyi (Secrétaire), Jean –pierre Lotoy Ilango-Banga (membre), et Richard Lukunda Vakala-Mfumu (membre).

L'auteur s'est vu décerné le grade de docteur en droit avec la mention : « la plus grande distinction ».

Après la disparition du professeur Victor Djelo Epenge Osako, et du professeur Edouard Mpongo Bokako Bautolinga, d'heureuse mémoire, qui allumèrent en moi l'étincelle pour le droit constitutionnel, leurs disciples ont veillé à ce que le flambeau s'élève toujours plus haut. Ainsi, les professeurs Jacques Djoli Eseng'Ekeli et Jean Louis Esambo m'ont encouragé, à l'occasion de nos rencontres lors de Conférences internationales, à achever mes recherches. Avec un réel plaisir, je leur en sais gré, et je remercie vivement les éminents enseignants ci-haut cités.

Mes remerciements s'adressent également au professeur Dieudonné Kaluba Dibwa, Chef de Département de droit public interne à la Faculté de Droit de l'Université de Kinshasa, et au professeur Willy Makiashi pour leurs observations sans complaisance ; au professeur Sêgnon Gilles Auguste Badet, enseignant à la Faculté de droit et de science politique de l'Université d'Abomey-Calavi au Bénin, et ancien Secrétaire général de la Cour constitutionnelle du Bénin, pour ses pertinentes orientations.

Comment oublier ceux et celles dont l'affection fut un oasis aux heures où l'ardeur de la vie sèche l'encre et la plume, et où l'étude épuise l'être ! Aussi, je salue la sollicitude de mes tantes Thérèse Kitoto Mwana Ngoyi, Marie Ebondo Ngoyi, Béatrice Batemé Kakienge, Bernadette Mianda, Astride Kaboko, et l'amitié « fraternelle » de Paul Matiaba Ngoma, Nodier Patrick, et Arthur Kapenga Ngoy Yanguba.

Que Monsieur Xavier Pryen, Monsieur Bachir Coly, Madame Sophie Geneau de l'Harmattan, et l'équipe de la Collection *Note de Cours*, autour du Doyen Benjamin Mulamba Mbuyi, trouvent ici, l'expression méritée de ma reconnaissance pour leur remarquable contribution à la publication de cet ouvrage.

PRÉFACE

Dans un État organisé, droit et pouvoir entretiennent des rapports de rattachement et, parfois, de distanciation, tant le second a, par moments, vocation de s'affranchir du premier qui lui sert, par ailleurs, de support indispensable. Il est, dès lors, concevable de créer les conditions favorables à une cohabitation harmonieuse entre les deux.

L'exercice a été réussi par Corneille Yambu-a-Ngoyi, dont l'ouvrage constitue l'un des tout premiers consacrés à la Constitution de la République démocratique du Congo du 18 février 2006. Il ne s'agit pas à proprement parler d'un manuel classique de droit constitutionnel, dans lequel l'auteur entend, dans une optique didactique et critique, se livrer à un commentaire de ce texte qui marque, à n'en pas douter, une étape importante de l'histoire constitutionnelle de ce pays.

L'interaction entre droit et pouvoir demeure une préoccupation permanente, tant l'exercice du second est souvent mu par de passions et antagonismes de tout bord. Encadrer le pouvoir, c'est justement lui imposer des limites, pour mieux orienter ses actions. Delà est né le constitutionalisme, comme idéologie ou philosophie dont l'objectif vise à assurer le contrôle constitutionnel du pouvoir et la protection de droits fondamentaux du citoyen.

Dans un régime démocratique, on s'accorde à reconnaitre le rôle capital de la Constitution dans la surveillance du pouvoir politique.

Au-delà de la controverse qu'alimente le concept même de Constitution, quant à son utilité en Afrique, Corneille Yambu-a-Ngoyi, garde un rayon d'optimisme sur le caractère indispensable du texte fondamental comme source et limite du pouvoir. Certes, l'idée n'est pas nouvelle, mais appliquée en Afrique, on découvre le besoin que la pérennité d'un État de droit constitutionnel et démocratique impose à tous de s'imprégner de la juste valeur de la Constitution. C'est le fil d'Ariane de l'auteur.

Après la brillante thèse présentée et soutenue, le 20 septembre 2024, à l'Université de Kinshasa, devant un jury costaud, l'auteur réalise de publier cet ouvrage qui y fait suite. Il démontre, avec justesse, que l'encadrement constitutionnel du pouvoir passe nécessairement par la reconnaissance de la suprématie de la Loi fondamentale et de son appropriation par les gouvernants et gouvernés. Or, affirme-t-il, la politique ne se laisse pas toujours apprivoisé. Pour l'auteur, la *juridicisation* et la *judiciarisation* du politique ne vont pas de soi.

À l'instar d'une locomotive, il situe le pouvoir de l'État sur deux rails : la règle et le juge. Si l'une suggère d'explorer les mécanismes normatifs de son encadrement, l'autre recommande l'exploitation dans un cadre juridictionnel.

Il s'en suit une clarté dans la structure de l'ouvrage rédigé en deux parties, précédées d'une introduction où la netteté de forme conjugue avec le défrichage des concepts de base qui tissent la problématique essentielle de l'étude : la cohabitation sans étincelle entre la Constitution et du pouvoir. L'étude dévoile, en même temps, la difficulté de leur ambivalence.

D'une part, le pouvoir politique a pour finalité le bien de la collectivité, sa sécurité et sa liberté, en même temps qu'il est allergique aux limites. De là, surgit une autre interrogation, celle de savoir comment les détenteurs du pouvoir s'investissent-ils dans la protection et le respect de la Constitution qui leur dresse de barrières ?

D'autre part, la Constitution censée limiter le pouvoir sert en même temps à le renforcer grâce à la légitimité qu'elle lui procure. Partant de ces préoccupations, l'auteur affirme qu'un équilibre est toujours possible entre la tendance à l'extension infinie du pouvoir et l'aspiration inassouvie du peuple à la liberté et la contestation. Il est nécessaire à la survie de l'Institution étatique. Dans cette quête permanente, la Constitution s'avère un outil incontournable sous l'arbitrage du juge constitutionnel.

Pour se convaincre, l'auteur oriente sa réflexion sur deux zones d'observation : la République du Bénin et la République démocratique du Congo, tout en s'inspirant de la doctrine comparée nourrie du constitutionnalisme classique.

Sans se laisser enfermer dans une approche essentiellement juridique et positiviste, il rallume la flamme sur un débat que l'on croyait dépassé, notamment sur le mimétisme constitutionnel, l'écartèlement des tendances traditionnelles et constitutionnalistes modernes, l'assimilation ou le rejet de l'habillage constitutionnel importé, etc.

Dans une première étape, l'étude scrute le cadre juridique fondamental du pouvoir au Bénin et en République démocratique du Congo. Méthodiquement, l'ouvrage trace une trajectoire constitutionnelle et institutionnelle en dent de scies caractérisée, par moments, par une aube démocratique illuminée par les Constitutions -reflets du droit colonial, une éclipse démocratique, sous les nuages de Constitutions autocratiques, et par la réapparition des lueurs démocratiques émises, respectivement, par la Constitution béninoise du 11 décembre 1990, et celle congolaise du 18 février 2006. L'auteur y relève et démontre aisément, les points de rupture avec le constitutionnalisme creux sous les textes antérieurs.

Corneille Yambu-a-Ngoyi, recherche avec doigté la cause de la banalisation de la Constitution sous les régimes autoritaires béninois et congolais de l'époque pour y découvrir les raisons de la mise en jachère de la justice constitutionnelle et le déficit de la culture constitutionnelle.

Ce diagnostic le conduit à examiner le rôle d'une justice constitutionnelle chargée, non seulement de sanctionner la violation de la Constitution, mais aussi d'assurer, de manière explicite ou implicite, le fonctionnement régulier des institutions. On observe là un pont logique avec la seconde étape de sa réflexion axée sur le cadre juridictionnel de l'encadrement du pouvoir.

C'est avec bonheur que l'auteur a maintenu le cap sur la Constitution et les juridictions constitutionnelles à l'exclusion du rôle que pourraient jouer les ordres judiciaire et administratif dans l'encadrement du pouvoir. Car éveillées de leur hibernation forcée, les juridictions constitutionnelles sont encore capables de consolider l'assise de la Constitution et des pouvoirs constitués.

Parmi les mérites manifestes de cette œuvre, figure la part belle faite à la justice constitutionnelle dans la métamorphose du pouvoir politique et de l'État, occasionnant une mutation progressive d'une conception patrimoniale vers une perception institutionnelle. Bien que leurs compétences varient selon les données locales, leur impact sur le respect de la Constitution et le comportement politique est une constance commune.

L'expérience béninoise à l'issue de la Conférence nationale, sur la trace de l'expérience sud-africaine postapartheid a été largement saluée. Elle a contribué à changer de regard sur le constitutionnalisme en Afrique.

Dans un exercice comparatif méthodique, l'analyse met en relief les points de similitude et les spécificités de systèmes juridiques et institutionnels étudiés. Est ainsi abordée, la compétence régulatrice de la vie politique par le juge constitutionnel béninois et congolais.

L'évaluation de l'écart entre la norme constitutionnelle et la pratique du pouvoir met à jour les éléments handicapants, et les facteurs prometteurs à préserver.

De cette réflexion, il ressort l'idée maîtresse qu'en dépit de distorsions entre le fait politique et la Constitution, celle-ci demeure l'instrument par excellence pour gérer les crises attachées à l'exercice du pouvoir.

Une jurisprudence bien sélectionnée confirme les thèses de l'auteur qui, en plus, démontre que la conjugaison du droit constitutionnel normatif positif et l'action constitutionnelle du juge élargit l'objet du droit constitutionnel classique, et qu'au-delà du contrôle infra normatif de constitutionnalité, l'action ultra normative du juge constitutionnel confère un aspect pénal affirmé au droit constitutionnel, qui consolide le caractère juridique de la Constitution. La discipline et la sanction qu'elle impose aux acteurs politiques rend le droit constitutionnel moins allégorique.

Conscient du caractère dynamique du pouvoir politique et de la Constitution, tributaires du temps, Corneille Yambu-a-Ngoyi ne se laisse pas subjuguer par les gains engrangés par le constituant. Il pose un diagnostic axiologique, qui rend l'œuvre utile à l'amélioration du système et invite le juge constitutionnel à une autocritique constante. Pour ne pas céder aux tentations pernicieuses de son propre pouvoir, dans l'architecture de l'État moderne, le juge ne doit pas troquer sa robe de magistrat au label d'opposant ou de partisan et ignorer la source première de sa compétence: la Constitution.

Sur la base des fondements théoriques confrontés à l'observation de faits, l'ouvrage a imaginé, dans un effort satisfaisant, des meilleures formules capables de permettre à la Constitution, au Président de la République, au juge constitutionnel et au peuple souverain d'atteindre l'objectif primordial : consolider et pérenniser l'État-institution démocratique. C'est là qu'apparait l'originalité et la valeur ajoutée de cet ouvrage que je m'empresse de recommander aux gouvernants, gouvernés, praticiens du droit, penseurs et chercheurs libres.

Jean-Louis ESAMBO KANGASHE

Professeur ordinaire et Doyen de la Faculté de Droit de l'Université de Kinshasa.

SOMMAIRE

LISTE DES SIGLES ET ABRÉVIATIONS UTILISÉS.

ABJC	: Annuaire béninois de justice constitutionnelle.
ACCPUF	: Association des Cours constitutionnelles ayant en partage l'usage du Français.
ACL-PT	: Assemblée constituante et législative-Parlement de transition.
ADP	: Alliance pour la Démocratie et le Progrès
AFDL	: Alliance des forces démocratiques pour la libération du Congo.
Al.	: Alinéa.
Alii	: Autres.
ANC	: Armée nationale congolaise.
ANR	: Assemblée nationale révolutionnaire.
Art.	: Article.
BL	: Bureau de liaison.
CCDB	: Comité Culturel pour la Démocratie au Bénin.
CEI	: Commission électorale indépendante.
CENA	: Commission électorale nationale autonome.
CENI	: Commission électorale nationale indépendante.
CNFV	: Conférence Nationale des Forces Vives.
CNR	: Conseil National de la Révolution.
CNS	: Conférence Nationale Souveraine.
CPC	: Cour populaire centrale
CPP	: Comités des pouvoirs populaires.
CSJ	: Cour suprême de justice.
CSN	: Comité de Salut National.
DIC	: Dialogue inter congolais.
EUA	: Editions universitaires africaines.
FMI	: Fonds monétaire international.
FONUS	: Forces novatrices pour l'unité et la solidarité.
HCJ	: Haute Cour de justice.
HCR	: Haut Conseil de la République.
Idem	: Ouvrage déjà cité.
JO	: Journal Officiel.
LGDJ	: Librairie générale de droit et de jurisprudence.
MLC	: Mouvement de libération du Congo
MPR	: Mouvement Populaire de la Révolution.

ONU :	Organisation des Nations Unies.
PALU	: Parti Lumumbiste Unifié.
PCB	: Parti Communiste du Bénin.
PCD	: Parti Communiste du Dahomey
PDU	: Parti Dahoméen de l'Unité.
PRPB	: Parti de la révolution populaire du Bénin.
QPC	: Question prioritaire de constitutionnalité.
R.Const	: Rôle constitutionnel.
R.P	: Rôle pénal.
RCA	: Rôle des conflits d'attribution.
RCD	: Rassemblement Congolais pour la Démocratie.
RCE	: Rôle du contentieux électoral.
RCR	: Rôle du contentieux référendaire.
RDC	: République Démocratique du Congo.
RDPF	: Registre de déclaration du patrimoine familial.
RFDC	: Revue française de droit constitutionnel.
RPS	: Registre des prestations de serment.
UDPS	: Union pour la Démocratie pour le Progrès Social.
UGEED	: Union générale des étudiants et élèves Dahoméens.
UNDP	: Union Nationale pour la Démocratie et le Progrès.

INTRODUCTION GÉNÉRALE.

La présente étude porte sur l'encadrement constitutionnel du pouvoir en Afrique noire francophone, avec pour point de mire la République du Bénin, et la République démocratique du Congo. Les deux pays partagent une singularité caractérisée par une valse des gouvernements et des Constitutions faisant dire à Nicaise Médé, pour le Bénin, que *la nation semble atteinte d'un syndrome de constitutionnite aiguë.*[1] Et, à propos de l'œuvre constitutionnelle dans ex- Zaïre, Lumanu Mulenda n'eut pas tort de stigmatiser une dynamique de *construction-destruction d'un ordre politique.*[2] Ces constats confirment l'appréhension selon laquelle, en Afrique postcoloniale, la Constitution n'ait pas été perçue à sa juste valeur, en tant qu'un élément constitutif de l'État, mieux son acte fondateur tel que l'expriment Evariste Boshab[3] et Willy Makiashi.[4] Par ailleurs, comme le relève à bon propos, Benjamin Mulamba Mbuyi, *tout droit est le produit de la société*[5]. De ce fait la Constitution source de l'ordonnancement juridique doit être le reflet sociétal dans sa mission d'encadrement du pouvoir. Or le cadre juridique africain lutte encore pour se libérer des empreintes coloniales[6], et l'effectivité étatique sème le doute comme pour confirmer les présomptions de Jacques Djoli qui pose un sous-titre dubitatif : « *[...] le Congo un territoire à la recherche d'un État* ».[7]

Encadrer le pouvoir, induit à l'insérer dans un cadre. Parlant de l'encadrement constitutionnel, ce cadre ne doit être que la Constitution impliquant sa suprématie matérielle et formelle[8]dans un État de droit constitutionnel et démocratique.[9] Au-delà de cette simplicité apparente, les termes cachent une réelle difficulté sémantique. C'est pourquoi, il est indiqué de transcender les acceptions familières pour saisir le contenu scientifique des expressions usitées.

---

[1]MEDE, N., *Bénin : Constitutions et documents politiques*, Dakar, L' Harmattan, 2020, p.10.
[2]LUMANU MULENDA BWANA SEFU, A., « les révisions constitutionnelles au Zaïre : étude d'une dynamique de construction –destruction d'un ordre politique », *Genève Afrique*, vol. 27, 1989, pp 39-58.
[3] BOSHAB MABUDJ, E., Préface à l'ouvrage de MAKIASHI, W., W., *Refonder l'État en Afrique, en République démocratique du Congo*, Louvain-La-Neuve, 2018, p.7
[4] MAKIASHI, W., *Refonder l'État en Afrique, en République démocratique du Congo*, Louvain-La-Neuve, 2018, p.15.
[5] MULAMBA MBUYI, B., *Droit international public. Les Sources,* Paris, L'Harmattan, 2012, p.19.
[6] LUKUNDA VAKALA-MFUMU, R, *Le développement intégré de l'Afrique par les bassins fluviaux. Cas des bassins du Congo et du Nil,* Paris, L'Harmattan, 2016, p.25.
[7] DJOLI ES'ENGEKELI, J., *Le constitutionnalisme africain entre la gestion des héritages et l'invention du futur : contribution à l'émergence d'une théorie africaine de l'État*, Paris, Connaissances et savoirs, 2006, p.p.4-10.
[8]Sur ces nuances, lire utilement, KALUBA DIBWA, D., *Du contentieux constitutionnel en République Démocratique du Congo. Contribution à l'étude des fondements et des modalités d'exercice de la justice constitutionnelle, Berne, EUE, 2011, pp.53 – 54.*
[9] Pour une étude actuelle et approfondie de ces notions auxquelles nous reviendrons, Voir, ODIMULA LOFUNGUSO, L., *L'État de droit en droit congolais*, L'Harmattan, Paris, 2021, pp.29-31.

Le pouvoir est un phénomène naturel[10]. C'est une donnée immédiate de la conscience humaine. Il traduit un phénomène d'autorité que l'on retrouve dans toutes les communautés humaines.[11]

Longtemps, les sociétés humaines ont évolué sous une tendance absolutiste du pouvoir où la fonction de faire les normes, celle de les appliquer et celle de régler les litiges sur la base de normes sont confiées à un même organe ; ce qui conduit à l'autoritarisme, et à la négation des droits individuels comme l'a si bien relevé Sêgnon Gilles Badet.[12]

Notre réflexion s'intéresse exclusivement au pouvoir politique, c'est-à-dire, celui exercé au sein d'une entité politique, en l'occurrence, l'État. *C'est à bon escient que Jean Pierre* Lotoyi Ilango Banga *rappelle l'attractivité de ce phénomène social qui ne laisse personne indifférente qui s'occupe de tout et s'intéresse à tout.*[13] À cet égard, la politique imprime de sa valence au pouvoir d'État.

Encore faudra-t-il préciser de quel type d'État s'agit-il, pour trouver une compatibilité avec les mécanismes d'encadrement du pouvoir. Tous les États ne s'accommodent pas toujours de l'encadrement constitutionnel du pouvoir.

Sur la base d'une abondante littérature, l'on peut retenir selon la formule de Georges Burdeau, que le pouvoir, *c'est la puissance de commander de telle sorte que l'on soit obéi*[14]. Il ne s'agit ni du droit de commander ni de la possibilité de commander, mais bien du phénomène de l'exécution de l'ordre donné[15]. Sous son essence ontologique, le pouvoir est indifférent à la source de sa légitimité. Aussi, pour éviter des dérives, des excès, et pour qu'il ne s'identifie pas à la personne qui l'exerce, le pouvoir politique est depuis la nuit de temps, l'objet d'un encadrement juridique ou politique.[16] L'encadrement du pouvoir a donc pour but notamment et principalement sa limitation. Il aboutit à son institutionnalisation.[17]

---

[10] ESAMBO KANGASHE, J-L, *La Constitution du 18 février 2006 à l'épreuve du constitutionnalisme. Contraintes pratiques et perspectives*, Louvain-La-Neuve, Academia- Bruylant, 2010, p.163.

[11] PACTET, P. et F. MELIN SOUCRAMAIEN, *Droit constitutionnel*, Paris, Sirey, 20011, p.11.

[12] BADET, S-G., *Contrôle infra normatif et contrôle ultra normatif de constitutionnalité. Contribution à l'identification des sous catégories du modèle kelsénien de justice constitutionnelle à partir des systèmes belge et béninois*, Thèse de doctorat en Droit, Université Catholique de Louvain, Faculté de Droit et de Criminologie, Centre de Recherche sur l'État et la Constitution, Louvain 2011-2012.

[13] LOTOYI ILANGO- BONGO, J.-P., *Apprendre la science politique pour comprendre la politique*, Paris, L'Harmattan, 2018, p. 12.

[14] BURDEAU, G. et *alii, Droit constitutionnel*, 24e éd., Paris, L.G.D.J, 1997, p.99.

[15] *Idem.*

[16] ESAMBO KANGASHE J.-L, *La Constitution du 18 février 2006 à l'épreuve du constitutionnalisme. Contraintes pratiques et perspectives, op.cit.*, p.163 et s.

[17] YAMBU-A-NGOYI C., *L'institutionnalisation du pouvoir et l'émergence de l'État en République démocratique du Congo : 1960-2006,* mémoire de D.E.S, Faculté de Droit, Université de Kinshasa, 2003-2005, pp.10 et s.

Ainsi, l'État moderne auquel s'intéresse notre étude est *le pouvoir institutionnalisé*[18]. Il ne s'agit ni de l'État africain précolonial ni de l'État féodal européen, lesquels se caractérisaient par la confusion du pouvoir avec celui qui l'exerçait en propriétaire. L'État qui nous occupe en ces lignes, est celui dont la Constitution démocratique[19] devient, du moins sur le plan juridique et politique, le pilier central. Sous cet angle, il est indissociable de l'État de droit à l'égard duquel Willy Makiashi invite *tous* à comprendre que c'est l'État de la Constitution.[20] L'auteur estime que *la Constitution doit être dorénavant clairement reconnue comme l'élément constitutif fondamental de l'État, à côté du territoire, de la population, du gouvernement et de la reconnaissance internationale.*[21]

Pour Léon Odimula, limiter le pouvoir en droit signifie déterminer l'étendue du pouvoir par un encadrement des règles juridiques définissant de manière claire la sphère des compétences de chaque autorité et le mode d'exercice de celui-ci[22]. Pour concevoir un encadrement constitutionnel du pouvoir, il faut que la Constitution soit une règle certaine. Jean-Marie Mboko affirme pertinemment que l'État de droit moderne est celui dans lequel la Constitution, charte de l'État, est une règle juridique.[23]

Il est clair que la doctrine converge sur la nécessité impérative d'encadrer le pouvoir. Mais elle est divisée sur les techniques et procédures d'encadrement.

Dimitri Georges Lavroff, Philippe Ardant[24] et Ambroise Kamukunyi[25], s'accordent sur deux facteurs d'encadrement du pouvoir à savoir la limitation du pouvoir par le droit et l'encadrement des citoyens au fondement et à l'exercice du pouvoir.

---

[18] BURDEAU, G., *Traité de science politique*, Paris, T.2., Pichon et Durand Augias, 1967, p.169.

[19] Il est important de préciser que la Constitution s'entend ici, selon sa conception révolutionnaire *à contrario* : *« Toute société dans laquelle la garantie de droits n'est pas assurée, ni la séparation des pouvoirs déterminée, n'a point de Constitution. »*, Art. 16, Déclaration des droits de l'homme et du citoyen du 26 août 1789.

[20] MAKIASHI, W., *Refonder l'État en Afrique, en République Démocratique du Congo*, Louvain-La Neuve, Academia -L'Harmattan, 2018, p.6.

[21] *Idem*, p. 18.

[22] ODIMULA LONFUNGUSO, L., *L'État de droit en droit congolais*, Paris, L'Harmattan, 2021, p.21.

[23]MBOKO NDJ'ANDIMAJ.-M, *État de droit constitutionnel. Encrage et implication de réalisation en République démocratique du Congo*, thèse de doctorat en droit public, Université d Kinshasa, 2010, p.58.

[24] ARDANT, P., *Institutions politiques et droit constitutionnel*, 19ème éd. Paris, L.G.D.J., 2007.

[25] KAMUKUNYI, A., *Contribution à l'étude de la fraude en droit constitutionnel congolais*, Louvain-la-Neuve, Academia, 2011, p. 25 et s.

Le second trait de cette analyse est polémique et discutable pour la simple raison que les citoyens ne peuvent être un facteur d'encadrement du pouvoir si leurs contours ne sont pas définis.[26]

L'encadrement constitutionnel du pouvoir est inextricablement lié aux principes de la démocratie libérale occidentale[27], de l'État de droit, de la protection des libertés publiques et des droits fondamentaux qui sont les marques du constitutionnalisme. Notion complexe et difficile à définir, le constitutionnalisme comme idéal *met l'accent sur le respect de la Constitution, la séparation des pouvoirs et la protection des pouvoirs et la protection juridictionnelle des droits de l'homme.*[28]

La doctrine congolaise révèle plusieurs courants sur le concept, les uns lient le constitutionnalisme au mouvement de production constitutionnelle à l'instar d'Alphonse Ntumba Luaba[29], d'Évariste Boshab[30] et de Jacques Djoli[31], les autres, à la suite d'Auguste Mampuya Kanunka[32], l'identifient à une technique de mise en place des formes constitutionnelles. Toutefois, il faut noter que « constitutionnalisme » et « Constitution » ne sont pas interchangeables, et que toute production constitutionnelle ne produit pas nécessairement du constitutionnalisme.[33]

Du débat sur le constitutionnalisme, l'on peut retenir, qu'il s'agit d'une doctrine philosophique et politique qui voit dans l'utilisation du procédé

---

[26] Sur les niveaux d'acceptation du citoyen comme facteur d'encadrement au fondement et à l'exercice du pouvoir lire utilement, ESAMBO KANGASHE, J-L, *La Constitution du 18 février 2006 à l'épreuve du constitutionnalisme. Contraintes pratiques et perspectives*, *op.cit.*, p. 342.

[27] QUERMONE, J-L., *Les régimes politiques occidentaux*, Paris, Editions du Seuil, 1994, pp. 14-18.

[28] MBATA MANGU BETUKUMESU, A, « perspectives du constitutionnalisme et de la démocratie en République Démocratique du Congo sous l'empire de la Constitution du 18 février 2006 », *in* S. *BULA BULA (dir.) Pour l'épanouissement de la pensée juridique congolaise*, Bruxelles-Kinshasa, Bruylant, p. 157.

[29] NTUMBA LUABA LUMU, A., *Droit constitutionnel général,* Kinshasa, Éditions universitaires africaines, 2005, p. 170 et s.

[30] BOSHAB MABUDJ, E., préface à l'ouvrage de TOENGAHO LOKUNDO, F., *Les Constitutions de la République Démocratique du Congo, De Joseph Kasa-Vubu à Joseph Kabila*, Kinshasa, PUC, 2008, p.5.

[31] DJOLI ESENG'EKELI J, *Le constitutionnalisme africain entre la gestion des héritages et l'invention du Futur,* Paris, Connaissances et Savoir, 2006, p. 17.

[32] MAMPUYA KANUNK' A TSHIABO, A., *Espoirs et déceptions de la quête constitutionnelle congolaises. Clés pour comprendre le processus constitutionnel du Congo,* Kinshasa, AMA, 2005, pp. 8 et s.

[33] MBATA MANGU BETUKUMESU, A, *Vers un nouveau contrat social en République Démocratique du Congo, Une réflexion sur le constitutionnalisme et la démocratie au regard de la Constitution post-transitoire,* Communication à la 11ème Assemblée générale du Conseil pour le développement de la recherche en sciences sociales en Afrique (CODESRIA), Maputo, 6-10 décembre 2005.

constituant, selon sa signification moderne, un moyen indispensable à la lutte contre l'absolutisme.[34]

Ce néologisme d'origine anglo-saxonne est apparu avec la naissance de la Constitution, considérée comme une technique de limitation du pouvoir.[35] C'est pourquoi, on estime que la Constitution est un instrument du constitutionnalisme. L'effectivité du constitutionnalisme repose sur celle de ses valeurs dans une Constitution.

Au sens matériel, la Constitution est un ensemble des règles écrites ou coutumières qui déterminent la forme de l'État (unitaire ou fédéral), la dévolution et l'exercice de pouvoir[36].Au sens formel, c'est un document relatif aux institutions politiques dont l'élaboration et la modification obéissent à une procédure différente de la procédure législative ordinaire. La Constitution rigide est celle qui se conforme à ce formalisme alors que celle souple est révisée selon la procédure législative normale ou ordinaire.

L'importance de la Constitution dans l'État moderne n'est plus à démontrer. Au-delà de définitions juridiques, elle revêt et véhicule d'autres conceptions. Comme symbole, la Constitution fonde l'État, elle consacre la naissance d'un nouveau membre dans le concert des nations[37]. Sur le plan philosophique, se doter d'une Constitution, c'est admettre que le pouvoir n'est pas illimité et que ses détenteurs acceptent de lui fixer des bornes.[38] L'on passe d'un pouvoir de pure force, de fait à un pouvoir de droit, un pouvoir consenti, selon la formule d'Olivier Duhamel[39].

Dans ce contexte, la Constitution apparait comme la traduction juridique d'un ensemble des valeurs et préoccupations ressenties et exprimées par un peuple.[40] De l'État absolutiste, la Constitution assure un doux passage à l'État de droit[41]. De plus en plus l'on constate l'extension de l'objet initial de la Constitution vers la protection des droits individuels et des libertés publiques. Ce qui établit un lien affermi entre le droit constitutionnel et les droits de l'homme d'une part, et entre ceux-ci et le juge investi de leur sauvegarde.[42]

Aussi, convient-on que le constitutionnalisme contemporain rime avec l'encadrement constitutionnel nécessaire à la reconnaissance et à la

---

[34]ESAMBO KANGASHE, J.-L, *La Constitution du 18 février 2006 à l'épreuve du constitutionnalisme. Contraintes pratiques et perspectives*, *op.cit.* p. 20-21.

[35] DE VILLIERS, M., *Dictionnaire de droit constitutionnel,* Paris, 4e éd., A. Colin, 2003, p. 57.

[36] GUILLIEN, R et VINCENT, J. (dir.), *Lexique des termes juridiques*, Paris, Dalloz, 1995, pp.216-225

[37] ESAMBO KANGASHE, J.-L, *La Constitution du 18 février 2006 à l'épreuve du constitutionnalisme. Contraintes pratiques et perspectives*, *op.cit.,* p. 103.

[38]*Idem.*

[39] DUHAMEL, O., *Droit constitutionnel. Les démocraties,* Paris, 3e éd., Seuil, Paris, 2000, p.15.

[40] *Idem.*

[41] ODIMULA LOFUNGUSO, L., *L'État de droit en droit congolais, op.cit.,* pp.29 et s.

[42] Voy.p.ex. ESAMBO KANGASHE, J-L., *Le droit constitutionnel*, Louvain-la-Neuve, Academia, 2013, p.8

protection des droits de l'homme et des libertés publiques.[43] C'est pourquoi, la recherche des mécanismes de sauvegarde de la Constitution est devenue la préoccupation majeure des États modernes et de leurs peuples. La Constitution est un outil de lutte pacifique suffisant contre l'oppression. Non seulement, il faut lui assurer une effectivité et une suprématie permanentes, encore faut-il trouver des voies pour sanctionner sa violation. Cette quête conduit à une solution à deux niveaux : normatif et institutionnel.

Au niveau normatif, la Constitution est sacralisée au rang de texte fondamental, cadre et limite des pouvoirs publics, source de l'ordonnancement juridique, et garante des droits et libertés du citoyen.

Au plan institutionnel et politique, le Chef de l'État est devenu le défenseur assermenté[44] de la Constitution et le Juge constitutionnel, le gardien. En Occident, berceau du constitutionnalisme, l'on opine que ces deux rôles soient assumés avec satisfaction par leurs titulaires, et que la Constitution accomplisse le sien de manière constante. En Afrique noire francophone, en revanche, les faits incitent au doute, au pessimisme ou au scepticisme[45], et parfois à l'euphorie constitutionnaliste[46].

À cette étape de la recherche, ces interrogations imposent la formulation d'une problématique qui débouchera sur des hypothèses de la recherche, à la suite desquelles sera justifié notre choix thématique. La délimitation du champ de l'étude sera suivie de l'indication méthodologique et de l'énoncé du plan.

I. La problématique de l'étude.

Par nature, le pouvoir est réfractaire aux limites. En cela, la pensée de l'auteur de « *De l'Esprit* des lois » demeure encore d'une déroutante actualité : *c'est une expérience éternelle que tout homme qui a du pouvoir est porté à en abuser jusqu'à ce qu'il trouve des limites.*[47]

---

[43]BOSHAB MABUDJ, E., Préface à l'ouvrage d'ESAMBO KANGASHE, J.-L., *La Constitution de la République Démocratique du Congo du 18 février 2006 à l'épreuve du constitutionnalisme. Contraintes pratiques et perspectives, op.cit.*, p.9.

[44] Art. 53 de la Constitution de la République du Bénin du 11 décembre 1990 telle que révisée par la Loi N° 2019-40 du 07 novembre 2019 ; Article 69 et 74 de la Constitution de la République Démocratique du Congo du 18 février 2006 telle que modifiée par la Loi N° 11/002 du 20 janvier 2011.

[45] On songe par exemple, aux observations formulées par Dodzi Korokoro sur les difficultés d'appropriation et la conception du pouvoir politique en Afrique, et sur la difficile acclimatation de l'article 16 de la Déclaration de droits de l'homme et du citoyen en Afrique […]. KOROKORO, D, « l'idée de Constitution en Afrique », in *Afrique contemporaine* 2012/2(n°242) p.117

[46] D'aucuns ont exulté à l'idée que les nouveaux textes constitutionnels ayant essaimé, faisaient théoriquement sortir l'Afrique du « *jurassikpark* des sociétés politiques anachroniques ». Voir à ce propos, SINDJOUN, L. (1995), « Les nouvelles Constitutions africaines et la politique internationale : contribution à une économie internationale des biens-politico-constitutionnels », *Etudes internationales,* vol. XXVI, n° 2, p.329-345.

[47]MONTESQUIEU, C.- L, *De l'Esprit des lois*, Paris, Flammarion, 1993, p. 10 et s.

Il apparait que, même au sein de la cellule sociale de base, la famille, le dépositaire du pouvoir (le chef de famille, la mère, le grand frère, etc.) en est jaloux au point qu'il est souvent difficile de lui fixer des bornes. À combien plus forte raison, est-il plus difficile, dès lors, d'encadrer le pouvoir de l'État et dans l'État. Autant la soif du pouvoir des uns augmente, autant le puits de la liberté des autres s'assèche.

D'où, le besoin impérieux, et constant d'encadrer et de limiter le pouvoir dans l'intérêt de tous : du gouvernant qui s'émancipe du carcan de ses propres passions susceptibles de le rendre pénalement responsable[48]des actes commis dans l'exercice abusif du pouvoir, du gouverné mis à l'abri d'un pouvoir despotique ou tyrannique, de l'ensemble du groupe social ou politique qui bénéficie du pouvoir dans la cohésion et l'harmonie utiles à sa survie paisible. Bien que le doute soit dissipé sur le besoin de limiter le pouvoir, une question fondamentale a persisté, savoir par quel chemin y parvenir ?

Dans cette quête, on note une évolution lente qui a embrassé diverses conceptions du pouvoir identifié à l'État. Aristote lui conférait déjà la mission de réaliser le « bien suprême » dans la Cité[49], le bien commun.

La raison théologique, le conçoit par rapport à la nature théocratique du pouvoir selon l'axiome de Saint Paul : « toute autorité vient de Dieu.[50] » Ainsi, Tertullien et Emmanuel Mounier[51] enseignent que le pouvoir politique a été créé par Dieu pour satisfaire ses desseins sur la race humaine.

Ces axiomes et énoncées ne suffirent pas à contenir les abus du pouvoir exercé par les régimes autoritaires de monarchies absolues. Voulant sortir de ce conservatisme, Thomas d'Aquin (XIIIe Siècle) proclama que : « Le pouvoir vient de Dieu, mais celui-ci laisse aux hommes le soin d'en aménager concrètement l'exercice et ne leur impose aucune forme particulière de gouvernement. »[52] Cette souplesse bien que mesurée devint une brèche propice à la recherche fondamentale sur la limitation du pouvoir politique. Le droit constitutionnel s'avéra le mieux qualifié pour ce rôle.

Peu à peu, vers le XVIe siècle, après que Machiavel eût forgé le terme « État » pour désigner *toute communauté où apparait le rapport de*

---

[48] En droit congolais et béninois, le Président de la République est susceptible d'engager sa responsabilité pénale pour des infractions commises durant son mandat dans les cas et conditions prévus par la Constitution :

- Articles 163, 164, 165, 166 et 167 de la Constitution de la République démocratique du Congo du 18 février 2006;
- Articles 73, 74,75, 76 de la Constitution de la République de Bénin du 11 décembre 1990.

[49] ARISTOTE, *Les politiques*, Paris, Flammarion, 2008, p. XII

[50] Romains 13,1, *La Bible*, L. Segond, Genève, Maison de la Bible- Société biblique de Genève, 2018, 5e éd, p.1861.

[51] Cités par CHANTEBOUT, B., *Droit constitutionnel*, Paris, Armand Collin, 2003, 20e éd, p.4

[52]CHANTEBOUT, B, 2003, *Droit constitutionnel*, *op.cit.* p.4.

domination ou d'autorité sur les hommes[53], les auteurs calvinistes, les monarchomaques vont poser un principe basé sur l'idée d'un pacte entre le monarque et ses sujets. Ils poseront que : « Si le Prince rompt le pacte, le peuple à l'invitation des notables est fondé à résister. »[54] De là, germa l'idée de la Constitution.

Au XVIIe siècle, la doctrine occidentale dominante fut plus rigoureuse avec Thomas Hobbes dans son livre-phare, le Léviathan (1651) où il présente l'État comme le meilleur rempart contre l'anarchie, mais sans pour autant traiter de la question de sa limitation. À sa suite, John Locke publie ses deux traités sur le gouvernement civil (1690) dans lesquels, il précise que la violation du pacte conclu par le Prince avec ses sujets les dispense de lui obéir. Ici on peut déjà entrevoir l'idée de limitation du pouvoir du monarque par la désobéissance du peuple.

En 1762, à son tour, Rousseau publie son *Contrat social,* réédité en 2001, et tente par une prouesse intellectuelle de concilier le pouvoir de l'État et la liberté de l'individu : « le roi s'il en existe un, n'a pour fonction que d'exécuter la loi ; et c'est par un abus flagrant auquel il importe de remédier qu'il s'est arrogé un pouvoir absolu[55]». Notons par-là que, le cheminement doctrinal a évolué vers un État dont le pouvoir est arrêté par le pouvoir, selon le principe de Montesquieu. Or un tel aménagement ne peut se réaliser que par un Statut de l'État : la Constitution.

Expérimentée pour la première fois en grande Bretagne, en France et aux États-Unis, l'idée du pacte social et politique entre les gouvernants et les gouvernés a pris corps à travers la Constitution sous différentes formes.[56] Le constitutionnalisme qui en a découlé a conduit à l'État moderne de type démocratique[57], et à l'État de droit. En Occident, il est sans conteste le cadre idéal de la liberté.

L'État-pouvoir institutionnalisé devient la source de l'ordre juridique par l'instrument qui le créé et l'organise : la Constitution.[58] Et, aussi de plus en plus l'État et le pouvoir africains redeviennent le sujet d'attention de la

---

[53]MACHIAVEL, N, *Le Prince*, Paris, Gallimard, 1927, p.39

[54]CHANTEBOUT, B, *Droit constitutionnel, op.cit.* p.12

[55]ROUSSEAU, J-.J., *Du contrat social*, Paris, Flammarion, 2001, pp. 10 et s.

[56] Sur une étude approfondie et actuelle de la Constitution congolaise, lire utilement : ESAMBO KANGASHE J.- L., *Traité de droit constitutionnel congolais*, Paris, L'Harmattan, 2017, p. 29 ; DJOLI ES'ENGEKELI J., *Droit constitutionnel. L'expérience congolaise*, Paris, L' Harmattan, 2013, pp.183 – 214 ; KALALA MUPINGANI F, *Le Droit constitutionnel de la République démocratique du Congo,* Editions CONGO-UNI, 2023, pp.37 et s.

[57] Voir notamment, QUERMONNE, J.-L., *Les régimes politiques occidentaux*, Paris, Ed. Du Seuil, 1986, .p. 15 et s.

[58] ESAMBO, J.- L., *Le droit constitutionnel,* Paris, L'Harmattan, 2013, pp.17 et s.

doctrine constitutionnelle[59]. De plus en plus, les constitutionnalistes estiment que le sort de libertés au sein d'un État de droit démocratique est tributaire de l'encadrement du pouvoir par la Constitution[60] et de l'effectivité du constitutionnalisme[61]. En Occident, les gouvernants s'adaptent aux exigences du constitutionnalisme[62] favorable à la viabilité et à la pérennité de l'État de droit constitutionnel démocratique.

En Afrique subsaharienne, il s'observe que les gouvernants plutôt que de se plier pour respecter la sacralité constitutionnelle, ils ne cessent de se replier. Et, ils ne s'y plient que lorsque la Constitution n'énerve pas leurs intérêts personnels. Et, cela s'explique par le déficit de culture constitutionnelle identifiable notamment par la banalisation du texte constitutionnel. L'énorme production constitutionnelle entre 1960 et 1990 en témoigne.

La perception de la Constitution dans sa finalité constitue le point de départ de notre étude. La Constitution doit cesser d'être un instrument au service de la consolidation du pouvoir seulement mais, elle doit être plutôt un outil au service de l'État démocratique. Même si l'écriture constitutionnelle rend compte de cette mission assignée à la Constitution, dans la praxis institutionnelle on constate que la Constitution connait toujours une déviation, une perversion allant dans le sens de la pérennisation ou de l'abus du pouvoir.

Qu'en est-il de la République du Bénin et du Congo (RD) ?

L'histoire ancienne et, même récente de l'édification de l'État en Afrique et du pouvoir qui s'y exerce renseigne que la Constitution a toujours joué un rôle de premier plan dans la naissance, l'organisation, l'exercice et l'encadrement de ce pouvoir. On est là en face d'un pouvoir classique, institutionnalisé s'exerçant dans un cadre à la fois juridique et sociologique, à savoir l'État.

Au moment de l'accession des pays africains à l'indépendance[63], de la mise en place des régimes à parti unique et, lors de vagues de processus de

---

[59] GLÉLÉ, M-A, *Naissance d'un État noir : évolution politique et constitutionnelle du Dahomey de la colonisation à nos jours*, Paris, LGDJ, 1969 p. 10 et s. PAMBOU TCHIVOUNDA, G., *Essai sur l'État-post-colonial,* Paris, LGDJ, 1982, pp.96-101.

[60] En ce sens, lire notamment, ODIMULA LUFUNGUSO, L, *La justice constitutionnelle et la juridicisation de la vie politique en droit positif congolais,* Paris, Harmattan, 2016, p. 19 ; KAMUKUNY, A, *Contribution à l'étude de la fraude constitutionnelle... op.cit.,* p 25 et s.

[61] Sur le constitutionnalisme, lire utilement, ESAMBO KANGASHA, J.-L., *La Constitution congolaise du 18 février 2006 à l'épreuve du constitutionnalisme, op.cit.,* pp. 19-21.

[62] MBATA MANGU BETUKUMESU, A, « Vers un nouveau contrat social en République Démocratique du Congo. Une réflexion sur le constitutionnalisme et la démocratie au regard de la Constitution post-transitoire », Communication à la 11ème Assemblée générale du Conseil pour le développement de la recherche en sciences sociales en Afrique (CODESARIA), Maputo, 6-10 décembre 2005.

[63] Vers les années 1960, le 30 juin 1960 pour la République Démocratique du Congo, et le 1er août 1960 pour la République du Bénin.

démocratisation[64], la Constitution a été toujours invitée à encadrer le pouvoir tout en demeurant un élément indispensable mais non suffisant.

Dans le cadre de notre étude, un certain nombre de préoccupations méritent d'être soulevées en guise de problématique. Loi fondamentale d'un pays, la Constitution a-t-elle toujours réussi à contenir le pouvoir politique ? Comment la Constitution peut-elle limiter le pouvoir alors que les détenteurs du pouvoir investis en vertu d'elle sont souvent indexés de la méconnaître ? Dans ce cas quel serait le recours ultime ?

D'aucuns le voient dans le Chef de l'État, défenseur assermenté de la Constitution[65], et dans le juge constitutionnel, le chien de garde du temple constitutionnel.[66]

Dans une thèse récente Idrissa Balbone, reconnait non seulement cette mission au juge constitutionnel, mais en plus, il recommande d'étendre ses compétences au contrôle du pouvoir constituant dérivé.[67] Dans le même contexte, Léon Odimula Lufunguso suggère que les décisions du juge constitutionnel s'imposent non seulement à tous, mais aussi à soi-même. On passerait ainsi de l'adage *erga omnes* à *erga se*.[68]

Pour sa part, Aristide Bere Kayaba estime que les deux gardiens de la Constitution ont failli car le chef de l'État, en Afrique, se livre à des révisions constitutionnelles sur mesure en vue de briser les limites fixées au pouvoir, ce qui constitue une violation flagrante de la Constitution tandis que le juge pèche par le mutisme justifié par le manque d'audace[69]. Il préconise comme solution d'attribuer au peuple les compétences d'ultime gardien de la Constitution.[70]

Aussi alléchante que soit cette suggestion, elle ne manque pas de susciter d'autres débats. De quel peuple s'agit-il ? Un peuple instrumentalisé et sans culture constitutionnelle peut-il devenir le gardien de la Constitution ?

---

[64]Qui démarrent à partir de 1990.

[65]Art. 74, Constitution de la République Démocratique du Congo du 18 février 2006.

Au Bénin, le Parti de la Révolution populaire du Bénin, parti unique fut créé par le général Mathieu Kérékou en 1975 et s'est éteint le 30 avril 1990.

[66] DJOLI ESENG'EKELI, J., « Le Souverain primaire face à la Cour constitutionnelle », *Congo-Afrique*, n°526 juin-juillet-août 2018, 58e Année, Kinshasa, CEPAS, p.590.

[67]BALBONE, I., *L'encadrement juridique du pouvoir constituant dérivé en Afrique,* Thèse de doctorat, en droit public, Université Thomas Sankara, 2020-2021, inédit, p. 3.

[68]ODIMULA LUFUNGUSO, L., *L'État de droit en droit congolais, op.cit.*, p.21. Sur le poids de la justice constitutionnelle dans l'encadrement constitutionnel du pouvoir au Congo lire aussi, KALUBA DIBWA, D., *La justice constitutionnelle en République démocratique du Congo. Fondements et modalités d'exercice,* Louvain-La- Neuve, Academica- Harmattan, 2013, pp. 37

[69]BERE KAYABA, A., *Le peuple, ultime gardien de la Constitution en Afrique*, Thèse de doctorat, Université Thomas Sankara, 2020-2021, inédit, p.9.

[70]*Idem.*

N'est-il pas convenable de distinguer entre la réaction populaire contre une violation de la Constitution et celle contre la mauvaise gouvernance affectant ses conditions de vie ? Y répondre oblige d'émettre des hypothèses.

II. Des hypothèses de travail.

Trois idées se dégagent en termes d'hypothèses.

La première tient au fait que malgré l'écart entre la réalité et la norme, la Constitution a toujours été sollicitée comme solution idoine à l'encadrement du pouvoir. Aussi loin que l'on remonte l'histoire constitutionnelle africaine, l'on relève le constat de l'appel à la Constitution pour plâtrer les fractures politiques consécutives aux crises[71] soldées par des compromis politiques. Pour la République Démocratique du Congo, la Constitution de Luluabourg du 1er août 1964 et les Constitutions qui ont suivi s'inscrivent dans cette logique, après les difficultés de mise en pratique de la Loi fondamentale du 19 mai 1960 relative aux structures du Congo. Ce qui confirme, en ce sens, l'idée que le droit constitutionnel est un droit de crises ayant du mal à s'affranchir des crises qu'il créé ou qu'on lui impose[72].

Pour le Bénin, le Constituant du 11 décembre 1990 a posé un cadre de réconciliation nationale qui a permis l'avènement d'une ère de renouveau démocratique[73] après une succession des crises institutionnelles et des changements des régimes.[74]

La deuxième résulte de ce que l'intervention de la Constitution n'a pas toujours été comprise par tout le monde. Sur le chemin de la Constitution et du constitutionnalisme en Afrique se dressent bien d'embuches qui rendent l'encadrement du pouvoir moins limpide et moins effectif notamment, le caractère technique de la Constitution, la perception à vitesse variable de l'État en Afrique, un État pour les gouvernants et un autre pour les gouvernés, un peuple non informé ou mal informé, des Armées mal encadrées par rapport au constitutionnalisme (tantôt pilier de la constitution, tantôt fossoyeur de l'ordre constitutionnel…) et le poids de l'ingérence extérieure.

La troisième relève de ce qu'en dépit de la controverse qu'elle suscite, l'idée que le peuple soit le recours ultime contre la violation de la Constitution est bien défendable pour autant que son statut soit bien défini pour le

---

[71] ESAMBO KANGASHE, J.-L., *Traité de droit constitutionnel congolais, op.cit.*, p.19.

[72] *Idem.*

[73] Préambule de la Loi n°90-32 du 11 décembre 1990 portant Constitution de la République du Bénin.

[74] Voir, à ce propos, notamment MEDE, N, *Bénin : Constitutions et documents politiques*, Dakar, L'Harmattan, 2020, pp. 19-59 ; OLADE OKUNKOLA, M-L, *La Cour constitutionnelle et le peuple au Bénin. D'un juge constitutionnel institué à un procureur suzerain*, Paris, L'Harmattan, 2018, pp.156-176.

hisser au niveau de contre-pouvoir et qu'on lui assure un encadrement adéquat sur le plan politique et psychologique.[75]

Ces traits débouchent sur la suggestion phare de notre thèse, la thèse de notre thèse : « la constitutionnalisation du peuple congolais et béninois, au-delà de celle de l'État et des pouvoirs constitués, pour parvenir à un constitutionnalisme structurel, et non conjoncturel ». Cette nécessité apparait notamment dans la justification de la thématique.[76]

III. Justification de la thématique.

L'encadrement constitutionnel du pouvoir et le cortège des concepts connexes qu'il draine sur fond du constitutionnalisme constitue un thème d'une actualité récurrente. En Afrique noire francophone, l'évolution s'est faite en dents de scie, se déroulant en trois phases faites des percées et des reculs.

La première phase correspond à la vague des décolonisations vers les années cinquante et la première moitié des années soixante. Les pays africains fraichement indépendants entrèrent dans le concert des nations sur pied des Constitutions octroyées calquées sur le modèle des puissances coloniales. C'est la période de l'expérimentation démocratique fondée sur le constitutionnalisme normatif. La Constitution érigée en loi fondamentale garantissait un encadrement du pouvoir formel : séparation des pouvoirs, allusion à la protection des droits de l'homme, élections pluralistes. Les valeurs relevant de l'encadrement constitutionnel se conjuguaient sans interdit ni tabous dans tous les milieux.

La deuxième phase débuta par l'avènement brutal des régimes autoritaires civils ou militaires qui sonna l'hallali du constitutionnalisme postcolonial. Les termes et principes de l'encadrement constitutionnel du pouvoir devinrent des tabous pour reprendre l'expression de Jean du Bois de Gaudusson et Dodzy Kokoroko.[77] Les nouveaux maîtres s'arrogèrent les palmes d'un pouvoir sans limite qui rappelait celui de la monarchie absolue avant la naissance de Constitutions en Occident. Les régimes monolithiques qui enterrèrent les démocraties ont sacrifié les droits et libertés de leurs peuples à l'autel de l'idéal du développement et de l'unité nationale. À la Constitution-règle de droit, l'on substitua selon les cas, et selon la formule de Francis Délperée, la Constitution-programme et la Constitution- mythe.[78]

---

[75] À ce propos, lire utilement, ESAMBO KANGASHE, J.-L., *La Constitution du 18 février 2006 à l'épreuve du constitutionnalisme. Contraintes pratiques et perspectives*, *op.cit.*, pp.163-164.

[77]BOIS (DU) DE GAUDUSSON, J.-L., « Les Tabous du constitutionnalisme en Afrique. Introduction thématique », in, *Afrique contemporaine* 2012/2, n° 242, pp.53-58, Voir en ce qui concerne la RDC, KALALA MUPINGANI, F., *Le droit constitutionnel de la République démocratique du Congo*, Editions CONGO-UNI, 2023, p.12.

[78]Sur ces notions, lire notamment, DÉLPERÉE, F., *Droit constitutionnel*, Bruxelles, T.1, 2ème éd., Larcier, 1987, pp.13 et s.

Globalement, la doctrine situe la dernière étape de cette évolution à la fin des années 1980 où l'on note des mutations majeures du constitutionnalisme en Afrique.[79]

Au début des années quatre-vingt-dix, les dictatures et autocraties africaines s'effondrèrent soit dans la violence comme au Congo-Zaïre de Mobutu soit, en douceur, comme au Bénin de Kérékou à la suite des décisions de la Conférence des Forces Vives de la Nation. Dans la foulée, se tinrent des Assemblées extra parlementaires de compromis sous la houlette des Conférences nationales dites *souveraines* qui renouèrent avec l'encadrement juridique du pouvoir. C'est la phase du constitutionnalisme restauré du moins sur le plan théorique. La volonté affichée par les peuples est sans équivoque : la dictature doit être bannie. Le pouvoir doit être encadré et limité.

Les Constitutions africaines semblaient se revêtir d'un nouveau visage[80]. L'idéal du développement ne suffisait plus à justifier la négation de la liberté et la tyrannie. Et, même qu'il apparaissait évident que les régimes autocratiques absolus avaient atteint leur limite sur le plan économique et social. Un changement d'option fut porté par le peuple et des acteurs politiques pour que triomphent enfin des systèmes de liberté au détriment d'autocraties monolithiques et oppressives[81].

En ce sens, Bachirou Amadou note qu'il n'existe pas de développement sans participation, sans liberté d'entreprendre, sans respect des droits fondamentaux.[82] Des efforts furent déployés pour organiser des élections pluralistes et régulières[83] et surtout, un fait marquant symbolise cette période : *le juge constitutionnel est sorti de son cocon de chrysalide,* s'il faut paraphraser Evariste Boshab[84]. Il s'érige désormais en pièce maitresse de l'architecture

[79] Voir, AÏVO, F. J., « Les constitutionnalistes et le pouvoir en Afrique », RFDC, 2015/N°104, p.2 ; AHADZI-NONOU K., « Les nouvelles tendances du constitutionnalisme africain. Le Cas des Etats d'Afrique noire francophone », *Afrique juridique,* vol.1, n°2, 2002, p.38.

[80] DEBBASCH, Ch, « Le nouveau visage constitutionnel de l'Afrique noire francophone », in *Mélange Charles Cadoux*, Presses Universitaires d'Aix-Marseille, 1999.

[81]BACHIROU AMADOU, A., *Le constitutionnalisme à l'épreuve de l'intégration dans l'espace CDEAO : contribution à l'étude de la protection des droits fondamentaux depuis « l'ouverture démocratique » en Afrique*, Thèse pour le doctorat en sciences juridiques et politiques, Université de Toulon, 2018.

[82]*Idem.*

[83] Sur ce sujet, voir notamment, CONAC, G., (dir.), *L'Afrique en transition vers le pluralisme politique,* Paris, *Economica,* Colloque, Paris, 12-13 décembre, 1990, pp. 6-7.

[84] BOSHAB MABUDJ, E., « Les dispositions constitutionnelles transitoires relatives à la Cour constitutionnelle de la République Démocratique du Congo ». *Fédéralisme Régionalisme* [En ligne, Numéro 1.Premiers scrutins et contrôle de constitutionnalité en RDC la mise en œuvre d'une Constitution régionaliste, 7 : 2007, URL : http//popos.uliège/1374-3864/index.php ?id=561, consulté le 22 juin 2022.

démocratique. Davantage, la *judiciarisation* et la *juridicisation* de la vie politique[85]prennent de l'ampleur par la justice constitutionnelle.

Léon Odimula affirme que : « C'est au juge constitutionnel qu'il incombe d'assurer l'encadrement de la vie politique dont le sous bassement se trouve être la protection de l'intégrité et de la suprématie des dispositions constitutionnelles ainsi que celles touchant aux garanties et au respect de la Constitution.»[86].

« *État de droit* » et « *démocratie* » redeviennent des mots magiques par lesquels jurent la majorité au pouvoir et l'opposition malgré la persistance de quelques résistances à la démocratisation[87].

S'agissant de la République démocratique du Congo, Célestin Dimandja relève, non sans ironie, que c'est à toutes les sauces que les Congolais veulent manger de l'État de droit.[88]. Cependant, trois décennies se sont écoulées et la démocratie en Afrique semble s'être essoufflée. Les signes en sont le mépris de la Constitution comme jadis sous les dictatures, les violences électorales, les révisions frauduleuses de la Constitution en dépit de la rigidité constitutionnelle renforcée, la prorogation du mandat présidentiel permettant au Chef de l'État de se fossiliser au pouvoir, l'instrumentalisation de la justice constitutionnelle, etc. Il est manifeste que des nouveaux défis invitent à la recherche de meilleures perspectives. Et, le débat sur l'encadrement constitutionnel se ranime autour du constitutionnalisme dans les milieux académiques et politiques. Des colloques et conférences s'enchaînent, des publications s'égrènent sous des titres évocateurs dubitatifs, parfois sceptiques[89] que nous rappelle judicieusement Karim Dosso[90] : *constitutionnalisme non démocratique*[91], *constitutionnalisme rédhibitoire*[92], *constitutionnalisme formel et irrationnel*[93], etc.

---

[85] Sur ce sujet, lire utilement, ODIMULA LOFUNGUSO, L., *La justice constitutionnelle et la juridicisation de la vie politique en droit positif congolais*, Paris, Harmattan, 2016, p.20.

[86]ODIMULA LOFUNGUSO, L., *Les missions essentielles de la justice constitutionnelle en droit comparé français, béninois et congolais*, Paris, L'Harmattan, 2021, p.23.

[87] GUEYE, B., « La démocratie en Afrique : succès et résistances », *Pouvoirs,* 2009, n°2, pp.5-26.

[88] DIMANDJA, C., Préface à l'ouvrage d'ODIMULA LOFUNGUSO, L., L'État *de droit en droit congolais, op. cit.*, p.16.

[89] On songe à l'intitulé d'un constitutionnaliste de renom qui s'interroge sur l'utilité même des Constitutions en Afrique « À quoi servent les constitutions africaines ? … »
Voir, GONIDEC, P.-F., « À quoi servent les Constitutions africaines. Réflexion sur le constitutionnalisme africain », *RJPIC,* n°4, octobre-décembre 1988, p.849.

[90] DOSSO, K., « Les pratiques constitutionnelles dans les pays d'Afrique noire francophone : cohérence et incohérences », *Revue Française de Droit Constitutionnel,* 2012/2, (N°90), 2012, p.57 à 85.

[91] FALL, I.M., *Pouvoir exécutif dans le constitutionnalisme des Etats d'Afrique*, Paris, L'Harmattan, 2008, p.22.

[92] OWONA, J., « L'essor du constitutionnalisme rédhibitoire en Afrique », cité par DOSSO K., *op.cit.* p.57 et s.

[93]BRETON, J.M, « Le sacré et le constitutionnalisme des États d'Afrique. De la légitimation à la disqualification du pouvoir », Droit et culture, *Revue trimestrielle d'anthropologie et d'histoire*, n°12, 1986, p.105 et s

Mais à travers ces nuages chargés du pessimisme apparaissent quelques traits de lumière de la part de ceux qui se gardent de hurler avec les loups[94]. L'essentiel en ce jour est de savoir comment garder le cap tracé par le constituant néo démocratique au Bénin et en République Démocratique du Congo.

Comme l'on peut s'en apercevoir avec Sylvain Shomba Kinyamba, choisir un sujet d'investigation en sciences de la société passe pour un exercice malaisé, étant donné l'accentuation de la dynamique sociale et la diversité d'options[95]. D'où la nécessité d'en justifier la pertinence.

Le choix porté sur le thème sous analyse est triplement justifié.

La première raison relève du caractère dynamique du pouvoir politique et de l'actualité permanente des questions qu'il suscite. Ainsi, celles relatives au rejet du mimétisme[96] et à la recherche d'une identité constitutionnelle africaine semblent avoir cédé l'espace à l'effectivité de la Constitution, de sa protection[97] et du comportement de ses destinaires.

La deuxième s'attache à la discussion sur je juge constitutionnel. Les missions prétoriennes de ce juge ne trouvent pas que des appuis, mais créent une certaine méfiance à l'égard du gouvernement de juges ou de la politisation de la justice.

Récusant l'idée de la *juridicisation* de la politique, l'on peut craindre inversement la politisation de la vie juridictionnelle. La question « qui doit juger le juge ? » n'est pas anodine surtout dans un contexte de mœurs citoyennes délétères.

La résurgence des coups d'État et des rébellions suscite des préoccupations liées à la sécurité de l'ordre constitutionnel et à l'intériorisation des valeurs constitutionnelles par tous, y compris par les forces de sécurité et de

[94] ESAMBO KANGASHE, J.-L., Préface à l'ouvrage de ODIMULA LOFUNGUSO, L., *Les Missions essentielles de la justice constitutionnelle en droit comparé français, béninois et congolais*, Paris, Harmattan, 2021, p.15.

[95] SHOMBA KIYAMBA, S., *Méthodologie de la recherche scientifique. Parcours et les moyens d'y parvenir*, Kinshasa, Edition M.E.S., 2005, p.36.

[96] Le mimétisme constitutionnel a été longtemps présenté comme la cause principale de l'échec du constitutionnalisme et de l'État postcolonial en Afrique subsaharienne. Sur ce sujet Lire utilement, notamment, BARAKA AKLIMALI et MUKUNYA MUHINDO, T., *L'État africain et la crise postcoloniale. Repenser 60 ans d'alternance institutionnelle et idéologique sans alternance socioéconomique,* Paris, L'Harmattan, pp. 11 et s ; VUNDUAWE TE PEMAKO, F., MBOKO D'JANDIMA, J-M, Droit *constitutionnel du Congo,* Paris, Academica, 2012, p.10 ; KITETE KEKUMBA OMOMBO, A, *Autonomie politique et constitutionnelle du Zaïre*, Thèse de doctorat d'*État* en Droit public, Université Paris 2, Assos-Panthéon-Sorbonne 1980 ; NTUMBA LUABA LUMU, *La Commission constitutionnelle de Luluabourg. Un projet mort-né* ! Lire sous : URL https//www : debanationalrdc.chez.com/Luluabourg.html, consulté le 1/08/2022.

[97] BOSHAB MABUDJ, E., Préface à l'ouvrage d'ESAMBO KANGASHE, E., *La Constitution de la République Démocratique du Congo du 18 février 2006 à l'épreuve du constitutionnalisme. Contraintes pratiques et perspectives, op.cit.*, p. 9.

défense. Très souvent l'armée est mise à l'écart de la problématique constitutionnaliste. Et pourtant, en Afrique elle a un rôle ambivalent. Elle constitue la plus grande menace contre l'encadrement constitutionnel du pouvoir et en même temps, elle demeure le bras séculier du pouvoir politique et de l'ordre constitutionnel. L'insertion de cet aspect au débat apporte une touche d'originalité à notre étude.

Le choix de la République Démocratique du Congo comme échantillon découle de ce que l'expérience congolaise résume presque celle de l'ensemble du continent noire post colonial caractérisée par l'encadrement constitutionnel du pouvoir (1960), la déconstitutionnalisation et la patrimonialisation du pouvoir (1965-1990), les crises de légitimité, les violences politiques et les transitions épisodiques (1990-2005), le retour à l'encadrement constitutionnel (2006) marqué positivement par une alternance démocratique et par une jurisprudence constitutionnelle en train de s'affirmer (2019).

L'encadrement constitutionnel du pouvoir permet donc, de poursuivre la réflexion sous des nouvelles lumières. La réalité de Constitutions sans constitutionnalisme dénoncée par André Mbata, déjà cité, persiste-t-elle encore ? Entre la déception et l'espoir stigmatisés par Auguste Mampuya Kanunk'aTshiabo, de quel côté penche la balance congolaise dans la quête constitutionnelle[98] ? Et, que dire des inquiétudes de Jean Louis Esambo sur les atouts de la Constitution du 18 février pour asseoir le constitutionnalisme[99] ?

Ces préoccupations remontent à deux décennies, mais elles demeurent d'une actualité évidente et nous offrent l'opportunité de relever l'intérêt de l'étude autant sur le plan théorique que sur le plan pratique.

Sous le même angle, le Bénin considéré comme l'enfant malade de l'Afrique[100] avec une demi-dizaine de coups d'État en une décennie de 1960 à 1970, a réussi à conjurer le sort de l'instabilité institutionnelle. Depuis le 11 décembre 1990, grâce aux décisions de la Conférence des Forces vives de la Nation tenue du 19 au 28 février 1990, le pays s'est doté d'une nouvelle Constitution et maintenu sur la voie démocratique.

Le pluralisme politique et économique, le rejet de la dictature, de la confiscation du pouvoir, et les principes de l'État de droit sont réaffirmés avec force.[101] Depuis cette époque, la dévolution et l'exercice du pouvoir se déroulent sans rupture. De 1990 à 2016, le Bénin a connu des alternances paisibles du

---

[98] MAMPUYA KANUNK'A-TSHIAB, A, *Espoirs et déception de la quête constitutionnelle congolaise : clés pour comprendre le processus constitutionnel du Congo-Kinshasa*, Kinshasa, AMA éd., 2005, pp. 9 et s.

[99] ESAMBO KANGASHE, J.-L., *La Constitution du 18 février 2006 à l'épreuve du constitutionnalisme. Contraintes pratiques et perspectives,* Louvain-la-Neuve, Academia- Bruylant, 2010, pp 10 et s.

[100] « Bénin de l'Enfant malade de l'Afrique au modèle », *Contrepoints*, 16 avril, 2016, URL, https://www.contrepoints.org, consulté le 14/04/2023.

[101] Préambule de la Constitution de la République du Bénin du 11 décembre 1990.

pouvoir grâce aux suffrages libres. Ainsi, le processus démocratique a été jusqu'à ce jour, un modèle de réussite constitutionnelle susceptible d'inspirer, l'Afrique noire en quête d'une culture politique et d'une conscience constitutionnelle collective.

Par ailleurs, il est intéressant d'examiner le parcours béninois par rapport aux critères de la pleine démocratie et de l'impact du juge constitutionnel sur l'État de droit.

Du point de vue théorique, la recherche a vocation à contribuer à la réflexion sur l'effectivité des juridictions constitutionnelles et sur l'encadrement du pouvoir. L'affirmation selon laquelle, le politique est saisi par le droit cesse d'être un vœu pieux pour devenir une réalité. L'étude des concepts, des fondements et des procédures d'encadrement constitutionnel du pouvoir est une valeur ajoutée à la théorie générale de l'État et révèle les points de rupture avec le droit constitutionnel classique.

Dans ce registre, l'on prendrait pour illustration, l'apparition d'une compétence constitutionnelle pénale, jadis improbable, à l'égard du Président de la République et du Premier ministre[102].

Du point de vue pratique, le chercheur, le praticien du droit, l'acteur politique ou social, le gouvernant et le gouverné peuvent y puiser des outils pour ajuster le cap dans la conception moderne de l'État de droit constitutionnel et démocratique[103].

IV. Délimitation du champ de la recherche.

Notre étude se fixe notamment pour objectifs :

- d'évaluer les mécanismes d'encadrement constitutionnel dans les pays sous étude à l'aune du constitutionnalisme universel ;
- et de repérer les éléments handicapant l'encadrement constitutionnel du pouvoir en vue d'en réduire les effets et, de mettre en relief les facteurs bénéfiques.

Le champ opératoire de nos recherches transparait de ce qui précède.

Dans l'espace, il se limite à la République démocratique du Congo et à la République du Benin avec quelques incursions dans le constitutionnalisme classique. Dans le temps, l'analyse remonte à l'année 1960 jusqu'à 2023 en ayant comme point d'orgue, les dates respectives du renouveau constitutionnel

---

[102] Article 163, Constitution de la République démocratique du Congo du 18 février 2006 ; Article 73 et 77 de la Constitution de la République du Bénin du 11 décembre 1990.

[103] Lire à ce propos, BOIS (DU) DE GAUDUSSON J., « Les Tabous du constitutionnalisme. Introduction thématique », in *Afrique contemporaine,* 2012/2 (n°242) pp.53 à 58. Le titre est tiré du Colloque organisé des 14 au 15 juin 2011 à Lomé par le Centre de droit public de l'Université de Lomé et le Centre d'études et de recherches sur les droits africain et sur le développement des pays en développement (Cherdradi) de l'Université Montesquieu (Bordeaux).

démocratique[104]. La limitation du pouvoir est un domaine vaste. D'où la nécessité de circonscrire notre champ d'investigations.

Ainsi, les juridictions de l'ordre judiciaire et de l'ordre administratif bien qu'intervenant en la matière selon leurs compétences respectives, ne rentrent pas dans l'orbite de notre analyse. Cette étude est principalement axée sur la justice constitutionnelle du point de vue des techniques de l'encadrement constitutionnel du pouvoir, et sur la Constitution comme base normative principale et fondement de l'action juridictionnelle. Il est question sous ces lignes, d'apprécier l'incidence directrice et limitative du texte fondamental, et de la juridiction constitutionnelle suprême sur le pouvoir de l'État dans ses trois branches et sous ses différentes manifestations. Le souci de concision invite à préciser la méthodologie, la méthode et les techniques de la recherche.

V. Des méthodes et techniques de la recherche.

La validation de nos résultats la démonstration de nos hypothèses oblige à décliner la démarche méthodologique et les techniques auxquelles nous avons recouru.

La méthodologie telle qu'elle est définie par des dictionnaires usuels désigne, « l'étude des méthodes scientifiques, techniques (subdivision de logique) »[105] ou « l'étude systématique, par observation, de la pratique scientifique, des principes qui la fondent et des méthodes de recherche qu'elle utilise.»[106] Sous un angle plus précis, André Lalande la définit, comme « une subdivision de la logique, ayant pour objet l'étude a posteriori des méthodes et plus spécialement, celle des méthodes scientifiques.»[107]Tandis que Madeleine Grawitz et Roger Pinto, la présentent comme« l'ensemble des opérations intellectuelles par lesquelles une discipline cherche à étudier les vérités qu'elle poursuit, les démontre et les vérifie. »[108]

L'objet de notre étude nous a porté vers la méthode juridique qui consiste à exposer le texte de lois et divers documents relatifs à la matière traitée en recherchant sans cesse le droit applicable[109]. Nous avons pu découvrir en droit

---

[104] Le 11 décembre 1990 pour la République du Bénin et le 18 février 2006 pour la République démocratique du Congo. Ces dates correspondent au retour des Constitutions démocratiques après leur éclipse par des régimes monolithiques qui ont renversé les premiers régimes pluralistes de l'Afrique noire francophone postcoloniale.

[105] Le Petit Robert I, Paris, Ed. Le Robert, 1987, p., 1192.

[106] Le Petit Larousse, Paris, Larousse, 1998, p.649.

[107] LALANDE, A., *Vocabulaire technique et critique de la philosophie*, Paris, PUF., Quadrige, 1994, V° méthodologie, cité par COHEN, O., *Méthodologie du Droit International Public*, Bruxelles, Ed.de L'Université de Bruxelles, 2009, p.12.

[108] Cité par DJOLI ESENG'EKELI, J., *droit constitutionnel. L'expérience congolaise (RDC)*, Paris, L'Harmattan, p.15.

[109] KITETE KEKUMBA OMOMBO, A., *Autonomie politique et constitutionnelle du Zaïre. Essai de solution à l'inadéquation institutionnelle du Zaïre,* thèse de doctorat d'État en droit public, Université Paris II, Panthéon- Assos- Sorbonne, 1980, cité par DJOLI ESENG'EKELI, J., *Droit constitutionnel, l'expérience congolaise* (RDC), op.cit., 2015, p.15.

constitutionnel positif des dispositions pertinentes susceptibles de confirmer ou non l'effectivité de l'encadrement constitutionnel du pouvoir dans les zones considérées. Cependant, la doctrine est unanime sur l'insuffisance de l'approche juridique seule dans la vérification des phénomènes sociaux. C'est pourquoi on a fait recours à la méthode sociologique qui a permis de sonder le pouvoir au-delà du prescrit constitutionnel, mais en fonction de sa pratique, de l'environnement politique, et du comportement des acteurs en présence.

Par ailleurs, pour comprendre une règle de droit, il est nécessaire de savoir comment elle est née[110]. C'est pourquoi, il était utile de dépasser les clichées exégétiques du positivisme juridique pour repérer les défis du constitutionnalisme dans les pays sous étude. L'appréciation de leurs mérites et le diagnostic de leurs limites commandaient d'emprunter quelques pistes non juridiques impliquant la prise en compte du facteur humain. Cela donne un aspect sociologique et même anthropologique à la méthode usitée. Tel est par exemple, le cas lorsqu'il a été question de repérer les pesanteurs traditionnelles et religieuses sur le régime béninois ou ethniques et tribales sur la Constitution congolaise.

Alors que la démarche juridique est normative, on note que la celle sociologique est descriptive et explicative et relève des faits. Elle cherche à les expliquer plutôt qu'à les apprécier. Elle ramène le droit, et ici le droit constitutionnel, dans son contexte, dans son environnement social où se jouent des rapports des forces, des compromis et des concessions dont les textes sont souvent l'expression.

C'est à juste titre que Jean Gicquel affirme qu'*« il s'agit certes de disciplines séparées, mais qui, cependant, entretiennent de nombreuses affinités, au point qu'il n'est pas exagéré de songer à une complémentarité, voire une complicité entre elles : les observations fournies par le politiste ne laissent guère indifférent le constitutionnaliste. Selon une pente naturelle, celui-ci en déduit bientôt des règles nouvelles »*[111].

Et, Phillipe Braillad de justifier la double approche juridique et sociologique dans le domaine du droit constitutionnel par l'idée que la réalité se présente sous un *« ensemble en interaction constituant une totalité et manifestant une certaine organisation »*[112].

Cependant, il a fallu un dosage équilibré entre le formalisme juridique et l'empirisme sociologique pour nous prémunir contre d'une part, ce que Jacques Djoli appelle « l'impérialisme vorace de la sociologie » et d'autre part, « l'hémiplégie » qui frapperait le droit constitutionnel isolé de la science politique.[113] De ce point de vue, il est pertinent de relever un double phénomène :

---

[110] MAZEAUD, J. et DE JUGLARD, M., *Leçons de droit civil*, Paris, Montchrestien, 1981, p.35.

[111] GICQUEL, J et GICQUEL, E., *Le Droit constitutionnel et institutions politiques,* Paris, Montchrestien, 2005, p.24.

[112] BRAILLARD P, *Théorie des systèmes des relations internationales,* Bruxelles, Bruylant, 1977, p.53

[113] DJOLI ESENG'EKELI, *Droit constitutionnel. L'Expérience congolaise, op.cit. p.22*

la juridicisation du politique par la justice constitutionnelle et l'émancipation du normativisme juridique rattrapé par l'empirisme sociologique.

Par ailleurs, la compréhension de la *rigidisation*[114] de la Constitution congolaise du 18 février 2006, par exemple, et des verrous normatifs y fixés, passe par la connaissance de l'histoire constitutionnelle congolaise et de l'inefficacité de Constitutions antérieures à l'occurrence, la loi fondamentale du 19 mai 1960 relative aux structures du Congo, la loi fondamentale du 17 juin 1960 relative aux libertés publiques, la Constitution de Luluabourg du 1er août 1964 et celle du 24 juin 1967 vidées de leur essence par des abrogations intempestives ou des révisions frénétiques. Dès lors, l'impact positif de cadres para constitutionnels, les Conférences nationales au Bénin et au Congo, sur l'absolutisme autocratique rend compréhensible le renforcement de mécanismes de contrôles infra normatif et ultra normatif de Constitutionnalité. Il en va de même de la justification de lettres de noblesses reconquises par la justice constitutionnelle dans les deux pays. Pour les appréhender, la méthode historique a été nécessaire. D'ailleurs, le recours à l'histoire trouve des appuis tant dans la doctrine constitutionnelle congolaise que sous la plume étrangère.

Jacques Djoli opine qu' « *en recourant à la méthode historique, il se dégage un continuum diachronique et synchronique dans la production constitutionnelle congolaise*».[115]

Quand on parle d'histoire, écrit Isidore Ndaywel, *il faut bien voir qu'il s'agit du déploiement, dans une durée qu'on est bien obligé de faire remonter plus loin chaque fois qu'on y réfléchit [...] Tous ces phénomènes sont les seuls faits susceptibles de rendre compte de notre situation actuelle, c'est-à-dire de nous faire comprendre pourquoi nous nous trouvons dans l'état où nous sommes aujourd'hui, quelles ont été les péripéties majeures de notre marche en avant jusqu'à la condition présente (...)*[116]. Cette présentation permet de saisir les connexions entre l'Histoire et le Droit et d'aborder le politique et ses fondements normatifs sous un aspect holistique.

S'agissant de l'encadrement constitutionnel du pouvoir, il va de soi que les Constitutions congolaise du 18 février 2006 et béninoise du 11 décembre 1990 actuellement en vigueur soient au centre du débat. Il a fallu faire comprendre le contexte de leur genèse pour se fixer sur la pertinence et l'actualité de leur contenu. En cela, nous saluons la pertinente observation de Jean Mazeaud et Michel de Juglart qui rappellent l'utilité de la méthode historique à laquelle nous

---

[114] Expression empruntée à BALBONE, I., *L'encadrement juridique du pouvoir constituant dérivé en Afrique*, *op.cit.*, p.3.

[115] DJOLI ESENG'EKELI, J., *Droit constitutionnel. L'Expérience congolaise op.cit.*p.25.

[116]NDAYWEL E ZIEM, I, *Nouvelle Histoire du Congo. Des origines à la République Démocratique du Congo,* Nivelles, Le CRI Edition, 2009, p.11.

avons recouru : *« pour comprendre une règle de droit, il est nécessaire de savoir comment elle est née »*[117].

La compréhension du droit constitutionnel positif n'y échappe pas. À ce titre les réflexions de Félix Vunduawe te Pemako nous ont été d'une utilité avérée. Elles renvoient à la pensée de Nicolas Machiavel (1469-1527) qui exaltait l'intérêt et les vertus pédagogiques de la connaissance du passé du point de vue de l'action présente, et principalement de l'action politique[118]. Dans le même sens, Ngoyi Ndouba Kamatanda et Kayamba Tshitshi Ndouba démontrent avec une parfaite clarté le rôle du tandem « histoire constitutionnelle-droit constitutionnel » dans la perception du mouvement constitutionnel et politique congolais.[119]

Aussi, l'Histoire politique et constitutionnelle du Bénin et du Congo (R.D) a contribué dans cette réflexion, à déceler des situations pathologiques, séquelles tenaces d'anomalies lointaines. Cela d'autant que *la Constitution apparaît essentiellement comme un guide pour les non juristes, elle est surtout l'expression d'un état de développement culturel d'un peuple. Moyen d'une autoreprésentation culturelle d'un peuple, elle est aussi le miroir d'un héritage et le fondement de ses espérances »*[120].

La référence au régime constitutionnel béninois correspond à la logique de la thématique abordée. En plus, les États africains ont été le reflet constitutionnel des puissances coloniales, il a fallu remonter le fil constitutionnel jusqu'à la source métropolitaines. Cela a nécessité la contribution de la méthode comparative, justifiée également par le parallèle entre les systèmes juridiques et juridictionnels béninois et congolais.

L'appréciation de la légitimité ou l'équité de certaines normes ou jurisprudences constitutionnelles porte la discussion à des sphères effleurant même la philosophie du droit, laquelle s'entend de« *l'étude des conditions de validité de normes juridiques ou d'un système juridique par rapport à des normes situées en dehors du droit positif* ».[121]La philosophie du droit aborde le sujet traité sous une autre dimension. Elle tente généralement d'analyser la règle juridique ou le concept juridique par rapport aux théories de la justice.[122] Son objet est l'évaluation de la règle de droit ou de l'ordre juridique. Donc, pour mener à terme

---

[117] MAZEAUD, J., et JUGLART (DE) M, *Leçon de droit civil*, Paris, Montchrestien, 1981, p.35.

[118] VUNDUAWE TE PEMAKO, F., Préface à l'ouvrage de NGOYI-NDUBA KAMATANDA et KAYAMBA TSHISTHI NDOUBA, *Le constitutionnalisme historique de la R.D.Congo,* Paris, L4Harmattan, 2021, p.9

[119] NGOYI-NDUBA KAMATANDA et KAYAMBA TSHISTHI NDOUBA, *Le constitutionnalisme historique de la R.D.Congo,* Paris, L'Harmattan, 2021, p.13

[120] HABERLE, P., *L'État constitutionnel*, Paris, Economica, 2004, p.6. Cité par J. DJOLI ESENG'EKELI, *Droit constitutionnel. L'Expérience congolais (RDC),* Paris, L'Harmattan, 2013, p.16.

[121] COHEN, O., « *La sociologie du droit existe-elle ?* », Revue de droit pénal et de criminologie, 1998, n°9-10, p. 845-856.

[122] V. l'étude de RAWLS, J., *Théorie de la justice,* Paris, Seuil, 1997,666 p. cité par COHEN, O., *op.cit.,* p.26.

la présente étude, on a fait usage d'une approche interdisciplinaire, la technique documentaire, le net et le procédé de l'observation des faits ayant servi de sources. À cet égard, l'éclairage de guides méthodologiques appropriés[123]nous a permis d'avancer sans grief dans les sigles du langage juridique que le Doyen Carbonnier qualifie à raison d' « ésotérisme à la puissance deux»[124]

La présentation des résultats récoltés suit un plan structuré.

VI. Le plan de l'étude.

Une analyse approfondie de la pratique du pouvoir et de l'évolution constitutionnelle en Afrique noire francophone témoigne d'un parcours paradoxal. D'une part, les velléités autoritaristes réapparaissent et, d'autre part, elles cohabitent avec l'aspiration à la liberté fondée sur l'encadrement constitutionnel du pouvoir.

L'étude de ce phénomène en République démocratique du Congo et en République du Bénin, se déroule en deux parties dont la première aborde des mécanismes normatifs d'encadrement du pouvoir, lesquels basé sur des principes généraux sans lesquels la suite s'obscurcirait. La seconde examine les techniques juridictionnelles de limitation du pouvoir.

---

[123] Voir notamment, VANDERNOOT P. (dir.), *Guides de citations, références et abréviations juridiques*, 5e éd., Waterloo, Kluwer, 2010, p.1 et s ; BOUIFFROR, S. et NANOPOULOS, D- K, *Droit constitutionnel méthodologie*, Paris, Vuibert, 2006.

[124] CARBONNIER, J, *Les cours du droit,* Paris, Montchrestien,1980, cité par ORIANNE P, préface à l'ouvrage de VANDERNOOT, P. (dir.), *Guides de citations, références et abréviations juridiques*, 5e éd., Waterloo, Kluwer, 2010, p. X.

PREMIÈRE PARTIE :
DES MÉCANISMES NORMATIFS D'ENCADREMENT DU POUVOIR.

« L'homme est né libre et partout il est dans les fers. »[125]. Ce verdict de Jean Jacques Rousseau fut comme une étincelle en son temps assombri par les excès monarchiques. Le pouvoir s'exerçait sans cadre constitutionnel ni limites. Liberté et pouvoir étaient loin d'y faire bon ménage. *« Les fleuves courent se mêler dans la mer : les monarchies vont se mêler dans le despotisme »,* ajoutait Montesquieu.[126]

Il est bien connu que de tout temps, le pouvoir politique est le plus grand violateur des droits de l'individu et de ses libertés, confirmant le propos de Saint Juste[127] : « *le peuple n'a qu'un ennemi sérieux, c'est son gouvernement.* » En même temps, et c'est là le paradoxe, il faut reconnaître que le pouvoir est à bien d'égards, l'indispensable garant et le protecteur du peuple. D'où l'ambivalence du droit constitutionnel écartelé entre deux fonctions : celle de limiter le pouvoir au profit de la personne, et celle de faciliter l'exercice du pouvoir au profit de son détenteur. L'harmonie entre la puissance publique et les droits fondamentaux est une quête permanente qui nécessite l'instauration d'un régime modéré en vue de prévenir l'arbitraire.[128] Cette modération passe par la Constitution, et oblige à réglementer et *à juridiciser* la vie politique en lui fixant des règles.[129] Eugène Banyaku Luape l'exprime encore mieux : « La Constitution est un point d'équilibre, dont dépendent le bon fonctionnement des Institutions dans un État de droit, ainsi que la paix civile et sociale.» [130]

Pour inscrire durablement un tel régime au cœur de l'État, et éviter l'abus de la part des gouvernants, il est mis en place des règles fondamentales. Elles sont consignées dans la Constitution qui forme le cadre normatif. (Titre 1). Bien que salué avec enthousiasme par la renaissance constitutionnelle démocratique au Congo et au Bénin, ce mécanisme normatif accuse cependant des limites (Titre 2).

---

[125] ROUSSEAU, J.-J., *Du contrat social, op.cit.*, p. 9

[126] MONTESQUIEU, C.-L. S., *De l'Esprit des lois*, cité par GOJOSSO, E., « l'encadrement juridique du pouvoir selon Montesquieu. Contribution à l'étude des origines du contrôle de constitutionnalité », *Revue Française de Droit constitutionnel,* 2007/3 (N°71), p.499 à 512, précisément, p.499.

[127] Cité par DUHAMEL, O., *Droit constitutionnel et politique*, Paris, Seuil, 1993, p.69.

[128] Le despotisme est caractérisé par le caprice et l'absence de toute règle. L'arbitraire qui y règne exclut l'idée même de la liberté. Lire, GOJOSSO, E., « l'encadrement juridique du pouvoir selon Montesquieu. Contribution à l'étude des origines du contrôle de constitutionnalité », *op.cit.* 499 et s.

[129] GICQUEL, J., *cité par GOJOSSO, E,* « l'encadrement juridique du pouvoir selon Montesquieu. Contribution à l'étude des origines du contrôle de constitutionnalité », *op.cit.*, p.499

[130] BANYAKU LUAPE, E., *Procédure devant la Cour constitutionnelle congolaise. Esquive judiciaire ou politique ?*, Paris, l'Harmattan, 2023p.17.

TITRE PREMIER :
LE CADRE NORMATIF D'ENCADREMENT DU POUVOIR.

« Le droit constitutionnel est avant tout au service des normes, dont le respect par tous contribue au fonctionnement régulier des institutions, de même qu'il s'offre en soupape de sécurité à l'exercice, par chaque citoyen, de ses droits et libertés »[131].

De cette présentation émergent les trois domaines d'intervention du droit constitutionnel décrits avec une sublime clarté par le Doyen Esambo : les normes, les institutions et les libertés.[132]

Le droit constitutionnel étant celui de la Constitution[133], celle-ci est la limite théorique, par excellence, d'encadrement juridique du pouvoir. La Constitution pose donc le cadre au sein duquel tout pouvoir doit s'exercer, s'organiser et se transmettre. Il s'agit là d'une limitation non juridictionnelle du pouvoir, objet de ce titre.[134]

Dans une Afrique confrontée aux velléités dictatoriales, tyranniques, aux coups d'États et aux rebellions, fossiles déplorables d'un mode de gouvernement archaïque, le constitutionnalisme apparait comme une voie d'issue incontournable. Malgré l'existence d'innombrables codes qui tissent le droit positif en divers domaines, et par lesquels le pouvoir politique subit également une ligne corrective de conduite, tel qu'en matière pénale, administrative, il est compréhensible, que l'on se borne dans cette étude à la Constitution qui est le cadre des cadres.

Les Constitutions autrefois réduites aux simples parchemins sous l'autoritarisme monolithique deviennent de plus en plus le ciment des systèmes démocratiques. Cette évolution positive bien que récente se consolide et se construit par la norme tel qu'il est aisé d'en juger l'apport à travers deux Constitutions témoins : la Constitution congolaise du 18 février 2006 (Chapitre1) et celle béninoise du 11 décembre 1990 (Chapitre 2).

---

[131] ESAMBO KANGASHE, J.-L., *Traité de droit constitutionnel congolais*, *op.cit.*, p.7.
[132] *Idem.*
[133] FRAISSEIX, P., *Droit constitutionnel, Tout pour réussir*, Paris, Vuibert, 2006, p.3.
[134] ESAMBO KANGASHE, J.L., « *La Constitution congolaise du 18 février 2006* », *op.cit.*pp.171 et s.

CHAPITRE 1.

LA CONSTITUTION CONGOLAISE DU 18 FÉVRIER 2006 ET L'ENCADREMENT DU POUVOIR.

Une Constitution n'est jamais le fruit d'une génération spontanée. Elle est précédée d'un emboitement des faits qui la justifient ou qu'elle doit justifier. Un tel processus se déroule soit dans l'accalmie, comme au Bénin, soit dans les troubles comme au Congo.

La Constitution congolaise du 18 février 2006 telle que modifiée par la Loi n°11/ 002 du 20 janvier 2011 fut élaborée dans un contexte particulier (Section1) qui explique en même temps ses missions (Section 2).

SECTION 1 : LE CONTEXTE PARTICULIER D'ÉLABORATION.

L'œuvre constitutionnelle de 2006 est une production post-conflit (§1) dont le processus d'élaboration[135] est spécifique (§2).

§1. UNE CONSTITUTION POST-CONFLIT.

Guerres et rébellions tissent la trame de la vie constitutionnelle et politique du Congo-Zaïre (A).

Entre négociations et accords politiques, les Constitutions se font et se défont. L'on ne peut saisir la portée de la Constitution du 18 février 2006 sans explorer ces événements, de l'Accord global et inclusif à la Constitution de Transition de 2003 (B).

A. LE CONSTITUTIONNALISME À L'ÉPREUVE DE GUERRES ET RÉBELLIONS AU CONGO-ZAÏRE.

Dans un premier temps, il est important de considérer l'incidence de foyers de résistance internes au régime militaire instauré depuis 1965 par le Lieutenant-Général Joseph Désiré Mobutu. Ils ont agi de façon latente comme des poudrières en attente d'étincelle. Celle –ci vint du glissement sournois de la guerre tribalo-ethnique rwando-rwandaise au Congo-Zaïre. Ce fut la première guerre du Congo. Elle étouffa la racine émergeante du constitutionnalisme normatif semé par la Conférence nationale souveraine.[136]

Soucieuses d'instaurer une légitimité constitutionnelle et démocratique, les Forces Vives du pays convinrent d'un nouvel ordre politique mis en place sous l'empire de l'Acte constitutionnel de la transition du 9 avril 1994, et qui fut balayé par l'entrée des troupes de l'AFDL à Kinshasa, le 17 janvier 1997.

---

[135] Sur ce sujet, lire utilement, BOSHAB MABUDJ, E., *Entre la révision constitutionnelle et l'inanition de la Nation*, Bruxelles, Larcier, Coll. Crimen, 2013,pp.283 et s.

[136] Les travaux de la Conférence ont abouti à la production de l'Acte portant dispositions constitutionnelles de transition du 02 août 1992.

En deuxième lieu, il est utile d'examiner l'impact de la deuxième guerre du Congo qui a complètement brouillé les pistes constitutionnelles vers un État de droit démocratique, et soumis à forte épreuve l'ordre institutionnel[137] établi sous le Décret-constitutionnel n°003 du 27 mai 1997 relatif à l'organisation et à l'exercice du pouvoir en République démocratique du Congo.

1. Des poudrières internes latentes.

Pour saisir la résurgence de guerres et de rébellions au Congo et leur impact sur l'élaboration de la Constitution du 18 février 2006, il faut remonter d'abord à la fin du règne du Maréchal Mobutu, ensuite à celle du Président Laurent Désiré Kabila, et enfin à l'avènement du Président Joseph Kabila.

Depuis les années 1980, le pouvoir du Zaïre subissait de plus en plus les boutoirs de l'opposition non armée incarnée par l'Union pour la Démocratie et le Progrès Social (UDPS) et des Forces rebelles de Laurent Désiré Kabila actives dans les maquis de *Hewa Bora,* mais le président Mobutu réussit à les contenir. En 1990, sous la poussée populaire du vent d'Est[138], il céda aux aspirations démocratiques.

Se référant aux conclusions des consultations populaires annoncées, le 14 janvier 1990[139] et organisées pendant trois mois, le Président de la République tint un discours, le 24 avril 1990 au cours duquel il annonça la fin du rôle institutionnel étatique du MPR. On peut considérer, à juste titre, son allocution comme la fin politique de la Constitution révolutionnaire du 24 juin 1967. D'importantes décisions ayant un impact sur l'exercice et l'organisation du pouvoir furent prises, notamment, la fin du monopartisme et l'ouverture au pluralisme démocratique. Ce changement fut concrétisé par la nouvelle loi sur les partis politiques, le 18 juillet 1990[140] et surtout par l'ouverture de la Conférence nationale, créée en vertu de l'Ordonnance n° 91 -010 du 06 mars 1991[141] telle que modifiée par l'Acte constitutif du 11 avril 1991[142]. Aux termes dudit Acte, la Conférence nationale est chargée de :

- *Discuter de toutes les questions d'intérêt national en vue de la démocratisation des options fondamentales de la Troisième République ;*
- *Elaborer un projet de Constitution à soumettre au référendum populaire ;*

---

[137]Il s'agit des institutions établies par le Décret-loi constitutionnel n° 003 du 27 mai 1997.

[138] La référence est faite ici, aux événements qui ont secoué l'URSS et l'Europe de l'Est en 1989 sous le label *perestroïka.*

[139]À ce propos, lire notamment, GBABENDU ENDUNDUKA, A. et EFOLO NGOBAASU, E., *De la Consultation populaire vers la Conférence nationale*, Paris, Harmattan, 1991, p. 10 et s.

[140] Loi n° 90-007 du 18 juillet 1990 portant organisation et fonctionnement des partis politiques en République du Zaïre.

[141]Ordonnance n° 91 -010 du 06 mars 1991 portant création et composition de la Conférence nationale.

[142]Acte constitutif du 11 avril 1991 portant création et composition de la Conférence nationale.

- *Déterminer le contenu de la loi électorale et élaborer un calendrier électoral.*

Bien que l'Acte constitutif disposât que la Conférence statue « souverainement » sur tous les points énumérés ci-dessus, et que les décisions de la Conférence contenues dans le rapport final sont « exécutoires », la concrétisation de ces résolutions mua en un mirage contrairement au succès béninois. L'Acte fondamental proclamant la souveraineté de la Conférence nationale n'a pu forger un creuset de limitation du pouvoir comme au Bénin. Son article unique décrétant que « la Conférence nationale est souveraine, et ses décisions impératives, exécutoires et opposables à tous »[143] demeura lettre morte.

Après les tâtonnements du démarrage, les acteurs politiques et les membres de la société civile congolaise s'accordèrent sur une période de transition préalable à l'instauration de la Troisième République conformément aux décisions de la Conférence nationale souveraine[144] ouverte sur la base d'une révision constitutionnelle. Durant sept ans, cette première Transition politique congolaise fut émaillée d'incidents qui paralysèrent et retardèrent la mise en œuvre de ses résolutions notamment :

- la cartellisation des partis en blocs quasi ennemis : Union sacrée de l'opposition radicale d'un côté (USOR), et Forces Démocratiques Unies (F.D.U.) de l'autre ;
- l'apparition d'alliances politiques flottantes et des individualités politiques errantes ;
- la nomination unilatérale d'Etienne Tshisekedi-wa-Mulumba (décrié par les militants de son parti) en qualité de Premier Ministre, le 22 juillet 1992;
- les nominations ratées de Monsieur Etienne Tshisekedi comme premier ministre (29 octobre 1990[145], le 28 novembre 1991.[146])

---

[143] Article unique, Acte fondamental du 5 mai 1992 proclamant la souveraineté de la Conférence nationale.

[144] L'observation fait penser, à juste titre, que la souveraineté de la Conférence nationale s'est finalement révélée théorique au point de renforcer l'illusion démocratique. Voir, HOUNGNIKPO, C-M., *L'illusion démocratique en Afrique*. Paris, L'Harmattan, 2004, p.45.

[145] Nommé Premier Ministre, Etienne Thisekedi ratura de son texte du serment, les mentions se référant à la Constitution et « au Président de la République». Aussitôt, le Président Mobutu le remplaça par Monsieur Mungul Diaka. C'est l'occasion de relever ici, que ce désordre politique fut facilité par l'absence d'un arbitre juridictionnel pour juger et dire à Monsieur Etienne Tshisekedi de se conformer à la formule constitutionnelle du serment ou d'en subir la rigueur de la loi. On verra qu'au Bénin le juge Constitutionnel a ordonné au Président Matthieu Korku de reprendre la prestation de serment tel que libellé dans la Constitution du 11 décembre 1990.

[146] Après les négociations du Palais du Peuple, M. NGUZ-A-KARL-BOND, est nommé Premier ministre en lieu et place d'Etienne Tshisekedi qui était attendu.

- la décision du nouveau premier Ministre Monsieur Nguz-a- Karl Bond d'arrêter la machine de la C.N.S. et la marche des chrétiens qui s'en suivit, et qui fut réprimée dans le sang, le 16 février 1992 ;
- la reprise chaotique des travaux de la Conférence Nationale Souveraine (6 avril 1992) ;
- la démonétisation des grosses coupures de la monnaie congolaise par E. Tshisekedi, et le désordre monétaire caractérisé par différentes zones monétaires sur un même territoire. Le Kasaï connut une véritable sécession monétaire ;
- le pillage de Kinshasa et des villes zaïroises par les Forces armées zaïroises (23 septembre 1993 et 2 février 1993).

À la suite de ces incidents[147] l'encadrement constitutionnel du pouvoir appelé de tous ses vœux par le peuple congolais réunis en Conférence nationale sembla ouvrir des brèches à la ruine de l'État constitutionnel. Les objectifs de la transition tels que définis par la Conférence, et par les différents pactes politiques[148] s'éloignaient.

Cependant, il y a lieu de reconnaître qu'à l'issue d'âpres négociations, les acteurs zaïrois étaient parvenus, du moins formellement, à achever l'œuvre immense assignée à la Conférence nationale souveraine, en dotant le pays des textes fondamentaux[149] utiles à l'exercice d'un pouvoir encadré et limité par le droit.

Il s'est avéré par la suite, que le Maréchal Mobutu qui disposait *de personnes et de biens*, s'il faut paraphraser Michel Massoz[150], dans *son* Zaïre, n'a pu consentir à limiter son pouvoir par quelques traits d'encre fût-il dans une Constitution.

Le rêve démocratique se transforma en cauchemar par la violence et l'anarchie, et l'État de droit en État sans droit sur lequel une pluie de fauteurs de guerre s'abattit. La première guerre du Congo plongea l'ordre constitutionnel dans l'agonie.

---

147 Avec le recul du temps, l'on peut présumer que ces incidents n'auraient pas connu la même virulence sous l'arbitrage d'un organe juridictionnel compétent de connaître des conflits entre les Institutions ou entre les acteurs politiques. Et, l'on peut apprécier le bénéfice de l'effectivité de la justice constitutionnel tel qu'au Bénin. Voir sous cet angle DAKO S., « La résolution juridictionnelle des conflits entre le gouvernement et le parlement au Bénin », in *La Constitution béninoise du 11 décembre 1990 : un modèle pour l'Afrique ? Mélange en l'honneur de Maurice Ahanzo-Glèlè*, Paris, L'Harmattan, 2014, pp.327-366.

148 Voir, *Acte constitutif du compromis politique global de la transition*, 30 juillet 1992 ; *Acte constitutif de l'Arrangement particulier relatif au partage équitable et équilibré du pouvoir pendant la période de transition*, 16 juin 1994, *Digithèque MJP* URL https://.univ.fr/constit/cd1991;htm, consulté le 07 avril 2023.

149 *L'Acte constitutionnel harmonisé relatif à la période de transition du 2 avril 1993* ; *l'Acte constitutionnel de la transition* du 9 avril 1994.

150 MASSOZ, M., *Le Zaïre authentique (1965-1980)*, Liège, Massoz, 1984, p.162.

2. La première guerre du Congo : agonie de l'ordre constitutionnel de Transition issue de la Conférence Nationale Souveraine.

L'environnement géopolitique se dégradait considérablement dans la région des grands lacs africains.

D'abord, au Rwanda où une guerre civile sévissait entre l'Armée patriotique rwandaise, une rébellion dirigée par Paul Kagamé d'ethnie *tutsie* et le Pouvoir incarné par le Président Habyarimana d'ethnie Hutu. L'assassinat de ce dernier dans le crash de son avion abattu par un missile, le 6 avril 1994, déclencha le massacre de Tutsis par centaines de milliers et des Hutus modérés. Ensuite, au Zaïre où le pouvoir et l'opposition se livraient aux escarmouches verbales en vue de leur positionnement réciproque pendant ce temps, la guerre du Rwanda se déportait au Congo par l'imbrication de plusieurs facteurs.[151] Et, où les autorités avaient envisagé d'invalider la Loi de 1972 attribuant la nationalité congolaise aux ressortissants du Ruanda-Urundi établis dans le Kivu.[152] Les questions de nationalité donnèrent ainsi un argument ou un prétexte aux Congolais tutsis, dits *Banyamulenge*, pour saper l'ordre constitutionnel en fomentant une rébellion. Depuis lors, l'argumentaire devint une carte de chantage politique, et de perturbation sécuritaire à l'Est du pays.

Le 19 octobre 1996, l'appareil militaire de la rébellion renforcée en armes, en munitions et en hommes avec la bénédiction américaine sous l'administration Clinton[153], selon Isidore Ndaywel[154], se mit en branle.

L'entrée de l'AFDL à Kinshasa mit définitivement fin aux trente-deux ans de règne sans partage du Maréchal Mobutu. À la tête de l'Alliance, Laurent Désiré Kabila mit également un terme au pouvoir fondé sur l'Acte constitutionnel de la transition du 9 avril 1994 dont les principes d'encadrement du pouvoir demeurèrent ainsi, des vœux pieux.

---

[151] Les survivants et les auteurs du massacre se dirigèrent vers le Congo, dans le Kivu, pour y trouver refuge escortés par une troupe de l'armée française sous le label de l'opération « Turquoise ». Le Rwanda entendait exercer un droit de suite pour empêcher au camp adverse de se réorganiser en vue d'une contre- offensive. Des commandos rwandais intervenant sur le sol congolais terrorisèrent les camps de réfugiés dont le plus grand à *Shangungu* fut attaqué et dispersé. Les populations Hutu rwandaises errant dans les savanes et forêts congolaises devaient s'enfoncer davantage dans les profondeurs du territoire pour échapper au massacre, mais les Forces poursuivantes ne renonçant pas à leur charge soutinrent des véritables opérations de guerre au Congo. En plus, le nouveau pouvoir à Kigali ne s'accommodait pas avec un régime hostile à Kinshasa. Il était connu que Mobutu fut un puissant allié de Juvénal Habyarimana. Sur ces faits lire NDAYWEL, I., *Histoire générale du Congo, de l'héritage ancien à la République démocratique du Congo op.cit.* p.599 et s.

[152] Voir la Loi N° 72/020 du 5 janvier 1972 attribuant la nationalité congolaise aux ressortissants du Rwanda –Urundi établis dans le Kivu ; La loi n°81/002 du 29 juin 1981 relative à la nationalité congolaise.

[153]Voir, la Loi n° 72/020 du 5 janvier 1972 attribuant la nationalité congolaise aux ressortissants du Rwanda –Urundi établis dans le Kivu ; La loi n°81/002 du 29 juin 1981 relative à la nationalité congolaise.

[154] *Idem.*

Comme en 1965, la barque congolaise allergique au gouvernail du droit sombra dans les remous politiciens accélérant sans remède, l'effondrement de l'ordre constitutionnel de la deuxième République et de la Transition post conférence nationale.

3. L'effondrement de l'ordre constitutionnel de la deuxième République et des mécanismes normatifs de la transition post Conférence nationale.

De la même manière que le Lieutenant-Général Joseph-Désiré Mobutu décréta unilatéralement la fin de la « recréation politicienne », le 24 novembre 1965, l'un de ses rescapés et farouche opposant, Laurent Désiré Kabila siffla l'arrêt de la « transition récréative » post-conférence nationale. Et pourtant comme, l'a souligné Bob Kabamba, la *CNS zaïroise aura été, en Afrique, celle qui a, le plus passionné les observateurs*[155].

L'espoir de placer le pouvoir sous les bornes de la Constitution de la transition du 9 avril 1994 s'envola d'abord avec la Déclaration de prise de pouvoir du 17 mai 1997 par l'AFDL, ensuite, avec le Décret- loi constitutionnel n° 003 du 27 mai 1997 relatif à l'organisation et à l'exercice du pouvoir en République démocratique du Congo.

Le pouvoir de l'AFDL fut bref et incertain. Comme il fallait s'y attendre, l'exercice d'un pouvoir absolu reproduisit de manière inorganisée des contre-pouvoirs: opposition et guerres. Le refus d'un encadrement constitutionnel du pouvoir engendre des tentatives de limitation inorganisée non constitutionnelle et violentes.

De l'extérieur comme de l'intérieur, la résistance apparut sous diverses formes pour exiger un encadrement politique et juridique du pouvoir. La contestation se focalisait sur le caractère illégitime du pouvoir. La crise de légitimité exigeait des solutions appropriées, mais faute d'un cadre institutionnel du débat, une flopée d'opposants tenta de faire obstacle à l'autorité de Kinshasa.[156]Plusieurs mouvances s'éveillèrent : Les anciens généraux de Mobutu, les défenseurs des acquis de la C.N.S., les indépendants et les déçus du régime, etc.[157]

Dès les premières heures du nouveau pouvoir, Etienne Tshisekedi dénonça la nouvelle dictature, et suggéra des pistes qui lui valurent pour la énième fois le chemin de la relégation vers son village natal de *Kabeya Kamwanga* au

---

[155]KABAMBA, B, « le processus de transition démocratique au Congo », intervention aux journées d'études sur la politique africaine de la Belgique, Louvain-la-Neuve, Université Catholique de Louvain, 9-10 février 1999.

[156]NDAYWEL, I., *Histoire générale du Congo, de l'héritage ancien à la République démocratique du Congo op.cit.* p.610. Voir aussi, BRAECKMAN, C et alii, (dir.), *Kabila prend le pouvoir. Les prémices d'une chute-La campagne victorieuse de l'AFDL-Le Congo d'aujourd'hui*, Bruxelles, GRIP, 1998, pp.99-110.

[157]*Idem*

Kasaï oriental. Il préconisait de « libérer le libérateur (L.D. Kabila) de ses mercenaires étrangers dont il était l'otage.»

L'interdiction des activités des partis politiques au profit d'un seul Mouvement, politico-militaire, fut une pilule difficile à faire avaler aux Congolais après la chute du Maréchal Mobutu et la disparition du MPR, parti unique. On fustigeait du « mobutisme sans Mobutu » selon l'expression de Wamba-dia-Wamba.[158] La conjugaison de tous ces facteurs, combinés aux manipulations des puissances étrangères aboutit à la deuxième guerre du Congo.

4. La Deuxième guerre du Congo : l'ordre constitutionnel de l'AFDL à l'épreuve des armes.

Comme lors de la première guerre du Congo, quelques pays voisins à l'Est du pays s'impliquèrent dans les machinations de la deuxième. En effet, la décision prise par le Gouvernement de Kinshasa de renvoyer les militaires rwandais dans leur pays semblait être la goutte d'eau qui fit déborder le vase. Les deux principaux alliés régionaux de Laurent Désiré Kabila, devenus ses pires ennemis (l'Ouganda et le Rwanda) fournirent leur appui à des mouvements politico-militaires pour combattre le régime en place. Ainsi le Rassemblement Congolais pour la Démocratie (RCD) créé officiellement le 02 août 1998 leur offrit, la première, cette opportunité. Il regroupait dans son Comité Directeur, les leaders *Banyamulenge* anciens dirigeants de l'AFDL, quelques *mobutistes* et des *Kabilistes* aigris.

Ce noyau hétéroclite ne tarda pas à la manière des blocs politiques congolais, à souffrir du *syndrome de scissiparité*, stigmatisé non sans justesse par Jacques Djoli, déjà cité.

Depuis Goma le RCD déclencha une rébellion violente appuyée par les forces rwandaises qui ne s'arrêteront que face au verrou zimbabwéen à quelques encablures de Kabinda dans l'ancienne province du Kasaï –oriental.[159] Ce fut le début de la deuxième guerre du Congo, qualifiée aussi de la Première Guerre mondiale africaine, à cause de la présence directe ou indirecte des forces combattantes de plusieurs pays africains.[160]

L'Ouganda pour sa part, misa sur le Mouvement pour la libération du Congo (MLC) formé par Jean Pierre Bemba. Dès novembre 1998, il amorça son offensive et occupa toute la province de l'Équateur. À cette période les leaders congolais brillèrent par les errements d'un parti à un autre témoignant d'un manque de conviction idéologique et de projet de société viable.

Voguant tantôt au gré des servilités internes ou externes, tantôt au gré d'obscurs intérêts personnels, des groupes et groupuscules se créaient et se

[158] *Ibidem*

[159] DJOLI ESENG'ENGEKELI, J., *Le constitutionnalisme africain entre la gestion des héritages et l'invention du futur l'exemple congolais, op.cit. p.15 et s.*

[160] Angola, Namibie, Zimbabwe (sur invitation du Pouvoir de Kinshasa) Burundi, Ouganda et Rwanda (sous la couverture de la rébellion).

dissolvaient, rappelant ainsi, la frénésie politicienne de la première République, sans la moindre attention à la norme constitutionnelle.[161]

Le RCD et le MLC engendrèrent une floraison des branches dissidentes presque toutes soumises à des forces extérieures contre la souveraineté du Congo entravant fortement l'essor du constitutionnalisme. Depuis lors, le pays vit au rythme d'une rébellion « caméléon ».

L'intervention des troupes angolaises, zimbabwéennes et namibiennes en appui aux Forces armées de la République démocratique du Congo, complexifia l'équation au point que le schéma de 1997 devint quasi impossible à rééditer de la part des forces étrangères à l'Est du Congo.

Jusqu'en 2001, le Président Laurent Désiré Kabila qui se montra autant déterminé que chef de guerre affirmé mit en échec les ambitions de la rébellion de récidiver l'exploit de 1997.Le territoire congolais n'était plus un terrain où les *Kadogo*[162] pouvaient faire une promenade de santé. On se souviendra que L.D. Kabila avait promis *une guerre longue et populaire qui finirait où elle avait commencé.*

Les tentatives de négociations pour un dialogue entre belligérants se heurtèrent à sa réticence, mais, le Chef de l'État congolais tomba sous les balles d'un assassin dans son propre Palais à Kinshasa, le 16 janvier 2001 dans des circonstances obscures.

Le 17 janvier 2001, les autorités congolaises confirmèrent la mort du Président de la République. En l'absence d'une norme constitutionnelle organisant la succession ou la vacance présidentielle, il fut organisé de manière empirique une procédure en quatre étapes.

Premièrement, le jour même de l'incident, l'aide du camp du président défunt a permis d'éviter le vide du pouvoir en s'autorisant des actes du pouvoir suprême. Apparu à l'écran de la télévision nationale, Il ordonna la fermeture des frontières et demanda à l'Armée de garder son calme et de s'abstenir d'un seul coup de feu.

En deuxième étape, le général Olenga chef d'état-major, l'Aide de camp Eddy Kapend et le chef d'état-major des Forces terrestres, le Général-major Joseph Kabila se concertèrent pour décider de confier la succession au fils du défunt.[163] ». À en croire Mwenze Kongolo, cette décision mit tout le monde d'accord et le 17 janvier le gouvernement annonça par son Ministre de communication Monsieur Sakombi Inongo, que le Chef de l'État, blessé lors de l'attentat, avait été transféré à l'extérieur et avait décidé de « confier la direction

---

[161] Voy.p.ex. BRAECKMAN, C., et alii, *Le Dinosaure. Le Zaïre de Mobutu,* Fayard, Bruxelles, 1998, pp.10 et s.

[162] Expression de la langue swahilie qui signifie « petits ou jeunes » par référence aux enfants-soldats engagés dans les rangs des rebelles de l'AFDL en 1996.

[163] MWENZE KONGOLO, *Laurent Désiré Kabila. Ma part de vérité*, Paris, l'Harmattan, 2007, p.115-116.

de l'action gouvernementale et le haut commandement militaire au Général Major Joseph Kabila».[164]

Troisièmement, il fallait formaliser la succession par un acte politique aux allures démocratiques. Ce qui conduisit l'Assemblée constituante et législative-Parlement de Transition (ACL-PT) d'investir Joseph Kabila Kabange de pouvoirs constitutionnels dévolus au Chef de l'État. La résolution fut adoptée en la même date, le 24 janvier 2001.

Enfin, le nouveau Président s'investit dans la voie de la négociation. Celle-ci déboucha d'abord sur des accords de paix, ensuite sur la Constitution de transition, et sur celle du 18 février 2006.

B. DE L'ACCORD GLOBAL ET INCLUSIF À LA CONSTITUTION DE TRANSITION DU 04 AVRIL 2003.

Alors que son défunt père était farouchement opposé à une négociation tendant à faire du Congo le nouveau théâtre des opérations onusiennes et à traiter d'égal à égal avec les rebelles, Joseph. Kabila surprit par son ouverture. On admet que c'est lui qui parvint à éteindre le brasier congolais.

Dès le 2 février 2001, il en donna un signal fort lors de son discours au Conseil de Sécurité où il s'est dit favorable au dialogue et à l'ouverture tout en dénonçant fermement l'occupation étrangère de son pays. Une nouvelle impulsion devait être donnée au processus de paix enlisé, ce qui déboucha sur un forum politique, le Dialogue inter congolais ayant conduit au rapatriement de certaines troupes étrangères, l'objectif visé étant de mettre hors du territoire congolais les forces étrangères invitées (namibiennes et zimbabwéennes) et non invitées (rwandaises et ougandaises).

Dans la dynamique de l'Accord de Lusaka, l'ONU déploie ses premières troupes en République démocratique du Congo.[165] Une réunion préparatoire se tint en août à Gaborone sous la présidence du facilitateur Ketumile Masire. Il fut convenu que le Dialogue inter congolais se tiendrait à Addis-Abeba à partir du 15 octobre 2001. Il fallait régler le volet politique de l'accord de Lusaka dont le cessez-le-feu était constamment violé depuis 1999. Cependant, le processus ne s'arrêta pas, car un autre lieu a été fixé, à Sun City, dans les faubourgs de Johannesburg en Afrique du Sud. Cette rencontre de tous les espoirs a été programmée du 25 février au 12 avril 2002. Elle se prolongea jusqu'au 18 avril.

Les parties s'étaient accordées sur la validation des mandats et les proportions respectives de délégations composées comme suit : 68participants du gouvernement, 68 du M.L.C., 68 du R.C.D, 68 de l'opposition non armée, 16 du

[164]*Idem.*
[165]Ce sont des Unités marocaines, sénégalaises et uruguayennes.

RCD-ML, 71 de la société civile et des forces vives et 8 des *Mayi-Mayi.*[166] En tout, 367 participants.[167]

L'émiettement de la rébellion congolaise fut manifeste par la pluralité de chefs de délégations autrefois membres fondateurs d'un même mouvement. Il était logique que la délégation gouvernementale conduite par Augustin Katumba Mwanke, Ministre près le Président de la République, soit presque la seule à accuser une certaine stabilité et une cohésion[168]. Au RCD/Goma, le chef de délégation officielle était Adolphe Onusumba. Mais, dans les faits, c'était Azarias Rubewa qui ne tardera d'ailleurs pas à évincer le premier. Le MLC était conduit par Olivier Kamitatu tandis qu'on observait un grand éclatement au RCD où Wamba dia Wamba dirigeait la délégation du RCD/Kis/ML, Mbusa Nyamuisi conduisait la délégation du RCD/ML (Beni Butembo), Tibasima, le RCD /ML (Bunia) et Roger Lumbala, était à la tête du RCD /N. L'opposition non armée regroupait principalement l'UDPS, le Palu, Le FONUS, et le MPR. Il faut aussi noter la présence des personnalités politiques indépendantes. Inspirés de la Conférence nationale souveraine, les organisateurs n'éprouvèrent pas d'énormes difficultés pour définir la structure thématique du Dialogue. Ainsi on eut cinq Commissions : Politique et juridique, Economique et financière ; Humanitaire ; Sociale et sécurité, Défense et sécurité, Paix et réconciliation nationale.

La première conclusion des travaux fut quelque peu décevante, car elle intervint le 17 avril 2002 par un accord conclu entre le gouvernement et le MLC aux termes desquels, l'Exécutif congolais serait partagé entre Joseph Kabila, chef de l'État et J.P. Bemba Premier Ministre. Ce schéma a été rejeté par les autres acteurs qui lui reprochèrent de compromettre une transition paisible par son caractère non inclusif, et optèrent pour un accord inclusif.

On doit rappeler la création de l'Alliance pour la Sauvegarde du Dialogue inter congolais (ASD), le 23 avril 2002. Cette structure formée entre le groupe rebelle RCD-GOMA et 5 partis de l'Opposition congolaise[169] se dressa contre le texte conclu entre Jean Pierre Bemba et Joseph Kabila, et fut le véritable déclencheur d'une dynamique pour la réouverture de discussions en vue de parvenir à un Accord plus inclusif.

---

[166]NDAYWEL, I., *Histoire générale du Congo, de l'héritage ancien à la République démocratique du Congo, op.cit.* p. 632.

[167]*Idem.*

[168] NDAYWEL, I., *Histoire générale du Congo, de l'héritage ancien à la République démocratique du Congo, op.cit.* p. 632.

[169] L'Union pour la démocratie et le progrès social(UDPS), la Dynamique pour une transition neutre(DPTN), Le Mouvement Lumumbiste Unifié(MLP), le Conseil de l'Opposition congolaise externe de l'Amérique du Nord (COCEAN) et le Rassemblement pour une Nouvelle Société (RN).

La suspicion entre les acteurs de l'accord du 17 avril 2002 amena le Président Kabila à accepter la reprise et la poursuite de négociations avec d'autres composantes. Pretoria fut donc désigné pour abriter les travaux qui s'ouvrirent le 5 novembre 2002 pour s'achever le 11 novembre de la même année. Cette ultime étape fut conduite par le Sénégalais Moustapha Niasse, représentant spécial du Secrétaire général de l'ONU. Un Accord fut signé à l'arrachée le 17 décembre 2002.[170]

Au préambule dudit l'Accord[171], les parties prennent appui sur l'Accord de Lusaka, les résolutions du Conseil de Sécurité relatives au conflit en République démocratique du Congo et sur les résolutions du Dialogue inter congolais tenue à Sun City.

Ce texte est considéré à juste propos, comme le fondement politique et juridique du pouvoir sous la Deuxième transition et même comme l'une de source proche de la Constitution du 18 février 2006. C'est à ce titre que le rappel des faits sur le processus de négociation n'est pas dépourvu d'intérêt.

En substance, l'Accord global et inclusif traite de la cessation des hostilités[172], fixe les objectifs[173] et les principes de la transition[174]. Il détermine également les Institutions de la transition[175] sur la base d'une Constitution transitoire dont le projet fut adopté par le D.I.C.

Ainsi, la Constitution de transition fut promulguée le 4 avril 2003. Elle est formellement l'œuvre de délégués des composantes et entités au DIC qui l'ont adoptée le 1er avril 2002, et signée le 2 avril, ce texte marque la fin juridique des régimes de l'A.F.D.L. et des Comités du pouvoir populaire (CPP) mis en place par le président Laurent Désiré Kabila et poursuivi par Monsieur Joseph Kabila Kabange, son fils.

Le constituant de transition a eu le mérite de remettre le pouvoir congolais sur les rails juridiques, et de conférer une légitimité circonstancielle aux institutions constitutionnellement établies pour assurer une transition consensuelle chargée principalement de définir les principes d'encadrement et de limitation du pouvoir, et d'amorcer le processus d'élaboration d'une Constitution démocratique.

---

170 BOUVIER, P., *Le dialogue inter congolais, Anatomie d'une négociation à la lisière du chaos,* Contribution à la théorie de la négociation, Tervuren-Paris, MRC-L 'Harmattan, 2004, p.261 cité par NDAYWEL, I., *Histoire générale du Congo, de l'héritage ancien à la République démocratique du Congo, op.cit.*, p.634.

171 Accord Global et Inclusif sur la Transition en République Démocratique du Congo, *J.O, RDC*, n° spécial du 5 avril 2003, pp.51-69.

172 Accord Global et Inclusif, point I. Al. 1à 5.

173 Accord Global et Inclusif, point II. Al. 1à 5.

174 Accord Global et Inclusif, point III. Al. 1à 8.

175 Accord Global et Inclusif, point V.

§2. UNE CONSTITUTION NEGOCIÉE AUX ALLURES DÉMOCRATIQUES.

L'élaboration de la Constitution de la République démocratique du Congo du 18 février 2006 a suivi un processus particulier qui ne lui enlève guère le caractère démocratique. Cette spécificité tient notamment au pouvoir constituant (A), au mode de son établissement (B) et au poids des acteurs impliqués (C).

A. LA FORMATION DU POUVOIR CONSTITUANT.

Il n'est pas vain de rappeler que l'État moderne se présente sous la forme de l'institutionnalisation incarnée par le pouvoir constituant. C'est en effet, cette autorité qui peut transférer le pouvoir qu'elle détient, à l'entité juridique que constitue l'État et qu'elle crée. Cette analyse rend compte de la situation initiale de l'État en tant qu'entité sociologique et politique quelle que soit sa nature[176] et en tant que système juridique quel que soit son régime politique.

Le pouvoir constituant originaire détient l'effectivité du pouvoir, qu'il s'agisse du peuple, d'un individu ou d'un groupe d'individus. Sur cette base, on peut observer que le pouvoir constituant originaire de la transition en République démocratique du Congo a été constitué par les membres des mouvements politico-militaires et de la société civile délégués au Dialogue inter congolais.

Par rapport à leur poids politique ou leur force militaire, ils ont dégagé des forces politiques érigées en composantes et entités[177]. Ce sont-elles qui transférèrent l'effectivité du pouvoir aux futurs organes[178] de la Transition.

Généralement, il est admis qu'en régime démocratique, le pouvoir constituant originaire se confonde à la souveraineté et revienne au peuple qui agit à travers ses représentants élus, et qui entérine leur œuvre par une consultation référendaire. Ainsi, le droit constitutionnel distingue le pouvoir constituant originaire de celui dérivé[179]. Le premier intervient *chaque fois que se fonde un État nouveau.* Cela se produit dans trois hypothèses.

Dans la première hypothèse, le pouvoir constituant intervient lorsqu'un État inexistant est créé sur un territoire. L'histoire européenne en donne

---

[176] Il peut s'agir d'une démocratie où le pouvoir constituant originaire est le peuple ou d'une société non démocratique où ce pouvoir se confond à la personne du détenteur du pouvoir.

[177] Quatre composantes furent identifiées : Le Gouvernement de la République, le Rassemblement Congolais pour la Démocratie (RCD), le Mouvement de Libération du Congo (MLC), l'Opposition politique et les Forces vives. En qualité d'Entités on a enregistré trois forces : Rassemblement congolais pour la Démocratie- Mouvement de Libération, le Rassemblement congolais pour la Démocratie nationale (RCD-N) et les Maï-Maï, le Rassemblement congolais pour la Démocratie-Nationale et les Maï-Maï. Lire ESAMBO KANGASHE J L, *La Constitution congolaise à l'épreuve du constitutionnalisme. Contraintes pratiques et perspectives*, *op.cit.*p.44.

[178] Accord Global et Inclusif, point V.2 ; Annexe I. B., Journal Officiel de la RDC, op.cit.

[179] CHANTEBOUT, B., *Droit constitutionnel*, Paris, 20e éd., Dalloz, 2003, p.28.

l'illustration au Moyen-âge, lorsque les monarques ont légué le pouvoir qu'ils exerçaient en propriétaires dans leurs empires, aux nouvelles entités étatiques[180].

De nos jours la décolonisation a donné naissance aux nouveaux États sur tous les continents. Il est courant dans ce cas, que les principaux leaders des partis qui ont lutté pour l'indépendance se constituent en *pouvoir constituant* appelé à doter la nouvelle société d'un texte fondamental. On relève aussi des situations où le pouvoir colonial au moment de se démettre, établit une Constitution pour ses ex- Colonies.[181]

La deuxième hypothèse concerne un nouvel État naissant par la fédération d'États existants qui renoncent à leurs souverainetés respectives et la transfèrent à l'État nouveau. Généralement ces États confient à une Convention constituante ou à une Assemblée constituante les prérogatives d'élaborer le projet de Constitution qui sera soumis à la ratification par leur majorité qualifiée. Tel fut le processus d'élaboration de la première Constitution fédérale helvétique de 1848 et de la Constitution fédérale des États-Unis de 1787.

Enfin, l'on estime qu'un nouvel État apparait chaque fois que le pouvoir s'effondre et qu'il y a un changement de régime. Lorsqu' à l'issue d'une révolution les détenteurs du pouvoir sont chassés et qu'il ne s'y trouve plus personne pour agir et commander au nom de l'État qu'ils incarnaient, celui-ci disparait avec eux.[182]

Bien que cette conception soit loin de l'approbation des internationalistes, de notre avis, le plus important est de noter que les nouveaux dirigeants se posent en pouvoir constituant originaire. La France a connu la même situation des nombreuses fois.[183]

Le coup d'État du 24 novembre 1965 et la prise de pouvoir du 17 mai 1997 en République démocratique du Congo s'y apparentent.

Lorsqu'un nouvel État nait, le pouvoir constituant élabore sa toute première Constitution, au moment du changement de régime comme, après la mort du président en fonction, le pouvoir constituant est indispensable. Son *action règle les questions fondamentales relatives au fonctionnement de l'État,*

---

[180]*Idem.*

[181]C'est de cette manière que la Grande-Bretagne a procédé avec les *dominions*. L'on note à ce propos que les Constitutions australiennes et néozélandaises furent originairement des lois britanniques. Depuis 1931, les *dominions* peuvent les changer s'ils le veulent, en vertu d'une délégation permanente reçue du parlement britannique. Il en est de même de la Constitution canadienne adoptée en 1867, après consultation des populations locales, par le Westminster sous le nom *d'Act pour l'Amérique du Nord britannique*. Voir, CHANTEBOUT, B., *Droit constitutionnel, op.cit.*, p.29.

[182]Cette analyse divise la doctrine publiciste entre des courants constitutionnalistes et internationalistes. Ces derniers tiennent à la théorie de la succession d'État et n'admettent pas que l'effondrement du régime entraine la disparition de l'État. Nous sommes d'avis que la disparition du régime entraine la disparition de l'État- institution jusqu'à l'établissement d'un nouvel ordre juridique ou constitutionnel.

[183]En 1814, en 1830, en 1848 et en 1870.

lui donne les moyens de produire les règles de droit qu'elles soient constitutionnelles, législatives, réglementaires ou juridictionnelles.[184]

La Constitution du 18 février 2006 fut donc, élaborée dans un contexte politique caractérisé par la méfiance[185] et la suspicion entre les différentes forces politiques. On peut à raison considérer que les délégués au Dialogue inter-Congolais, signataires de l'Accord global et inclusif soient « le véritable pouvoir constituant » lointain de la Constitution du 18 février 2006. C'est par eux que les parties belligérantes et les acteurs politiques, regroupés en composantes et entités mais ne pouvant exercer le pouvoir sur l'ensemble du territoire national l'ont transmis à l'institution étatique congolaise par le biais de l'Accord global et inclusif sur la transition en République démocratique du Congo.

Ce compromis politique converti en instrument juridique a accouché de la Constitution de la transition du 4 avril 2003 qui a défini le mode d'élaboration d'une nouvelle Constitution.

B. LE MODE D'ÉTABLISSEMENT DE LA CONSTITUTION DU 18 FÉVRIER 2006.

Le droit constitutionnel classique distingue les modes démocratiques[186]et des modes non démocratiques[187] d'élaboration de la Constitution. Une autre classification les regroupe en techniques autoritaires, démocratiques et mixtes.[188]

La théorie démocratique reconnait au peuple l'attribut de la souveraineté. Celui-ci est le détenteur du pouvoir constituant originaire, première source du pouvoir.[189] Les formes de participation du peuple à l'œuvre constitutionnelle sont variées et procèdent de plusieurs techniques incluant, le plébiscite constituant, la Convention et le referendum constituant.

---

[184]BEHRENDT, C., et BOUHON, F., *Introduction à la théorie générale de l'État. Manuel.*, Bruxelles, Collection de la Faculté de Droit de l'Université de Liège, 2019, 3e éd., p.210.

[185] ESAMBO KANGASHE, J.-L., « Le contexte sociopolitique congolais, repères historiques et forces en présence : de la guerre de libération à l'Accord global et inclusif », in *MALANDA SUMBU F., La nouvelle Constitution de transition en République démocratique du Congo : aspects juridiques, politiques, économiques et socioculturels*, Kinshasa, publication de la FKA, décembre 2003, p.17.

[186] Sur les formules démocratiques, lire notamment, FRAISSEIX, P., *Droit constitutionnel. Tout pour réussir*, Paris, Vuibert, 2006, p.55.

[187] CHANTEBOUT, B., *Droit constitutionnel*, *op.cit.* p. 30 ; ESAMBO KANGASHE J.-L., *op.cit.* p. 31.

[188] ESAMBO KANGASHE, J.-L., *La Constitution congolaise du 18 février à l'épreuve du constitutionnalisme*. Contraintes pratiques et perspectives, *op.cit.*, p. 31

[189] CHANTEBOUT, B., *op.cit.* p.30.

Le plébiscite constituant consiste en ce que le peuple est invité à se prononcer par « oui » ou par « non » sur le projet de constitution élaboré par les gouvernants effectifs.[190]

La convention confère à une assemblée souveraine, élue spécialement dans ce but, la compétence d'élaborer la Constitution. Les élus étant considérés, dans ce cas, comme l'expression de la volonté du peuple, le texte qu'ils adoptent est exécutoire et opposable à tous sans qu'il y ait encore besoin d'une intervention populaire.

Le référendum laisse à une assemblée constituante le pouvoir d'élaborer le projet de Constitution. L'approbation du peuple est plus ou moins ignorée. Il peut s'agir de l'octroi ou du pacte. La Constitution octroyée relève du vouloir unilatéral du monarque qui l'offre à son peuple sans la collaboration ni le contrôle de celui-ci.

Ce procédé est souvent utilisé par les régimes à tendance autoritaire ou selon une certaine formule, les régimes à *habillage* démocratique. Faute d'un débat sur les dispositions constitutionnelles, les rédacteurs de la Constitution y insèrent celles laissant tout le pouvoir aux anciens détenteurs, en dépit de l'institutionnalisation apparente et formelle.[191]

Le pacte organise une faible participation du peuple à l'élaboration d'un texte constitutionnel lequel, selon le Doyen Jean-Louis Esambo, lui est pratiquement imposé.

L'observation des étapes suivies dans l'élaboration de la Constitution de la République démocratique du Congo du 18 février 2006 incite à la compter au nombre des Constitutions démocratique adoptées par référendum.[192]

En effet, le Sénat évoquant la Constitution de la transition du 4 avril 2003[193] et son règlement intérieur[194], a élaboré l'avant-projet de la Constitution. Au mois d'avril 2003, mais avant, il amorça une campagne en faveur de la consultation nationale en vue de recueillir des avis des structures sociales et politiques intéressées.[195]

Pour mener à bien cette entreprise, le Sénat a confié la tâche à l'une de ses commissions permanentes, en l'occurrence, la commission

[190]ESAMBO KANGASHE, J.-L., *La Constitution congolaise du 18 février 2006 à l'épreuve du constitutionnalisme. Contraintes pratiques et perspectives, op.cit.*, p.41.
[191] ESAMBO KANGASHE, J-L., *La Constitution congolaise du 18 février 2006 à l'épreuve du constitutionnalisme. Contraintes pratiques et perspectives, op.cit., p.47*
[192]*Idem.*
[193]Art. 109, Constitution de la transition du 4 avril 2003.
[194]*Journal Officiel de la République Démocratique du Congo*, numéro spécial du 13 octobre 2003.
[195] ESAMBO KANGASHE, J.-L., *La Constitution congolaise du 18 février 2006 à l'épreuve du constitutionnalisme. Contraintes pratiques et perspectives, op.cit.*, p.45.

constitutionnelle.[196] Celle-ci et l'ensemble des Sénateurs ont bénéficié de deux séminaires organisés au Palais du Peuple de Kinshasa respectivement du 13 au 14 août et du 17 au 18 septembre 2004, et portant sur les perspectives de la future Constitution de la République démocratique du Congo.[197]

La première mouture de l'avant-projet de Constitution a été élaborée par le Comité de rédaction institué à cet effet et, en faveur duquel une retraite fut organisée à Kisangani. Au cours de ses travaux tenus du 24 septembre au 15 octobre 2004 dans la même ville, la Commission constitutionnelle a examiné le texte proposé par le Comité de rédaction et l'a adopté le 24 février 2005 avant de le soumettre aux débats de l'Assemblée plénière du Sénat.

Après quelques modifications de fond, le Sénat a adopté l'avant-projet de Constitution à l'issue de sa session du 21 février au 17 mars 2005, et l'a déposé au Bureau de l'Assemblée Nationale[198]qui a eu la tâche d'élaborer le projet de Constitution de la IIIe République à soumettre au référendum.[199]

Il importe de rappeler que l'avant-projet suggéré par le Sénat fut présenté à l'Assemblée nationale le 29 mars 2005. Après quatre jours de débats, la Chambre basse du Parlement a précisé les recommandations qui devaient guider les travaux à la Commission politique, administrative et juridique après audition des conclusions du débat général.[200]

Le rapport et le texte rédigés par cette Commission ont été examinés en plénière de l'Assemblée nationale du 27 avril au 3 mai 2005[201]. Pour se conformer au calendrier de la transition et sous la contrainte de l'agenda électoral établi par la Constitution de la transition du 4 avril 2003, l'Assemblée nationale a adopté le projet de Constitution le 16 mai 2005. On a pu relever trois cent quarante-huit voix pour le projet, cinq voix contre. Huit députés se sont abstenus.[202] Ce projet fut soumis au référendum du 18 au 19 décembre 2005. Le « Oui » l'a emporté largement.[203]

Le processus d'élaboration de la Constitution du 18 février 2006, a suivi tel que nous venons de le décrire, un parcours exceptionnel en ce que le

---

[196] Des Commissions permanentes au nombre de huit ont été constituées conformément à l'article 34 du Règlement intérieur du Sénat.

[197] ESAMBO KANGASHE, J-L., *La Constitution du 18 février 2006 à l'épreuve du constitutionnalisme. Contraintes pratiques et perspectives, op.cit.* p.45 et s.

[198] *Idem.*

[199] Art.98, tiret 4 de la Constitution du 4 avril 2003.

[200] L'avant-projet de Constitution fut transmis à la Commission politique, administrative et juridique, le 12 avril 2005 pour examen. Voir ESAMBO KANGASHE, J-L., *La Constitution congolaise du 18 février 2006 à l'épreuve du constitutionnalisme. Contraintes pratiques et perspectives, op.cit.*, p. 48.

[201] Rapport de la Commission politique, administrative et juridique de l'Assemblée nationale relatif à l'avant-projet de Constitution de la République Démocratique du Congo, Kinshasa, Palais du Peuple, avril 2005 ;

[202] ESAMBO KANGASHE, J.-L., *La Constitution congolaise du 18 février 2006 à l'épreuve du constitutionnalisme. Contraintes pratiques et perspectives, op.cit.* p. 49.

[203] À 84,31%

Sénat a organisé une consultation du peuple à l'étape de l'avant-projet avant le référendum. Certains observateurs qualifiés ont émis de suspicions. Jacques Djoli a dénoncé une manœuvre tendant à escamoter le référendum constituant.[204]

Pour notre part, une consultation en amont et en aval est une évolution exceptionnelle en République Démocratique du Congo. La démocratie n'en fut pas moins renforcée. Selon Jean Louis Esambo l'expression du peuple au début du processus constitutionnel a permis de recueillir les avis utiles sur des questions controversées[205] et de rédiger l'avant-projet et le projet de Constitution dans les lignes souhaitées par la majorité du peuple. Cela est compréhensible dans la mesure où les acteurs de l'élaboration n'ont pas été élus, ils furent comme d'autres, des acteurs extra ou para constitutionnels dont le poids fut considérable.

C. LE POIDS DES ACTEURS IMPLIQUÉS.

L'environnement sociopolitique de la période allant de la guerre dite de *libération*[206] en 1997 à celle dite *d'agression* du Congo en 2001 a justifié l'implication de plusieurs acteurs non-constitutionnels dans l'œuvre constituante.

Hormis les pouvoirs constitués, d'autres forces ont contribué à l'élaboration de la Constitution dès le début du processus. Il ressort de la fiche de consultation nationale établie à telle fin que les groupes cibles constitués furent : *des acteurs politiques, des opérateurs économiques, des sociétés savantes notamment les professeurs d'université et des chercheurs, des organisations de la société civile, des ordres professionnels, des confessions religieuses, des syndicats ainsi que des fonctionnaires et agents de la fonction publique*.[207]

Il serait fastidieux de présenter les contributions de tous ces acteurs. Il nous suffit d'évoquer la part de la Communauté internationale, et des acteurs nationaux parmi lesquels des experts et la Société civile.

1. La Communauté internationale.

L'expression « Communauté internationale » est apparue au XIXe avec le développement du droit international pour désigner l'ensemble des États qui jouent un rôle important dans les affaires du monde[208].

De nos jours, le concept se confond souvent avec l'Organisation des Nations unies. Dans le cadre de la production constitutionnelle congolaise, le

---

[204] DJOLI ESENG'EKELI J., « Problématique de l'identité du projet constitutionnel », in : *Congo Afrique,* Kinshasa, n°397, septembre 2005, pp. 17-27.

[205] ESAMBO KANGASHE, J.-L., *la Constitution congolaise du 18 février 2006 à l'épreuve du constitutionnalisme. Contraintes pratiques et perspectives, op.cit.* p.52.

[206] Baptisée telle par l'AFDL sous le Président Laurent désiré Kabila pour justifier sa lutte armée contre le régime du Maréchal Mobutu qualifié de dictature.

[207] ESAMBO KANGASHE, J.-L., *la Constitution congolaise du 18 février 2006 à l'épreuve du constitutionnalisme, op.cit., pp.40 et s.*

[208] URL, https://www.lemonde.fr, 2020/09/05, consulté, le 25/08/2022.

concept Communauté internationale peut signifier *un ensemble d'acteurs internationaux intéressés à la crise congolaise et impliqués à sa résolution.*[209]

Les Nations unies sont présentes au Congo dès l'aube de l'indépendance. Elles ont soutenu le processus constitutionnel et politique à travers la Mission des Nations Unies au Congo et le Programme des Nations unies pour le Développement. La participation de la Communauté internationale s'est faite également par d'autres canaux. Des États ont agi soit dans le cadre multilatéral[210] soit dans le cadre bilatéral[211]. D'autres États sont intervenus comme membres du Comité international d'accompagnement de la transition en République Démocratique du Congo.[212]

L'appui de la Communauté internationale à l'élaboration de la Constitution congolaise a été palpable tout au long de la transition par le financement des programmes et activités organisés par les Institutions d'appui à la démocratie[213], la Société civile et les experts.[214]

2. L'expertise nationale et la Société civile.

Des experts congolais ont été mis à contribution dès la première étape de l'élaboration de la Constitution. Ils ont été sollicités par la Commission constitutionnelle du Sénat pour émettre leurs observations éventuelles sur les questions sensibles non tranchées[215] par le texte de rédaction de Kisangani soumises à la consultation du peuple.

Malgré la controverse suscitée par l'invitation des milieux universitaires à participer à l'œuvre constituante, avec le recul du temps l'on peut s'accorder sur le point que l'apport des experts congolais auxquels se sont joints

---

[209] ESAMBO KANGASHE, J.-L., *La Constitution congolaise du 18 février 2006 à l'épreuve du constitutionnalisme. Contraintes pratiques et perspectives, op.cit.*, p.53.

[210]Tel a été le cas de l'Union Africaine et de l'Union européenne.

[211]On note des actions des États africains notamment l'Afrique du Sud, l'Angola, le Gabon et la République du Congo ; américains (Les États-Unis d'Amérique et le Canada), européens (La Belgique, la France, la Suisse, la Suède et la Turquie). Voir ESAMBO KANGASHE, J-L., *la Constitution congolaise du 18 février 2006 à l'épreuve du constitutionnalisme*. Contraintes pratiques et perspectives, *op.cit.* , p. 54.

[212]Le Comité international d'accompagnement de la transition en République Démocratique du Congo était composé de la MONUC, des cinq pays membres du Conseil de Sécurité, (Chine, Etats-Unis, France, Grande-Bretagne et Russie) de la Belgique, du Canada, de l'Afrique du Sud, de l'Angola, du Mozambique, de la Zambie et de la Commission Européenne.

[213] Art.154 de la Constitution de transition du 4 avril 2003.

[214]Sur ce sujet, lire notamment, ESAMBO KANGASHE, J-L., *la Constitution congolaise du 18 février 2006 à l'épreuve du constitutionnalisme*. Contraintes pratiques et perspectives, *op.cit.* , p. 54.

[215]Notamment sur les conditions d'éligibilité à la présidence de la République, l'abolition de la peine de mort, la parité homme-femme et l'indépendance du pouvoir judiciaire.

ceux de nationalités étrangères[216] a renforcé les capacités de la Commission constitutionnelle et de l'assemblée plénière du Sénat[217].

Cette expertise a été appréciable surtout pour éclairer le constituant lors de deux séminaires organisés à Kisangani, déjà signalés, en faveur de Sénateurs en 2004. L'on doit aussi aux experts nationaux, le bénéfice de la réécriture et de la meilleure reformulation de certaines dispositions du projet de Constitution. Leur rôle ne doit ni être surestimé ni sous-estimé. Il s'est couplé à celui de la société civile.

L'expression « *Société civile* » désigne *un ensemble de groupes d'individus jouant, dans un État donné et à une époque déterminée, le rôle de contrepoids au pouvoir des gouvernants*[218] *par opposition à la société politique*. Sous cet aspect, la société civile est une réalité ancienne.

La République démocratique du Congo compte plusieurs structures qui s'en revendiquent.[219] Dans son élan de participer à la construction politique du pays, la Société civile congolaise a organisé des ateliers et de séminaires[220] dont les conclusions ont été communiquées à la Commission constitutionnelle du Sénat.

En dépit de la multiplicité d'acteurs qui ont porté aux cimes la Constitution du 18 février 2006, celle-ci n'exprime pas moins les aspirations démocratiques du peuple congolais.

---

216 Cette étape a connu la participation active de sept experts belges (Bob KABAMBA, Jean BEAUYFAYS, Jean Claude SCHOLSEN, Jean Michel DUMONT, Nicolas BANNEUX et Pierre VERJANS), un Français (Pierre MAZEAUD), un Suisse (Alain SIGG), un Américain (KARHIMSON), un Britannique (John BEYA), un Turc (MUMTAZ SOYSAL), un Sénégalais (EL HADJ M'BODJ), un Ivoirien (Fanny MORY) et un Mauricien (Robert ANNHÉE). Dans le processus d'élaboration ils ont travaillé avec Onze experts congolais : Augustin MAMPUYA, Bonaventure BIBOMBE, Célestin KABUYA, Evariste BOSHAB, EPEE GAMBUA, Jean-Louis ESAMBO, Jean Michel KUMBU, Jean Pierre MBWEBWA, Marcel WETSH'OKONDA, Pamphile MABIALA et Ferdinand KAPANGA. Voir à ce sujet, ESAMBO KANGASHE, J.-L., *La Constitution congolaise du 18 février 2006 à l'épreuve du constitutionnalisme. Contraintes pratiques et perspectives, op.cit.*, p.51.

217 Un tel avis émis par Jean Louis ESAMBO semble dissident par rapport à l'opinion de son temps. Pour Jacques DJOLI, l'impact des experts nationaux a été moins visible et moins transparent, et la démarche du Sénat, douteuse et moins scientifique. DJOLI ESENG'EKELI, J., « Problématique de l'identité du projet constitutionnel », *op.cit.*, p.22.

218 HAMULI KABARAHUZA, B., « La contribution de la société civile à la construction de la République Démocratique du Congo », *in* MABIALA MANTUBA NGOMA, P., *La République démocratique du Congo une démocratisation au bout du fusil*, Kinshasa, Publications de la Fondation Korand Adenauer, 2004, p.226.

219 Des mouvements sociaux, les medias, les confessions religieuses ou les ordres professionnels. Voir ESAMBO KANGASHE, J.-L., *La Constitution congolaise du 18 février 2006 à l'épreuve du constitutionnalisme*. Contraintes pratiques et perspectives Contraintes pratiques et perspectives *op.cit.*, p.50.

220 Parmi les plus significatifs figurent le séminaire tenu à Kinshasa, du 23 au 24 octobre 2004 sur « la société civile et la Constitution » et celui organisé à l'Université de Lubumbashi du 30 septembre au 2 octobre 2004.

SECTION 2 : LES MISSIONS ASSIGNNÉES À LA CONSTITUTION CONGOLAISE DU 18 FÉVRIER 2006.

Plus qu'une loi, la Constitution est un symbole[221], un esprit[222], voire une philosophie ou une idéologie[223]. Au-delà des missions d'ordre général reconnues à l'œuvre constitutionnelle, on décèle à travers la Constitution congolaise du 18 février 2006, la volonté du constituant d'édifier un nouvel ordre politique et de bâtir un État de droit démocratique.

§1. ÉDIFICATION D'UN NOUVEL ORDRE POLITIQUE STABLE EN RDC.

> *En vue de mettre fin à la crise chronique de légitimité et de donner au pays toutes les chances de se reconstruire, les délégués de la classe politique et de la Société civile, forces vives de la Nation, réunis en Dialogue inter congolais, ont convenu, dans l'Accord Global et inclusif signé, à Pretoria en Afrique du Sud, le 17 décembre 2002, de mettre en place un nouvel ordre politique, fondé sur une nouvelle Constitution démocratique sur la base de laquelle le peuple congolais puisse se choisir souverainement ses dirigeants , aux termes des élections libres, pluralistes, démocratiques, transparentes et crédibles.*[224]

Ce libellé éloquent de l'exposé des motifs de la Constitution en dit long sur les ambitions du constituant congolais. On peut relever, à juste titre, qu'après avoir fait une autopsie sans complaisance de la société politique congolaise depuis 1960, il pose un diagnostic approprié et entend y apporter le remède par le constitutionnalisme.

Dans cette perspective, notons que la construction d'un ordre politique en rupture avec un passé fébrile constitue le fil rouge de la Constitution du 18 février 2006, et passe par la constitutionnalisation de l'État (A) et par son organisation juridique (B).

A. DE L'INSTITUTION À LA CONSTITUTIONNALISATION DE L'ÉTAT.

Par constitutionnalisation de l'État, on entend le passage d'une société politique dénuée du constitutionnalisme à une entité politique redevable à la Constitution dans son fondement, son organisation et son action politique, et où

---

[221] ARDANT, P., *Institutions politiques et droit constitutionnel*, Paris, L.G.D.J., 19e éd., 2007, p.47

[222] ROUVILLOIS, F., *Droit constitutionnel. La Ve République*, Barcelone, 2009, 3e éd. pp.9 et s.

[223]Le droit apparait toujours comme un langage politique, un véhicule des pratiques et des idées considérées à une époque de la société comme valeur. Parler de la Constitution dans l'édification de l'État c'est traiter de l'incidence d'un système juridique sur une société politique. Cette affirmation va dans le sens d'une certaine définition inhabituelle du droit : « le *discours désigné comme juridique par le pouvoir politique.* » Lire CORTEN, O., et SCHAUS, A., *Le Droit comme idéologie. Introduction critique au droit belge*, Bruxelles, *2è édition revue*, Édition de l'U.L.B., 2009, pp 21 et s.

[224]Constitution de la République Démocratique du Congo du 18 février 2006, Exposé des Motifs, al.2, *Journal Officiel de la République Démocratique du Congo*, Kinshasa, numéro spécial, 2006, p.3.

la Constitution tient effectivement lieu de texte fondamental ou de référence juridique et politique suprême.

L'histoire politique congolaise confirme le déficit d'encrage constitutionnel[225] comme en témoignent les différents dérapages du pouvoir.

Jadis, l'idée que la Constitution soit le texte suprême semblait utopique, mais désormais elle implique que :

- La Constitution crée un État-Institution qui lui est effectivement redevable ;
- La Constitution détermine le statut de gouvernés de gouvernants, sert de fondement à la légitimité du pouvoir, et aux principes de l'État de droit.

1. La création d'un État –institution.

L'État moderne apparaît indistinctement comme une personne morale détentrice du pouvoir politique[226], c'est-à-dire, une institution. Or, comme l'explique Bernard Chante bout, le propre des personnes morales est de n'exister qu'en vertu d'un *statut. L'État étant une personne morale ne peut par conséquent exister que par un statut. Le Statut de l'État, c'est la Constitution.*[227] On convient que la Constitution existe même dans les monarchies dites absolues pour autant qu'il y existe des lois inviolables qui s'imposent au monarque.

Mais, lorsque le pouvoir s'incarne entièrement dans une personne physique, et qu'aucune loi n'est au-dessus de la volonté de celui qui règne, il n'existe plus ni Constitution ni État au sens moderne. Celui-ci est le produit d'une combinaison progressive du droit et de la justice qui agissent à l'effacement de la conception patrimoniale du pouvoir et contribuent dès lors à la genèse de l'État.[228]

Pour appliquer ce cas de figure à la République démocratique du Congo, on peut noter que les zones administrées sous les sécessions katangaise et kasaïenne dans les années 1960, celles sous les rebellions à l'Est du Congo

---

[225] Cette analyse résulte aussi de l'abondante production constitutionnelle suivie d'une cadence de révisions frénétiques qui déroute même le chercheur publiciste quant au nombre exact des textes fondamentaux. En 2007, Félix Vundwawe-Te-Pemako a dénombré six Constitutions depuis l'indépendance du Congo. Lire VUNDWAWE-TE-PEMAKO, F., *Traité de droit administratif*, Bruxelles, Afrique éditions et Larcier, 2007, p. 209 ; Pour Faustin Toengano Lokundo «à quarante-huit ans d'indépendance, le Congo a été régi par dix Constitutions, et vingt-cinq révisions ». Voir, TOENGANO LOKUNDO, F., *Les Constitutions de la République Démocratique du Congo De Kasa-Vubu à Joseph Kabila, op.cit.*, p.235. Observant le double critère du contenu et de l'importance des réformes constitutionnelles, en rapport avec les principes du constitutionnalisme, Evariste Boshab, conclut à l'existence de dix-neuf Constitutions en République Démocratique du Congo. Lire BOSHAB, E., « La République Démocratique du Congo : le décret-loi n°0003 du 27 mai 1997 », *Revue de droit africain,* Bruxelles, 1997, p.53. Le même auteur relève non sans raison, qu'établies souvent à la suite des crises politiques, ces « Constitutions » ne semblent pas avoir consacré le constitutionnalisme.

[226] CHANTEBOUT, A., *Droit constitutionnel* ; *op.cit.*, p.22.

[227] *Idem,* p.23

[228] Voy.not., BEAUTHIER, R., *Droit et genèse de l'État,* Éditions de l'Université de Bruxelles, Bruxelles, 1997, p.46.

pendant les différentes guerres, et le Zaïre du Maréchal Mobutu sont des illustrations types des sociétés sans Constitution et sans État-institution : des zones de non droit.

Les États africains nés de la décolonisation à l'instar de la République démocratique du Congo sont encore en chantier vers la consolidation institutionnelle. Une Constitution, règle juridique contraignante pour tous doit être la pierre angulaire de leur construction.

Marcel Prélot y voit mieux lorsqu'il affirme : « Les diverses circonstances et contingences peuvent déterminer la mutation d'un groupe social à un groupe politique. Mais elles ne suffisent pas par elles-mêmes à créer l'État. Le droit intervient pour canaliser et catalyser les éléments existants. Mais, l'opération juridique de création de l'État se matérialise le plus communément dans la rédaction d'une Constitution. Et, il insiste : « L'État est créé.[229] » Dans le même sens, F. Geny affirme : *L'État n'est jamais donné mais toujours construit.*[230]

Ainsi, la République démocratique du Congo est tributaire de la Constitution du 18 février 2006 qui lui sert de statut, confirme sa nature étatique et sa souveraineté[231], sert de fondement aux prérogatives des gouvernants, détermine les procédés d'acquisition, d'exercice, d'organisation et de dévolution du pouvoir.

2. La Constitution comme fondement de la légitimité du pouvoir.

En régime démocratique, la Constitution est la source de légitimité. Cette affirmation tient à quelques principes qui en démontrent la validité[232] :

- le fondement de l'autorité des gouvernants réside dans le fait qu'ils ont été désignés conformément à la Constitution ;
- l'obéissance qui est due à leurs actes, procède, non de leur personne ou d'une source extérieure, mais de la Constitution elle-même ;
- toute autorité investie conformément à la Constitution donc toute autorité légale, est présumée légitime. Le consentement populaire à la Constitution fait présumer de l'adhésion de citoyens à une autorité qui exerce ses pouvoirs en application de la Constitution.

Ainsi, la Constitution est le statut des gouvernants. Comme l'a relevé Jean Paul Jacqué : *C'est la fonction la plus évidente de la Constitution dont la simple lecture permet de rendre compte. La Constitution institue les pouvoirs*

---

[229] PRELOT, P., *Institutions politiques et droit constitutionnel*, 9è éd., Paris, Dalloz, 1984, p. 12.
[230] GENY, F., cité par DELPERÉE, F., *op.cit.* p.14.
[231] Art.1er, Constitution de la RDC du 18 février 2006, *op.cit.*
[232] YAMBU-A-NGOYI, C., *Institutionnalisation du pouvoir et émergence de l'État en République démocratique du Congo : 1960-2006*, Mémoire de D.E.S. en Droit public, Université de Kinshasa, Kinshasa, 2005, pp.36-37. Inédit.

publics, fixe leurs compétences et règle leurs rapports. C'est donc en fonction de ces règles que l'on appréciera la légalité de l'action des pouvoirs publics.[233]

Cette présentation est partagée par Francis Delpérée qui l'éclaire avec pertinence : « *Les pouvoirs détiennent leur mandat, leurs statuts et existence de la Constitution. Celle-ci est la règle par laquelle, ils existent et agissent. Sans elle, la politique serait livrée à la loi de la jungle. La Constitution se veut ainsi, « règle de discipline.*»

La Constitution crée non seulement les pouvoirs, mais leur trace un cadre d'exercice et définit leurs compétences. Sous cet angle, on dit *qu'elle institutionnalise le pouvoir.* Poussée à la perfection cette institutionnalisation induit à caractériser l'État[234].

À l'appui de sa pensée, l'auteur précise : « *Qu'un homme ou qu'un organe nie cette commune origine constitutionnelle et prétende s'affranchir des règles qu'elle fixe et des bornes qu'elle établit pour l'exercice des pouvoirs, il se met hors l'État comme un bandit se met hors la loi.»*

Cette lecture exclut au sein d'un État démocratique et constitutionnalisé tout compromis avec la rébellion. Celle-ci met ses auteurs « hors Constitution», et fait d'eux en principe des délinquants constitutionnels.

Dans les faits cependant, tout est rapport des forces. C'est pourquoi la démocratisation et la constitutionnalisation doivent s'accompagner de la sécurisation permanente des institutions. S'il est vrai que l'État moderne est une création juridique de la Constitution qui lui tient de certificat de naissance, de statuts et de limite, il n'en est pas toujours ainsi. L'État est un phénomène de puissance et de domination qui peut ignorer les bornes constitutionnelles et fonctionner sous une forme absolutiste ou totalitaires (dictature, despotisme ou tyrannie.) à l'avantage des gouvernants au détriment des gouvernés. Il peut disposer d'une Constitution sans constitutionnalisme. C'est une réalité universelle à laquelle la République démocratique du Congo n'a pas toujours échappé.

Bien que né de la Loi Fondamentale du 19 mai 1960 relative aux structures du Congo, ce pays a connu des éclipses significatives de l'État constitutionnel et démocratique.[235] Ces périodes ont été marquées par l'absence d'État – pouvoir *institutionnalisé* et par la montée en puissance de l'État- pouvoir *patrimonial.*

Les crises politiques à répétition résultent d'inconvénients attachés au pouvoir patrimonial, à la solde d'une légitimité au bout du fusil et de l'incertitude de la succession. En l'absence d'un arbitrage normatif accepté et imprégné dans la culture politique et sociale moulées dans une Constitution démocratique, l'exercice, l'organisation et la dévolution du pouvoir, à la mort de

---

[233] JACQUE, J.-P., *Droit constitutionnel et institutionnel*, Paris, Dalloz, 2003, pp.46-47.
[234] *Idem*, p.30 et s.
[235] De 1965 à 1967 sous le règne du président Mobutu, de 1970 à 1990 et de 1996 à 2003.

son détenteur se font dans un ordre précaire qui ne laisse nul espace à l'encadrement juridique du pouvoir.

La pérennité de l'État en est constamment compromise, chaque fois que les acteurs politiques congolais se sont écartés des dispositions constitutionnelles et surtout des principes du constitutionnalisme, le pays a sombré dans l'anarchie.

Il est indéniable que c'est dans le souci de conjurer ce « démon » que le constituant du 18 février 2006, aux termes de l'article 5 de son œuvre, a renoué avec la légitimité constitutionnelle reconnaissant au peuple sa prérogative de souverain primaire et de source du pouvoir : *La souveraineté nationale appartient au peuple. Tout pouvoir émane du peuple qui l'exerce directement par voie de référendum ou d'élections et indirectement par ses représentants.*[236]*Aucune fraction du peuple ni aucun individu ne peut s'en attribuer l'exercice.*[237]

Signalons que cette disposition qui apparait comme une reconduction des articles 3 de la Constitution de Luluabourg[238], et celle française du 4 octobre 1958[239] avait été abandonnée sous la deuxième République au profit d'une reformulation moins propice à d'encadrement juridique : *Le pouvoir émane du peuple qui l'exerce par le Président du Mouvement de la Révolution, qui est de droit Président de la République, avec le concours des organes du Mouvement Populaire de la Révolution.*[240]

Il n'est pas surabondant, mais utile de rappeler que l'œuvre constituante de 1974 a fondé un pouvoir sans partage, hostile à tout encadrement juridique.

La situation a duré jusqu'à ce que le constituant de la transition de 1994 freine son élan par un retour à la formule constitutionnelle de 1967.[241]

Pour l'avoir compris, le peuple congolais a tenu à dépersonnaliser le pouvoir grâce la Constitution du 18 février 2006, laquelle organise l'État.

B. L'ORGANISATION JURIDIQUE DE L'ÉTAT.

L'organisation juridique de l'État procède de la Constitution.

Sur le plan horizontal, la Constitution aménage l'État en définissant sa forme administrative, et sur le plan vertical, elle détermine son régime politique et les modes d'agencement des pouvoirs constitués. Du point de vue de la

---

[236] Art. 5, al. 1, Constitution de la RDC du 18 février 2006, *op.cit.*

[237] Art. 5. al. 2, 1er trait, Constitution de la RDC du 18 février 2006, *op.cit.*

[238] Constitution de la République du Congo du 1er août 1964.

[239] Art .3 de la Constitution française du 4 octobre 1958, telle que modifiée par la Loi n° 2008 -724 du 23 juillet de modernisation des institutions de la Ve République.

[240] Art. 9 de la Loi n°74/020 du 15 août 1974 portant révision de la Constitution du 24 juin 1967.

[241] Art. 5, de l'Acte constitutionnel 9 avril 1994.

configuration territoriale et administrative l'État est présenté sous deux formes : l'État unitaire et l'État composé.[242]

L'État unitaire est celui dans lequel, une volonté politique unique s'impose à l'ensemble des citoyens qui sont, par conséquent, soumis aux mêmes lois en tous domaines[243]. Dans ce sens, Pierre Pactet et Ferdinand Melin - Soucramanien le définissent comme « l'État qui, sur son territoire et pour la population qui y vit ne comporte qu'une seule organisation politique et juridique –un seul appareil d'État – dotée, et elle seule, de la plénitude de sa souveraineté.[244] C'est la forme d'État la plus répandue au monde.

Elle comporte essentiellement trois variantes, à savoir la centralisation, la décentralisation et la déconcentration. Dans la pratique on assiste de plus en plus à une tendance plus régionaliste de l'État unitaire.

Lors de l'élaboration de la Constitution du 18 février 2006, le choix de la forme juridique de l'État a fait l'objet des vives discussions entre la tendance unitariste et celle fédéraliste. En RDC, ce débat est aussi vieux que le Pays.

La Commission constitutionnelle du Sénat chargée d'élaborer l'avant-projet de la Constitution de la Troisième République, lors de sa réunion à Kisangani, du 24 septembre au 15 octobre 2004 avait disposé de deux moutures, dont l'une de tendance fédéraliste proposée par le Sénateur Lutundula du Rassemblement Congolais pour la Démocratie et l'autre à vocation unitariste, suggérée par le Sénateur Kingombe de la Composante Opposition politique.[245]

Le Comité de rédaction n'a retenu comme document de base de travaux que la mouture unitariste.[246] La discussion sur la forme juridique de l'État a jailli depuis les années 1960[247]. Interrompu en 1965 à l'avènement de la deuxième République, il retrouva de vitalité à la faveur du Dialogue inter congolais de Sun City[248]. Les argumentaires des uns et des autres ont abondamment alimenté la doctrine congolaise.

Pour Oswald Ndeshyo Ruhihose, la forme fédérale est moins conflictuelle et adaptée aux problèmes de la société congolaise. Elle constitue la

---

242ARDANT, P, *Institutions politiques et droit constitutionnel*, Paris, L.G.D.J, 2007, pp.30 e s.

243 CHANTEBOUT, B., *op.cit.* p.56.

244 PACTET, P. et MELIN –SOUSCRAMANIEN, F., *Droit constitutionnel, op.cit.*, 30e éd. p.41.

245 ESAMBO KANGASHE, J-L., La *Constitution congolaise du 18 février 2006 à l'épreuve du constitutionnalisme. Contraintes pratiques et perspectives*, *op.cit.*, p.46.

246 Rapport de la Commission constitutionnelle relatif à l'avant-projet –projet de la République du Congo, *op.cit.*, p.6.

247 Mabiala Mantuba estime que la question remonte au-delà de l'indépendance avec l'Arrêté royal du 28 juillet 1914 qui regroupait les 22 districts du Congo en 4 provinces dirigées chacune, par un vice-gouverneur. L'auteur opine que les premiers responsables desdites provinces ont été animés par le souci de défendre leurs identités contre les exigences des autorités de l'administration centrale. Lire MABIALA MANTUBA NGOMA, P., *Fédéralisme ou unitarisme en République Démocratique du Congo ?, op.cit.*, pp.19-27.

248ESAMBO KANGASHE, J-L., *La Constitution congolaise du 18 février 2006 à l'épreuve du constitutionnalisme. Contraintes pratiques et perspectives, op.cit.*, p.106.

seule solution durable et univoque au problème d'intégration politique et de la paix durable pour un pays dont le *sectionnalisme* linguistique, ethnique, culturel et économique est profond.[249]

Ce point de vue est relativisé par Jean Louis Esambo Kangashe pour qui « Le choix de la forme de l'État n'est pas en soi une condition nécessaire et suffisante du développement d'un pays. Tout dépend de la manière dont l'option a été levée et appliquée.».[250]

Le même auteur note que, la République démocratique du Congo a institué une forme atypique et absurde du fédéralisme que l'on cache sous le néologisme d'un État unitaire fortement décentralisé, d'un régionalisme constitutionnel ou politique ou d'un fédéralisme prudent.

Au-delà de la polémique suscitée par ce débat, on peut considérer que le constituant de 2006 a voulu départager les deux tendances extrêmes en faisant une combinaison mesurée des éléments de l'État unitaire et ceux de l'État fédéral.

Cela apparait à travers les dispositions pertinentes de la Constitution. Le nombre des provinces est passé de onze à vingt-cinq, la Ville de Kinshasa comprise.[251]L'autonomie et les compétences de nouvelles entités territoriales décentralisées se sont également accrues, avec interdiction faite au pouvoir constituant dérivé d'en réduire les prérogatives.[252]

Du point de vue du régime politique ou de la forme du gouvernement, des divergences sont également apparues tant dans la classe politique que dans la doctrine sur le choix convenable au Congo.

Sous la première République, le constituant avait institué un régime parlementaire qui a été mal vécu par les Congolais. Les rapports conflictuels entre les principaux acteurs politiques au sommet de l'État avaient terni son image.

Le régime présidentiel institué sous la deuxième République s'est transformé en dictature. Les souvenirs négatifs de dérives d'un parlementarisme paralysant, sous la Loi fondamentale du 19 mai 1960 relative aux structures du Congo, et d'un présidentialisme opprimant, sous la Constitution du 24 juin 1967, ont incité les opérateurs politiques et l'élite à une certaine méfiance sur l'option de l'un ou de l'autre régime.

---

[249]NDESHYO RUHIHOSE, O., « Le fédéralisme, modèle idéal de la démocratie participative », in *G.BAKANDEJA, A. MBATA MANGU, KIENGE-KIENGE* (dir.), *Participation et responsabilité des acteurs politiques dans un contexte d'émergence démocratique en République du Congo*, Kinshasa, Bibliothèque de la Faculté de Droit de l'Université de Kinshasa, Presses de l'Université de Kinshasa, 2007,p.70.

[250] ESAMBO KANGASHE J.-L., *op.cit*, p.108.

[251] Art.2, al.2, de la Constitution du 18 février 2006.

[252] Art. 220, al.2 de la Constitution du 18 février 2006.

C'est pourquoi, les travaux de la Conférence nationale souveraine ont ranimé le débat. Trois régimes furent proposés : le régime présidentiel, le régime parlementaire et le régime semi-présidentiel.

Voulant échapper aux solutions motivées par l'émotion ponctuel, d'aucuns ont souhaité *soumettre le choix du régime politique à la réflexion des uns et des autres parce qu'il va engager la vie de tout un peuple et ce, pour plusieurs décennies.*[253]

On penche vers l'idée que la Constitution du 18 février 2006 a mis en place un régime qui fait une symbiose du régime présidentiel et du régime parlementaire[254]. Les écarts d'opinions laissent penser que le constituant a voulu concilier les partis tournés vers le régime parlementaire et ceux acquis au régime présidentiel sans trancher de manière absolue.[255]

Le régime politique ainsi institué est diversement interprété. André Mbata Mangu y perçoit un *parlementarisme rationnalisé*[256]. Edouard Mpongo Bokako et Evariste Boshab voient *un régime semi-présidentiel.*[257] Nadine La Grance le qualifie de parlementaire majoritaire.[258]

Pour sa part, Augustin Mampuya conteste le qualificatif du régime semi-présidentiel, « *adoré par les Congolais mais jamais enseigné en droit constitutionnel.*»[259]

Selon, Jean-Louis Esambo, ce régime est crédité d'assurer une collaboration entre le gouvernement et le parlement. Sous cet aspect, on peut convenir que la Constitution a eu pour tâche d'harmoniser les relations tumultueuses qui ont caractérisé les institutions exécutives et législatives congolaises qui jouent un rôle non négligeable dans l'une des missions assignées à la Constitution : instaurer un État de droit démocratique.

---

253 BIBOMBE, B., *Quel régime politique pour la Troisième République ?* , Kinshasa, Laboratoire du droit constitutionnel et de la Science politique, 1992, p. 34.

254 ESAMBO KANGASHE, J-L., La *Constitution congolaise du 18 février 2006 à l'épreuve du constitutionnalisme. Contraintes pratiques et perspectives, op.cit..*, p.109.

255 *Idem.*

256 MBATA MANGU, A., « Les perspectives du constitutionnalisme et de la démocratie en République Démocratique du Congo, sous la Constitution du 18 février 2006 », *op.cit.*, p. pp.10-211.

257 MPONGO, E. *Institutions politiques et droit constitutionnel. Théorie générale des institutions politiques de l'Etat, op.cit.,* p.164 ; BOSHAB MABUDJ, E. « Les Enjeux de la Constitution de la République Démocratique du Congo sous l'empire de la Constitution du 18 février 2006 » *op.cit.*p.6.

258 LAGRANCE, N., *Le phénomène majoritaire fondement de la Ve République*, thèse de doctorat en droit public, Université de Clermont-Ferrand, I Paris, 1986,pp.450 et s.

259 MAMPUYA KANUNKA, A., *Espoirs et déceptions de la quête constitutionnelle congolaise. Clés pour comprendre le processus constitutionnel du Congo Kinshasa, op.cit.*, p.82.

§2. L'INSTAURATION D'UN ÉTAT DE DROITCONSTITUTIONNEL ET DÉMOCRATIQUE.

L'État de droit est considéré comme l'un des fondements de l'encadrement non juridictionnel du pouvoir.[260]

Dès sa première disposition, la Constitution du 18 février 2006 présente la République démocratique du Congo dans ses frontières actuelles comme un *État de droit, indépendant, souverain, uni indivisible, social, démocratique et laïc.*[261]

Tout au long de son œuvre le constituant s'est abstenu de définir ce qu'est l'État de droit. Cela est compréhensible dans la mesure où une bonne Constitution ne s'embarrasse guère de détails. Néanmoins, il est aisé de lire à travers cet énoncé, la volonté assumée de sa réalisation au Congo.

À défaut d'une définition constitutionnelle, la doctrine offre un point d'appui pour comprendre ce qu'est l'État de droit ou l'État de droit constitutionnel et démocratique. L'État de droit tel que conceptualisé par les publicistes et philosophes français au XVIIIe siècle, et allemand au XIXe siècle a donné lieu aux acceptions nombreuses et divergentes.

A. ÉVOLUTION HISTORIQUE ET CONCEPTUALISATION DE L'ÉTAT DE DROIT.

L'on attribue à Robert Von Mohl le mérite d'avoir été le premier à systématiser l'usage du concept État de droit. Selon lui, l'État de droit se réfère à un type d'État, l'État rationnel (*Verstandesstraat*). Pour caractériser l'État de droit. La liberté des citoyens fondée sur une limitation constitutionnelle du pouvoir est au centre de sa pensée.[262]

Selon la conception allemande redéfinie par Hans Kelsen, un État de droit est un État dans lequel les normes juridiques sont hiérarchisées de telle sorte que sa puissance s'en trouve limitée.

Une telle vision juridique basée sur l'autolimitation de l'État par le droit met en exergue le positivisme juridique et contraste avec l'option française inspirée de la théorie de *l'hétéro limitation* qui prône l'idée de la soumission de l'État à des règles de droit qui lui sont antérieures. La règle normative trouve sa force dans la racine divine (théocratie), la nature (*jus naturalisme*) ou la société (ordre social). Et, par conséquent elle est nécessairement supérieure à l'État. Des publicistes français (Jeze, Hauriou, Duguit, Michoud)[263] ont défendu cette thèse qui repose sur le droit naturel. Elle a fortement influencé les révolutionnaires

---

260 ESAMBO KANGASHE, J-L., *La Constitution de la République démocratique du Congo du 18 février 2006 à l'épreuve du constitutionnalisme. Contraintes pratiques et perspectives*, *op.cit.*, p.173.
261 Art. 1er, Constitution de la RDC du 18 février 2006, *op.cit.*
262 URL https://www.erudit.orgrevues, consulté le 02 / 02/2023.
263 URL https://www.editions-ellipses.fr, consulté, le 01/09/22

français qui l'ont matérialisée dans la Déclaration universelle des droits de l'homme et du citoyen de 1789 où ils évoquent la présence de *l'Être Suprême* (fondement divin) et prônent l'égalité et la liberté naturelle des hommes à leur naissance[264].

La doctrine constitutionnaliste congolaise, dans l'effort de clarifier l'expression État de droit devenue le porte étendard du politique, du scientifique, des médias[265] et de diverses couches de la population[266] fournit une grille d'analyses qui permettent de lui trouver quelques concordances et des caractéristiques fondamentales.

Pour Barthelemy Omeonga, *l'État de droit est celui où l'on observe un droit qui prêche non seulement la soumission de la puissance publique au droit sans y parvenir réellement, mais aussi qui reconnait aux citoyens, sans exercice effectif, des droits, lesquels demeurent des simples décorations ou des ingéniosités juridiques.*[267]

De cette présentation, Léon Odimula ressort deux critères qui éclairent la notion d'État de droit. Le critère formel qui voudrait qu'un État soit doté d'un ensemble de règles juridiques devant garantir la dévolution et l'exercice harmonieux du pouvoir[268]. Cette première phase consiste en l'édiction des règles juridiques. Elle établit un État de droit formel ou normatif.[269]

Selon le même auteur le critère matériel ou substantiel vise l'effectivité d'un État de droit. L'on parle de l'État de droit lorsqu'on *y observe la soumission de tous au droit placé sous la surveillance d'un juge indépendant.* Sous cet aspect, c'est l'action du juge qui conduit à la concrétisation de l'État de droit.

S'agissant de l'avènement de l'État de droit en République démocratique du Congo, Félix Vundwawe-te-Pemako prône l'existence de trois éléments indispensables : *la soumission des actes des autorités publiques au droit (primauté du droit et respect du principe de la légalité), la soumission des autorités administratives au contrôle du juge garant des libertés individuelles et des droits fondamentaux des citoyens et le fonctionnement d'un régime démocratique pluraliste en toile de fond de la séparations des pouvoirs.*[270]

---

[264] Art.1er de la Déclaration Universelle de droit de l'homme et du citoyen et du Citoyen de 1789

[265] CABANIS, A. et MARTIN, M-L., *Les Constitutions d'Afrique francophone : évolutions récentes*, Paris, Karthala, 1999, pp.63-69.

[266]Voir DIMANDJA ELUY'A KONDO, C., Préface à l'Ouvrage de ODIMULA LOFUNGUSO KOS'ONGENYI, L., *L'État de droit en droit congolais*, Paris, L'Harmattan, RD Congo, 2021, p. 15.

[267]OMEONGA TONGOMO, B., *Le contrôle juridictionnel de l'Administration et l'État de droit en République démocratique du Congo. Bilan et Perspectives d'une justice en mutation.* Thèse de doctorat en Droit public. Université de Kinshasa et Université de Liège, 2012, p.29.

[268] ODIMULA LOFUNGUSO KOS'ONGENYI, L., *L'État de droit en droit congolais, op.cit.* p. 21.

[269] OMEONGA TONGOMO, B., *Le contrôle juridictionnel de l'Administration et l'État de droit en République démocratique du Congo. Bilan et Perspectives d'une justice en mutation, op.cit.*, p.9

[270]VUNDWAWE-TE-PEMAKO, F., *Traité de droit administratif, op.cit.*, pp.117-119.

Sur la même ligne, Jean-Marie Mboko place l'État de droit sur deux piliers, à savoir, l'existence de l'État (entendu au sens d'un ordre juridique global) et du Droit comme mécanisme d'encadrement du pouvoir et de la soumission des activités des particuliers au droit produit par l'État.[271] Il fait la distinction entre l'État de droit constitutionnel et l'État de droit légal tout en privilégiant le premier. Le même auteur met en relief un élément important pour l'édification de l'État de droit au Congo et ailleurs, l'existence préalable de l'État en tant que corps de normes juridiques[272], ce qui s'assimile à l'État-institution sur lequel notre étude insiste.

Cette analyse se rapproche plus de la conception allemande fondée sur la soumission de l'État au droit positif que de la conception française.

En vue de compléter les présentations précédentes, Jean-Louis Esambo suggère un critérium à quatre pieds pour asseoir l'État de droit. L'État de droit suppose dit-il, « l'existence d'une Constitution qui doit limiter et encadrer le pouvoir, la promotion et la protection de droits de l'homme et des libertés publiques, le droit au service de l'État et du Citoyen et le choix démocratique des gouvernants. »[273]

De notre avis, une recherche détaillée des critères exclusifs de l'État de droit sera toujours méliorative selon les prismes des courants philosophiques, politiques et idéologiques et selon les époques.

Ce qui importe est de préciser le cadre de l'observation et de repérer les bases constitutionnelles de l'État de droit en République démocratique du Congo.

B. LES BASES CONSTITUTIONNELLES DE L'ÉTAT DE DROIT EN RDC.

Observé sous les lentilles démocratiques, ce qui est dit de l'État de droit peut se résumer en quelques traits saillants : la séparation constitutionnelle des pouvoirs, la garantie et la protection des droits fondamentaux et des libertés, et la suprématie d'une constitution instituant un ordre politique pluraliste qui permet une alternance paisible et continue au pouvoir sous l'arbitrage d'une justice indépendante. Ces éléments mènent à la limitation et à l'encadrement du pouvoir quel que soit l'angle sous lequel on l'envisage.

1. La séparation des pouvoirs.

Toute société dans laquelle la garantie des droits n'est pas assurée, ni la séparation des pouvoirs déterminée n'a pas de Constitution[274].

---

[271]MBOKO ND' JANDIMA, *État de droit constitutionnel en République démocratique du Congo Contribution à l'étude de ses fondements et conditions de sa réalisation*, *op.cit.* p.25

[272]*Idem.*

[273]ESAMBO KANGASHE, J.-L., *La Constitution de la République Démocratique du Congo à l'épreuve du constitutionnalisme. Contraintes pratiques et perspectives*, *op.cit.*, pp.178-179.

[274]Article 16 de la Déclaration Universelle des droits de l'Homme et du Citoyen de 1789.

Cette assertion consignée à l'article 16 de la Déclaration de 1789 est devenue le phare de la démocratie libérale occidentale. Loin d'émousser sa teneur, le temps a plutôt facilité son expansion dans les sphères non européennes à l'instar du Bénin et du Congo.

La séparation des pouvoirs sert désormais, d'indice à l'effectivité constitutionnelle et à la modernité étatique formelle. Aussi, en vue de rompre avec l'archaïsme politique qui a vicié les régimes antérieurs, le constituant de 2006 a-t-il confirmé de manière sans équivoque, l'existence des trois puissances politiques reflet du pouvoir étatique.

L'agencement des pouvoirs tel que présenté dans la Constitution du 18 février 2006 laissent apparaitre les nouvelles institutions de la République démocratique du Congo qui sont[275] :

- Le Président ;
- Le Parlement ;
- Le Gouvernement ;
- Les Cours et Tribunaux.[276]

À la base de cette architecture institutionnelle le constituant livre ses motivations en sept objectifs, à savoir, assurer le fonctionnement harmonieux des institutions ; éviter les conflits ; instaurer un *État de droit* ; contrer toute tentative de dérive dictatoriale ; garantir la bonne gouvernance ; lutter contre l'impunité et assurer l'alternance démocratique.[277]

La Constitution du 18 février 2006 confie au Président de la République[278] et au Gouvernement[279] les prérogatives attachées à la fonction exécutive sous le contrôle du Parlement qui doit s'abstenir de toute interférence dans la sphère présidentielle et gouvernementale.

La fonction législative confiée au Parlement de la République s'exerce désormais à l'abri des immixtions des deux branches de l'Exécutif dans ses attributions tandis que le pouvoir judiciaire agit auréolé d'une indépendance réaffirmée par le constituant qui, pour ce faire, a soustrait du Conseil supérieur de la magistrature des membres dépourvus de la qualité de magistrat seul habilité à protéger la garantie des droits et des libertés de la personne.

2. La garantie des droits fondamentaux et des libertés publiques.

Au-delà de la séparation des pouvoirs comme valeurs du constitutionnalisme et reflet de l'État de droit démocratique, la Constitution du 18 février 2006 confirme l'adhésion aux principes universels de garantie et de protection des droits fondamentaux. Hormis les Déclarations du préambule et le

---

[275] *Journal Officiel de la République Démocratique du Congo*, numéro spécial du 18 février 2006, p.5
[276] Art. 68, Constitution de la RDC du 18 février 2006.
[277] Exposé des motifs, point 3, Constitution de la RDC du 18 février 2006, *op.cit.*
[278] Articles 69 à 89, Constitution de la RDC du 18 février 2006, *op.cit.*
[279] Articles 90 à 95, Constitution de la RDC du 18 février 2006, *op.cit.*

contenu de l'exposé des motifs, le constituant réserve la part belle aux droits humains et aux libertés fondamentales en y ajoutant les devoirs du Citoyen.[280]

L'attachement de la République démocratique du Congo aux instruments juridiques internationaux auxquels elle a adhéré est hautement affirmé et les droits et libertés que ces instruments proclament sont intégrés dans le corps même de la Constitution.[281]

On peut cependant noter que l'abondance des dispositions déclaratives des droits ne suffit pas à en assurer l'exercice ni à limiter le pouvoir. Pour y parvenir, elles doivent aller de pair avec une séparation des pouvoirs impliquant l'indépendance du pouvoir judiciaire.

Un regard sur la production constitutionnelle congolaise révèle que la Constitution du 24 juin 1967 telle que modifiée par la Loi n°74/020 du 15 août 1974 regorgeait autant d'articles proclamant les droits fondamentaux et les libertés publiques, sans manquer de déclarer son adhésion à la Déclaration universelle des droits de l'Homme.

Une observation attentive permet de relever que l'on aurait beau égrener le chapelet des textes consignés aux articles 12 à 27 sous le titre mirobolant « *Des droits fondamentaux et devoirs du citoyen* » de la Constitution sans rassurer ni protéger le gouverné contre les violations émanant du pouvoir tant que la Constitution consacrait la confusion du pouvoir, et la subordination tant de l'État que du juge au Parti.

Sous la Constitution du 24 juin 1967 révisée, les dispositions pertinentes relatives aux droits humains étaient en conflit irrémédiable avec l'article 28 qui érigeait le Mouvement Populaire de la Révolution (MPR) en unique Institution de l'État ayant avalé les institutions classiques y compris le pouvoir judiciaire : *En République du Zaïre, il n'existe qu'une seule institution, le Mouvement Populaire de la Révolution, qu'incarne son Président.*[282]

Sous le même angle, l'exercice des droits fondamentaux dont la jouissance était formellement garantie par la Constitution était piégé dans les mailles de l'article 30 qui rendait le Président de la République un potentat, seul à la tête de l'exécutif, du législatif et du judiciaire. Combiné à l'article 27 de la même loi[283], cette disposition réduisait les mécanismes constitutionnels normatifs d'encadrement et de limitation du pouvoir à une simple peinture décorative.

À cet égard, le constituant du 18 février 2006 a innové. En instituant les normes tendant à l'annulation des actes non conformes à la Constitution et/ou pris en violation des droits qu'elle consacre, par le juge constitutionnel. Il a

[280]Article 62 à 67, Constitution de la RDC du 18 février 2006, *op.cit.*

[281] Articles 11 à 62, Constitution de la RDC du 18 février 2006, *op.cit.*

[282]Art.28 de Loi n°74/020 du 15 août 1974 portant révision de la Constitution du 24 juin 1974.

[283] Le Constituant y dispose : « Tout Zaïrois a la responsabilité de la bonne marche des activités du Mouvement populaire de la révolution. A ce titre, il a le devoir, par une vigilance de tous les instants de soutenir la révolution et d'en défendre les acquis [...] » Voir Art. 27, tiré1.

consommé le divorce d'avec les ordres institutionnels anciens instaurés par le M.P.R, l'AFDL ou les CPP. Sous ces régimes défunts, la raison révolutionnaire autorisait des intrusions intempestives, intimidantes et arbitraires dans l'entreprise du juge.

Pour éviter que l'indépendance du pouvoir judiciaire ne demeure une fiction juridique et que les libertés individuelles et droits fondamentaux un mirage, le constituant les a inscrits de manière formelle :

Le pouvoir judiciaire est indépendant du pouvoir législatif et du pouvoir exécutif.[284] *Le pouvoir judiciaire est le garant des libertés individuelles et des droits fondamentaux des citoyens.*[285]

Ce texte mène à soutenir que par la Constitution du 18 février 2006, la République démocratique du Congo est déterminée à libérer l'institution judiciaire du joug politicien que lui imposerait les deux autres branches du pouvoir. Aussi est-il posé :

Le pouvoir exécutif ne peut donner d'injonction au juge dans l'exercice de sa juridiction, ni statuer sur les différends, ni entraver le cours de la justice, ni s'opposer à l'exécution d'une décision de justice.

Le pouvoir législatif ne peut ni statuer sur des différends juridictionnels, ni modifier une décision de justice, ni s'opposer à son exécution.

Toute loi dont l'objectif est manifestement de fournir une solution à un procès en cours est nulle et de nul effet.[286]

Malgré que le dernier alinéa de cette disposition consacre la nullité d'office d'une loi tendant à infléchir ou orienter le cours d'un procès, il est plutôt logique de penser à la nécessité d'un juge pour en décider. L'on peut bien admettre que la loi suspectée soit annulable et non automatiquement nulle et de nul effet comme l'indique le constituant.

Quoi qu'il en soit, en insérant les articles 157 et 160, le constituant est allé au bout de sa logique[287] car *tout acte déclaré non conforme à la Constitution est nul de plein droit.*[288] Ce dernier trait induit à la suprématie de la Constitution.

3. La suprématie de la Constitution.

La Constitution est l'acte qui possède la plus haute autorité. C'est ce qu'on désigne par « suprématie constitutionnelle » ou « la supériorité constitutionnelle. » L'expression n'est pas sans rapport avec l'encadrement du pouvoir et avec l'État de droit. Un regard historique sur la Constitution permet

---

[284] Art. 149, Constitution de la RDC du 18 février 2006, *op.cit.*

[285] Art.150, al.1, Constitution de la RDC du 18 février 2006, *op.cit.*

[286] Art.151, Constitution de la RDC du 18 février 2006, *op.cit.*

[287] À l'article 157, il est institué une Cour constitutionnelle, à l'article 160, ladite Cour est chargée du contrôle de la constitutionnalité de loi.

[288] Art.168, al.2, Constitution de la RDC du 18 février 2006, *op.cit.*

d'en éclairer l'origine et l'importance. Dire que la Constitution est la règle la plus élevée de toutes, c'est sous-entendre une hiérarchisation normative : la hiérarchie des normes.

Quand et pourquoi ce principe fut-il forgé ? Cette question rappelle certaines dates relativement éloignées : 1215 en Angleterre et 1789 en France. À une époque où la personne du Monarque était la source du droit, les révolutionnaires revendiquèrent l'existence d'un droit supérieur à celui édicté par la Couronne. L'idée était déjà lancée par les tenants du droit naturel, du *jus naturalis*, depuis l'affaire Penn en Angleterre.[289]

Le 14 août 1670 William Penn arrêté et accusé d'avoir violé la loi des *Conventicules* qui interdisait la réunion de plus de 4 personnes dans la rue.

Pour sa défense, Penn prit appui sur l'argument que même s'il avait violé la loi des *Conventicules*, il ne saurait être condamné car cette loi, était elle-même contraire à la *Magna Carta,* signée en 1215 par Jean Sans Terre.

Par ce motif, il demanda aux jurés de l'acquitter et d'écarter une loi non valide, parce que non conforme aux lois supérieures- *inconstitutionnelles*-dirait-on aujourd'hui.[290] Le pouvoir enferma les douze jurés, et les soumit à un jeun forcé de quarante-huit heures et aux menaces de représailles s'ils acquittaient le suspect.

Sans céder à la pression, les jurés acquittèrent Penn. Ce procès est considéré comme à l'origine de l'inviolabilité des jurés[291] qui s'est étendue aux juges.

De là, a germé l'idée de la supériorité de la loi naturelle sur toute autre, fût-elle édictée par le Roi ou votée par le Parlement.

L'évolution du débat entre *jus naturalistes* et *positivistes* n'a pas affecté la conviction du caractère fondamental et inaliénable de certains droits, même en démocratie républicaine. La référence systématique à la Déclaration universelle des droits de l'Homme ou aux instruments autrement dénommés en la matière, en est une illustration suffisante. On peut même déduire la présomption de leur suprématie par la place qu'ils occupent dans la Constitution écrite où ils sont toujours en tête.

La question qui mérite d'être posée est de savoir comment est-on passé de la suprématie du droit naturel à celle de la Constitution norme positive.

L'on doit convenir qu'il n'y a pas d'État sans droit, et il n'y a pas de droit sans État. Même l'État le plus autoritaire ou totalitaire fonctionne sous un

---

[289] Sur les faits, lire DUHAMEL, O., *Droit constitutionnel et politique,* Paris, Seuil, 1993, p.67

[290]DUHAMEL, O., *Droit constitutionnel et politique,* Paris, Seuil, 1993, p.67

[291]HENRIETTE L.- J. et HERON J.-O., *William Penn et les Quakers : ils inventèrent le nouveau monde.* Découverte, Gallimard, 1990, p.38 cités par DUHAMEL, O., *Droit constitutionnel et politique, op.cit.*, p.67

assemblage des règles juridiques. Les révolutionnaires sont les premiers à avoir posé la pierre de la pyramide des normes.

Pour amener l'État à garantir et protéger les droits fondamentaux, il fallait concevoir un ordre cohérent, un ensemble structuré dans lequel chaque règle juridique a sa place.[292]

Olivier Duhamel le présente ainsi : Au *sommet de l'édifice trônent « les droits naturels inaliénables et sacrés de l'homme », contenus dans la Déclaration universelle adoptée en 1789 : chronologiquement première (la Déclaration précède la Constitution de 1791), elle est également ontologiquement supérieure : ses principes vont servir de fondements à un nouvel ordre politique. La Constitution se situe au rang juridique immédiatement inférieur. Elle vient garantir les droits énoncés par la Déclaration. Elle organise la séparation des pouvoirs qui permettra leur mise en œuvre[293]. [...] La Constitution doit donc organiser et attribuer le pouvoir. Cela fait, intervient la loi, au troisième rang hiérarchique.[294]Elle met en œuvre les droits fondamentaux et fixe les règles générales qui s'imposent à tous.*

Enfin, en bas de la hiérarchie, les actes de l'exécutif définissent les modalités d'application des lois.

Cette présentation permet de comprendre que du moment où la tradition républicaine a repris à son compte les principes révolutionnaires attachés à la limitation du pouvoir et au respect des droits de l'homme et des libertés du citoyen, et du moment où la Constitution intègre l'instrument qui les proclame dans son corps, elle reprend la première place dans la hiérarchie.

Ces bases ont donné naissance à la théorie pyramidale de normes dont la paternité revient au juriste Hans Kelsen[295]. Selon l'auteur autrichien, « l'ordre juridique n'est pas un système des normes juridiques placées au même rang, mais un édifice à plusieurs étages superposés, une pyramide, ou une hiérarchie, formée d'un certain nombre d'étages ou des couches de normes successives.»

Au sommet du système, l'auteur place la norme –mère (*Grundnorm*) qui commande tout le système, les autres lui sont directement ou indirectement subordonnées. Ces normes inférieures commandent aussi à d'autres qui sont plus nombreuses, ainsi de suite jusqu'à la base. On note que plus on descend, plus le pouvoir discrétionnaire, c'est-à-dire, la liberté de celui qui élabore la norme diminue.

---

[292] DUHAMEL, O., *Droit constitutionnel et politique, op.cit.,* p.69

[293]DUHAMEL, O., *Droit constitutionnel et politique, op.cit.,* p.70.

[294] PHILIPPE, A., *Droit constitutionnel et institutions politiques, op.cit.,* p. 91

[295]*Idem*

Il est dans l'ordre des choses que cette *Grundnorm*, ne soit autre que la Constitution. Elle est la règle suprême de laquelle tire sa vitalité juridique l'ordonnancement juridique de l'État.

La suprématie de la Constitution serait donc, une coquille vide en l'absence des mécanismes normatifs et juridictionnels qui sanctionneraient la non-conformité des normes inférieures. C'est pourquoi, à l'instar des États modernes qui aspirent à l'État de droit démocratique, la République Démocratique du Congo a constitutionnalisé le principe de la suprématie constitutionnelle tel qu'il résulte de la combinaison des articles 157, 160 et 168 de la Constitution du 18 février 2006. La suprématie constitutionnelle implique la protection de celle-ci.

D'emblée, Il faut préciser que la suprématie de la Constitution n'a de sens qu'en régime où s'est déjà opéré le passage du parlementarisme absolu au parlementarisme modéré, le passage de l'État légal à l'État constitutionnel. Et, encore faut-il qu'il y soit organisé le libre concours politique dans un cadre pluraliste aux fins d'assurer l'alternance au pouvoir.

4. Du pluralisme politique et de l'alternance au pouvoir.

Aux nombreuses acceptions de la Constitution déjà évoquées, notons à la suite de Philippe Ardant que *la Constitution est l'acte solennel soumettant le pouvoir étatique à des règles limitant sa liberté pour le choix des gouvernants, l'organisation et le fonctionnement des institutions, ainsi que dans ses relations avec les citoyens.*[296]

Ainsi, la Constitution accorde au peuple de choisir ses gouvernants, et la possibilité de les contraindre à respecter les règles ou les changer lorsque la communauté estime qu'ils sont dans l'erreur, et de les sanctionner s'ils abusent de fonctions qui leur ont été confiées.[297]

Sous cet angle, la Constitution permet aux citoyens de jouir de leurs droits politiques, de les exercer notamment, de participer à la gestion des affaires publiques par leurs suffrages mais, et de sanctionner les élus en leur retirant leurs voix.

L'aspiration de participer au choix de gouvernants est une soif de longue date chez les Congolais. Depuis 2006, l'on peut affirmer que le choix démocratique est devenu une réalité au Congo. L'honneur en revient à la Constitution du 18 février 2006 qui a permis d'organiser malgré des multiples embuches quatre vagues d'élections en 2006, 2011, 2018 et 2023.

La Constitution reconnait le pluralisme politique et interdit l'instauration d'un parti unique sous peine de haute trahison et de crime

---

[296]PHILIPPE, A., *Droit constitutionnel et institutions politiques op.cit.*, p.49
[297]*Idem.*

imprescriptible.[298] Sous réserve de la Constitution et de la loi, l'opposition politique est reconnue.

Sur la base des lois électorales votées et promulguées[299] conformément à la Constitution du 18 février 2006, le peuple congolais a renoué avec les urnes après plusieurs décennies. Le premier tour de l'élection présidentielle combinée avec celle des députés nationaux a eu lieu le 30 juillet 2006. Le deuxième tour fut organisé le 29 novembre 2006 couplé à celle des députés provinciaux. Les Sénateurs, les gouverneurs et vice-gouverneurs des provinces ont suivi les 19, 27 janvier et 15 février 2007.

À ce propos, il faut noter la participation accrue des acteurs politiques dans un cadre pluraliste tel que conçu depuis l'Accord global et inclusif. Cinq ans après, une deuxième occasion fut donnée aux Congolais à l'occasion des élections générales organisées dans le pays. Le 28 novembre 2011, ils ont dû choisir entre plusieurs concurrents politiques. D'aucuns estiment que les élections de 2006 et de 2011 sont à considérer, à juste titre, comme les plus libres et les plus inclusives.[300]

Elles ont été une opportunité de renforcer l'encrage de la culture démocratique. Pour Jean-Louis Esambo, c'est une volonté politique d'ouvrir au Congo des perspectives heureuses du constitutionnalisme.[301] L'évolution politique congolaise de cette dernière décennie confirme l'exactitude d'une telle analyse, nonobstant les manœuvres politiciennes, souvent téléguidées de l'extérieur pour briser l'ordre constitutionnel. L'alternance pacifique intervenue le 24 janvier 2019 entre le Président sortant Joseph Kabila Kabange et son successeur, Félix Antoine Tshisekedi, à la suite des élections présidentielles organisées le 30 décembre 2018 en est une éloquente illustration. Dans le même sens, on doit noter celles du 20 décembre 2023 ayant permis au Président sortant de se succéder à lui-même.

À travers une évolution constitutionnelle et institutionnelle sinueuse depuis 1960, le peuple congolais sorti du joug colonial, est parvenu à forger les

---

[298]Art.7 de la Constitution de la République Démocratique du Congo du 18 février 2006 telle que modifiée par la loi no 11/002 du 20 janvier 2011.

[299] Loi n° 06/006 du 9 mars 2006 portant organisation des élections présidentielles, législatives, provinciales, urbaines, municipales et locales, telle que modifiée et complétée par les lois n°15 du 12 février 2015 et n° 17 du 24 décembre 2017 ; loi n°18/005 du 08 mai 2018 portant répartition des sièges par circonscription électorale pour les élections législatives, provinciales, municipales et locales ; Loi n° 22/029 du 29 juin 2022 modifiant et complétant la loi no 06 /006 du 09 mars 2006 portant organisation des élections présidentielle, législatives, provinciales, urbaines, municipales et locales telle que modifiée par la loi no 11/003 du 25 juin 2011, la loi n° 15 / 001 du 12 février 2015 et la loi n° 17 /013 du 24 décembre 2017 ; Loi du 15 juin 2023 sur la répartition des sièges au Parlement de la République démocratique du Congo

[300] STREMLAU, J., « Elections présidentielle et législatives en République Démocratique du Congo ». *Rapport Final 28 novembre 2011*, Rapport du Centre CARTER, inédit, 2011 p.6, UIRL https : //www.cartercenter.org/ressources/pdfs/news… consulté le 16/09/2022.

[301] ESAMBO KANGASHE, J-L., *La Constitution congolaise du 18 février 2006 à l'épreuve du constitutionnalisme. Contraintes pratiques et perspectives*, *op.cit.* p.179.

rouages normatifs d'un État fondé sur une Constitution moderne et démocratique de type occidental libéral, celle du 18 février 2006. C'est le fruit du compromis entre les forces sociales et politiques congolaises.

Il a été aisé de relever les lignes de démarcations profondes d'avec les précédentes Constitutions par quelques traits saillants : l'affirmation démocratique à la séparation du pouvoir, la garantie des droits humains, la création des mécanismes juridictionnels indépendants idoines, le pluralisme politique gage de l'alternance au pouvoir.

À bien y regarder, la Constitution du 18 février 2006, offre une armature suffisante pour un encadrement et une limitation juridique du pouvoir efficace, sous réserve de défis et des limites à corriger. Depuis 1990, la vie politique et constitutionnelle congolaise ressemble à certains points, à celle de pays africains francophones, et s'en écarte à quelques autres, à l'instar du Bénin qui a ouvert la voie néo démocratique par la Constitution du 11 décembre 1990.

CHAPITRE II.

LA CONSTITUTION BÉNINOISE DU 11 DÉCEMBRE1990, SOCLE JURIDIQUE DE L'ENCADREMENT DU POUVOIR.

L'ancienne République du Dahomey, devenue Bénin pourrait étonner par la profusion d'écrits consacrés à son modèle démocratique depuis 1990. Leur trait commun fut, dans un premier temps, l'éloge de sa transition politique assurant un passage en douceur d'un pouvoir autocratique patrimonial, voire despotique, à un pouvoir démocratique alternatif stable.

Cette béatification dont les Béninois seraient les premiers surpris, à en croire Philippe Noudjenoume[302], n'exclut pas, dans un deuxième temps, de s'interroger sur la portée, les limites, et les perspectives de cette démocratie béninoise que Richard Banégas qualifie d'« *à pas de caméléon.*»[303]

Alors que les politologues et sociologues questionnent les raisons de la révolution pacifique et du succès des mutations si profondes intervenues au Bénin, les attribuant tantôt aux causes exogènes, tantôt à celles endogènes, les juristes tout en effleurant ces aspects se penchent davantage sur le droit constitutionnel positif béninois dont le moteur est, sans nul doute, la Constitution du 11 décembre 1990. Celle-ci est considérée à raison, et à l'instar des Constitutions démocratiques comme l'instrument-clé de la stabilisation, de l'encadrement, et de la limitation du pouvoir au Bénin.

Il est important de comprendre les motivations du constituant en examinant le contexte de la Constitution (Section 1), le processus de son élaboration (section 2), et le rôle du consensus national comme valeur constitutionnelle (Section 3).

SECTION 1 : LE CONTEXTE DE LA CONSTITUTION DU 11 DÉCEMBRE 1990.

La Constitution béninoise du 11 décembre 1990 est le point d'aboutissement d'une série des faits politiques et sociaux qui clarifient le contexte de son adoption et constituent des préludes nécessaires à la compréhension de son étude. Il s'agit notamment des précédents constitutionnels et institutionnels (§1), des événements catalyseurs du renouveau démocratique (§2), et de la Conférence des Forces vives de la Nation (§3).

§1. LES PRÉCÉDENTS CONSTITUTIONNELS ET INSTITUTIONNELS.

Colonie française depuis 1894[304], le Dahomey a accédé à l'indépendance le 1er août 1960. Le processus d'autodétermination s'est accéléré

---

302 NOUDJENOUME, P., *La démocratie au Bénin 1988-1999. Bilan et perspectives*, Paris, Montréal, L'Harmattan, 1999, p.18.

303 BANEGAS, R., *La démocratie à pas de caméléon. Transition et imaginaires politiques au Bénin*, Paris, Karthala, 2003, 494p.

304 En vertu du Décret du 22 juin 1894.

à la veille des années soixante sous le vent anti colonial qui a soufflé sur l'Afrique francophone.

Quelques brèves étapes de cette évolution méritent d'être rappelées, à savoir : le référendum du 28 septembre 1958 en vertu duquel le pays accepta le statut d'État membre de la Communauté[305], le 4 décembre 1958 et fut proclamé : « République du Dahomey ». Une première Constitution annonciatrice de sa pleine souveraineté a été promulguée le 15 février 1959. Ce premier texte fondamental est demeuré en vigueur jusqu'à l'établissement de la Constitution du 26 novembre 1960 sous le Dahomey indépendant.

La vie politique postcoloniale du Dahomey est caractérisée par de convulsions cycliques entre 1960 et 1990. La stabilité institutionnelle et constitutionnelle de ces trois dernières décennies fut précédée de profondes turbulences. Chaque mouvement en ce sens, a eu une répercussion heureuse ou fâcheuse sur la quête constitutionnaliste et l'effort d'encadrement du pouvoir, c'est-à-dire sur la vertu constitutionnelle normative.

La clarté chronologique oblige à séquencer l'évolution institutionnelle et constitutionnelle d'avant la Conférence de Forces Vives de la Nation. Ainsi, deux phases sont à considérer, à savoir, celle d'une brève lueur pluraliste, l'aurore de la démocratie constitutionnelle (A), et celle de l'éclipse du constitutionnalisme (B).

A. L'AURORE DE LA DÉMOCRATIE CONSTITUTIONNELLE DAHOMÉENNE : 1959-1962.

Le Bénin ex-Dahomey est entré dans la vie internationale par une Constitution démocratique. Adoptée par l'Assemblée nationale constituante de la République du Dahomey lors de sa séance du 25 novembre 1960, la Loi constitutionnelle fut promulguée par le Chef de l'État, Hubert Maga[306], le 26 novembre de la même année. On peut y lire : *Le peuple du Dahomey proclame solennellement son attachement aux principes de la Démocratie et des Droits de l'Homme, tels qu'ils ont été définis par la Déclaration des Droits de l'Homme et du Citoyen de 1789, par la Déclaration Universelle de 1948, et tels qu'ils sont garantis par la présente Constitution.*[307]

À la lecture, le constituant de la première République dahoméenne s'aligne sur les principes du constitutionnalisme universel dont la démocratie et la protection des droits de l'Homme sont des attributs caractéristiques et des piliers. Le constituant ne se limite pas à une déclaration d'intention creuse, mais

---

[305] La Communauté est l'Association créée par la France avec son Empire coloniale en 1958, mais qui permet aux colonies d'accéder au statut d'Etat. On estime que ce fut une illusion d'indépendance car la France gardait la primauté sur les domaines de souveraineté comme la politique étrangère, la monnaie, la politique économique et le contrôle des matières premières, etc. Mais après 1960, la Communauté devint caduque faute de membres car tous avaient opté pour l'indépendance.
Voir, GRIMAL, H, *La décolonisation de 1919 à nos jours*, Bruxelles, Editions Complexes, 1985, p.335

[306] Premier Président élu de la République du Dahomey du 1er août 1961 au 27 octobre 1963.

[307] Préambule de la Constitution de la République du Dahomey du 26 novembre 1960.

confirme le caractère [...] *démocratique et social de la République du Dahomey*[308], *et* établit le principe du nouvel État : *le gouvernement du peuple par le peuple et pour le peuple.*[309]

Ainsi, la première Constitution du Dahomey indépendant est restée à quelques traits près, dans la continuité de l'esprit et la lettre de celle de la *Communauté* de 1959.

Comme il est facile de le constater, l'article 2 de la nouvelle Constitution est une transposition identique de l'article 1er de la précédente. Les dispositions en vertu desquelles « la souveraineté appartient au peuple », et qui précisent les modes de son exercice sont demeurées des parfaites jumelles.[310]

Un autre aspect marquant de la première législature béninoise tient à ce que la Constitution du 15 février 1959 pose formellement le principe de la séparation des pouvoirs et l'indépendance de l'autorité judiciaire[311] : il crée le Tribunal d' État comportant en son sein une *section constitutionnelle*.[312] Cette juridiction n'est pas reprise sous la même terminologie dans la Constitution du 26 novembre 1960 qui institue, cependant, une Cour Suprême comportant une *Chambre constitutionnelle* en plus de trois autres.[313]

Hormis le contentieux constitutionnel *stricto sensu*, les compétences de cette Haute Cour sont étendues au Président de la République qui en est justiciable *pour haute trahison* et aux membres du Gouvernement qui peuvent être poursuivis pour *les faits qualifiés de crimes ou délits accomplis dans l'exercice de leurs fonctions.*[314]

On perçoit dès l'aube de l'indépendance du Dahomey, comme de celle de la République Démocratique du Congo, une volonté d'établir les valeurs d'un État de droit constitutionnel démocratique où le pouvoir est encadré et limité par la Constitution. Cela est d'autant évident que le constituant a prescrit des dispositions intangibles. À ce titre, il proscrit toute procédure de révision constitutionnelle portant atteinte à la forme républicaine du Gouvernement.[315]

Une observation attentive permet de déceler une mince nuance régressive par rapport à la Constitution du 15 février 1959 qui rendait expressément intangible non seulement les dispositions relatives à la *forme républicaine du Gouvernement*, mais aussi celles liées *aux principes démocratiques qui régissent la République*.[316]

---

[308] Art. 2, Al.1, Constitution de la République du Dahomey du 26 novembre 1960

[309] Art. 2, Al.2., Constitution de la République du Dahomey du 26 novembre 1960

[310] Art. 3., Constitution de la République du Dahomey du 26 novembre 1960

[311] Art.44, Constitution de la République du Dahomey du 26 novembre 1960

[312] Art.47, Constitution de la République du Dahomey du 26 novembre 1960

[313] Il s'agit de : la Chambre judiciaire ; la Chambre Administrative et, la Chambre des Comptes.

[314] Art. 65, Constitution de la République du Dahomey du 26 novembre 1960, *op.cit.*

[315] Art.73, al.2, Constitution de la République du Dahomey du 26 novembre 1960.

[316] Art.53, Constitution dahoméenne du 15 février 1959.

Dans l'ensemble, on retient une présence normative suffisante tendant à la limitation constitutionnelle du pouvoir sous les deux premières Constitutions du Bénin ex-Dahomey[317], mais ces normes constitutionnelles, reflet de la modernité contemporaine calquée sur l'État colonial n'auront-elles été que la beauté d'une aurore dont les lueurs seront balayées par les brumes d'une instabilité institutionnelle cyclique ?

Les faits donnent à le croire, car deux années à peine ont suffi pour que ce constitutionnalisme naissant, plonge tel qu'en République Démocratique du Congo dans une longue éclipse.

B. L'ÉCLIPSE DU CONSTITUTIONNALISME NAISSANT.

Le germe constitutionnaliste dahoméen a gelé sous la grêle des régimes monolithiques instables (1963-1972) et sous l'effet d'une incrustation autocratique stable (1972-1990).

1. Des régimes monolithiques instables.

L'interdiction faite à *toute section du Peuple, et à chaque individu ou groupe d'individus de s'accaparer de l'exercice du pouvoir ou de la souveraineté appartenant au peuple*, reprise dans la quasi-totalité des Constitutions démocratiques telle que formulée dans le texte fondamental dahoméen du 26 novembre 1960[318], n'eut aucun effet, sur les épaules galonnées béninoises[319].

Tirant argument de troubles sociaux de 1963, le Colonel Christophe Soglo céda à la tentation du pouvoir, et brisa l'ordre constitutionnel par son putsch du 27 octobre 1963.

Le Président Maga, pourtant issu de la coalition[320] de partis vainqueurs des élections législatives du 11 décembre 1960 est renversé. Ce coup de force vida la norme constitutionnelle de sa vitalité limitative du pouvoir.

Le pluralisme politique fut supprimé et le nouveau Chef de l'État imposa la fusion des partis politiques en un seul : le Parti Dahoméen de l'Unité (PDU).

---

[317] Sur l'aspect politico-historique dahoméenne, voir notamment, OLADE OKUNKOLA, M.L, *La Cour constitutionnelle et le peuple au Bénin. D'un juge constitutionnelle à un procureur suzerain*, Paris, L'Harmattan, 2018, p.51-54.

[318]Art. 3 al.2 de la Loi N° 60-36 portant Constitution de la République du Dahomey. URL https://sgg.gouv.bj/doc/loi-1960-36, consulté le 20/02/2023.

[319]Allusion est faite ici aux militaires.

[320] Victoire du Parti Dahoméen de l'Unité (PDU), réunissant le Parti des Nationalistes du Dahomey (PND) de Sourou Migan Apithy et du Rassemblement Démocratique Dahoméen (RDD) d'Hubert Maga.

Voir, NGANGO YOUMBI, E., *La justice constitutionnelle au Bénin. Logiques politique et sociale*, Paris, L'Harmattan, 2016, p.682.

Cela ouvrit la voie à un convoi des coups d'États, une douzaine, entre 1962 et 1972 dont cinq réussis.[321] À partir de cette année, l'État Dahoméen offrit au monde un double visage paradoxal. Le renversement frénétique des dirigeants politiques d'un côté, et aussi la survie physique et politique de mêmes acteurs, de l'autre. Ainsi, trois leaders de la vie politique civile ont occupé le devant de la scène, de 1963 à 1970 sur une sorte de chaise musicale. Sourou Migan Apithy, Hubert Maga et Tométin Ahomadégbé évoluèrent dans un *concert-tango* de prise et de perte du pouvoir au gré des officiers militaires qui le leur confiaient ou leur retiraient selon les rapports des forces, et selon leur bon vouloir.

Cette période passe pour la vague d'instabilité politique où civils et militaires s'alternaient au pouvoir au mépris des règles constitutionnelles relatives à la dévolution, à l'organisation et, à l'exercice du pouvoir.

De 1963 à 1972, le Bénin connut plus d'une dizaine de Présidents[322] de la République, méritant bien son péjoratif *d'enfant malade de l'Afrique.*[323] Parmi les militaires, trois figures se sont également distinguées dans l'œuvre *stabilisatrice-déstabilisatrice* de l'ordre constitutionnel. Le Général Christophe Soglo, et le Lieutenant Kouandété se sont livrés à une orchestration des putschs à répétition jusqu' à ce que le Chef de Bataillon Matthieu Kérékou vienne combler la mesure par son coup de force du 26 octobre 1972. À cette fois, il entendait bien demeurer seul maître à bord et pour longtemps.

Aussi, le confirma-t-il par l'incrustation de son régime autocratique militaro-marxiste qu'il a rendu stable.

2. Incrustation et stabilité du régime autocratique militaro-marxiste.

L'avènement de Matthieu Kérékou marque un tournant dans le parcours institutionnel et constitutionnel du Dahomey. Il eut une emprise aussi forte que celle de Joseph Désiré Mobutu, au Congo-Kinshasa, sur la Loi

---

[321] 1963 : Hubert Maga est renversé par Christophe Soglo ; 1965 : Soglo reprend le pouvoir rendu aux civils en décembre 1963 ; 1967 : le Commandant Kouandeté organise un coup d' État, le 17 décembre, et confie la formation d'un nouveau gouvernement au Lieutenant-colonel Alphonse Alley ; 1968 : Des jeunes militaires regroupés au sein du CMR confient le pouvoir au Dr Emile Zinzou, le 26 juin ; 1969 : le Président Emile Derlin Zinsou est écarté du pouvoir par un autre coup d'Etat perpétré par le lieutenant-colonel Kouandeté, le 10 décembre et Paul de Souza reçoit le pouvoir le 13 décembre ; 1970 : Sourou Migan, Hubert Maga et Justin Ahomadegbé forment un Conseil présidentiel, dont la présidence tournante, un triumvirat à la Dahoméenne ; 1972 : le Commandant Matthieu Kérékou à la tête des jeunes militaires renverse le Conseil présidentiel par un coup d'Etat, et forme le Gouvernement Militaire Révolutionnaire (GMR).

[322] CHRISTOPHE SOGLO - SOUROU MIGAN APITHY - JUSTIN AHOMADEGBE -TAHIROU CONGAKOU -JEAN BAPTISTE HACHEME - MAURICE KOUANDETE- ALPHONSE ALLEY - EMILE DERLIN ZINZOU - MAURICE KOUANDATE- PAUL EMILE DE SOUZA - HUBERT MAGA - JUSTIN AHOMADEGBE - MATHIEU KEREKOU. Sur ce sujet lire NGANGO YOUMBI E., *op.cit.*, pp. 679-681.

[323] URL https://www.co,trepoints.org, 20, consulté le 28/05/2023.

fondamentale du 19 mai 1960 relative aux structures du Congo, la Constitution de Luluabourg du 1er août 1964 et sur l'institution étatique entière.

À la différence du Maréchal Mobutu, le Commandant Kérékou, a eu l'heur de partager les lauriers de la transition politique avec ses anciens adversaires. Alors qu'avant lui, les Dahoméens semblaient assister à un jeu récréatif entre politiciens complices d'une comédie constitutionnelle, et tenant les rênes d'un pouvoir trop faible et fragile, le nouveau Président du Conseil présidentiel se distingua par une poigne de fer qui a assuré une longévité à son régime.[324]

Sous les présidences antérieures, la durée de vie moyenne d'une Constitution dahoméenne fut approximativement d'une année. L'exercice effectif dela fonction présidentielle fut en moyenne de huit mois sans garantie d'un mandat constitutionnel contraignant.

S'agissant de l'influence du régime sur l'encadrement du pouvoir, deux étapes sont à considérer, à savoir, le vide constitutionnel (1972-1977) et l'avènement de la Constitution du 26 août 1977.

Après avoir brisé l'ordre institutionnel en place, il allait de soi que l'instrument qui lui tenait lieu de fondement soit supprimé ou suspendu, à savoir l'ordonnance n° 70-34/CP du 7 mai 1970 portant Charte du Conseil Présidentiel. Adopté par trois personnalités instituant un « Triumvirat » à la dahoméenne, ce texte ne fut pas du goût du nouvel homme fort. Aussi exprima-t-il sa volonté et son engagement solennel de *« liquider définitivement l'ancienne politique à travers les hommes, les structures et l'idéologie qui la portent [...]* »[325]

Le régime ''Kérékou'' se révéla d'abord sous des couleurs révolutionnaires, mais nationalistes avant de muer ensuite, en révolutionnaire marxiste-léniniste.

Pour ce qui est du fondement juridique, l'on penserait le trouver dans la Proclamation du Commandant Kérékou lue par lui-même sur la Station radiodiffusion nationale, le 26 octobre 1972. : *« [...] il est donc nécessaire de donner l'unique occasion à des hommes de bonne volonté, de réaliser et de consolider l'unité nationale si chère à tous. Il est également utile et pressant de donner à notre beau pays d'être servi par ses valeureux fils capables de consentir les sacrifices.»*

Relevons qu'un tel Acte ne revêt pas un caractère juridique. Aussi est-il qu'à la source d'un pouvoir autoproclamé, il serait incohérent de rechercher un fondement légal ou constitutionnel.

---

[324]De 1972 à 1990, soit une durée de dix-huit ans.

[325] « Discours du Président de la République naissance de la République populaire du Bénin », in *MEDE, N., Bénin : Constitutions et documents politiques*, *op.cit.*, pp.289-300.

La Proclamation du 26 octobre 1972, au Bénin, qui rappelle celle du Haut Commandement de l'ANC, du 24 novembre 1965 au Congo[326], a servi de fondement politique au pouvoir de son ''propriétaire'' de l'heure. Un mois plus tard, le Gouvernement militaire révolutionnaire donnera des orientations institutionnelles et politiques dans son discours programme du 30 novembre 1972[327], et évoluera jusqu'en 1977 sur la base de sa feuille de route. Il se fixa pour objectif fondamental *de développer les libertés individuelles et collectives et de garantir leur exercice effectif, et par souci majeur de restaurer le jeu normal de la démocratie bloqué par le Gouvernement défunt.*[328]

L'on peut signaler que les deux textes ci-dessus ne donnèrent pas de détails sur l'organisation du pouvoir après la dissolution de l'ancien Conseil présidentiel et de l'Assemblée nationale.

Il a fallu attendre l'Ordonnance du 14 septembre 1973 pour fixer les institutions dirigeantes et leurs attributions.[329]Aux termes de ce texte, il est créé un Conseil National de la Révolution (CNR) aux attributions autant larges que floues, à savoir notamment :

- *concevoir et contrôler l'action du Gouvernement Militaire Révolutionnaire et de l'État, diriger les tâches politiques et organisationnelles de la Révolution et veiller à l'application du Programme de Politique Nouvelle d'Indépendance nationale proclamée le 30 Novembre 1972*[330] *;*
- *préparer et mettre en place les nouvelles Institutions révolutionnaires de la Nation.*[331]
- *contrôler l'exécution des grandes décisions et le fonctionnement des institutions de l'État.*[332]
- *renforcer, par son action, l'autorité du pouvoir central et concevoir les grandes lignes de toutes les grandes décisions politiques, économiques e sociales*[333] *; voter le budget et consentir l'impôt.*[334]

---

[326] Il s'agit de la Proclamation du Haut Commandement de l'Armée Nationale Congolaise par laquelle le Général Mobutu a fondé soin pouvoir, le 24 novembre 1965.

[327] Les grandes lignes de ces orientations sont reprises dans le Discours sur le marxisme –léninisme prononcé par le chef de l'État à l'occasion du deuxième anniversaire du discours programme du 30 novembre 1972.

[328]Discours programme du Gouvernement Militaire Révolutionnaire du 30 novembre 1972 du Dahomey, point 6.

[329]Ordonnance n°73-63 du 14 septembre 1973 portant création, attributions, composition, organisation et fonctionnement du Conseil National de la Révolution, des conseils départementaux, sous-préfectoraux, urbains et locaux de la révolution.

[330]Article 2.al.1, Ordonnance n°73-63 du 14 septembre 1973, *op.cit.*

[331]Article 2, al.2, Ordonnance n°73-63 du 14 septembre 1973, *op.cit.*

[332]Article 4, Ordonnance n°73-63 du 14 septembre 1973, *op.cit.*

[333] Article 3, Ordonnance n°73-63 du 14 septembre 1973, *op.cit.*

[334] Art.5, Ordonnance n°73-63 du 14 septembre 1973, *op.cit.*

À la lecture, on pourrait déduire que le Conseil Révolutionnaire National fût similaire à un organe classique de l'État sous une autre dénomination et participait à la séparation des pouvoirs, à sa limitation, et à la protection des droits individuels et des libertés publiques.

Rappelons que dans le discours- programme du 30 novembre 1972[335], le Gouvernement Révolutionnaire s'était engagé à assurer l'indépendance de la justice et l'exercice des libertés publiques.

L'analyse des tâches supplémentaires confiées à cet organe dévoile, cependant un revirement qui heurte le constitutionnalisme dans ses principes fondamentaux. L'engagement pris envers la gouvernance démocratique ne fut qu'un volontarisme sans lendemain. Il suffit de combiner les articles six (6), sept (7) et huit (8) de l'Ordonnance précitée pour s'en convaincre. Il y est confié au Conseil Révolutionnaire National, d'autres tâches qui contrarient la sémantique constitutionnaliste :

- *« démystifier », « mobiliser » et organiser les « masses populaires » à travers le pays*[336] *;*
- *unir dans une prise de conscience nationale et patriotique et là où ils vivent et travaillent les citoyens dahoméens [...]*[337]

Le moins que l'on puisse dire est que l'ordonnance n°73-63 du 14 septembre 1973 établit un régime à confusion des pouvoirs qui ne se laisse ni encadrer ni limiter par des mécanismes constitutionnels. Il s'agit d'un texte sans égard aux libertés tel qu'il ressort de l'étude minutieuse de certaines de ses dispositions :

Tous les mots d'ordre et activités de sensibilisation, de mobilisation et d'organisation des masses sont dévolus ''exclusivement'' au Conseil National de la Révolution[338]*qui peut s'ériger en Tribunal Révolutionnaire National pour juger ''sans appel'' des actes et faits qu'ils qualifieraient d'infractions politiques et atteintes à la Sûreté de l'État.*[339]

L'esprit de ce texte rappelle à s'y méprendre celui d'un certain Mouvement Populaire de la Révolution (MPR) dont les actions et l'idéologie ont fait marcher au pas le peuple du Zaïre des années soixante-dix. À croire que le *marxisant* Matthieu Kérékou et le *libéral* Joseph Désiré Mobutu se soient abreuvés à une même source il n'y aurait qu'un pas.

---

335 Les grandes lignes de ces orientations sont également reprises dans le Discours sur le marxisme – léninisme prononcé par le chef de l'Etat à l'occasion du deuxième anniversaire du discours programme, Abomey, 30 novembre 1974. Voir MEDE, N, *Bénin : Constitutions et Documents politiques, Dakar, L'Harmattan, Sénégal*, 2020, pp. 275-288.

336 Art.6, 1er tiret, Ordonnance n°73-63 du 14 septembre 1973, *op.cit.*

337 Art.6, 2e tiret, Ordonnance n°73-63 du 14 septembre 1973, *op.cit.*

338 Article 7, Ordonnance n°73-63 du 14 septembre 1973, *op.cit.*

339 Article 9, Ordonnance n°73-63 du 14 septembre 1973, *op.cit.*

Aussi, est-il interpellant de voir la similitude jusque dans la terminologie, entre les organes de l'État institués par la Constitution béninoise du 9 Septembre 1977 et ceux prévus par la Loi constitutionnelle n° 73-14 du 5 janvier 1973 au Congo-Zaïre. Ainsi, les appellations classiques : « Gouvernement », « Parlement » et « Pouvoir judiciaire » cédèrent aux formules révolutionnaires : « Conseil Exécutif », « Conseil législatif.[340]» et « Conseil judiciaire».

Le plus frappant, tant au Bénin qu'au Zaïre de l'époque fut l'engloutissement de l'État par le Parti unique et la substitution de la Constitution règle-juridique par la *Constitution-programme* ou par la *Constitution mythe de développement* lesquelles, selon une doctrine bien assise, ne sont pas des Constitutions.[341]

Au Zaïre, les Constitutions et les valeurs du constitutionnalisme qu'elles véhiculaient furent mis en berne jusqu'en 1990 comme au Dahomey qui muta en République du Bénin, le 30 novembre 1975, après avoir adopté le socialisme scientifique guidé par le marxisme léniniste comme voie officielle directrice de l'État.[342]

Sous l'étau d'une population touchée au vif par une crise économique et sociale profonde, le régime militaro-marxiste béninois a dû reculer et céder à une démarche négociée qui transforma considérablement les mécanismes normatifs d'encadrement constitutionnel du pouvoir sur la base d'une nouvelle Constitution. Les mouvements sociaux cristallisés dans une grève générale des fonctionnaires en novembre 1989, ont successivement conduit le pouvoir à renoncer au marxisme-léninisme, à suspendre la Constitution en février 1990 et à inaugurer ce que l'on désigne par le « renouveau démocratique ».

§2. LES ACTEURS DU RENOUVEAU DÉMOCRATIQUE.

Le concept « renouveau démocratique » désigne *l'ensemble des faits sur lesquels se sont appuyées les Forces Vives de la Nation béninoise pour organiser une Conférence nationale*.[343] Dans un enchevêtrement des facteurs qui ont conduit à la Constitution du 11 décembre 1990, on peut tenter de dégager un ordre logique sur la base de la succession historique de trois séries des faits saillants.

- Les mouvements sociaux et la dynamique du changement (A) ;
- La crispation et l'impasse socio- politique (B) ;
- La Conférence des Forces Vives de la Nation (C).

---

340 Art.1er de la Loi n°73-14 du 5 janvier 1973 portant harmonisation de la Constitution ainsi que de tous les textes législatifs et réglementaires en rapport avec les nouvelles appellations intervenues dans les structures politico-administratives du pays et modifiant l'article 46 de la Constitution.

341 Àce sujet, lire notamment, DÉLPERÉE, F., *Droit constitutionnel. Les données constitutionnelles op.cit.*, pp.32-33.

342 Le 30 novembre 1974.

343 NOUDJENOUME, P, *La démocratie au Bénin 1988-1999*. Bilan et perspectives, *op.cit.*, p. 9 et s.

A. LES MOUVEMENTS SOCIAUX ET LA DYNAMIQUE DU CHANGEMENT.

Une imbrication d'événements intervenus en 1989 au niveau international et au niveau national ont secoué fortement le système monolithique consolidé sous l'empire de la Constitution du 9 septembre 1977[344], et ont eu raison du régime autocratique instauré depuis 1972 au Bénin.

Sur le plan international deux éléments sont évoqués comme catalyseurs du changement au Bénin.

D'abord, la crise économique mondiale qui aurait eu un effet pervers sur la poche trouée et sur l'estomac vide du citoyen moyen. C'est l'incidence sociale déterminante des actions d'une première catégorie d'acteurs, constituée de forces civiles inorganisées.

Ensuite, les changements radicaux par une révolution démocratique pacifique intervenue chez le capitaine en chef de l'Empire soviétique[345] ont eu des répercussions sur l'orbite mondiale des États- satellites africains et de l'Europe de l'Est. Ce *Vent d'Est* a fait émerger une autre catégorie d'acteurs béninois déterminés à couler le navire marxiste *kérékiste.* Saisissant l'opportunité, ils ont tenu à intégrer les revendications sociales et économiques au besoin du changement politique.

Ainsi, deux dynamiques se sont enclenchées à l'intérieur : les forces civiles et les forces d'opposition politiques inorganisées.

1. La dynamique civile interne : des revendications socio-économiques.

Dans la seconde moitié des années quatre-vingt, sous la forme de grèves et des manifestations, le pouvoir béninois est secoué par une crise dont la nouveauté est l'union des étudiants et des élèves au sein d'une seule organisation.[346]

Cette première coalition scolaire et universitaire opéra des brèches dans la muraille de l'absolutisme dont la force résidait dans le bâillon fortement posé sur la population au nom de la révolution.[347]

En effet, lorsque le Président Kérékou, décréta la dissolution du Bureau Exécutif National de la Coopérative universitaire, plutôt que de se terrer dans la peur, les étudiants et élèves ripostèrent par une réplique digne d'intérêt en matière des droits individuels et des libertés publiques. Après une grève d'avertissement du 29 au 30 avril 1985, ils adressèrent une motion au Président

[344] Ordonnance N° 1977-32 du 09 septembre 1977 portant promulgation de la Loi Fondamentale de la République du Bénin.
[345] Il s'agit du dernier Secrétaire Général du Parti Communiste de l'Union Soviétique, M. Gorbatchev.
[346]Union générale des étudiants et élèves Dahoméens et du Front d'Action Commun des Elèves et Etudiants du Nord du Dahomey.
[347] Sur ces événements lire, BANEGAS, R, *La démocratie à pas de caméléon. Transition et imaginaires politiques au Bénin, op.cit.*, p. 31 à 97

de la République, reprise dans leur Journal du 31 mai 1985, en termes éloquents et fermes :

Nous avons appris par la voie des ondes votre décision de dissoudre la Coopérative Universitaire des Etudiants ; suite à cette décision, le Conseil Central d'Administration élargi aux Bureaux d'Etablissement s'est réuni ; de l'avis unanime de cet organe représentatif des étudiants, votre décision est pour le moins irrecevable, nulle et de nul effet. Et, ceci pour trois raisons essentielles : La coopérative est la chose des étudiants [...] elle jouit d'une large autonomie politique et organisationnelle vis-à-vis des autorités et de tout pouvoir ou groupe politique... Il en découle que seuls les étudiants eux seuls peuvent décider de son maintien ou de sa dissolution. La dissolution de la coopérative qui est un acte arbitraire qui revient sans nul doute à nier l'existence des étudiants, leur droit à être représentés partout ou leurs intérêts sont en jeu. La coopérative des étudiants et ses différentes organisations ont usé de leurs droits à la liberté d'organisation, d'expression et de manifestation. La dissolution de la coopérative n'est qu'une pression de mauvaise foi et dénote d'une attitude des plus négatives face à nos problèmes académiques et politiques; ce qui est inadmissible.[348]

Cette longue citation est reprise à dessein pour mettre en relief, une évolution significative du comportement social. La motion estudiantine franchit un cap ; car plutôt que de se borner au domaine académique et purement social, elle rappelle au pouvoir ses limites politiques, à savoir celles de ne pas violer la sphère d'autonomie reconnue à la personne humaine quant à la jouissance et à l'exercice de ses droits fondamentaux.

Ainsi, les différentes revendications estudiantines et scolaires débordèrent dans le mouvement du 6 mai 1985.

Fidèle à la stratégie séculaire des dictatures et tyrannies, l'autocratie eut recours à la répression et à l'arrestation de « meneurs » ; elle procéda à une chasse à l'homme et à la fermeture des institutions d'enseignement du pays.

Malgré cette violence, le mouvement marqua les esprits. La population lui témoigna une forte sympathie et une massive adhésion. Le ton était lancé : le pouvoir n'était ni invulnérable ni immuable. Ce que les enfants ont osé leurs parents le pouvaient, à savoir défendre leurs droits même s'il fallait défier le pouvoir.

La leçon n'avait pas échappé à d'autres acteurs de la vie civile béninoise. La paysannerie, poule aux œufs d'or, et première victime pécuniaire des tracasseries tentaculaires du PRPB, enflamma les campagnes ; les districts, et les milieux ruraux se transformèrent en champs de confrontation entre d'un côté, les administrations et agents du PRPB, et de l'autre, les paysans.[349]

---

[348]Voir « L'Eveil » (Journal de l'Etudiant), n°3 du 31 mai 1985.

[349]BANEGAS, R., *La démocratie à pas de caméléon. Transition et imaginaires politiques au Bénin*, *op.cit.*pp.30 et s.

Par l'effet boule de neige, et à la suite des mesures financières prises par le pouvoir contre les droits des travailleurs[350], les agents de l'État et les travailleurs se joignirent aux mouvements en cours.

En date du 14 décembre 1988, un papier signé d'une Coordination des Comités d'Action (Structure jusqu'alors inconnue) demandant à tous les travailleurs, élèves et étudiants d'observer une grève de protestation d'une journée le jeudi 15 décembre 1988[351] eut par la suite, un écho retentissant à Cotonou et à Porto-Novo.

L'extension de Comités d'action de lutte contre l'autocratie sur l'ensemble du pays qui s'embrasa donne à exclure l'idée de quelques mouvements spontanés. Bien que la nature de ces structures fût hétéroclite[352] au début elles parvinrent à s'ordonner autour des objectifs politiques qui ont forgé une dynamique interne d'opposition inorganisée et non constitutionnelle.

2. Des forces politiques d'opposition inorganisée : Le Parti Communiste du Bénin et la Convention du Peuple.

Comme l'explique Francis Akindès ces mouvements populaires ne peuvent se suffire à résister au pouvoir abusif sans structures adéquates. L'histoire des mouvements politiques, affirme l'auteur, *nous enseigne que les masses populaires ne peuvent s'organiser spontanément pour se défendre contre un pouvoir oppresseur s'il n'existe pas une force de structuration et d'orientation collective des actions*.[353]

Ainsi, la paysannerie, les milieux estudiantins et scolaires, les fonctionnaires et les travailleurs grévistes vont se structurer en instances de coordination et d'expression permanentes sous forme de Bureaux de liaison.

D'aucuns ont vu cette force structurante dans le Parti Communiste du Benin (PCB)[354] qui a défini un cadre organique de fait pour orienter les nouvelles revendications politiques, à savoir, la Convention du peuple.

Ainsi sont apparues des institutions conjoncturelles exerçant un pouvoir de fait parallèle aux pouvoirs « constitués ». Outre la Coordination, les Comités d'Action ou de lutte se sont dotés de ces bureaux de liaison (BL), et ont créé un organe suprême de décision : l'Assemblée générale. Celle-ci fonctionnait suivant un mode opératoire selon lequel : *Toute décision d'une certaine importance était prise en assemblée générale de tous les travailleurs, ou de tous*

350Ici sont concernés de manière globale, les différentes couches laborieuses : enseignants du Supérieurs, instituteurs, fonctionnaires, etc.

351Voir Coordination des Comités d'Action « Motion de grève de 24 heures », Cotonou, le 14 décembre 1988, Archives de la Convention du Peuple.

352Les Comités d'Action ou Comité de lutte englobaient : des structures illégales et clandestines ; des structures insurrectionnelles de revendications syndicales ; des structures de fait.

353AKINDES, F., *Le Bénin entre le renouveau démocratique et les exigences de l'Ajustement Structurel*, CODESRIA, Dakar, 1991, p.5 et s.

354Sur l'historique du Parti et ses objectifs, lire notamment NOUDJEMOUNE, P., *La démocratie au Bénin 1988-1999. Bilan et perspectives*, *op.cit*., p. 120.

les élèves ou étudiants, de l'unité de production et des établissements scolaires. Chacun donnait son point de vue et participait à la définition du comportement collectif : cela engageait chacun des membres.[355]

Les Assemblées générales ont regroupé des milliers des membres sur le territoire national. On peut reconnaitre que l'impact de leurs décisions a freiné l'élan absolutiste du pouvoir.

Aussi, est-il permis de rappeler des tâches que se sont assignées l'Assemblée générale de travailleurs du secteur financier le 27 décembre 1989 sous la direction de son Comité d'Action, Plan et Statistique (CAFP) :

- *Participer à la définition des activités et des objectifs de leur unité de production.*
- *Critiquer sans inquiétude et sans distinction de parti les résultats et formuler des suggestions pour les meilleurs rendements ;*
- *Désigner leurs responsables à tous les niveaux et les démettre à tout instant s'ils s'écartent des aspirations des travailleurs sans aucune ingérence des organes politiques dirigeants.*[356]

Sur cette base, deux décisions ont été prises sous forme d'Acte populaire concernant respectivement *le retour des camarades financiers affectés pour fait de grève et la bourse des étudiants.*

Attardons-nous quelque peu sur l'apport de la Convention à la chute de l'autocratie et surtout à l'instauration d'un nouvel ordre constitutionnel au Bénin. La Convention du peuple fut fondée le 22 octobre 1988 par la réunion d'organisations, pour la plupart clandestines et illégales, parmi lesquelles figurait le Parti Communiste du Dahomey. Aux premières heures de sa formation, elle a formulé ses objectifs :

Tout modèle fiable comme on l'a prouvé se heurte à un obstacle immédiat : au défaut des libertés politiques, et la tâche préalable qui s'impose, c'est l'organisation immédiate des libertés. En d'autres termes, il s'agit de la prise du pouvoir par le peuple. Voilà pourquoi, nous en appelons à la formation rapide d'un gouvernement Révolutionnaire Provisoire (GRP). La Formation d'un tel Gouvernement exige le rassemblement du peuple, son union en une seule force qui abolira le régime autocratique pour installer en lieu et place un régime véritablement démocratique.[357]

Liant l'acte à la parole, la Convention a mis sur pied un Gouvernement Révolutionnaire Provisoire sous le nom de Comité de Salut National (CSN) alors que régnait à Cotonou le Conseil National de la Révolution (CNR), institué conformément à la Loi Fondamentale de 1977. Ce Gouvernement de fait fut présidé par Pascal Fantodji. Dans la foulée un pré-parlement fut établi

---

[355] *Idem.*

[356] NOUDJEMOUNE, P., *La démocratie au Bénin 1988-1999.* Bilan et perspectives, *op.cit.*, pp. 112 et s.

[357] Voir « Convention du Peuple du Bénin » (document), « Adresse au Peuple », Cotonou, 1989, p.16.

sous la désignation du Comité Permanent de la Convention. L'appel du Président du CSN à tous les démocrates à l'intérieur et à l'extérieur, sans distinction d'idéologie, d'opinion ni de religion, à toutes les couches sociales militaires et civiles, aux anciens dirigeants, connut un succès inattendu.

De la Côte d'Ivoire au Nigeria ; de Paris à Moscou ; de la Belgique au Canada des organisations de soutien à la Convention naissaient. On signale la contribution exceptionnelle de deux d'entre elles : le Comité Culturel pour la Démocratie au Bénin (C .C.D.B.) et le Comité d'information sur le Bénin.

Ces deux organes tous basés à Paris ont pesé avec d'autres sur la *déligitimation* du pouvoir *Kérékou* sur le plan international.[358]Parmi d'anciens chefs d'État, figure le Président Emile D. Zinzou qui s'est revendiqué de la Convention jusqu'en 1990, date de son retour au Bénin, et aussi dans une faible proportion le Président Maga qui a affiché quelques adhérences à la même sensibilité. Rassuré de son poids politique, la Convention du Peuple a raffiné son programme politique et économique.

Dans le cadre de cette étude, seuls les objectifs politiques sont retenus :

- *Le renversement de l'autocratie et de ses séquelles et la désignation par les organisations combattantes d'un gouvernement de transition vers une république démocratique moderne avec tout le pouvoir aux Comités d'Action.*
- *La garantie de la démocratie complète pour les travailleurs et les peuples (élections libres, libertés individuelles et collectives, abolition du Parti-État et séparation du Parti et de l'État) [...]*

À la lecture, on s'aperçoit que la Convention du peuple se rapprochait davantage d'un parti politique tel que défini par Hans Kelsen : *Les partis sont des formations qui groupent des hommes et des femmes de même opinion pour leur assurer une influence véritable sur la gestion des affaires publiques.*[359]

D'aucuns ont soutenu l'idée qu'à cette époque, les Assemblées générales des travailleurs ainsi conçues participaient à la démocratie directe telle qu'enseignée par Georges Burdeau : « Il n'y a de démocratie authentique que lorsque le peuple, support de la puissance politique, est mis à même de l'exercer directement, du moins d'en contrôler l'exercice».

Cette présentation est à nuancer. À notre avis, elle soulève un autre problème, celui de la dualité insoutenable entre deux sources de pouvoir, en l'occurrence, la rue d'un côté, et l'ordre constitutionnel positif de l'autre.

---

[358] NOUDJEMOUNE, P., *La démocratie au Bénin 1988-1999*. Bilan et perspectives, *op.cit.*, p. 116.
[359]KELSEN, H., *« La démocratie, sa nature, sa valeur »*, Economica, 1988, cité par NOUDJEMOUNE, P., *La démocratie au Bénin 1988-1999*. Bilan et perspectives, *op.cit.*, p.119.

Il est difficile d'admettre qu'une démocratie soit exercée par des institutions informelles dans un État où des pouvoirs constitués fonctionnent sous la bannière d'un texte constitutionnel en vigueur, fût-il établi par un pouvoir oppressif. On peut établir une similitude entre ces actions et celles de l'opposition dite radicale en République du Zaïre, avec des parlementaires *debout*. Il est convenable de les comparer à une rébellion sans armes, car elles contreviennent à la loi et à l'ordre constitutionnel établi plutôt que de les assimiler à la démocratie directe.

Malgré leurs succès sur le terrain la Convention du Peuple et toutes les structures précitées n'en sont pas moins restées illégales et anticonstitutionnelles. Leur activisme, bien que patriotique, et la fermeté du pouvoir en place plongeaient le pays dans une impasse sociale, institutionnelle et une crispation politique.

3. La crispation et l'impasse sociopolitiques.

Le bras de fer entre le pouvoir du Président Kérékou et la rue qui grondait atteignit son paroxysme, le 22 janvier 1989 lorsque le Président de la République, lui-même ministre de la défense instruisit les forces de sécurité de veiller à ce qu'il n'y ait *aucun attroupement sur la voie et les lieux publics de jour comme de nuit,* et *d'ouvrir le feu sans sommation* sur les contrevenants, à compter du 23 janvier 1989, et « qu'en tout état de cause l'ordre , la paix et la sécurité doivent être maintenus.»[360]

Emboitant le pas à leur hiérarchie, les lieutenants-relais du Parti-État-PRPB à divers échelons s'alignèrent en ordre de bataille. À l'issue de la réunion tenue le 27 janvier 1989, le Collectif des organisations de masse du Parti de la Révolution Populaire du Bénin publiait :

«Après analyse approfondie des manœuvres antipopulaires, antisociales et contre-révolutionnaires entreprises par les ennemis du peuple béninois [...] condamne avec la dernière énergie ces manœuvres diaboliques des ennemis du peuple et, est déterminé à combattre jusque dans leur dernier retranchement tous les éléments dégénérés à la solde de la réaction locale et internationale.»[361]

À la suite du Chef de l'État, l'Assemblée Nationale révolutionnaire signait un communiqué d'une virulence non voilée fustigeant *des menées subversives et déstabilisatrices odieusement perpétrées les derniers mois par une poignée de vils individus mus que par le sordide dessein d'instaurer dans le pays, le désordre et l'anarchie, propices aux visées diaboliques de la réaction et de la contre-révolution intérieures et extérieures.*[362]

Lors de ce dialogue de sourds entre grévistes-manifestants et le pouvoir, celui-ci a opté pour la force. Aussi, le régime procéda, comme de

---

[360] *Ehuzi* du 25 janvier 1989.
[361] NOUDJEMOUNE, P., *La démocratie au Bénin 1988-1999*. Bilan et perspectives *op.cit.*, p. 116.
[362] *Ehuzi* du 22 février 1989, « Communiqué du Comité Permanant de l'ANR. »

coutume, à des arrestations massives des élèves et des étudiants, des enseignants et des fonctionnaires. Les militaires occupèrent les services publics, le campus universitaire, et les établissements scolaires.[363] Des centaines d'agents grévistes furent révoqués.[364]

La violence est le moyen naturel du pouvoir non démocratique d'échapper à l'encadrement du pouvoir. Pendant dix-sept ans le PRPB parti-État y avait recouru de manière efficace. Et, il espérait bien y parvenir comme les autres fois. Mais ce fut sans compter avec l'opiniâtreté des milieux universitaires. Pendant que les travailleurs reprenaient le travail. Les étudiants maintinrent leur mot d'ordre d'une grève illimitée.

Manifestement, l'atmosphère béninoise soufflait un air de guerre civile. Elle semblait prévisible et redoutable tant les grévistes et le Parti Communiste du Bénin auxquels se sont ralliés des couches opportunistes étaient autant déterminés à renverser le régime que celui-ci était décidé à se maintenir et à les éradiquer.

Alors comment est-on arrivé aux mécanismes constitutionnels de limitation et d'encadrement du pouvoir et à une transition en douceur vantée comme modèle en Afrique francophone?

La réponse est à rechercher du côté de la Conférence des Forces Vives de la Nation dont la recette magique a fait baisser la tension politique et sociale, juguler la menace des armes de part et d'autre, et surtout accoucher d'une Constitution qui a bravé trois décennies dans un pays où comme nous l'avons signalé, la durée moyenne des Constitutions était de quelques mois à peine.

B. LA CONFÉRENCE DES FORCES VIVES DE LA NATION (CNFV).

Que le Bénin ait été le précurseur de Conférences nationales en Afrique francophone, cela est indubitable. Mais d'où a surgi l'idée d'un forum de négociations et de réconciliation dont le meilleur fruit est incontestablement la Constitution du 11 décembre 1990 ? Cette préoccupation légitime conduit à évoquer la paternité de la Conférence, l'incertitude de ses débats et la portée de ses conclusions.

1. La paternité de la Conférence et les objectifs des forces en présence.

Considérée comme une *nouvelle voie au pluralisme politique*[365] ou comme *un concept nouveau du changement politique* selon les formules de

---

363 NOUDJENOUME, P., *La démocratie au Bénin 1988-1999.* Bilan et perspectives, *op.cit.p.127.*

364 Le 1er février 401 agents furent révoqués. Voir NOUDJENOUME P., *La démocratie au Bénin 1988-1999. Bilan et perspectives, op.cit.p.127.*

365 MONKONTAN, J.B.K., « Une nouvelle voie d'accès au pluralisme politique : la Conférence nationale souveraine », *l'Afrique* 2000, n°7, novembre 1991, pp.41-53

Francis Laloupo[366], la Conférence nationale béninoise divise l'opinion sur sa paternité et ses origines. Deux thèses se sont alors affrontées.

La première a attribué à ce forum l'expression et le résultat des facteurs puisés dans l'histoire universelle étrangère au Bénin. Selon cette opinion, l'expérience du Bénin est une importation des États généraux de 1789 ou une imitation du modèle des tables rondes d'Europe de l'Est. Les autorités béninoises ont été inspirées affirme-t-on, par un double événement de l'époque : le bicentenaire de la Révolution française et la chute du mur de Berlin.

La seconde penche sur l'exploration des ressources culturelles et politiques béninoises à l'initiative de la Conférence Nationale. On rappelle que les travaux de 1990 qui ont conduit à l'apaisement trouvent un précédent dans l'évolution institutionnelle et politique locale. Lors de la crise grave que traversait le Bénin en 1979, durant les périodes de grève des étudiants et des fonctionnaires, le Président Kérékou les avait convoqués par délégations provinciales. Après avoir ordonné, sans succès la reprise du travail et le chemin des auditoires, le Chef de l'État mit l'eau dans son vin et transforma les assises en un espace de libre parole, une « *Conférence des cadres* » dont les Béninois se souviennent comme la «*fête des langues*».[367] À l'époque le régime subit un verdict sévère de la part des intervenants. Bien que des réformes proposées n'aient point eu de suite satisfaisante, il est correct de supposer que l'organisation et les débats soient demeurés dans la mémoire collective béninoise.

À l'analyse des hypothèses en présence, nous sommes d'avis que des facteurs internes et externes se sont mêlés sous l'impulsion et l'action des acteurs locaux et étrangers pour la convocation et la réussite de la Conférence nationale béninoise.

Aussi, est-il évident que sans l'aval des forces du régime, y compris du Président Kérékou lui-même[368] à qui d'aucuns associent le poids de la France, la Conférence nationale ne se serait pas déroulée de la même manière.

1.1. Des Forces du Régime et le rôle prégnant de la France.

Nous avons parlé de la Conférence des cadres convoquée à l'initiative du Président Kérékou pour résoudre la crise aigüe de 1979 à l'initiative

---

[366] LALOUPO, E., « La Conférence nationale au Bénin : un concept nouveau de changement de régime politique », *L'Année africaine*, 1992-1993, pp.89-113.

[367] BANEGAS, R., *La démocratie à pas de caméléon. Transition et imaginaires politiques au Bénin*, Paris, Karthala, 2003, p. 138.

[368] Cette évidence fut perçue et mise en exergue par l'Evêque Isidore de SOUZA dans son Allocution de clôture des travaux de la Conférence nationales des Forces vives comme on peut le constater sous cet extrait : […]*Je suis ému[…]Et tous ses sentiments, Monsieur le Président trouvent leurs débuts en votre personne et c'est pour cela que je voudrais vous dire toute notre reconnaissance, et je crois que je ne trahis personne ici en disant au chef de l'État que je lui adresse les sentiments les plus profonds de notre gratitude […] vous vous êtes rendu à l'évidence avec votre peuple qui tremble dans sa chair[…] qu'il était tant que les choses changent » Voir,* DE SOUZA I, « Allocution à la cérémonie de clôture des travaux de la Conférence des forces vives de la nation », in MEDE, N, *Bénin : Constitutions et documents politiques,* Dakar, Harmattan, Sénégal, 2020, p.341- 342

du Président Kérékou. Dix ans après, il a lancé l'idée d'une Conférence des Forces vives pour désamorcer cette crise des grévistes et des étudiants. La pensée du Président trouva écho auprès des bailleurs des fonds et chez ses conseillers.[369] Malgré les réticences et le pessimisme de certains milieux locaux, les antagonistes et adversaires convinrent dans leur majorité d'organiser une instance de médiation nationale.

La prégnance de la France sur ses ex-colonies est un secret de polichinelle. Dans le cas de l'ex-Dahomey, on lui attribue un rôle important dans la tenue des assises de 1990. Dans sa livraison du 17 et 18 mars 1990, le Journal français *Libération* a titré : « *Paris fait la réforme à Cotonou. Les autorités françaises en ont beaucoup fait pour la démocratisation* » *du régime marxiste du Général Kérékou. Une note l'atteste sans ambigüité*».[370]

L'éditeur y relevait huit points sur lesquels la France adressait les instructions élyséennes au Président de la République du Bénin. Nous estimons qu'il est convenable de parler de souhaits plutôt que d'instructions. D'ailleurs, telle est l'expression reprise par l'Élysée au premier point de sa Note:

> *La Partie française souhaite que les décisions qui vont sanctionner la session conjointe mentionnent clairement qu'il sera procédé à une révision de la Loi Fondamentale.*[371]

Sur d'autres points, il est dit, *Paris souhaite :*

Que le Chef de l'État dans son discours ou le communiqué de la session conjointe annonce la tenue d'une Convention nationale ou d'États généraux, ou d'Assises nationales peu importe la dénomination de la structure [...] Que les participants soient indiqués même sommairement.[372] *[...] Que le mandat de cette Convention soit tracé ; La mention de la séparation du Parti et du pouvoir paraisse dans l'annonce ; Que soit annoncé la tenue d'un Congrès du Parti qui aura à déterminer des modalités nouvelles devant permettre d'accueillir au sein de ses structures toutes les sensibilités politiques du pays.*

Poursuivant leurs recommandations, les autorités françaises ont indiqué à l'adresse du Président Kérékou : *Qu'il conviendrait aussi d'annoncer que l'ensemble des décisions relatives aux changements constitutionnels*

---

369 BANEGAS, R., *La démocratie à pas de caméléon. Transition et imaginaires politiques au Bénin, op.cit.*, p.133.

370 Il s'agit de la Note confidentielle transmise par S.E. M. Guy Azaïs, Ambassadeur de France à Cotonou, au Directeur de Cabinet civil du Président Kérékou. Voir, NOUDJENOUME, P., *La démocratie au Bénin 1988-1999. Bilan et perspectives, op.cit.*, p.145.

371 *Libération* « Paris fait la réforme à Cotonou », 17-18 mars 1990, p.16.

372 A ce propos, la Note suggère, par exemple, la participation des autorités religieuses locales et des professeurs de droit. Lire Libération « Paris fait la réforme à Cotonou », 17-18 mars 1990, p.16.

envisagés seront ratifiées par l'Assemblée courant février 1990 ; [...] qu'il est hautement souhaitable qu'on n'aille pas loin de cette période.[373]

La raison de ce vœu est liée au décaissement de ressources qui se fait en début d'année. Car l'Administration française rassurait le Bénin de son aide financière à l'appui d'une telle Convention.

On a vu dans la conduite des Forces du régime béninois la volonté d'aller selon les orientations françaises communiquées la veille[374] ; car tous les organes du Parti- État (PRPB) se sont réunis le 7 décembre 1989 pour débattre des modalités de l'organisation d'une réunion conjointe avec les forces adverses. En cette date, s'est ouverte la session conjointe du Comité central du PRPB, du Comité permanent ANR[375] et du Comité Exécutif National.[376]

Ce qui nous parait le plus important, c'est le paquet de décisions prises à l'issue de la Session, à savoir que :

1°Le marxisme léniniste n'est plus l'idéologie officielle de l'État béninois [...]

2°Le Président du Comité Central convoquera, au cours du 1er trimestre de l'Année 1990 une Conférence Nationale des Forces regroupant les représentants de toutes les forces vives de la nation...

3°Les résultats issus de cette conférence nationale seront exploités pour l'élaboration d'une nouvelle Constitution dans laquelle seront garantis les principes ci-après :

- *La séparation des pouvoirs ;*
- *La création d'un poste de premier ministre, chef de gouvernement.*
- *La responsabilisation du gouvernement devant l'Assemblée sur la base d'un programme [...]*
- *La prise en compte des principes du libéralisme économique découlant de la signature avec la Banque Mondiale et le Fonds Monétaire international des accords de mi-juin 1989 et de l'application du programme d'Ajustement structurel [...]*

Après la concertation inter PRPB, le moment était propice pour à une ouverture plus large à d'autres forces béninoises et acteurs de l'intérieur. Un événement d'une telle ampleur implique presque toujours la participation des acteurs nationaux résidents et de la diaspora. Au Bénin, la tenue de la Conférence nationale n'a pas échappé à cette logique.

Dans la plupart des cas, on observe un phénomène d'engouement participatif des uns, doublé d'un rejet passionné des autres.

---

[373] Ces instructions émaneraient de Jean Christophe Mitterrand, Fils du Président Mitterrand qui fut alors Conseiller à l'Elysée pour les affaires africaines. . Voir NOUDJENOUME, P., *La démocratie au Bénin 1988-1999. Bilan et perspectives, op.cit.*, p.146.

[374] NOUDJENOUME, P., *La démocratie au Bénin 1988-1999. Bilan et perspectives, op.cit.* p.146.

[375] Assemblée Nationale Révolutionnaire, l'équivalent du Parlement.

[376] Gouvernement.

Ainsi, parmi les mouvements qui ont activement milité pour le changement et le renversement du régime, une scission s'est produite entre les forces favorables à la Conférence nationale et celles opposées. Les uns et les autres se sont parés de leurs plus beaux arguments et ont peaufiné des malignes stratégies. On peut examiner tour à tour le camp favorable à la tenue de la Conférence nationale et celui des Forces opposées.

1.2. Des acteurs favorables à la Conférence.

Les adhérents aux travaux de la Conférence béninoise se sont recrutés parmi les partis et sensibilités politiques, les organisations confessionnelles et au sein d'une multitude d'Associations civiles.

a) Les partis et sensibilités politiques.

Au moment où l'idée de la Conférence nationale fermentait, le Bénin vivait sous un système mono partisan chapeauté par le PRPB. Il était exclu de parler des partis politiques. Ainsi, parlait-on plutôt des sensibilités ou groupes politiques.

À la veille de la réunion des 6 et 7 décembre 1989, on en comptait moins d'une dizaine,[377] mais à l'annonce de la convocation de la Conférence, les partis politiques proliférèrent. La motivation d'une telle floraison des groupes politiques témoigne du désir de participer au grand forum national annoncé. Aussi, comme l'indique *Ehuzu,* Journal béninois, dans son édition du 8 janvier 1989, «le ministère de l'intérieur avait-t-il recensé « pas moins de 17 groupes politiques ».

b) Les confessions religieuses.

L'apport des forces confessionnelles religieuses dans la préparation, le déroulement et l'aboutissement de la Conférence est indéniable.

Dans une lettre adressée au Président du Comité préparatoire de la Conférence, le 15 janvier 1990, le Conseil-interconfessionnel des églises protestantes au Bénin s'est dit prêt à y participer.

Déjà, le 9 janvier 1990, la Congrégation du culte Vodou dans un manifeste à l'adresse de l'instance préparatoire de la Conférence se déclarait d'accord d'y participer. L'Union islamique du Bénin et l'Union des Laïcs catholiques s'étaient prononcées également dans le sens favorable.

c) D'autres Forces Associatives civiles.

Dans les lignes précédentes nous avons signalé les actions des mouvements sociaux agissant soit en clandestinité soit à découvert contre le système pour les uns, et contre la misère sociale pour les autres. Il s'agissait des travailleurs, fonctionnaires, étudiants et élèves du Bénin.

---

[377] Le PCD, l'ACD, l'ADP, l'UDPF, le MDPS, le PTD/PTA, l'UNDP, Club Perspectives 99. Voir NOUDJENOUME, P., *La démocratie au Bénin 1988-1999. Bilan et perspectives, op.cit.*, p.153.

Il est compréhensible que l'appel à la Conférence leur ait offert une opportunité de surpasser la peur et de présenter librement leurs revendications. Ainsi les organisations de développement, des associations syndicales et professionnelles, par exemple s'exprimèrent en faveur de la Conférence. On a aussi relevé que les réponses enthousiastes des partis politiques furent presque toutes assorties des conditions telles que nous le verrons plus loin.

1.3. Des forces opposées à la Conférence Nationale.

Au nombre des forces intérieures opposées à la tenue de la Conférence des Forces vives convoquée par Kérékou figurent en première ligne le Parti Communiste du Dahomey (PCD) ou du Bénin (PCB) et la Convention du Peuple.

Il n'est plus indiqué de revenir sur l'identité de ces deux structures que nous avons déjà présentées. Limitons-nous à l'argumentation de leur positionnement à l'égard de la Conférence Nationale.

La virulence de l'opposition du PCD, devenu PCB, à l'égard des assises convoquées est à la mesure de ses attaques contre le pouvoir PRPB. Elle apparait avec toute sa hargne, le 28 janvier 1990 dans le document publié par son Bureau politique sous le titre révélateur : « La Conférence des Forces vives, un marché de dupes.» On y sent un déchainent contre la Conférence en ses termes :

[...] Une Charte populaire est en œuvre avec le mouvement démocratique du Peuple travailleur et de la Jeunesse du Bénin. L'Acte du 7 décembre 1989, dans la mesure où il modifie le rapport des forces... Au sens des ennemis, c'est une façon honorable de sauver Kérékou s'il arrivait à disparaitre de plein gré de la scène politique avec la protection de ses maîtres impérialistes [...]

Le Parti Communiste du Dahomey fustigeait la démocratie naissante qualifiée de bourgeoise en marche dans le pays[378] :

« La Révolution démocratique ressuscite des choses incroyables, des dinosaures et troglodytes politiques renaissent à la vie. Les espèces herbivores veulent brouter le blé en herbe [...] La Convention du Peuple et les organisations combattantes rejettent catégoriquement la Conférences des Forces Vives de la Nation en tant qu'instrument de diversion de l'ennemi pour empêcher l'aboutissement du processus qui conduit à l'émancipation complète de notre peuple.[379] *Le Parti Communiste du Dahomey refuse sa participation à la conférence des forces vives de la nation parce qu'il s'agit d'une conférence de l'arbitraire, une conférence des apatrides ».*[380]

Des observateurs relèvent que le Parti Communiste du Bénin ne fut pas isolé dans son opposition et que d'autres Béninois se rappelant de l'échec de

---

378NOUDJENOUME, P., *La démocratie au Bénin 1988-1999. Bilan et perspectives, op.cit.* p.146.
379*Idem*, pp. 4 et 6.
380Bureau politique du PCD « La Conférence des Forces Vives de la Nation : un marché de dupes ! », Cotonou, le 28 janvier 1990, p.22.

la Conférence des Cadres de 1979 se méfiaient de la nouvelle initiative du Président Kérékou qui cherchait une voie de repositionnement sans changer de régime.

Comme on peut s'en rendre compte, cette intransigeance a offert à la Conférence Nationale du Bénin et à la Constitution qui en est résulté, plus d'intérêt qu'à la polémique ; car les principes du constitutionnalisme ont triomphé non seulement sur l'absolutisme du Parti-Etat, mais aussi sur l'obstination de l'opposition PCD-CN.

Bien que l'opinion populaire favorable à la Conférence l'ait emporté, l'ouverture des travaux suscita des débats contradictoires, et se déroula dans une atmosphère tendue et d'incertitude quotidienne.

2. Le déroulement des travaux.

Les travaux de la Conférence nationale se déroulèrent dans une incertitude politique deux préoccupations majeures défiaient les organisateurs.

- Qui devait prendre part au Forum, et selon quel critère ?
- Quels points retenir à l'ordre du jour, pouvait-on se demander ?

Le soin d'y apporter des réponses fut confié à un Comité national préparatoire.

2.1. Le rôle du comité national préparatoire.

Après que les instances du PRPB soient convenues d'une nouvelle orientation politique à donner au pays, lors de leur session des 6 et 7 décembre 1990, un Comité national préparatoire fut créé par Décret, le 18 décembre 1989.[381]Il avait pour mission de définir les modalités pratiques d'organisation de la conférence, mais sa composition initiale n'a pas manqué de susciter un lever de bouclier de la part des forces non gouvernementales.

Composé de huit personnalités tous membres du gouvernement,[382]le Comité fut dirigé par Robert Dossou. Cette configuration fit planer un doute sur l'impartialité de l'organe préparatoire.

À l'égard des questions sensibles, notamment celles liées à la désignation des délégués à la Conférence nationale et au quota imparti à chaque groupe, la crédibilité du Comité fut également mise à caution. Les opposants indignés levèrent leurs troupes.

---

[381] Décret n° 89-434 du 18 décembre 1989.

[382]Salifou Alidou (ministre de l'Enseignement moyen et supérieur), Germain Kadja (ministre de l'enseignement maternel, Amos Elegbé (ministre du Commerce) Irène Zinzou (Ministre des Affaires sociales) Ousmane Batoko (ministre de l'information et de la communication), Salou Aboudou (ministre de la justice) et Pancrase Brathier (ministre de la justice), Vice-président du Comité. Voir BANEGAS, R, *La démocratie à pas de caméléon. Transition et imaginaires politiques au Bénin, op.cit.*p.141.

Sans désemparer, le Comité œuvra de manière conciliante et progressive mais aussi avec célérité. Aussi, invita-il *toutes les organisations et associations politiques ainsi que les associations sociales et de développement, désireuses d'apporter leur contribution à l'avènement du Renouveau démocratique [...] à lui faire parvenir leurs analyses, observations et propositions sur la situation nationale ainsi que leurs projets de société.*[383]

On enregistra les demandes de participation et contributions écrites par centaine. Sur cette base, le Comité dégagea le profil des catégories susceptibles de se faire représenter à la Conférence nationale des Forces vives :

- Les anciens Présidents et les sages ;
- L'Université ;
- Les opérateurs économiques ;
- Les Béninois de l'extérieur ;
- Les Syndicats ;
- Les associations professionnelles ;
- Les associations de développement ;
- Les ONG ;
- Les cultes et associations d'obédience religieuse ;
- Les provinces ;
- Les Forces armées révolutionnaires ;
- Les sensibilités politiques, etc.

La dernière catégorie englobait les partis et groupes politiques d'opposition proscrits, et ne devait pas se trouver au même pied d'égalité que le Parti Révolutionnaire Populaire du Bénin.

Aussitôt que le problème de critère de participation fut réglé, un autre se révéla épineux sous le syndrome de la « guerre de quotas. Le pouvoir et les autres forces ne s'accordaient pas sur le poids de la représentativité.

Tandis que le pouvoir voulait privilégier les structures représentatives officielles[384], les groupes d'opposition proposaient que « les quotas reflètent la situation réelle.»[385] Selon Robert Dossou, cela signifiait que les quotas traduisent le poids de groupes concernés dans la rue et leur capacité de

[383]BANEGAS, R, *La démocratie à pas de caméléon. Transition et imaginaires politiques au Bénin, op.cit.*p.141.
[384]Notamment les sept départements du Comité central du PRPB. Voir BANEGAS, R., *La démocratie à pas de caméléon. Transition et imaginaires politiques au Bénin, op.cit.* p.141.
[385]Selon les mots de DOSSOU, L., alors secrétaire général du SNES et de la CSA. Entretien, Cotonou, janvier 1994. Cité par BANEGAS, R., *La démocratie à pas de caméléon. Transition et imaginaires politiques au Bénin, op.cit.*, p.141

mobilisation.[386] Mais les premiers quotas communiqués, le 1er février 1990 étaient bien loin de ce vœu.

Il attribua en effet, vingt-deux (22) membres représentants[387] au gouvernement, treize (13) membres à l'Assemblée, et quinze (15) membres aux militaires et au Parti Révolutionnaire Populaire du Bénin. Les autres formations politiques n'eurent droit qu'à deux (02) sièges chacune. L'opposition protesta vivement. Elle ne put accepter que le pouvoir se soit taillé la part du lion. Le gouvernement dut revisiter ses quotas. Dans une seconde liste publiée, le 8 février 1990 les sensibilités politiques obtinrent 106 sièges et le nombre des sièges du PRPB fut revu à la baisse.

Les deux camps trouvèrent des stratagèmes pour gagner autrement la *guerre de quotas*. Le pouvoir procéda à une manœuvre de repli tout en ciblant des groupes paysans convertis à sa cause. Il leur facilita l'augmentation de sièges dont le nombre fut rehaussé à quatre-vingt-six (86). De son côté, l'opposition approchant les mêmes groupes, amorça une large campagne de débauchage qui conduisit au surprenant retournement des vestes pendant la Conférence nationale.

Il s'ensuivit une croissance considérable de naissances dans la constellation « entités politiques.» Discerner entre le faux et le vrai parti devint une gymnastique mentale de haute sphère.

L'émiettement du système monolithique fit germer comme au Congo (R.D.) une mosaïque de vrais faux partis politiques.

En définitive, le Comité préparatoire décida d'accorder des sièges à toutes les formations politiques s'affirmant comme telles. L'octroi des sièges s'est fondé sur des critères précis, à savoir, leurs contributions écrites, leurs tracts et leurs prises de positions. Ainsi cinquante et une « sensibilités politiques » eurent accès à la Conférence nationale où s'est jouée la conciliation acrobatique à l'africaine de positions apparemment inconciliables.

2.2. La mise en commun des objectifs difficilement conciliables.

Pour mesurer la juste valeur de la Conférence nationale béninoise et la qualité politique des acteurs qui ont évité au pays un affrontement sanglant par une limitation normative du pouvoir, il faut connaitre l'écart qui séparait les objectifs et les stratégies des adversaires en place. Il fut considérable.

a) Des objectifs et stratégies du pouvoir.

À l'époque, le pouvoir s'identifiait au Parti- État comme au Zaïre avec pour point commun, l'allergie permanente à l'encadrement constitutionnel.

En effet, conformément à la Loi fondamentale de la République Populaire du Bénin, l'option marxiste–léniniste ne peut faire l'objet d'une révision constitutionnelle : « *La Loi fondamentale ne peut être modifiée ou révisée que par décision de l'Assemblée Révolutionnaire, adoptée à la majorité de deux*

---

[386] *Idem.*

[387] Soit, tous les ministres.

tiers du nombre des commissaires du peuple. Toutefois, cette modification ou cette révision ne peut remettre en cause l'orientation socialiste de la République Populaire du Bénin proclamée le 30 novembre 1974 à Gao.[388]»

Toute critique de la Révolution était considérée au pays du Maréchal Mobutu et à la Cour du Général Kérékou comme un crime, un manquement grave à la discipline du Parti.

L'on peut dès lors, résumer les objectifs du pouvoir Parti- État dans la stratégie d'assurer le changement inévitable et imposer l'orientation désirée en sauvegardant les rênes du pouvoir par absorption des nouveaux venus.

Mais cela n'allait pas sans heurter de front le projet et les objectifs des sensibilités politiques et des organisations associatives ou cultuelles présentes.

b) Projets et objectifs des sensibilités politiques et des forces associatives.

On a vu que les acteurs internes favorables à la tenue de la Conférence Nationale regroupaient des sensibilités politiques, des groupes associatifs et de cultes confessionnels. Toutes avaient soumis leur participation à certains préalables et aux conditions qui reflétaient leur projet de société et leurs objectifs.

Aussi, en date du 6 janvier 1990 six partis politiques[389] avaient exprimé leur méfiance à la Conférence sans pourtant y renoncer. Dans une Déclaration commune intitulée « Pour une véritable conférence nationale», ils ont posé comme préalables :

- *la reconnaissance et la légalisation de l'existence de tous les partis politiques avec le rétablissement intégral des libertés démocratiques.*
- *la convocation de tous les partis politiques à la conférence nationale comme participants de plein droit.*
- *la garantie de la souveraineté de la Conférence dont les conclusions et décisions seront directement exécutoires et devant s'imposer à tout le monde y compris au Président de la République.*
- *la tenue de la conférence sous l'égide d'un présidium qu'elle aura désigné en son sein.*[390]

Pour leur part, les confessions religieuses ont déclaré participer à la conférence à condition que :

---

[388] Confrontant les décisions d'ouverture pluraliste décidée par le PRPB les 6 et 7 décembre 1989 à cette disposition de la Loi fondamentale, certains analystes considèrent qu'il s'agit d'un Coup d'État. Maurice A. Glélé est de cet avis. Il soutient qu'il s'agit des procédures para-juridiques que sont les révisions décidées par le Parti ou opérées par des coups d'État militaires : autant des procédés anticonstitutionnels. Voir GLELE- AHANHANZO, M., « Une Constitution pourquoi faire ? » in *La Croix du Bénin,* n° 535 du 30 mars 90.

[389] Il s'agit de : ADP, UDPF, MDPS, ULD, UNDP, PTD/PTA.

[390] Déclaration commune « Pour une véritable conférence nationale », Cotonou le 6 janvier 1990.

- *« celle-ci soit souveraine, qu'elle désigne librement son président, et adopte librement son ordre du jour et ses conclusions »*[391],
- *[...] toutes les conditions soient immédiatement exécutoires.*[392]
- *la renonciation par l'État aux intimidations imposées au culte vodou...*
- *la liberté de pratiquer la religion de son choix ...*
- *la reconnaissance des partis politiques clandestins.*[393]

Les Associations invitées avaient également soumis leur présence aux assises de février 1990 aux conditions qui convergeaient avec celles des autres, groupements, essentiellement, vers :

- L'État de droit (garantissant les libertés fondamentales et la séparation des pouvoirs) ;
- Le multipartisme ;
- Et le libéralisme et la transparence dans la gestion, etc.

Il est manifeste que le projet de société que tous entendaient obtenir de la Conférence nationale suggérait deux éléments indispensables à savoir, élever le débat au-delà des aspects socio-économiques auxquels le pouvoir tentait de le limiter, et ouvrir et gagner le débat sur la souveraineté de ladite conférence.

2.3. Débat sur la souveraineté de la Conférence nationale.

Certes, le début des travaux baignait dans une ambiance électrique loin de l'aura paisible qu'on en fait. Les forces de l'opposition demeuraient fortement mobilisées, le Parti Communiste du Bénin continuait d'appeler ouvertement à une insurrection armée, et le Président, lors de son discours d'ouverture, le 19 février dévoila une conception de la conférence qui n'était pas au goût du jour pour certains:

Pour nous, dans leur conception comme dans leurs objectifs, les travaux de la présente Conférence nationale devraient satisfaire aux exigences impérieuses d'un consensus constructif [...] dans un esprit de sérénité, de concorde et de sauvegarde de l'unité nationale [...] En un mot, il s'agira d'élaborer et d'adopter une Charte d'union nationale pour le renouveau démocratique et le développement économique, social et culturel de notre pays [...][394]

---

[391] L'Union des Laïcs Catholiques du Bénin « Déclaration », in *La Croix du Bénin* du 14 janvier 1990, p.2

[392]Conseil interconfessionnel des Eglises protestantes du Bénin-Colloque du 12 et 13 février 90. Déclaration », Porto-Novo, 13 février, 1990.

[393] Communiqué adressé au Président du Comité préparatoire en date du 9 janvier 1990 par la congrégation du culte Vodou voir BANEGAS, R., *La démocratie à pas de caméléon. Transition et imaginaires politiques au Bénin, op.cit.*, p.142.

[394] *« Discours du Président Kérékou à l'ouverture de* la Conférence nationale des forces vives de la nation », in *Fondation Friench Naumann, Les Actes de la Conférences nationale*, cité par BANEGAS, R., *op.cit.*, p. 149.

Comme on peut le voir, ce fut un point déterminant. Le paysage de transition et le fond d'une nouvelle Constitution en dépendaient. Le jour d'après, la souveraineté de la Conférence fut inscrite à l'ordre du jour.[395]

Sans en démordre, les forces de l'opposition et d'autres parvinrent à s'imposer et la souveraineté de la Conférence nationale fut proclamée le 24 février 1990. Et, cela provoqua une euphorie populaire comme le note un observateur : *Lorsque ce 24 février, la déclaration sur les objectifs et les compétences de la Conférence des Forces Vives de la Nation a été adoptée par 373 délégués, tout le pays a vibré à l'hymne national chanté par les participants. Un tournant venait d'être franchi et la joie du groupe victorieux sur les dignitaires du régime failli était nette.*[396]

Cette description n'est pas excessive, et s'explique par l'expression d'un peuple face à la liberté retrouvée. En même temps, elle contraste avec les débuts moroses de la Conférence, telle qu'un autre analyste les décrit : «*climat de gravité, d'angoisse, le sentiment d'une issue imprévisible qui échappe aux prises de la collectivité. On prie beaucoup, on convoque les esprits et les forces de l'invisible pour faire face à l'effondrement des repères et de critères routiniers d'évaluation* ».[397]

Relevons que c'est bien à partir de là que se sont dessinés les mécanismes d'encadrement constitutionnel du pouvoir au Bénin.

La lucidité de jugement et les vertus consensuelles qui ont animé le peuple, les acteurs politiques béninois ont fait la différence avec leurs homologues zaïrois qui ont raté leur énième rendez-vous avec l'Histoire en refusant de reconnaître à leur Conférence nationale une souveraineté effective.

Ainsi, en dix jours, les conférenciers béninois ont écroulé la forteresse de l'absolutisme « PRPB » qui a régné sans partage pendant quinze ans alors qu'au Zaïre les travaux de la « CNS » se sont clôturés sans adopter des résolutions obligatoires. Au bout du compte, le Bénin, le peuple et, ses dirigeants ont tous consenti à s'incliner aux conclusions et décisions de la Conférence des Forces Vives de la Nation dont la portée est encore agissante.

3. Portée des conclusions de la CNFV.

Les résolutions de la Conférence Nationale ont suscité un vif débat sur le plan juridique et politique à propos de leurs effets.

3.1. Controverse juridique et politique.

Acceptées par tous ou imposées à tous, les conclusions de la Conférence nationale, ont eu des effets variablement interprétés en droit et dans la vie politique. Pour la clarté de l'analyse, il faut les relier aux décisions prises

---

[395]Et à l'article 3 du Règlement intérieur.

[396]NOUDJENOUME, P., *La démocratie au Bénin 1988-1999. Bilan et perspectives, op.cit.* p.160.

[397] BANEGAS, R., *La démocratie à pas de caméléon. Transition et imaginaires politiques au Bénin, op.cit.*, p.150.

le 24 février 1990 lors de la proclamation de la souveraineté de la conférence nationale.

Les Délégués ont constaté : *la perte totale de la légitimité du PRPB, la caducité de la Loi fondamentale, l'incapacité du système constitutionnel à assurer l'alternance,* et le désir du peuple béninois à résoudre la crise actuelle par des voies pacifiques. De ce fait, il a été conclu que la Conférence :

- *Décide de mettre en place un organisme national approprié pour le suivi de l'exécution des résultats de ses travaux ;*
- *Décide qu'elle adoptera une charte d'union nationale qui servira de base pour l'élaboration d'une nouvelle Constitution par une commission qu'elle mettra en place et, qui travaillera en toute indépendance vis-à-vis des structures de l'État ;*
- *Décide que le texte du projet de la Constitution ainsi rédigé sera soumis au référendum sous le contrôle de l'organisme national de suivi [...]*
- *Proclame solennellement sa souveraineté et la force exécutoire de ses décisions.»*[398]

On peut noter que ces décisions relevant d'une auto-proclamation de souveraineté qui est une évidence, et qui ne se prêtait pas au débat. Mais la détermination de sa nature et l'acceptation des effets juridiques et politiques qui en découlaient soulevèrent des questions juridiques et politiques qui divisent la doctrine.

Pour certains, il s'agissait d'un coup d'État civil. Telle fut la thèse du Président Kérékou et de dignitaires du régime contredisant *ipso facto* la caducité de la Constitution en vigueur. À la suite d'Adrien Houngbédji[399], d'autres juristes ont soutenu la même opinion.

À l'appui de leur pensée, ils alignent un argumentaire juridique : « La Loi fondamentale n'ayant pas été remplacée par une autre loi fondamentale même si le marxisme –léninisme n'est plus l'idéologie officielle du Bénin, elle continue d'organiser les pouvoirs publics jusqu'à nouvel ordre ; agir autrement c'est opérer un coup d'État, c'est-à-dire une action de force, anticonstitutionnelle».

Selon les acteurs opposés à cette thèse, la Loi fondamentale fut caduque simplement en raison de son renoncement au marxisme –léninisme qui lui servait de fondement idéologique. Cet avis est partagé par Théodore Holo et Maurice Ahanhanzo Glélé. Ce courant triompha et aboutit à la victoire de souverainistes de la Conférence.

---

[398]« Déclaration sur les objectifs et les compétences de la Conférence », in *La Croix du Bénin*, n°534 du 9 mars 90

[399]Cité par NOUDJENOUME, P., *La démocratie au Bénin 1988-1999. Bilan et perspectives, op.cit.*, p.160.

Pour notre part, nous relevons l'élément que les normes non encore « juridicisées[400] », non constitutionnelles ont participé efficacement à la limitation du pouvoir. L'on peut admettre qu'il s'est bien agi d'un coup d'État civil. Ce qui n'exclut pas la valeur de toutes les thèses en présence. Signalons aussi que le sort d'une Constitution n'est pas uniquement tributaire de sa qualité ni de sa force intrinsèque mais presque toujours du rapport des forces en présence.

Ainsi, la Conférence nationale se trouvant en posture avantageuse par le soutien populaire, s'est imposée comme force politique légitime susceptible de se poser en constituant originaire.

Elle a scellé ses travaux par des conclusions dans l'ensemble des domaines de la vie nationale. Cependant, la présente étude s'est intéressée uniquement aux conclusions relatives à la sphère constitutionnelle et politique.

3.2. Des conclusions au plan constitutionnel et politique.

Les conclusions de la Conférence ont été présentées dans le Rapport de la Commission des affaires constitutionnelles sur le nouvel État du Bénin.[401]

Pour l'essentiel on retient la nécessité :

- d'instaurer un État de droit et le pluralisme démocratique.
- l'abrogation de la Loi fondamentale du 26 août 1977.
- la dissolution de toutes les institutions dépendantes de ladite Loi.
- l'institution d'une période de Transition de un an au cours de laquelle le Président Kérékou est maintenu à la tête de l'État mais avec des pouvoirs nettement réduits.
- la désignation d'un Premier ministre doté de toute l'effectivité du pouvoir exécutif ayant en charge le portefeuille de la défense.
- un Haut Conseil de la République jouera le rôle de parlement de transition et de contrôle du suivi des décisions de la Conférence nationale, et de Cour constitutionnelle assurant le bon déroulement de toutes les échéances électorales, référendaires, législatives et présidentielles.
- une commission constitutionnelle est instituée avec pour mission l'élaboration d'une nouvelle Constitution. Les grandes lignes de cette nouvelle Constitution sont jetées : *régime présidentiel, une assemblée unique, une Haute Cour de Justice, une Cour constitutionnelle, un Conseil économique et Social et une Haute Autorité de l'Audiovisuel et de la Communication*. Des mesures portant réparation des crimes de l'autocratie par les atteintes aux droits de l'homme ont été prises[402] : *motion sur la libération de tous les prisonniers politiques, motion sur les*

---

[400] Non encore coulées en règles juridiques.

[401] NOUDJEMOUNE, P., *La démocratie au Bénin 1988-1999. Bilan et perspectives*, *op.cit.*, p. 162,

[402] « Motions et Résolutions adoptées par la CFVN. Motions sur les droits de l'homme », in *MEDE N, Bénin : Constitutions et documents politiques*, Dakar, L'Harmattan, Sénégal, 2020, pp.331-333.

droits de l'homme, motion sur la moralisation de la vie publique et motion sur l'instauration du Renouveau démocratique par la voie pacifique.

Ces résolutions ne comportaient aucun effet contraignant à l'égard des pouvoirs constitués. Elles ne relèvent ni de la loi ni du règlement ni de la Constitution, bien au contraire, le Président de la République était juridiquement fondé de les ignorer, les contourner ou les appliquer à la carte comme ce fut le cas au Zaïre.

La question de savoir si la Conférence nationale béninoise fut un coup d'État ou une révolution a suscité la controverse et continuera à alimenter encore la discussion. L'on considère que pour s'appliquer, les conclusions d'une telle portée subversive, selon certains chercheurs, et lesquelles posent les bases d'un État constitutionnellement nouveau, ne peuvent s'appliquer que dans deux cas de figures. Soit les décideurs sont assez forts matériellement pour les imposer aux dirigeants encore en place et qui détiennent jusque-là les instruments de l'État, soit que ces dirigeants cèdent volontairement le pouvoir.

Au début et au milieu des travaux, aucun de ces deux cas de figures ne semblaient certain. Il a fallu le discours de clôture pour s'accorder sur la seconde hypothèse quand le Président Kérékou déclara le 28 février 1990 : « *au nom de l'intérêt supérieur de la nation et du peuple béninois tout entier, nous disons que les décisions prises par la conférence seront appliquées* ».[403]

Cette déclaration a consommé le processus de germination d'une nouvelle République béninoise par le renoncement du Commandant en Chef des Armées béninoises de répondre à un coup d'État civil par un coup d'État militaire.

C'est de là, selon notre avis, que les Béninois se sont profondément démarqués des Zaïrois-Congolais et d'autres peuples de l'espace francophone noir africain.

Au Bénin dirigeants et citoyens, y compris les forces armées et religieuses ont regardé dans une même direction, l'intérêt supérieur de la République et de la patrie a certainement prévalu. C'est ici que leur conception du *consensus* devint une valeur fondamentale.

Un autre trait de différence est la sincérité des acteurs impliqués, une sorte de foi en leurs engagements coulés sous formes de pré-constitution. Cette vertu politique, palpable dans les différentes interventions tant à l'ouverture qu'à la clôture des travaux[404] en dépit des contradictions des propos et de la virulence

---

[403]ONEPI., « Documents fondamentaux de la Conférence Nationale des Forces Vives de la Nation », Cotonou, 1990, Cité par NOUDJENOUME, P., *La démocratie au Bénin 1988-1999.* Bilan et perspectives*op.cit.*p.164 ; Voir aussi « Discours de clôture des travaux de la Conférence nationale des forces vives par le Président de la République », in *MEDE Bénin : Constitutions et documents politiques, op.cit.*, p.345.

[404] Voir le Discours du Président de la République à l'ouverture de la CFVN, in MEDE, N., *Bénin : Constitutions et documents politiques, op.cit.*, pp. 301 et s.

du débat, est préalable à la valeur et à l'encrage des textes. Les Conclusions de la CNFV sont comparables au Congo, à l'Accord Global et inclusif du Congo prélude à la Constitution du 18 février 2006.

À la différence du Bénin où nul ne pouvait imaginer un agenda caché ni un poignard dans les manches parmi les poids lourds de l'heure, ni parmi les officiers et la troupe de l'armée, au Congo, la sincérité envers le pacte constitutionnel est encore un souhait. Les faits ont souvent démontré que bon nombre de négociateurs constitutionnels ont, faute de soutenir une idéologie, joué à la girouette selon leurs attachements aux mieux offrant du moment quitte à poignarder leur cartel politique dans le dos.

La résurgence des rebellions cycliques fomentées par ceux-là mêmes qui ont largement participé à l'élaboration de Constitutions, et même à celle du 18 février 2006 en est une illustration éloquente.

Pour revenir au cas béninois, il y a lieu de noter que les violons s'étant accordés à l'issue de leur Conférence, il était temps de quitter l'arbre de palabre africain pour purger les vices originels de l'État démocratique nouveau-né dans les bains constitutionnels. L'élaboration d'une nouvelle Constitution s'imposait urgente.

SECTION 2 : LE PROCESSUS D'ÉLABORATION DE LA CONSTITUTION BÉNINOISE DU 11 DÉCEMBRE 1990.

L'élaboration de la Constitution béninoise du 11 décembre 1990 renvoie à l'identification du pouvoir constituant (§1), aux acteurs du processus (§2) au référendum et à l'adoption du projet (§3)

§1. LE POUVOIR CONSTITUANT

On ne reviendra plus sur la distinction entre pouvoir constituant originaire et celui dérivé. On rappelle seulement que le premier dote un corps social et politique d'une nouvelle Constitution tandis que le second est investi d'une compétence de révision d'une Constitution déjà existante.

Aussi, on conçoit que la Constitution du 11 décembre 1990 est l'œuvre du pouvoir constituant originaire, sa vocation ne pouvant se comprendre qu'à travers l'étendue de sa mission, celle de créer « *ex nihilo* » des règles juridiques nous pouvons déceler l'organe ou le corps qui s'est prévalu et qui a usé de cette prérogative. C'est à lui que revient l'identité constituante originaire.

À l'analyse de la Déclaration de la Conférence des Forces Vives de la Nation et des conclusions du 24 février 1989, et après l'acceptation volontaire ou forcée des décisions qui en ont résulté, il est établi que la Constitution du 11 décembre 1990 est l'œuvre de la Conférence des Forces Vives de la Nation.

Les Délégués à cette Conférence ont vidé le texte constitutionnel existant de tout effet juridique, se sont auto-investis de la souveraineté du peuple qu'ils ont déclaré représenter pour dépouiller totalement le pouvoir de ses prérogatives constitutionnelles. Ils s'en sont revêtus par des voies extraconstitutionnelles pour ensuite les retransmettre aux organes chargés d'élaborer une nouvelle Constitution.

Dans la configuration béninoise, le plus fort qui s'est emparé du pouvoir constituant fut le groupe majoritaire à la Conférence nationale[405].

Précisons qu'à la différence de ce qu'il s'est passé au Congo, ce groupe n'était pas armé. En effet au Congo, le pouvoir constituant de 2006 reflétait le rapport des forces militaires et politiques entre les participants au Dialogue inter congolais, en l'occurrence, le gouvernement, les rebelles, groupes armés et la société civile.[406] Ce sont eux qui déléguèrent leurs représentants aux organes législatifs de Transition chargés d'élaborer la Constitution du 18 février 2006, à savoir le Sénat et l'Assemblée nationale.

§2. LES ACTEURS DU PROCESSUS CONSTITUTIONNEL.

Il a été dit suffisamment que la Conférence des Forces Vives de la Nation avait déjà tracé les grandes lignes de la future Constitution béninoise.[407] Mais leur mise en pratique a nécessité l'intervention de deux principaux organes, en l'occurrence, la Commission constitutionnelle et le Haut Conseil de la République.

A. LA COMMISSION CONSTITUTIONNELLE.

La commission constitutionnelle est une mutation de la Commission des Affaires constitutionnelles de la Conférence des Forces vives. Elle fut créée en vertu du Décret 90-44 du 1er mars 1990. Placée sous l'autorité du Haut-Conseil de la République, elle a été chargée de rédiger l'avant –projet de constitution[408] sur la base des travaux de la Conférence Nationale.[409]

Sa composition est déterminée à l'article 2 du décret précité.[410] Elle comprend 15 membres dont cinq (05) issus du Bureau de la Commission des Affaires constitutionnelle de la Conférence Nationale, et dix (10) autres provenant de différentes sphères de la vie nationale. Ils n'étaient pas élus mais désignés en fonction de leur position sociale ou de leur compétence par rapport à leurs secteurs

---

[405]NOUDJENOUME, P., *La démocratie au Bénin 1988-1999. Bilan et perspectives op.cit.*p.164.

[406]Voir ESAMBO KANGASHE, J-L., *Traité de droit constitutionnel congolais, op.cit.*p.20.

[407]En affirmant les principes de l'État de Droit, la démocratie pluraliste, la garantie des droits de l'Homme et le libéralisme économique.

[408]Art. 41 de la Loi constitutionnelle n° 90-022 du 13 août 90 portant organisation des pouvoirs durant la transition.

[409]Art.42 de la Loi constitutionnelle n° 90-022 du 13 août 90 portant organisation des pouvoirs durant la transition.

[410] Art.2. Hormis son président la Commission constitutionnelle est composée de Mouchanabou Gbadamassi, André Lokossou, Pascal N'dah Sékou, Ambroise Andakloumon, Théodore Holo, Florantin Fèliho, Robert Dossou, Alexandre Parïso, Cyrille Sagho, Valentin Sagho, Pierre Mémoué, William Alyko, Saïdou Aghantou, Sikiratou Aguènmon.

respectifs. Comme on peut bien s'en rendre compte, il s'agit là d'une équipe d'experts.[411]

La Commission constitutionnelle a joué un rôle moteur dans le processus constitutionnel béninois. Pour accomplir sa tâche, elle s'est subdivisée en comités chargés de dégager les titres susceptibles de correspondre à une nouvelle Constitution selon les directives de la Conférences Nationale.

Après avoir discuté en plénière, article par article, de l'ensemble du travail élaboré par ses Comités, la Commission rédigea l'avant-projet de Constitution qu'elle a soumis au Haut – Conseil de la République.

B. LE HAUT- CONSEIL DE LA RÉPUBLIQUE.

Dans un premier temps, le Haut-Conseil de la République a défini sa composition et ses tâches, ensuite elle a procédé à la *popularisation* de l'avant-projet de la Constitution qui a fait l'objet de débats populaires. Et après, il a recueilli des amendements utiles.

1. Composition et tâches.

Conformément à la loi constitutionnelle 90-022 du 13 août 90 portant organisation des pouvoirs durant la transition, le Haut-Conseil de la République eut pour missions:

- d'approuver l'avant-projet de Constitution[412] ;
- d'étudier les amendements qui seraient reçus après la « popularisation » de l'avant-projet de constitution[413] ;
- de superviser le Référendum pour l'adoption de la Constitution.[414]

Dans le cadre de ses prérogatives ainsi fixées, le Haut Conseil approuva en date des 17 et 18 août 1990 l'avant-projet de Constitution à lui soumis, par la Commission constitutionnelle, au cours d'une session spéciale. La prochaine étape fut celle la popularisation du texte de l'avant-projet de Constitution.

2. Popularisation de l'avant-projet de Constitution.

Le terme « popularisation » apparaît dans la Loi Constitutionnelle béninoise n° 90-22 du 13 août 1990 qui n'en donne pas la définition.

Selon le langage courant l'expression signifie « le fait de faire connaître au plus grand nombre ». Au Bénin d'aucuns affirment que c'est « une

[411] On note la présence des personnes des milieux variés : des magistrats, des Avocats, des diplomates, des historiens et des constitutionnalistes.

[412] Art. 32, al.6, loi constitutionnelle 90-022 du 13 août 90 portant organisation des pouvoirs durant la transition; art.3 du décret 90-44 du 1er mars 1990.

[413] Art.32, al.7, loi constitutionnelle 90-022 du 13 août 90 portant organisation des pouvoirs durant la transition

[414] Art.32, al.8, loi constitutionnelle 90-022 du 13 août 90 portant organisation des pouvoirs durant la transition.

notion de la période du Parti-État PRPB qui a traversé les mailles du Renouveau démocratique. » [415] Mais que faut-il entendre par ce concept ?

Puisant dans la doctrine juridique béninoise on peut retenir la définition selon laquelle *popularisation* de l'avant-projet de la Constitution est « l'ensemble des opérations tendant à le faire connaître et discuter par la population [...]»[416]

Ce procédé se rapproche des opérations de consultations populaires menées par le Sénat congolais dans le processus d'élaboration de la Constitution du 18 février 2006.[417]

La campagne de popularisation a été organisée du 21 au 30 juin 1990 sous la direction du Haut-Conseil de la République. Il est utile de savoir comment a-t-il procédé concrètement.

Sa stratégie a consisté en quelques phases essentielles : la mise en place d'un Comité national de popularisation, l'affichage du texte de l'avant-projet de Constitution, la formation de vulgarisateurs, le lancement des débats publics et la récolte des critiques et amendements du peuple.

Le Comité national de popularisation fut présidé par le Ministre de l'Intérieur et avait comme membres les représentants de tous les ministères, des membres du Haut-Conseil de la République et de la Commission constitutionnelle. Des équipes ont été formées dans chaque Département pour mener à bien la campagne.

L'affichage du texte de l'avant-projet remplit les lieux publics. On organisa des débats et discussions en séance publique dans les lieux publics tels que les casernes, les écoles, les administrations publiques, etc.

D'abord, l'Agent vulgarisateur, chargé de la popularisation fait un exposé du texte, et ensuite, la population formule ses critiques et émet ses avis. On a parlé des « amendements du peuple»[418]. Enfin les résultats des débats sont recueillis et transmis au Haut-Conseil de la République.

La question de savoir si la *popularisation* a permis la participation du peuple à l'œuvre constituante ou non a suscité des critiques de forme et de fond sur les points soumis au débat et sur les amendements.

---

[415] Voir « Libertés «, Organe de l'ADP (Alliance pour la Démocratie et le Progrès) n°13 de juin 1990, cité par NOUDJENOUME, P., *La démocratie au Bénin 1988-1999*. Bilan et perspectives, *op.cit.,* p.216.

[416] NOUDJENOUME, P., *La démocratie au Bénin 1988-1999*. Bilan et perspectives *op.cit.*, p.216

[417]Voir ESAMBO KANGASHE, J-L., *La Constitution congolaise du 18 février 2006 à l'épreuve du constitutionnalisme. Contraintes pratiques et perspectives*, *op.cit.*, pp. 71 et s.

[418] NOUDJENOUME, P., La *démocratie au Bénin 1988-1999. Bilan et perspectives*, *op.cit.,* p.216

3. Des points du débat et des amendements.

Certains points essentiels du texte de l'avant-projet ont focalisés le débat et ont fait appel aux amendements. On en a dénombré trois dans un premier volet, à savoir le sort réservé au Haut Conseil de la République, l'âge du futur président et la gratuité de l'enseignement, et bien d'autres dans un second volet.

S'agissant de l'âge du futur président, la discussion ne manque pas de pertinence ni d'aspect pratique. En effet, l'article 39 de l'avant-projet de Constitution situait l'âge du futur Président de la République dans une fourchette de 40 à 70 ans.

Cela polarisa la classe politique et les participants au débat. En fixant une limite d'âge maximale, les anciens présidents du Bénin qui ont dirigé la première décennie de l'indépendance se trouvaient éjectés du concours politique ; car ils avaient dépassé la limite ainsi fixée. Excepté Apithy qui est décédé à l'époque, Maga, Ahomadégbé et Zinsou étaient encore en vie, et ils voulaient bien se faire entendre.[419]

Deux tendances se sont formées autour de deux arguments opposés.

Les uns évoquant l'expérience du passé mettaient en garde contre le retour des vieux démons du tribalisme et du régionalisme que le retour aux affaires des anciens présidents risquait d'accélérer dans un pays où ils ont fait des ravages. Les autres alignaient un argument d'ordre subjectif : le charisme des anciens chefs d'État ferait obstruction à l'émergence d'hommes nouveaux à la tête du pays.

Dans le camp moins favorable à l'exclusion d'anciens présidents pour raison d'âge, l'argumentation fondée sur les droits fondamentaux prévalut. Selon Virgile Akpovo, « les droits et devoirs de la personne humaine étant indissociables, la limitation d'âge paraît susceptible de rompre l'équilibre entre droits et devoirs [...] »

Le même auteur relève que l'article 39 de l'avant-projet de Constitution proposé au peuple heurte l'article 13 alinéa 2 de la Charte Africaine des Droits de l'Homme et des Peuples qui dispose : « *tous les citoyens ont également le droit d'accéder aux fonctions publiques de leur pays.* »

Cette Charte étant considérée comme partie intégrante de la Constitution, l'article 39 sus vanté est manifestement anticonstitutionnel. En dépit de la controverse les amendements suggérés n'ont pas été pris en compte. Le projet de la disposition incriminée a été reconduit et, inscrit comme tel à l'article 44 de la Constitution du 11 décembre 1990. Il a été proposé par ailleurs qu'une

---

[419] L'Ancien Président MAGA eut à ce propos une rhétorique virulente : « *Ne m'enterrez pas vivant* » tandis que le Président Sinzou organisa des marches dans la rue contre la clause injuste et anti-démocratique à Cotonou le 9 juillet 1990.

pension soit assurée aux anciens présidents de la République régulièrement élus.[420]

Àpropos du sort réservé au Haut Conseil de la République, la question était de savoir s'il fallait ou non le fusionner avec la Cour constitutionnelle. Des voies s'élevèrent pour sa suppression pure et simple pour éviter l'encombrement institutionnel.

Concernant la gratuité de l'enseignement, la question formulée fut : « l'enseignement devrait-il être obligatoire et gratuite ? »

D'aucuns relevèrent le caractère illogique d'une telle formulation. C'est comme si on demandait à une personne affamée si elle voulait manger.

La réponse étant évidente, il fallait se préoccuper davantage de la question de « comment y parvenir ».Cela mènerait à faire une distinction entre l'enseignement privé et l'enseignement public pour la subvention des écoles du dernier secteur qui rempliraient les conditions légales.[421]Les avis recueillis sont allés dans le sens d'une gratuité et de la subvention progressive de l'enseignement.

Alors que le Haut-Conseil, par ses Agents vulgarisateurs, voulait canaliser le débat en le limitant aux points précités, la population l'accusant de confisquer son droit souverain s'y opposa, et exigea de lui soumettre l'ensemble du texte. Aussi s'ajoutèrent à la discussion populaire d'autres points d'amendement, notamment :

- *le renforcement des contre-pouvoirs du régime présidentiel avec la possibilité d'interpellation du Président de la République.*
- *la description dans le texte constitutionnel du sceau, des armoiries et du drapeau national.*
- *l'intérim du chef de l'État qui doit être assuré en cas de vacance par le Président de l'Assemblée Nationale.*
- *l'obligation pour tout candidat à la magistrature suprême de renoncer à toute nationalité étrangère.*
- *la révision des dispositions donnant au Président de la République le droit de faire appel aux forces étrangères en cas de conflit interne exclusivement dans le cadre des accords de défense ou de coopération militaires.*[422]

Au-delà de ces questions, celle touchant au régime politique a fait l'objet d'intenses discussions. Pour quel régime la Conférence nationale a-t-elle opté ? Certains participants ont soutenu que la Conférence avait choisi un régime

---

[420]Résultats des opérations de *popularisation* organisées sur le territoire national du 21 au 30 juin 1990, publiés par le Secrétariat Général du Haut Conseil de la République. Voir NOUDJENOUME, P., *La démocratie au Bénin 1988-1999.* Bilan et perspectives, *op.cit., pp 32 et s.La démocratie au Bénin 1988-1999.* Bilan et perspectives, p. 221.

[421]NOUDJENOUME, P., *La démocratie au Bénin 1988-1999. Bilan et perspectives op.cit.,* p. 221

[422] Résultats des opérations de popularisation, déjà cités.

semi-présidentiel. Telle a été la conviction du Président de la Commission constitutionnelle. Mais, la plénière ne l'a pas suivi. Elle a retenu des amendements en faveur du régime présidentiel avec des contrepoids.[423]

4. Portée de la popularisation pré référendaire.

L'on s'est demandé si la *popularisation* de l'avant-projet avait-t-elle réussi à faire participer le peuple au contenu constitutionnel. La campagne a enregistré des critiques qui ont permis d'en évaluer les résultats. Certaines semblent fondées par elles-mêmes malgré la banalité apparente de leur formulation, celles relatives à la forme. Elles fustigent d'abord la procédure d'affichage et de la méthode suivie. Leurs auteurs rappellent que le texte de l'avant-projet de Constitution fut rédigé en français dans un pays où environs 10 % seulement de la population comprennent cette langue.

Donc 90% des personnes destinataires du texte ne devaient guère y avoir accès, la plupart étant analphabètes. Pour cette raison on dénonce, et ce à juste titre, un tel procédé qui ne conviendrait même pas aux populations des pays où le français est la langue maternelle ; car les contours et la substance d'un texte constitutionnel ne sont pas à la portée de non-initiés. Une simple lecture sur une pancarte ne suffit pas. Le fait que le texte soit affiché dans les lieux publics soulevait une autre difficulté relative à l'accessibilité au lieu.

Mais, la critique la plus consistante touche à la restriction imposée par le Haut-Conseil de la République. Cet organe a limité les matières à amender à trois questions alors qu'il ne s'agissait pas encore d'un référendum. La formulation des questions avait restreint considérablement la liberté de penser de la population. Ne devait-elle répondre que par oui ou par non à une question telle : « faut-il fusionner le Haut Conseil de la République et la Cour Constitutionnelle pour ne former qu'une seule et même institution ? »

Pour Emilien d'Almeida « la campagne-consultation est mauvaise d'un côté et frise la manœuvre de l'autre. »[424] Une autre plume écrit : [...] *cette vision partiale de la popularisation de l'avant-projet de constitution dont le Haut-Conseil de la République voulait nous convaincre n'était ni plus ni moins qu'une forme partiale de la démocratie qui rappelle étrangement quelques moments de la « démocratie » sous le régime le plus décrié actuellement au Bénin.*[425]

Ces critiques sont allées jusqu'à prendre pour cible la Conférence des Forces Vives de la Nation elle-même. « La souveraineté de la Conférence

---

[423]*La Croix du Bénin*, n°526 du 28 avril 1990 « L'avant-projet de constitution propose le régime présidentiel ».

[424]D'ALMAEIDA, E, « Avant-projet de Constitution : popularisation ou consultation », in : *Le Forum de la semaine*, n° 12 du 28 juin au 4 juillet 1990, p.11.

[425]MENSAH « Popularisation de l'avant-projet de constitution : les discussions sur le fond seront-elles prises en compte ? », in *La Semaine*, *op.cit.*, p. 3.

n'est pas au-dessus de celle du peuple » pouvait-on lire dans la Gazette du Golfe du 1er juillet 1990[426] avant le référendum et l'adoption du projet de constitution.

§3. LE RÉFÉRENDUM ET L'ADOPTION DU PROJET DE CONSTITUTION.

Il est tentant de penser que le processus démocratique et constitutionnel béninois se soit déroulé comme porté sur des roulettes. La réalité en fut autre ; car jusqu' à la campagne référendaire les attitudes de confrontation demeuraient perceptibles.

Pour mieux le comprendre, il y a lieu de présenter d'abord les différentes tendances vis-à-vis du projet de constitution avant d'analyser ensuite, le référendum du 2 décembre 1990 en lui-même.

A. PROFILS ET TENDANCES RÉFÉRENDAIRES.

Plusieurs tendances se sont dégagées à la veille du référendum selon le profil de personnes appelées à voter. Le clivage entre les partisans de la Conférence et ses détracteurs a persisté jusqu'à sa tenue. Chez les premiers, la doctrine a relevé principalement trois voies, à savoir, celle favorable sans réserve au projet de constitution ; celle favorable au projet à l'exception de la disposition de l'article 44 portant limitation d'âge ; et celle opposée au projet sur la base du régime présidentiel.

Les seconds n'offraient qu'une tendance radicale : le rejet total du projet. Deux groupes politiques s'étaient illustrés dans cette voie extralégale : le Parti Communiste Dahoméen et la Convention du peuple, déjà cités. Ces deux courants ont simplement appelé au boycott du référendum proclamant que : « Ce projet de Constitution est une négation de tout ce que le peuple réclame de fondamental. C'est le lit dressé pour une nouvelle autocratie ; c'est la consécration des assassinats et de bouffeurs [...] Aujourd'hui voter pour ce projet de Constitution c'est voter pour le vol et le pillage de l'économie nationale [...] »[427]

Par rapport à cette configuration, le Haut Conseil de la République ayant constaté la contrariété et la diversité des penchants a adopté une procédure de vote par bulletin selon trois options :

- Le Bulletin blanc pour le « *Oui* » intégral au texte.
- Le Bulletin vert : pour le « *Oui mais* » (approuve le texte excepté la limitation d'âge).
- Le Bulletin rouge pour le « *Non* » au régime présidentiel et à la limitation d'âge du Président de la République.

On peut affirmer que ces trois formules témoignent d'une véritable ouverture vers un régime de liberté et de tolérance politique ; car personne parmi les chefs des partis n'a encouru ni menace ni intimidation comme sous l'ancien

---

[426]Gazette du Golfe, n° 52 du 1er juillet 1990.

[427]Convention du Peuple « Boycotter le référendum du 2 décembre et ouvrir des larges perspectives populaires », Cotonou, le 22 novembre 1990.

régime pour les consignes de vote ou pour les prises de positions. Celles-ci furent fluctuantes pour certains et stables pour d'autres.

Ainsi, à quelques échéances du scrutin référendaire, 24 partis politiques s'y étaient inscrits. Dix ont donné la consigne de voter pour le Bulletin rouge. Mais à l'approche des élections on a constaté des revirements significatifs.[428]

On a pu remarquer l'engagement favorable des principaux leaders pour le texte du projet constitutionnel sans restriction. On note par exemple, une prise de position du Président Nicéphore Soglo à la veille du scrutin : *ne pas voter le « oui franc » c'est tourner le dos à la raison, ouvrir la voie à l'aventure.*

B. VOTE ET RÉSULTATS DU RÉFÉRENDUM DU 2 DECEMBRE 1990.

Le référendum constitutionnel s'est déroulé tel que prévu le 2 décembre 1990. Sur la base des résultats présentés par le Ministère de l'intérieur, après audition des comptes rendus y afférents, le Président du Haut Conseil de la République a proclamé les résultats définitifs des élections référendaires[429] :

- Total d'inscrits : 2.052.105.
- Nombre de votants 1.304.870 soit 63, 6% des inscrits.
- Nombre des bulletins blancs : 926.860 soit 73,3 % des suffrages exprimés.
- Nombre des bulletins verts / 252.064 soit 19,9% des suffrages exprimés.
- Nombres des bulletins rouges : 86.129 soit 6,8% des suffrages exprimés.

À l'observation de résultats, on serait porté à croire que les partis anti-référendum[430] ont largement influencé la population béninoise ; car on relève un taux d'abstention tout de même considérable, soit 37, 3% représentants, en termes des voix 744 375.[431] En tout état de cause, loin de compromettre l'État constitutionnel démocratique, ce score moyen en faveur du projet de constitution a posé les jalons d'une renaissance démocratique.

En effet, il marquait un divorce bien consommé avec les scores staliniens sous le Parti-État au Congo et au Dahomey, et incite à une appréciation-critique objective.

---

[428]Le PRD de HOUNGBEDJI, ancien président de l'Assemblée Nationale avait d'abord appelé à voter « *Non* », et s'est ravisé ensuite et a appelé à voter « *Oui intégral* » (Bulletin Blanc) au nom du dialogue et de l'unité de la Nation. Le chef du parti a justifié son revirement : *« si nous votons « non » nous contribuons à faire échec au « Renouveau démocratique »*. Voir, *La Nation* du 20 octobre 1990.
L'Ancien Président de la République, Monsieur Zinsou et son parti l'UNDP ont revu leur position en faveur du Bulletin Vert (Oui-mais) pour la raison qu'ils ont vu le destin troublé des partisans du « non » et qu'ils ont interrogé leurs sections de base. Voir, La Nation du 25 octobre 1990.

[429]Ces résultats furent communiqués à titre provisoire par le Ministère de l'intérieur dès le 3 décembre 1990.

[430] PCD et Convention du Peuple.

[431]*La Nation* du 7 décembre 1990.

C. APPRÉCIATION-CRITIQUE DU RÉFÉRENDUM CONSTITUTIONNEL BÉNINOIS.

Le référendum est l'une de caractéristiques de la société démocratique en ce qu'il permet au peuple d'exercer en aval son droit fondamental, la souveraineté, en l'occurrence de pouvoir constituant originaire. Généralement, le référendum est compté parmi les modes démocratiques d'élaboration de Constitution comme cela été dit précédemment. Cependant, au Congo comme au Bénin, il n'a pas manqué de susciter des divergences doctrinales sur sa légitimité et sa valeur.

Dans le cas du Congo, les opinions sont divisées entre celles de Bonaventure Bibombe et Auguste Mampuya d'une part, et celle de Jean Louis Esambo d'autre part, sur le processus consultatif et référendaire de 2006.[432]

S'agissant du Bénin, on s'interroge : « peut-on dire que le recours au référendum pour l'adoption de la Constitution, c'est-à-dire au détenteur du pouvoir constituant originaire, ait légitimé à posteriori toutes les décisions des organes « para-démocratiques[433]» comme la Conférence Nationale, le HCR, et la Commission constitutionnelle ? On peut examiner la question à deux niveaux : de la forme et du fond. Ce qui nous semble bien correct.

Formellement la réponse est « oui ». Quant au fond, il est possible que le référendum ait fait l'objet de manipulations et des procédures controversées laissant planer des incertitudes. Pour justifier ses doutes, Philippe Noudjenoume se réfère à M. Glélé[434] qui donne à ce genre de consultation un caractère *relatif et non décisoire*: « On ne peut manquer de s'interroger sur la signification et la portée du référendum constitutionnel en raison de la complexité du texte qui est soumis à l'approbation du corps électoral et dont les subtilités lui sont en général imperceptibles et inaccessibles, qu'il s'agisse de populations de pays très scolarisés et développés ou de pays aux trois quarts analphabètes...Mais il nous semble une mascarade, une gageure de lui (à un peuple analphabète) demander de trancher un conflit constitutionnel». Le constitutionnaliste béninois affirme encore que : « eu égard au taux d'analphabétisme encore très élevé en Afrique, le référendum constitutionnel a une fonction essentiellement pédagogique.»[435]

Malgré la critique, il est de principe qu'en démocratie et aussi en droit, la vérité ontologique se plie devant la vérité formelle. Dans les cas sous étude, ce qui est important est de constater que toutes les étapes procédurales selon

---

[432]Voir, ESAMBO KANGASHE, J-L., *La Constitution congolaise du 18 février 2006 à l'épreuve du constitutionnalisme. Contraintes pratiques et perspectives*, *op.cit.*,p. 20 et s.

[433]L'expression est du professeur Maurice Ahanhanzo GLÉLÉ, cité par NOUDJEMOUNE P, *La démocratie au Bénin 1988-1999*. Bilan et perspectives, *op.cit.*, p.231.

[434]Cité par NOUDJEMOUNE, P, *La démocratie au Bénin 1988-1999*. Bilan et perspectives, *op.cit.* p.231.

[435]GLÉLÉ, A.-M., « *La constitution à l'épreuve de l'indépendance* », in *Encyclopédie juridique africain*, T.1, 1982.

les directives de la Conférence Nationale aient été suivies, et que le pouvoir constituant a accompli sa mission.

Nous sommes d'avis que la Constitution béninoise du Renouveau démocratique a été adoptée, selon une procédure d'élaboration démocratique spéciale, c'est-à-dire adaptée aux réalités locales. Elle a été promulguée par le chef de l'État le 11décembre 1990.

Fruit des compromis et de négociations intenses, elle a inauguré l'ère du « consensus national » réputé, « *valeur constitutionnelle* » au Bénin.

SECTION 3 : CONSENSUS NATIONAL ET CONTENU DE LA CONSTITUTION BÉNINOISE DU 11 DÉCEMBRE 1990.

De l'avis des observateurs avisés, le consensus national est le ressort principal de l'horlogerie institutionnelle et constitutionnelle béninoise. Mais au fil du temps ses contours semblent fuyants (§1). L'on estime que ce principe a permis de donner du contenu (§2) à la Constitution béninoise du 11 décembre 1990.

§1. LE « CONSENSUS NATIONAL » : UN PRINCIPE AUX CONTOURS FUYANTS.

L'on peut trouver l'origine sémantique du concept « consensus » pour lui donner un sens politique (A). Mais au Bénin, sa valeur constitutionnelle est une construction jurisprudentielle, laquelle devient polémique (B).

A. ORIGINE SÉMANTIQUE ET POLITIQUE.

Selon Larousse, le terme désigne *l'accord de plusieurs personnes*.[436] Partant de cette ligne, on peut dégager une définition théorique adaptée au contexte béninois sans préjudice aux définitions doctrinales et surtout jurisprudentielles éventuelles.

Le consensus national peut désigner: « l'accord des plusieurs acteurs politiques, civiles, et militaires autour d'un projet d'intérêt national ».[437]

À ce propos, conférer une valeur constitutionnelle au *consensus* découle d'une approche syllogistique d'abord par déduction des idéaux de la Conférence Nationale, et ensuite de manière mieux affirmée, par l'œuvre du juge constitutionnel béninois.

Reconnaitre que la Constitution béninoise du 11 décembre 1990 est l'aboutissement d'un parcours politique et constitutionnel onduleux et laborieux ne laisse place à aucun doute. Précédemment, il a été stigmatisé des dissensions chroniques de 1962 à 1990. La vie politique en subissait des ondes néfastes. En conséquence, le Bénin battait le record de la brièveté institutionnelle et de la précarité constitutionnelle, entre 1960 et 1972. Dans cette tranche historique, il est visible que le mal béninois avait pour cause le virus de la discorde ou l'incapacité

---

436 Larousse Poche 2014, Paris, Cedex, p. 173.

437 En l'occurrence, du nouvel ordre politique béninois et des instruments de sa matérialisation.

à s'entendre sur un projet normatif d'encadrement du pouvoir et sur un contenu constitutionnel le définissant.

De là, on peut bien admettre par déduction, que les mécanismes, les principes et valeurs par lesquelles le souverain national de 1990 est parvenu à taire les dissonances habituelles, et à bâtir un État de droit constitutionnel et démocratique, soient considérés comme valeurs constitutionnelles.

Au nombre des fondamentaux de la Conférence Nationale figure le « consensus », vertu politique qui a aidé au rapprochement des postures des plus éloignées, les unes des autres.

L'on sait que la Constitution de la République du Bénin du 11 décembre 1990 est une transcription juridique des conclusions de la Conférences de Forces Vives de la Nation. Dès lors, il n'est pas contestable que le consensus national y soit intégré comme valeur fondamentale. Une telle compréhension sera renforcée par une construction jurisprudentielle constante, mais aussi qui suscite la polémique.

B. « CONSENSUS NATIONAL », UNE CONSTRUCTION JURISPRUDENTIELLE POLÉMIQUE.

À l'occasion des diverses saisines, le juge constitutionnel béninois a consolidé l'assise constitutionnelle du « consensus national ». L'on relie sa genèse à la Décision DCC 06-074 du 08 juillet 2006 par laquelle, lors d'un contrôle de conformité à la Constitution d'une loi portant révision de la Constitution aux fins d'allonger le mandat des députés, la Cour a jugé :

Considérant que ce mandat de quatre ans (4)[438]*, qui est une situation constitutionnellement établie, est le résultat du consensus national dégagé par la Conférence des Forces Vives de la Nation de février 1990 et consacré par la Constitution en son préambule qui affirme l'opposition fondamentale du peuple béninois à [...] la confiscation du pouvoir ; que même si la Constitution a prévu les modalités de sa propre révision, la détermination du peuple béninois à créer un État de droit et de démocratie pluraliste, la sauvegarde de la sécurité juridique et de la cohésion nationale commandent que toute révision tienne compte des idéaux qui ont présidé à l'adoption de la Constitution du 11 décembre 1990, notamment le consensus national, principe à valeur constitutionnelle ; qu'en conséquence, les articles 1 et 2 de la Loi constitutionnelle n°2006-13 adoptée par l'Assemblée Nationale le 23 juin 2006 , sans respecter le principe à valeur constitutionnelle ainsi rappelé , sont contraires à la Constitution ; et sans qu'il soit besoin de statuer sur les autres moyens.*[439]

Il est manifeste que la Haute juridiction pose ici le principe que les idéaux sous-tendant le Renouveau démocratique béninois tels qu'affirmés par la Conférence des Forces Vives de la Nation, ont valeur constitutionnelle.

[438]Mandat de députés.
[439] Rec. DCC. 2006.

Poursuivant son raisonnement, le juge constitutionnel précise que *« le consensus, principe à valeur constitutionnelle, [...] loin de signifier l'unanimisme, est d'abord un processus de choix ou de décision sans passer par le vote ; qu'il permet, sur une question donnée, de dégager par une voie appropriée, la solution satisfaisant le plus grand nombre des personnes.»*

Cette jurisprudence projette une lumière nouvelle sur le concept de « consensus » qui tranche sur son affiliation à la Constitution du 11 décembre 1990, et lui confère un contenu sémantique.

Au-delà de la constitutionnalité formelle, l'on conçoit une constitutionnalité invisible dont le juge du contrôle semble seul discerner les contours. En ce sens, Eric Ngango Youmbi distingue la fonction politique et la fonction sociale de la Cour constitutionnelle.[440] Sur cette base, l'auteur affirme que dans sa fonction politique la Cour *est garante du consensus de 1990, elle met en œuvre la constitution politique à travers deux principes fondamentaux de la philosophie politique : le principe de la souveraineté démocratique et le principe de la séparation des pouvoirs*.[441]

L'on ne peut douter que les principes sus évoqués relèvent d'une entente consensuelle entre Béninois autour des grandes options prises en 1989 et en 1990 sur l'idéal démocratique et de l'État de droit.

Donc, il semble logique de penser que la Constitution du 11 décembre 1990 soit en elle-même le reflet de ce *consensus* et en même temps sa garante, et que l'ingéniosité du juge constitutionnel béninois par sa production du 08 juillet 2006 en soit le socle. Mais, l'inventivité du juge qui élève le consensus au rang de valeur constitutionnelle ne rencontre pas que d'adhérents.

Moise Oladé Layele émet un son contraire, et dresse un sévère réquisitoire : « *de ce point de vue la Décision DCC-06-074 demeurera une œuvre inventive de dangerosité inouïe pour la survie du modèle de démocratie et de l'État de droit à l'ère du renouveau démocratique*.[442]»

Par ailleurs, l'auteur qualifie l'œuvre sous espèce, d' « *une dangereuse trouvaille [...] par laquelle la Cour Constitutionnelle avait retenu sans fondement juridique ni politique, encore moins historique, le langage politicien et circonstancié formulé sous la locution : «consensus national.»*[443]

L'imprécision du terme laisse un champ large à la critique qui rappelle que l'expression *consensus national* relève du langage politicien du Parti-État, et qu'elle aurait permis au régime du Président Kérékou acculé par une farouche opposition de se refaire une santé politique et de s'adapter à toutes les

---

440 Les détails sur la Haute Cour de Justice béninoise sont abordés dans la seconde partie de cette étude.
441 NGANGO YOUMBI, E-M, *La Justice constitutionnelle au Bénin. Logique politique et logique sociale*, Paris, L'Harmattan, 2006, p.52
442 OLADE ONKULOLA, M.L., *La Cour constitutionnelle et le peuple au Bénin. D'un juge constitutionnel à un procureur suzerain*, Paris, L'Harmattan, 2018, p. 531.
443 *Idem.*

situations, et chaque fois de mieux rebondir ; que le juge constitutionnel béninois joue le jeu du politicien en élevant le consensus au niveau d'une norme constitutionnelle.

Il n'est pas aisé de prendre part à une telle discussion, laquelle d'ailleurs n'a qu'un intérêt académique et scientifique ; car les décisions de la Haute juridiction béninoise sont sans recours et s'imposent à tous. Mais, elle doit éviter des revirements fréquents de jurisprudence susceptibles d'entamer le potentiel de confiance placée en elle.

Est-il, qu'une observation attentive retrouve le consensus dans le discours inaugural de la Conférence des Forces Vives de la Nation du 19 février 1990.

Est-ce pour autant que l'on devrait lui refuser la valeur constitutionnelle ? L'argument nous semble peu consistant même si le « consensus » s'est avéré un concept-caméléon.

En ce qui concerne l'encadrement normatif du pouvoir sous le nouveau régime béninois, il importe de sonder le contenu de la Constitution du 11 décembre 1990.

§ 2. CONTENU DE LA CONSTITUTION BÉNINOISE DU 11 DÉCEMBRE 1990.

Sous ce paragraphe il s'agit d'examiner, les dispositions constitutionnelles qui dressent une barrière à l'abus du pouvoir, et contribuent à l'édification d'un État de droit effectif. Il est question de jauger les normes à l'aune des principes fondamentaux du constitutionnalisme, à savoir : la séparation des pouvoirs (A) ; la protection des droits et libertés de la personne (B) ; le pluralisme politique et l'alternance au pouvoir (C), l'effectivité et la suprématie de la Constitution (D).

A. LA SÉPARATION DES POUVOIRS DANS L'ARCHITECTURE CONSTITUTIONNELLE BÉNINOISE DU 11 DÉCEMBRE 1990.

Le principe de la séparation des pouvoirs procède d'une projection théorique en vue de contrôler et de limiter la puissance publique. Thomas Hobbes, Locke et Jean Jacques Rousseau se sont employés à cet objectif. Mais c'est Montesquieu qui a élaboré une théorie qui justifie davantage la nécessité de freiner l'élan du pouvoir. Il exclut que l'un des pouvoirs prévale sur les autres et interfère à son profit dans leurs sphères.

De là, seront échafaudées diverses structures de l'État occidental libéral consistant en la dissection du pouvoir. Ce modèle s'imposera comme un idéal à travers le monde et également en République Démocratique du Congo et au Bénin.

Une précision s'impose : le pouvoir est un, mais il est exercé sous ses multiples fonctions par des organes différents.

À ce stade, l'expression « séparation des pouvoir » renvoie à la division, au démembrement du pouvoir en plusieurs branches que l'on a fini par désigner « *les pouvoirs* » comme s'il en existait plusieurs. Ainsi chaque branche est investie d'une compétence majeure : celle de voter la loi pour le pouvoir législatif, celle de les exécuter pour le pouvoir exécutif, et celle de les interpréter et les sanctionner pour le pouvoir judiciaire.

Le Constituant béninois du renouveau démocratique, soucieux d'éclairer le politique par une lanterne juridique a-t-il suivi ce schéma ?

Deux textes permettent d'apprécier son œuvre: la Loi du 11 décembre 1990 portant Constitution de la République du Bénin, et la loi n° 2019-40 du 7 novembre 2019 portant modification de la Constitution du Bénin.

Dès le Préambule[444], le Constituant s'identifiant au Peuple béninois, pose : *Réaffirmons notre opposition fondamentale à tout régime politique fondé sur l'arbitraire, [...] le népotisme, la confiscation du pouvoir et le pouvoir personnel [...] Réaffirmons notre attachement aux principes de la démocratie [...]*

On peut affirmer que ce prescrit purifie le régime des scories archaïques de la confusion des pouvoirs, contraire à la démocratie.

Aussi, est-il présenté clairement dans la Constitution, d'abord les trois branches du pouvoir conformes à la théorie classique de la séparation des pouvoirs, et ensuite leurs prérogatives et leurs rapports respectifs tels qu'ils sont encadrés par la norme constitutionnelle[445]. La doctrine s'accorde sur l'idée qu'il s'agit d'un régime présidentiel comportant le pouvoir exécutif, le pouvoir législatif et le pouvoir judiciaire.

À propos du **pouvoir exécutif** les personnalités qui en sont investies, en l'occurrence le Président de la République et les membres du Gouvernement ne doivent pas s'immiscer dans les domaines respectifs du pouvoir législatif et du pouvoir judiciaire. À travers une trentaine d'articles,[446] le Constituant a minutieusement, défini non seulement les attributions du Président de la République et la manière d'exercer le pouvoir mais aussi ce qu'il ne doit pas faire dans sa relation avec les deux autres pouvoirs.

Ainsi, les articles 73 et 76 de la Constitution sonnent comme un rappel à l'ordre à l'égard du Président de la République. En effet : il est prescrit : *La responsabilité personnelle du président de la République est engagée en cas de haute trahison, d'outrage à l'Assemblée, ou d'atteinte à l'honneur et à la probité.*[447] *Il y a outrage à l'Assemblée nationale lorsque, sur des questions posées*

[444] Al.2, tiret 1, Préambule de la Constitution de la République du Bénin du 11 décembre 1990, *op.cit.*
[445] Du Pouvoir Exécutif (Art. 41 à 78) ; du Pouvoir Législatif (Art.79- Art.124) et du Pouvoir judiciaire (Art.125- Art. 138), Constitution de la République du Bénin du 11 décembre 1990, *op.cit.*
[446] Art. 41 à 78, Constitution de la République du Bénin du 11 décembre 1990, *op.cit.*
[447] Art.73, Constitution de la République du Bénin du 11 décembre 1990, *op.cit.*

par l'Assemblée nationale sur l'activité gouvernementale, le président de la République ne fournit aucune réponse dans un délai de trente jours.[448]

Cet arsenal normatif est complété par les dispositions des articles 77 et 78 de la Constitution qui déterminent la procédure et l'organe de mise en accusation du Président de la République. On décèle qu'il s'agit là, d'un tournant historique, lequel rompt de manière radicale avec les ingrédients pseudo-constitutionnels du passé. Sous le Parti-État ou sous les Triumvirats béninois le principe de la séparation des pouvoirs était sacrifié sur l'autel de l'autocratie ou de la triarchie.

Cela est d'autant plus clair que le Gouvernement est tenu de fournir à l'Assemblée Nationale toutes explications qui lui seront demandées sur sa gestion et sur ses activités.[449]

S'agissant du **pouvoir législatif**, dans la nouvelle configuration béninoise, il est exercé par un Parlement composé d'une chambre unique : l'Assemblée nationale dont les membres portent le titre de député. Elle est chargée principalement de contrôler l'action du Gouvernement[450], voter la loi et consentir le Budget.[451]

Ce nouveau pouvoir législatif n'a rien de commun avec l'ancienne Assemblée Nationale Révolutionnaire dont les attributions bien qu'apparemment exorbitantes sous la Loi Fondamentale de 1977, ne constituaient pas moins une caisse de résonnance du Parti-État à travers son Comité Central[452] dont l'emprise n'épargnait pas le pouvoir judiciaire.

Quant au **pouvoir judiciaire** du Bénin démocratique, il est affranchi de chaines révolutionnaires. Son indépendance est hautement affirmée par le Constituant de 1990 aux termes de l'article 125 de la Constitution qui dispose : *« Le pouvoir judiciaire est indépendant du pouvoir législatif et du pouvoir exécutif. Il est exercé par la Cour suprême, les cours et tribunaux créés conformément à la présente Constitution. »*

Cette lecture révèle combien ce texte est loin de l'œuvre du Constituant de 1977 lequel sûrement, dans l'intention de diminuer le pouvoir judiciaire et de l'inféoder au Parti, a évité l'expression « pouvoir judiciaire » et y a substitué celle d' « organes judiciaires » formés de la *Cour Populaire Centrale* de la République du Bénin et des Tribunaux locaux des divers échelons.[453]

Avant la Constitution de 1990, il était peu probable de conclure à l'effectivité d'un pouvoir judiciaire indépendant ; car le Comité central du Parti

---

[448] Art. 76, Constitution de la République du Bénin du 11 décembre 1990, *op.cit.*
[449] Art.113, Constitution de la République du Bénin du 11 décembre 1990, *op.cit.*
[450] Art.79, Constitution de la République du Bénin du 11 décembre 1990, *op.cit.*
[451] Art. 96, Constitution de la République du Bénin du 11 décembre 1990, *op.cit.*
[452] Voir les attributions de l'ANR, Art.41 de l'Ordonnance N°1977-32 du 9 Septembre 1977 portant promulgation de la Loi Fondamentale de la République Populaire du Bénin.
[453] Article 103 de la Loi Fondamentale de la République Populaire du Bénin, *op.cit.*

de la Révolution du Bénin et l'Assemblée Nationale Révolutionnaire pouvaient *décider de la création de Tribunaux d'exception*[454] et décharger de leurs fonctions les chefs de la plus haute juridiction[455] de l'époque et du Parquet.[456]

Un tel aménagement constitutionnel s'écartait manifestement de la théorie classique de la séparation du pouvoir, et s'avérait insuffisant à garantir et assurer la protection des droits et libertés.

B. LA PROTÉCTION DES DROITS FONDAMENTAUX SOUS L'EMPIRE DE LA CONSTITUTION DU 11 DÉCEMBRE 1990.

Pour une génération qui a lutté durant des longues et ténébreuses décennies pour la liberté, il n'est pas surprenant de voir ses représentants afficher un zèle brulant à la cause des droits et des libertés fondamentaux.

Le Constituant béninois du 11 décembre 1990 ne se limite pas à une simple référence aux principaux instruments des Nations Unies[457] mais il intègre ceux de l'Unité Africaine[458] à la Constitution en leur conférant une valeur supérieure à la loi interne :

> *Les droits et les devoirs proclamés et garantis par la Charte Africaine des Droits de l'Homme et des Peuples adoptée en 1981 par l'Organisation de l'Unité Africaine, et ratifiée par le Bénin le 20 janvier 1986font partie intégrante de la présente Constitution et du droit béninois.*[459]

Ce dispositif renforce le cadre normatif en droit constitutionnel positif béninois. C'est une évolution considérable eu égard à l'histoire constitutionnelle de l'ex- Dahomey. En effet, l'attention du Constituant sur la jouissance et l'exercice des droits humains est en accord avec le principe de la séparation des pouvoirs qui vient d'être abordé. C'est pourquoi les dispositions relatives à la garantie des droits et devoirs de la personne humaine s'étalent de l'article 7 à l'article 39.

Cependant, il faut reconnaître que cela n'aurait pas suffi en l'absence des normes qui définissent le cadre de leur exercice et de leur sanction. Pour cela le Constituant béninois a lié la protection des droits fondamentaux à une administration saine et indépendante de la justice, nous faudra-t-il anticiper sur la seconde partie de la présente étude, et a inséré l'article 114 qui précise:

> *La Cour constitutionnelle est la plus haute juridiction de l'État en matière constitutionnelle. Elle est juge de la constitutionnalité des lois et elle*

---

[454]Art. 103, al.2.

[455]En l'occurrence le Président de la Cour Populaire Centrale. Art. 41 la Loi Fondamentale de la République Populaire du Bénin, tiret 7.

[456]Art. 41, la Loi Fondamentale de la République Populaire du Bénin, tiret 7.

[457]Charte des droits de l'homme de 1945 et la Déclaration universelle des Droits de l'Homme de 1948.

[458]Charte Africaine des droits de l'homme et des Peuples adoptée en 1981 et ratifiée par le Bénin le 20 janvier 1986.

[459]Art.7, Constitution de la République du Bénin du 11 décembre 1990.

garantit les droits fondamentaux de la personne humaine et des libertés publiques [...]

De ce texte, on entrevoit le caractère fondamental de la Constitution dont le juge constitutionnel est le garant de la suprématie.

C. DE L'EFFECTIVITÉ ET DE LA SUPRÉMATIE DE LA CONSTITUTION BÉNINOISE.

À ce stade, la suprématie de la Constitution n'appelle plus des larges commentaires quant à son contenu. Cela a été fait au premier chapitre de ce titre. Elle renvoie à la place que tient la Constitution dans la hiérarchie des normes, à savoir, la plus haute. Il importe d'apprécier ce qu'il en est au Bénin.

Du point de vue théorique, la réponse est affirmative telle que le Constituant du 11 décembre 1990 la confirme au dernier alinéa du Préambule de son œuvre : « Nous peuple béninois [...] Adoptons solennellement la présente Constitution, qui est la *Loi Suprême* de l'État et à laquelle nous jurons loyalisme et respect.[460] » Le constituant dérivé de 2019 y est resté fidèle.[461]

C'est par ce ferme engagement que se conclut le Préambule qui introduit en même temps, la Loi constitutionnelle du 11décembre 1990. La reconnaissance de la suprématie constitutionnelle apparait également à l'article 158 : *La législation en vigueur au Bénin jusqu'à la mise en place des nouvelles institutions reste applicable, sauf intervention de nouveaux textes, en ce qu'elle n'a rien de contraire à la présente Constitution.*

Ce libellé est une reconduction littérale de l'article 76 de la Constitution de la République du Dahomey[462], la première Constitution démocratique du Bénin indépendant, déjà rappelée. Les deux textes induisent à proscrire les législations contraires à la Constitution. L'existence juridique de ces dernières est soumise à leur conformité à la Loi suprême qu'est la Constitution.

Du point de vue pratique, le caractère suprême de la Constitution est tributaire de son effectivité à l'épreuve du pluralisme et de l'alternance au pouvoir.

D. DU PLURALISME POLITIQUE ET DE L'ALTERNANCE DÉMOCRATIQUE DANS LA CONSTITUTION BÉNINOISE DU 11 DÉCEMBRE 1990.

Le pluralisme est selon le lexique politique, *la caractéristique des sociétés admettant l'existence et le libre jeu des idées politiques, économiques, sociales et religieuses quelles qu'elles soient.*[463]

---

[460] Loi n°09-032 du 11 décembre 1990 portant Constitution de la République du Bénin, *Journal Officiel de la République du Bénin*, 102^{e}année, 1er janvier 1991.

[461] Loi n° 219-40 du 7 novembre 2019, *Journal Officiel de la République du Bénin*, 130 années, n° 21bis, 8 novembre 2019.

[462]Loi n° 60-36 portant constitution de la République du Dahomey.

[463]*Lexique politique*, 6e éd., Dalloz, Paris, 1992, p.337.

Dans le cadre d'une étude constitutionnaliste, il équivaut au droit reconnu à différents courants politiques de se former et de concourir librement à l'exercice du pouvoir, sous réserve des contraintes relatives à la sûreté de l'État et du respect de la Constitution.

Ainsi, cette diversité politique aboutit en régime démocratique, à l'alternance pacifique au pouvoir selon la durée du mandat constitutionnel accordé aux détenteurs de la fonction étatique. Le pluralisme encourage la formation des partis politiques et leur reconnait une mission d'encadrer des masses sous l'orientation de la Constitution. À l'opposé, le système monolithique n'autorise qu'une seule voie politique selon une idéologie d'État et ignore l'alternance pacifique au pouvoir. Le Constituant de 1990 a formellement opté pour le pluralisme politique tel que garanti à l'article 5 de la Constitution béninoise :

> *Les partis politiques concourent à l'expression du suffrage. Ils se forment et exercent librement leurs activités dans les conditions déterminées par la Charte des partis politiques. Ils doivent respecter les principes de la souveraineté nationale, de la démocratie, de l'intégrité territoriale et la laïcité de l'État*[464].

Ce texte rompt avec le monolithisme instauré par le régime révolutionnaire de 1972 qui a duré jusqu'en 1989 sous le PRPB. Il renoue avec les valeurs politiques et constitutionnelles de la Première République dahoméenne.[465]

Pour consolider l'assise du nouveau paysage, le Constituant dérivé de 2019 a ajouté au dispositif ancien ce qui suit : *L'État concourt au financement des partis politiques aux conditions fixées par la loi. Le montant alloué à cette fin, ne peut diminuer d'un exercice budgétaire à un autre [...]*[466]

Il faut bien reconnaitre que la Constitution de la République du Bénin du 11 décembre 1990, bien avant celle de la République Démocratique du Congo du 18 février 2006, a contribué à une alternance paisible au pouvoir.

Autrefois, championne de coups d'État[467], la République du Bénin mérite bien aujourd'hui ses lauriers de championne de l'alternance démocratique en Afrique francophone, avec à l'actif quatre alternances paisibles à la magistrature suprême.[468]

---

[464] Art.5 ancien, Constitution de la République du Bénin du 11 décembre 1990.

[465] Voir, Art. 7 de la Constitution de la République du Dahomey du 26 novembre 1960.

[466] Art.5 nouveau.

[467] VIGNON, Y-B., « Les coups d'État en Afrique francophone », in *Mélanges en l'honneur de Dominique Breillat*, LGDJ, 2010, pp.614-620.

[468] Nicéphore SOGLO (4 avril 1991-4 avril 1996) succède à Matthieu KEREKOU, lors de la première élection pluraliste post Conférence Nationale, Matthieu KEREKOU (4 avril 1996 – 4 avril 2001) prend démocratiquement sa revanche sur le président sortant, Matthieu KEREKOU (4 avril 2001- 6 avril 2006) se succède à lui-même conformément à la Constitution qui lui permet un deuxième mandat, Boni YAYI (6 avril 2006- 5 avril 2011) prend démocratiquement les rênes du pouvoir, Boni YAYI (6 avril

Parmi les éléments qui ont favorisé ce regain de stabilité qui dure depuis plus de trois décennies on doit reconnaître la valeur de la Constitution de 1990 en ce qu'elle limite le mandat du président de la République à cinq ans renouvelable une seule fois: *Le Président de la République est élu au suffrage universel direct, pour un mandat de cinq ans, renouvelable une seule fois. En aucun cas, nul ne peut, de sa vie exercer plus de deux mandats de président de la République.*[469]

Ce texte sert de ligne conductrice à la vie politique en canalisant sous le courant juridique les passions politiciennes. Il est significatif de relever que de 1990 à ce jour, l'exercice et la transmission du pouvoir présidentiel se déroulent conformément à la Constitution sous une régularité quasiment d'horlogerie : toujours entre le 4 et le 6 du même mois (avril).

Cela est une prouesse dans une Afrique francophone où certains systèmes bien que dotés d'une Constitution n'ont jamais expérimenté d'alternance démocratique, d'autres bien que l'ayant connu, se livrent à des diableries constitutionnelles aux fins des « prorogations », « glissements » ou multiplication de mandats, bien d'autres encore ignorent le bénéfice pacifique d'une élection organisée à la lumière d'une Constitution démocratique.[470]Il serait surabondant d'évoquer les détails sur le retour de coups de force dans certains pays[471].

Le parcours constitutionnel et institutionnel de la République du Bénin et de la République Démocratique du Congo, à propos de l'encadrement normatif du pouvoir nous révèle des similitudes, et aussi des disparités.

En termes de convergence, on notera qu'émancipés en la même année, 1960, et appartenant à l'espace africain francophone, sans pour autant avoir eu le même colonisateur, les peuples du Bénin et du Congo ont épousé par mimétisme ou par conviction le système constitutionnel démocratique de leurs anciens Colons.[472]

La République démocratique du Congo s'est dotée d'une Constitution aux standards des Constitutions démocratiques, à savoir la Loi fondamentale du 19 mai 1960 relative aux structures du Congo. Elle intégrait les valeurs universelles du constitutionnalisme et annonçait la mise en œuvre d'une juridiction constitutionnelle. La séparation des pouvoirs, la garantie des droits de l'homme, le pluralisme politique et l'alternance démocratique s'y trouvaient amplement assurés.

2011- 6 avril 2016), et Patrice TALON qui lui a succédé depuis le 6 avril 2016, s'est succédé à lui-même le 23 mai 2021. En fonction, il consomme son second et dernier mandat.

[469] Art.42, Constitution de la République du Bénin du 11 décembre 1990.

[470] Sur le chapitre de l'alternance au pouvoir en Afrique, Voir notamment, WILLAME J-C., « L'alternance (et sa limitation) en question… et ailleurs », *Revue Nouvelle* 2016/3 (N°3) pp.17-21.

[471] Notamment, au Mali, au Burkina Faso, au Niger et au Gabon

[472] Belges pour le Congo, Français pour le Bénin.

L'encadrement et la limitation du pouvoir par la norme constitutionnelle, du moins sur le plan théorique y furent incontestablement énoncés. De la même analyse, il a été possible de discerner un contenu véhiculant les mêmes valeurs dans la première Constitution dahoméenne, du Bénin actuel.[473] Les deux pays ont connu une évolution constitutionnelle en dents de scies. La norme n'a pas eu un effet thérapeutique efficace sur le mal du pouvoir. Dès 1961 en République Démocratique du Congo, et 1962 en République du Dahomey, la légitimité du fusil a amorcé sa montée séductrice réduisant la vitalité constitutionnelle normative qui gèlera et sera en hibernation jusqu'en 1990.

À partir de cette période, les Béninois et les Congolais encore sous la férule d'implacables dictatures se sont fortement mobilisés pour une limitation constitutionnelle du pouvoir. De ce point de vue, les parcours politiques et constitutionnels de ces deux peuples se croisent.

Cependant, il est important de signaler quelques lignes de démarcations entre les deux pays. Bien que marquée par l'instabilité institutionnelle et la précarité constitutionnelle de 1962 à 1972, et par une autocratie, de 1972 à 1990, l'histoire constitutionnelle béninoise ne s'est pas écrite à l'encre du sang comme au Congo. Ce pays n'a pas connu des guerres civiles et des rebellions récurrentes.

Sous un autre aspect, la différence tient aux résultats du processus constitutionnel transitoire de l'un et de l'autre. Au Bénin, en dix jours, la Conférence nationale a débouché sur une transition paisible qui a conduit à une Constitution, sans incidents et aux institutions stables jusqu'à ce jour. On peut affirmer que la Constitution du 11 décembre 1990 a connu un succès quant à l'encadrement et la limitation du pouvoir de l'époque, tandis qu'en République Démocratique du Congo, alors Zaïre, la Conférence Nationale qui a duré dix-sept mois, a connu des ratés, et a donné l'image de la montagne accouchant d'une souris. La Constitution issue de ces assises a manqué son but. Il a fallu attendre la Constitution de la transition du 4 avril 2003 et celle du 18 février 2006 pour voir une certaine emprise de la norme constitutionnelle sur le pouvoir politique.

À ce jour, le doute est dissipé sur l'existence des principes du constitutionnalisme tant dans la Constitution béninoise que dans la Constitution congolaise. Les fondements de l'État de droit y sont posés sans la moindre ambiguïté.

Cependant, comme toute institution humaine l'encadrement normatif du pouvoir n'est pas moins exposé aux défis, et connait bien des limites.

---

[473] Constitution de la République du Dahomey du 26 novembre 1960, *op.cit.*

TITRE II :
LIMITES À L'ENCADREMENT NORMATIF DU POUVOIR AU BÉNIN ET EN RÉPUBLIQUE DÉMOCRATIQUE DU CONGO.

La Constitution est l'instrument normatif d'encadrement et de limitation du pouvoir par excellence. Coutumière ou écrite, elle est l'aune par laquelle est testé l'État de droit constitutionnel et démocratique.

Par ailleurs, des nombreuses études se sont intéressées à l'internationalisation du constitutionnalisme[474] et à sa digestion en Afrique francophone.

Aussi, le Bénin et la République démocratique du Congo ont cherché à consolider leurs institutions démocratiques par des règles certaines et suprêmes véhiculées respectivement à travers la Constitution du 11 décembre 1990[475]et à travers celle du 18 février 2006.[476]

L'observation conduit à reconnaitre que les normes constitutionnelles accusent certaines faiblesses. Il s'agit de paramètres qui compromettent la réalisation efficiente des objectifs poursuivis, à savoir l'encadrement juridique du pouvoir et la promotion des droits fondamentaux.

S'agissant du Bénin et du Congo, l'on peut signaler des limites résultant des facteurs endogènes (Chapitre1) ou exogènes (chapitre 2)

---

[474] DIOMPY, A. H., *Le paradoxe de l'internationalisation du droit constitutionnel en Afrique. Réflexion sur les interactions normatives, institutionnelles et politiques dans l'espace CEDEAO*, Thèse de doctorat en Droit public, Université de Bordeau, 2017 ; BOIS (Du) de GAUDUSSON et FALL, B., « La Communauté internationale et le constitutionnalisme en Afrique », in : *REAF*, 2010.

[475] Constitution de la République du Bénin du 11 décembre 1990, *op.cit.*

[476] Constitution de la République Démocratique du Congo du 18 février 2006, *op.cit.*

CHAPITRE I.
DES LIMITES ENDOGÈNES.

Quelles sont des entraves internes à la pleine matérialisation de l'État de droit constitutionnel et démocratique en République Démocratique du Congo (Section1) et au Bénin (Section 2)

SECTION 1 : DES ENTRAVES INTERNES À L'ÉTAT DE DROIT EN RDC.

Une étude approfondie de la doctrine congolaise[477] révèle d'une part, des pesanteurs d'ordre institutionnel et politique au constitutionnalisme (§1), et d'ordre sociologique et psychologique (§2).

§1 PESANTEURS POLITIQUES ET INSTITUTIONNELLES.

La Constitution est une institution normative. À ce titre, elle tire son existence et sa viabilité de l'institution-mère qu'est l'État. Il s'en suit que tout dysfonctionnement de l'État se répercute sur le régime constitutionnel, et grippe la machine institutionnelle au détriment du système démocratique et de l'État de droit.

C'est pourquoi, on peut compter parmi les vecteurs inhibiteurs de l'efficacité constitutionnelle au Congo, le déficit de l'État-Institution (A) et des pratiques politiques archaïques caractérisées par un déficit de culture constitutionnelle et de vertu politique (B).

A. DÉFICIT DE L'ÉTAT–INSTITUTION.

Le caractère institutionnel de l'État moderne contemporain implique sa conformité aux critères bien précis relatifs à sa nature juridique. Celle-ci est marquée par une personnalité morale impliquant une distinction sans faille entre le propriétaire des fonctions, l'État, et leurs titulaires personnes physiques qui l'exercent sous mandat en son nom. Ce sont les gouvernants. Le pouvoir est attaché à la fonction et non à la personne de son titulaire. Le principe est qu'on obéit à la règle et non à celui qui l'a édictée. Il est erroné de dissocier la thématique de l'effectivité de l'État en Afrique avec les ratés du constitutionnalisme[478].

De la sorte, les décisions prises par les autorités de l'État sont réputées prises par l'État et non par elles personnellement : par M. Mobutu ou par M. Kérékou, par exemple. Or, au Bénin comme au Congo, à l'instar de l'Afrique traditionnelle et de l'Europe médiévale, l'on obéissait plus à la personne physique qu'à la règle abstraite.

Dans un État-Institution effectif, les gouvernants naissent et meurent, les populations changent et passent sans emporter l'État ni l'affaiblir par

---

[477] ESAMBO KANGASHE, J.L., *La Constitution du 18 février 2006 à l'épreuve du constitutionnalisme. Contraintes pratiques et perspectives op.cit.* p. 20 et s; ODIMULA LOFUNGUSO, L., *L'État de droit en droit congolais,* Paris, L'Harmattan RD Congo, pp.215 et s.

[478] KOROKORO, D., « L'idée de la Constitution en Afrique », in : *Afrique contemporaine* 2012(n°242) p.117.

l'absence du Chef temporel. La personnalité juridique assure à l'ensemble du corps social une continuité indifférente à la temporalité de ses composantes physiques. Au Congo chaque fois que l'occupant des fonctions présidentielles par exemple s'en va, l'État subit des convulsions qui menacent la santé constitutionnelle, les institutions et la paix sociale et la sécurité nationale.

Sous un autre angle, l'État-Institution moderne suppose que le patrimoine de l'État ne se confonde pas à celui de gouvernants.[479] L'idée est apparue pour la première fois à Rome avant de disparaitre. C'est une rupture avec la conception patrimoniale de l'État où le monarque était personnellement propriétaire. Ainsi, il était confondu dans la même masse, les biens relevant du domaine de la Couronne que nous appelons aujourd'hui, du domaine public, et ses biens personnels. De même, le Trésor public, c'est- à dire- l'argent de l'État ne se distinguait pas des fonds personnels du monarque.

En démocratie, le principe général est de rompre avec l'appropriation du patrimoine de l'État par ses agents. Il est juste de penser que c'est pour s'y conformer que le constituant congolais de 2006 fait obligation au Président de la République et aux principaux acteurs politiques de déclarer leurs biens avant de prendre leurs fonctions. Et, que c'est pour cela que la Commission et l'Office des Biens mal acquis ont été institués.

Mais dans la pratique, le Congo a du mal à se défaire du syndrome léopoldien. Des personnes investies d'une mandature en sont progressivement atteintes. Ce mal consiste pour le gouvernant au sommet à se considérer non seulement comme propriétaire du Congo mais de tous les moyens de l'État.

Les outils de fonction deviennent la propriété privée, des agents subalternes deviennent des sujets sans droits, voir des esclaves corvéables à souhait, sans salaire, et le Trésor public est réduit à un compte personnel de gouvernants à chaque niveau. Il en résulte un détournement institutionnalisé des moyens publics dont les organes juridictionnels et leurs agents ont besoin pour s'acquitter de leurs tâches sans en faire porter le fardeau aux justiciables par des canaux vicieux et illégaux, telle que la corruption.

L'on peut en déduire l'insuffisance de l'encrage de l'État moderne, l'État –institution, dans la conscience collective.

Loin d'être une auto flagellation de la part du peuple congolais ce constat doit être perçu comme une autopsie de deux premières Républiques et du défunt Zaïre en vue d'un remède sans complaisance pour la troisième République.

Cette carence en engendre une autre qui obstrue la voie à l'État de droit constitutionnel et démocratique, à savoir le déficit de culture constitutionnelle et de vertu politique.

---

[479] Sur un regard critique plus récent de l'Etat en Afrique, lire not, MAKIASHI, W., *refonder l'État en Afrique. En République Démocratique du Congo*, op.cit.pp.43 et s.

B. DÉFICIT DE CULTURE CONSTITUTIONNELLE ET DE VERTU POLITIQUES.

La politique comme art de diriger la Cité ne peut aboutir à l'effectivité d'un État de droit que par une association permanente d'une culture constitutionnelle et politique jointe à la vertu[480]. Mais que faut-il entendre par ces concepts et comment les apprécier dans la société congolaise sous l'empire de la Constitution du 18 février 2006 ?

Le lexique de politique définit la culture comme un fonds commun d'une société ou d'un groupe social plus restreint, principalement composé de sa langue, de son folklore, de son échelle de valeurs et d'éléments empruntés à son passé.[481]

Cette définition fournit quelques pistes de compréhension mais ne suffit pas à élucider la problématique constitutionnaliste africaine en général, et congolaise et béninoise en particulier. Il est nécessaire d'interroger d'autres sources.

Selon Philippe Braud *la culture politique est un ensemble de connaissances et de croyances permettant aux individus de donner sens à l'expérience routinière de leurs rapports aux gouvernants et aux groupes qui leur servent de références identitaires.*[482]

L'auteur souligne deux dimensions :

- Un rapport au passé : elle véhicule une histoire et une mémoire collective plus ou moins élaborées et intériorisées ;
- Une projection dans le futur : la culture politique valorise des modèles d'achèvement (modes idéaux de réalisation de soi), légitime des attentes et des espérances.

Cette analyse a l'avantage de présenter des indicateurs utiles à une appréciation empirique d'une société étatique constitutionnalisée.

Du point de vue de dimensions suggérées on peut affirmer par l'observation et les péripéties de la vie politique congolaise que la mémoire collective de l'histoire congolaise souffre de quelques handicaps.

Les valeurs constitutionnelles sont mal ou non intériorisées par les gouvernants récidivistes de mêmes maux ayant paralysé la démocratie constitutionnelle sous les générations passées. Ce qui rend leur transmission hypothétique aux futures générations, lesquelles sont également déconnectées de la culture constitutionnelle ancestrale.

---

480 La vertu n'est pas entendue ici au sens familier d'une quête de moralisation générale, mais elle renvoie au sens aristotélicien de la recherche de ce qui est bien pour la Cité, le *bien commun ou l'intérêt général*, recette très rare chez le gouvernant congolais.

481 *Lexique de politique*, Dalloz, 6e éd., 1992, p. 134.

482 BRAUD, P., *Sociologie politique*, Paris, LGDJ, coll. « Manuels » 2000, pp. 10 et s.

L'action politique du gouvernant est bornée au présent instantané pour le *ventre*, s'il faut reprendre la formule de Bayart[483], et pour l'apparat sans projection dans le futur d'un projet effectivement démocratique.

En vue de mieux saisir l'écart entre la réalité et l'action politiques congolaises par rapport à la norme constitutionnelle examinons également la conception proposée par Aaron Vildavsky. Cet auteur établit trois fonctions de la culture politique:

- *Fonction de pensée: elle permet de dégager des catégories de pensée qui donnent un sens aux choses et aux événements.*
- *Fonction de responsabilité : elle permet de poser des normes qui délimitent le niveau de responsabilité des individus dans leurs comportements ;*
- *Fonction de frontières : elle permet d'identifier les modes de comportements ou les genres de vie perçus comme inacceptables.*[484]

Il se dégage une sorte de substance philosophique qui doit éclairer la lettre et l'esprit de la Constitution. Celle-ci ne s'arrête pas à l'encre noire sur son parchemin blanc ou au *pouvoir pour le pouvoir*. Elle est le reflet de la vision globale d'un peuple pour sa survie et son bien-être. Le père politique de la Constitution française de la Ve République française n'a pas tort d'affirmer : *Une Constitution, c'est un esprit, des institutions, une pratique.*[485]

Pour qu'une Constitution assume sa mission d'édification de l'État de droit démocratique, elle doit être portée par des acteurs, gouvernants et gouvernés, guidés par une certaine vertu, et qui puissent eux-mêmes servir de modèle au peuple. Nous entendons ici le terme au sens de la *conscience* selon la maxime rabelaisienne : « la science sans conscience n'est que ruine l'âme».

La vertu politique au sens aristotélicien, *le bien suprême pour la Cité,* est le moteur du système constitutionnel de l'État contemporain moderne. Qu'en est-il en République démocratique du Congo ?

L'observation fait paraitre un déficit de culture politique et civique confirmée par des pesanteurs sociologiques et psychologiques.

§2. PÉSANTEURS SOCIOLOGIQUES ET PSYCHOLOGIQUES.

En dépit de l'existence d'une Constitution équilibrée et démocratique au Congo, certains comportements et attitudes brouillent les schèmes favorables à l'État de droit démocratique. Ils constituent des obstacles sociologiques (A) et psychologiques (B).

---

[483] Jean-François Bayart, *l'État en Afrique. La politique du ventre*, Fayard, 1989, 2006, pp 114 et s.

[484]Voir, *Le Politiste*, https://le-politiste.com , consulté, le 07 11 2022.

[485] DE GAULLE, Ch., Conférence de presse du 31 janvier 1964, *Discours et messages*, Plon, 1970, p.168.

A. OBSTACLES SOCIOLOGIQUES.

En régime démocratique, les partis politiques jouent un rôle clé dans le fonctionnement de l'État et de l'éducation civique. C'est pourquoi, le constituant congolais de 2006 leur confère une mission d'encadreurs politiques du peuple souverain. Aussi est –il prescrit à l'article 6 de la Constitution congolaise du 18 février 2006 : *Les partis politiques concourent à l'expression du suffrage, au renforcement de la conscience nationale et à l'éducation civique. Ils se forment et exercent librement leurs activités dans le respect de la loi, de l'ordre public et des bonnes mœurs.*

Cette disposition concorde textuellement à l'article 5 de la Constitution béninoise du 11 novembre 1990.[486] À noter que les constituants congolais et béninois se sont inspirés de l'article 4 de la Constitution française du 4 octobre 1958.[487]

Le pluralisme politique détermine le fonctionnement harmonieux et paisible du régime grâce à la qualité civique et patriotique des partis, relais indispensables entre le peuple souverain et l'Etat-Institution. La concurrence électorale entre partis politiques et leur projet de société confèrent un sens au jeu électoral. L'électeur se retrouve dans le programme de son parti et exerce son droit de suffrage à travers le candidat de son parti. L'importance de la mission des partis politiques justifie leur financement par l'État.[488]

La transcription formelle des règles juridiques relatives à l'exercice et à la transmission du pouvoir, imposables aux gouvernants, suffit-elle à accommoder les mentalités anciennes aux exigences de l'État de droit constitutionnel démocratique?

La réponse est loin d'être affirmative car ; là où le monolithisme et l'autocratie ont semé, la récolte du constitutionnalisme est incertaine. Il faut un labeur pédagogique assidu pour déraciner les obstacles psychologiques.

B. DES OBSTACLES PSYCHOLOGIQUES À L'ENCRAGE DE LA CONSTITUTION.

Parmi les auteurs qui se sont intéressés à cette question, en République démocratique du Congo, Jean Louis Esambo relève des limites psychologiques à l'application de la Constitution. Il observe l'attitude réfractaire des pouvoirs publics à soumette leurs actes au contrôle du juge. Cela appelle quelques explications à la suite du même auteur. Concernant les gouvernants, ce n'est pas sans raison qu'il écrit :

> *Les nouveaux dirigeants sont souvent hantés par la manière de diriger de leurs prédécesseurs en imitant leur style de gouvernance. L'exercice du pouvoir politique est par les avantages qu'il procure souvent source de*

---

[487] Sous réserve que la disposition française insère les groupements politiques.

[488] Article 5 nouveau de la Constitution béninoise du 11 décembre 1990 tel que modifiée à ce jour.

convoitises et de dérapages. Ils sont de nature à susciter dans le chef de ses bénéficiaires une attitude d'orgueil ou de méfiance vis-à-vis de la Constitution. Cette attitude amène la plupart des gouvernants à prendre des décisions qui énervent la Constitution. Leurs auteurs arrivent même à refuser, sous prétexte de détenir un pouvoir issu du peuple, de soumettre leurs actes au contrôle d'un autre fut-il juridictionnel.[489]

Cette analyse se fonde sur certains actes des pouvoirs constitués notamment, la résolution adoptée en mars 2007 par l'Assemblée Nationale de la RDC, et par laquelle elle a autorisé à certaines personnes détentrices d'une double nationalité de la garder jusqu'à nouvel ordre.[490]

Relevons ici que pareille attitude aurait trouvé une parade au Bénin par des recours devant la Cour constitutionnelle.

André Kamukunyi Mukinayi, affirmait qu' « en Afrique en général, et en République démocratique du Congo en particulier, les gouvernants ont pris l'habitude de garder par-devers eux la magie de la connaissance exclusive des dispositions constitutionnelles. »[491]

Sur le même registre, Evariste Boshab renchérit : « *placés dans des conditions d'ignorance de la Constitution et de leurs droits, il est peu probable que les gouvernants et les gouvernés soient absolument tenus au respect de la Constitution, des lois de la République et aux valeurs du constitutionnalisme.* »

Dans sa minutieuse publication de 1997, l'auteur prévient : *cette situation pourrait cautionner la prise de certaines décisions inconstitutionnelles mais qui auraient pu être évitées si la Constitution était comprise de la majorité de la population, l'enseignement du droit constitutionnel conçu et dispensé de manière à permettre l'exploitation des richesses enfouies dans la Constitution et le bon usage par les praticiens du droit de la Constitution en vue de se l'approprier dans la résolution des conflits gérés par eux.*[492]

S'agissant des gouvernés, d'aucuns ont dénoncé la peur des citoyens de s'attaquer aux actes inconstitutionnels des pouvoirs publics.[493]

Tel un oiseau qui a perdu l'habitude de voler à cause du fil qui le retient, et qui refuse de voler quand bien même il en est libéré, le peuple opprimé a du mal à s'émanciper de la peur pour s'attaquer aux actes des détenteurs du pouvoir.

---

[489]ESAMBO KANGASHE, J.-L., *La République Démocratique du Congo à l'épreuve de l'alternance au pouvoir, op.cit.* p., 1.

[490]ESAMBO KANGASHE, J.-L., *La République Démocratique du Congo à l'épreuve de l'alternance au pouvoir, op.cit.* p., 1.

[491]KAMUKUNYI MUKINAY, A., *Contribution à l'étude de la fraude en droit constitutionnel congolais, op.cit.*, p.352.

[492]BOSHAB MABUDJ, E., « Les droits de la Constitution en Afrique Subsaharienne », in *Revue de Droit Africain*, Bruxelles, Coll. RDJA, 1999.

[493]ESAMBO KANGASHE, J.-L., *La Constitution congolaise du 18 février 2006 à l'épreuve du constitutionnalisme. Contraintes pratiques et perspectives, op.cit.*, p.184

Au Congo le MPR, l'AFDL et bien d'autres groupements politico-militaires, ont semé la terreur et un certain *complexe de résignation* dans le peuple.

Le pouvoir a le droit de tout faire et le citoyen n'a pour droit que de *subir et se taire*. Tout procès contre l'acte de celui qui exerce le pouvoir est perçu comme d'avance perdu, voir même risqué.

À la base de cette peur et de la résignation qui font notamment obstacle à l'État de droit, certains voient le fait de l'identification de l'individu à la fonction, ou plus exactement de la confusion entre l'autorité et la fonction qu'elle exerce. Perceptibles dans le chef de bon nombre de citoyens, cette constatation conduit à soutenir que la majorité de Congolais se résignent à ne pas s'attaquer directement aux actes anticonstitutionnels des autorités publiques, par les voies autorisées : légales.

Mabanga Monga Mabanga affirme que « s'attaquer à un acte législatif du chef de l'État, équivaudrait, en fait, à remettre directement en cause son auteur ».[494] Pour le démontrer l'auteur s'appuie sur *le peu d'engouement que la population a vis-à-vis du contentieux administratif et du contentieux constitutionnel.*

Les temps et les textes ont évolué mais les esprits semblent figés, et, cela est un frein à la matérialisation du constitutionnalisme au Congo.

Toutefois, il y a lieu d'atténuer cette opinion dans le sens positif, dans la mesure où depuis les périodes de transition (1993-1997 ; 2003-2006), l'on a vu une croissance de la jurisprudence qui fait dire à Marcel Westh' Okonda qu' « on assiste à une explosion du contentieux constitutionnel qu'il parait légitime de parler du printemps de la jurisprudence constitutionnelle congolaise.[495]»

L'étude de la pratique institutionnelle congolaise laisse paraître un écart entre la réalité du système et la Constitution. Certes, cela n'est pas l'apanage du Congo ; car il est établi qu'aucun régime politique n'est absolument identique à celui défini par la Constitution, les textes ne peuvent jamais correspondre exactement aux situations de fait comme le relève éloquemment Victor Djelo Epenge –Osako.[496]

Toutefois, on remarque que la distorsion entre le droit constitutionnel positif et le fonctionnement réel du pouvoir est plus réduite dans

---

[494]MABANGA MONGA MABANGA, G., *Le contentieux constitutionnel congolais,* Kinshasa, Editions universitaires africaines, Coll. Droit et Société, 1999, pp. 79-80.

[495] WESTH'OKONDA KOSO SONGA, M., « La définition des actes législatifs dans l'arrêt de la Cour suprême de justice n° R. CONST.51/TR du 31 juillet 2007 à l'épreuve de la Constitution du 18 février 2006 », *Horizons, Revue de Droit et de Science politique du Graben* n°5, juin 2008, pp.2-36.

[496] DJELO EMPENGE OSAKO, V., *L'Impact de la coutume sur l'exercice du pouvoir en Afrique noire. Le cas du Zaïre,* Ottignie/Louvain-la-Neuve, Le Bel Elan, 1990, p.108.

les démocraties des pays dits développés que dans les États africains subsahariens.[497]

En République démocratique, l'étude confirme des avancées normatives irréfutables telles que la séparation théorique des pouvoirs, la garantie constitutionnelle des droits fondamentaux et des libertés publiques, le pluralisme politique et l'alternance au pouvoir. En même temps, on voit apparaître des limites à la démocratisation par des contraintes qui se manifestent dans les proportions différentes, mais plus ou moins similaires à celles du Bénin.

SECTION 2 : ENTRAVES SOCIOLOGIQUES À LA CONSTITUTION BÉNINOISE.

Le phare constitutionnaliste béninois élevé haut dans la nuit des autocraties tropicales des années quatre-vingt-dix se couvre- il de suie ou commence-t-il à manquer du combustible ? Autant les premières années du renouveau démocratique ou du *néo-constitutionnalisme* africain, se sont caractérisées par des vagues élogieuses, autant ces dernières décennies sont marquées par une littérature plutôt tournée vers le bilan, ou plutôt critique, voire quelque peu sceptique.[498]

La tendance est légitime est compréhensible. L'on se préoccupe de défis à relever et des écueils à éviter pour assurer des meilleures perspectives. Dans cette quête, la recherche s'accorde sur les limites de la démocratisation de l'Afrique francophone, le Bénin inclus, mais les écoles sont divergentes quant à en identifier les causes. Après analyse et recoupement des recherches les plus récentes, il y a lieu de situer les obstacles internes au processus du constitutionnalisme béninois à deux niveaux : le premier tient à l'hostilité au changement démocratique de certains milieux et à l'analphabétisme (§1), et le second regroupe ceux qui relèvent des idéologies mystiques, religieuses et de l'ethnicité (§2).

§1. DE L'HOSTILITÉ AU CHANGEMENT ET DE L'ANALPHABÉTISME.

La persistance d'un courant politique réfractaire au changement[499] n'a pas échappé à l'attention de la doctrine béninoise (A), La difficulté pour une population largement analphabète (B) de comprendre la technicité du constitutionnalisme et de s'y investir pleinement est un défi à relever.

A. PERSISTANCE D'UNE CLASSE POLITIQUE HOSTILE AU CHANGEMENT.

De tout temps, et c'est chose commune aux mortels, les privilégiés d'un système ne consentent pas volontiers à sa substitution par un autre moins

---

[497]ESAMBO KANGASHE, J.-L., *La Constitution du 18 février 2006 à l'épreuve du constitutionnalisme. Contraintes pratiques et perspectives, op.cit.*, p.184.

[498] OLADE OKUNKOLA, M- L, *La Cour constitutionnelle et le peuple au Bénin. D'un juge constitutionnel à un procureur suzerain, op.cit.* p.651.

[499]NOUDJEMOUNE, P, *La démocratie au Bénin 1988-1999. Bilan et perspectives, op.cit.*, p.313.

bénéfique. Un publiciste béninois dresse un sévère réquisitoire à charge des dirigeants politiques de son pays :

La classe sociale longuement formée sous le giron colonial pour pérenniser l'ordre colonial d'asservissement est celle qui est au pouvoir depuis 1960. Cette classe vit de subsides distribués par les organismes publics et privés impérialistes et se renouvelle à travers de multiples réseaux formels et informels taillés sur mesure[500].

Si une telle observation s'avère exacte, comme nous le pensons, il est logique que les gouvernants concernés soient plus occupés à des missions leur assignées par leurs tuteurs néocoloniaux et par leurs intérêts qu'à la matérialisation effective de l'État de droit constitutionnel et démocratique. Celui-ci est par essence, à l'inverse de pratiques inconstitutionnelles.

Dans la foulée, le même auteur écrit : « Les missions à elle (la classe politique) assignées est :

- *Le maintien des intérêts des puissances dominatrices en particulier de l'ancien colonisateur et l'animation des multiples appareillages institutionnels qui les structurent : monétaires, militaires, culturels, linguistiques, etc.*
- *Le combat contre tout ce qui est novateur et favorable au développement rapide de notre pays.*
- *Le maintien des entraves à la liberté de produire. »*

En récompense, les éléments de cette classe sont périodiquement gratifiés de décorations pour services rendus à la France comme au temps colonial, les administrateurs indigènes.[501]

Cette opinion semble radicale, mais elle n'est pas isolée. Elle est partagée par bon nombre d'observateurs de la scène politique et de la vie démocratique béninoise qui n'hésitent plus à lui appliquer le titre de Jean-François Bayart : « la politique du ventre. »[502]

À ce sujet, Richard Banégas, achève son ouvrage, *la démocratie à pas de caméléon. Transition et imaginaires politiques au Bénin*, sur des formules sans équivoques : *le vote, le ventre et la vertu, l'économie morale d'une démocratie clientéliste*[503].

---

[500]NOUDJEMOUNE, P, *La démocratie au Bénin 1988-1999*. Bilan et perspectives *op.cit.*, p.310.

[501]*Idem.*

Sur les détails de pratiques vicieuses des administrateurs indigènes à la solde de l'Administrateur colonial, lire utilement, Jean-François Bayart, *L'État en Afrique. La politique du ventre,* Paris, Fayard, 2006, pp. 88 et s.

[502] BAYART, J-F, L'État *en Afrique. La politique du ventre,* op.cit., 2006, pp. 88 et s.

[503] BANEGAS, R., *La démocratie à pas de caméléon. Transition et imaginaires politiques au Bénin, op.cit.* p.422.

Et, même de l'extérieur, la diaspora béninoise pose un regard interrogateur sur le cours actuel de la démocratie au pays natal.

« *Le processus démocratique au Bénin [...] Compromis ou compromission ?* » se demande Sosthène Adeossi enseignant au Canada. Sa réponse tend plus vers une compromission ou une trahison des intellectuels que vers un compromis[504]. Il dénonce ainsi, l'existence d'une classe hostile au changement susceptible de gêner les dividendes pourvus par des pratiques incompatibles avec l'État de droit.

On peut noter que ce politiste complète, le juriste Noudjenoume, quand il identifie les réfractaires au processus démocratique, et situe leur attitude à trois niveaux.

Le premier est constitué « d'intellectuels opportunistes qui se servent de leurs connaissances livresques pour aider les dictateurs à donner un contour idéologique et politique à leur tyrannie ». Le tyran peut voler, tuer, emprisonner, torturer..., il sera défendu, intellectuellement réhabilité par des « cerveaux » au nom de leurs propres intérêts.

Le deuxième niveau est constitué, selon le même auteur, des opposants de circonstance. *Ils se battent et entrainent des hommes sincères avec eux avant de rejoindre l'ennemi d'hier, avec armes et bagages, et surtout avec la liste des opposants sincères. Résultats : ils bénéficient des grâces du tyran pendant quelque temps avant d'être éjectés, emprisonnés ou tués... Un dictateur n'a confiance en personne surtout pas en un ancien opposant.*

Et enfin, le dernier niveau est constitué d' « indifférents », les « pourvu que », la pure race des égoïstes myopes (pourvu que mon salaire tombe) « pourvu que je n'aie pas d'ennui », pourvu que rien n'arrive à ma famille [...]

Cette présentation est à relativiser à son dernier niveau de la description dans la mesure ou l'ensemble de la communauté sociale n'est pas enclin à être militant ou politicien.

Il est vrai que l'adage familier selon lequel « *occupez-vous de la politique, sinon la politique s'occupe de vous* » n'est pas dénué de sens. Mais force est d'admettre que si tout le peuple devait en permanence s'occuper activement du politique, il n'y aurait plus de stratification entre gouvernants et gouvernés, Administration et administrés, etc. Cependant, on ne peut manquer de reconnaître la nuisance des comportements dénoncés sur le processus démocratique béninois bâtie sur la Constitution du 11 décembre 1990. Et, surtout lorsque ces comportements bien qu'affichés par des intellectuels s'apparentent à

[504] ADEOSSI S., *Le processus démocratique au Bénin de 1990 à nos jours. Compromis ou compromission des acteurs politiques ?*, Torraza Piemonte, 2021, pp 40.

ce que Berthold Brecht appelle, *l'analphabétisme politique*. Le poète Allemand opine que « le pire analphabète c'est l'analphabète politique… »[505]

B. L'ANALPHABÉTISME : ÉCEUIL AU CONSTITUTIONNALISME.

Au regard de la technicité démocratique, impliquant une certaine compréhension du contenu constitutionnel, de mécanismes et procédures de recours en vue de jouir et d'exercer les droits fondamentaux, des enjeux et des procédures électoraux, des projets de société défendus par les concurrents politiques, il y a lieu d'affirmer qu'un peuple analphabète ne saurait être libre. En plus, il est exposé aux manipulations du politicien confirmant l'affirmation de Jean Pierre Lotoy Ilango Banga selon laquelle *au Royaume des analphabètes leur roi est toujours un borgne*.[506] Or, l'enjeu du constitutionnalisme et de l'État de droit c'est notamment la liberté. Une étude béninoise, menée en 1993 montrait que sous l'angle de l'instruction et de l'analphabétisme, le taux d'analphabétisation du Bénin est l'un des plus élevés au monde Quelques chiffres permettent de le démontrer tel que repris dans un document officiel [507]:

« Le taux de scolarisation au niveau de l'enseignement primaire reste encore faible, 52 % en 1990 contre une moyenne de 72% dans le groupe des pays en développement. Ce taux est des plus élevés en Afrique et se situe en 1990 à 77%, voire 84 chez les femmes béninoises contre respectivement 40% et 52% en moyenne pour les pays en développement… »[508]

Dans un pays où le débat politique et les rouages d'encadrement du pouvoir se font en langue étrangère, il faut avouer que ce déficit d'instruction est un véritable handicap sociologique à la consolidation démocratique.

Selon la même source, lorsqu'on considère les 20% d'alphabétisés, les mêmes études signalent qu'à peine 1/10 c'est-à-dire 2% de la population environ peut déchiffrer un journal donc pouvant participer consciemment au débat politique, qui se déroule essentiellement en français.[509]

Un journal local relevait avec pertinence : « Le suffrage universel, le droit de vote pour tous les citoyens en âge de voter, dans un pays de 4 millions d'habitants dont 2 millions d'électeurs mais dont 200 000 à peine peuvent lire et écrire la langue étrangère où s'exprime et s'exerce le pouvoir, le suffrage

---

[505]Cité par ADEOSSI, S, *Le processus démocratique au Bénin de 1990 à nos jours compromis ou compromission des acteurs politiques ?*, *op.cit.*, p.42

[506] LOTOY ILANGO-BANGA, J-P, *Apprendre la science politique pour comprendre la politique*, Paris, L'Harmattan, 2018, p. 8.

[507]Présidence de la République « Rapport sur l'État de l'économie nationale », septembre, 1993, p.191. Voir aussi, NOUDJENOUME, P, La démocratie au Bénin 1988-1999. Bilan et perspectives, op.cit., pp.317 à 318.

[508]*Idem.*

[509] NOUDJENOUME, P, *La démocratie au Bénin 1988-1999*. Bilan et perspectives, *op.cit.*, pp.317 à 318.

universel dans un pays comme cela ne peut aboutir qu'à la récupération de la majorité illettrée par les uns ou les autres.[510]»

L'on sait bien que le manque d'instruction s'accompagne généralement de la pauvreté. Il est établi que les non instruits au Bénin se recrutent surtout dans la paysannerie frappée par une forte misère.

Selon un rapport de la présidence de la République que nous avons déjà cité, en 1990 à peine 90 personnes sur 1.000 possédaient un poste de transistor 5 seulement sur 1000 un poste téléviseur[511]. L'intérêt de le rappeler tient à ce qu'ils sont plus exposés à la manipulation que d'autres.

Cette population analphabète et très pauvre est donc sujette à la manipulation et aux manœuvres de corruption de la part de la classe au pouvoir. Ainsi, « l'achat de consciences prend de multiples visages : distribution d'argent, de cyclomoteurs, de *sodabi*[512], de boites de conserves...en échange du suffrage des paysans.[513]»

En ce sens, *La Croix du Bénin* a tiré la sonnette d'alarme sous le titre interpellant « *Référendum...le viol de consciences » : [...] de quelle crédibilité, de quelle légitimité et finalement de quelle autorité pourrait se prévaloir un pouvoir conquis par des méthodes antidémocratiques et des manœuvres aussi basses que sont l'embrigadement de l'électorat et la manipulation politique.*[514]

Il est suffisamment démontré que l'ignorance est un frein à l'essor de la démocratie et de la liberté. C'est pourquoi Antoine Dayon affirme que « l'éducation du peuple est le premier rempart contre la dictature [...] l'analphabétisme et l'ignorance sont toujours un terrain fertile pour la dictature[515].»

Nous pouvons rappeler que la thématique de l'enseignement et l'éducation avait occupé une place de choix dans les débats des Forces vives lors de la Conférence nationale de février 1990, et même à la veille de l'adoption de la Constitution du 11 décembre 1990. La question sur la gratuité de l'enseignement fut à toutes les lèvres. Cela témoigne d'une prise de conscience de la nécessité de sortir le pays du gouffre de l'analphabétisme et faire progresser l'État de droit.

Le Constituant béninois a tenu à redresser la pente en garantissant les droits à l'éducation : *L'État et les collectivités publiques garantissent*

---

510 ADJIBI J.B. « Le Forum de la semaine » n°19 du 19 au 25 décembre 1990. A ce sujet, Glélé écrit pertinemment : *le recours au référendum constitutionnel dans ces conditions est une parodie de démocratie ou n'a qu'une valeur pédagogique*. Lire, GLELE, M. A., *« Naissance d'un État Noir »*, *op.cit.*, p.256.

511 Présidence de la République « Rapport sur l'État de la Nation », *op.cit.* XI

512 Eau de vie béninoise.

513 NOUDJENOUME, P., *La démocratie au Bénin 1988-1999*. Bilan et perspectives, *op .cit.* p.319.

514 La Croix du Bénin n°542, du 14 septembre 1990, pp 1 et 2.

515 DOYON, A, « contrepouvoirs et démocratie », Le Forum de la semaine n°78 du 16 au 22 octobre 1991.

l'éducation des enfants et créent les conditions favorables à cette fin[516]*. L'État pourvoit à l'éducation de la jeunesse par des écoles publiques*[517]*. L'enseignement primaire est obligatoire. L'État assure progressivement la gratuité de l'enseignement public.*[518]

Comme en République démocratique du Congo, l'éducation et l'alphabétisation demeurent des défis du renouveau démocratique lequel doit vaincre également, les pesanteurs liées aux mythes et religions, aux tribus et ethnies.

§2. DES PESANTEURS LIÉES AUX MYTHES ET RELIGIONS, AUX TRIBUS ET ETHNIES.

En parlant de « l'émergence démocratique dans les pays du Tiers-Monde », le Doyen Abdelfattah Amor soutient, à juste titre, *qu'édicter d'un trait de plume, l'émergence démocratique dans un pays comme le Bénin n'assure pas plus de démocratie tant que celle-ci demeure au niveau des signes et des formes …et tant qu'elle n'est pas intériorisée par la société.*[519]

Cette pensée incite à toujours mieux considérer les réalités sociologiques et anthropologiques du pays où l'on tient à bâtir une société politique démocratique comme le Bénin. S'agissant de ce pays, il y a lieu de prendre en compte que sa classe politique et sa population sont profondément imprégnées de mythes et de religion.

A. MYTHES ET RELIGIONS DANS LA CONFIGURATION NEO-DÉMOCRATIQUE BÉNINOISE.

Depuis la nuit de temps l'imaginaire du pouvoir se nourrit des constructions faites d'un mélange du mysticisme et des mythes. Ceux-ci englobent diverses formes de religiosité incluant l'adoration d'une divinité et la soumission à sa volonté supposée, tandis que le mysticisme ou la mysticité peuvent désigner toutes sortes des pratiques et croyances occultes (fétichistes ou magiques) liées aux traditions ou à l'évocation des esprits des ancêtres. Fétiches et gris-gris sont abondement associés à la pratique du pouvoir. Le renouveau démocratique ne les a point effacés.[520]

L'invasion du politique par le religieux et le traditionnel n'est pas nouvelle, la Grèce antique et la Rome républicaine ont connu le même phénomène, et le Moyen-âge européen y est passé aussi. L'Afrique n'a pas fait l'économie de cette réalité.

---

[516]Art. 12 de la Constitution de la République du Bénin du 11 décembre 1990.

[517]Art.13. al.1, Constitution de la République du Bénin du 11 décembre 1990.

[518]Art. 13, al.2, Constitution de la République du Bénin du 11 décembre 1990.

[519]ABDELFATTAH, A., «L'émergence démocratique dans les pays du Tiers Monde», cité par NOUDJENOUME, *La démocratie au Bénin 1988-1999.* Bilan et perspectives, *op.cit.*, p.313.

[520] BANEGAS, R., *La démocratie à pas de caméléon. Transition et imaginaires politiques au Bénin*, *op.cit*., pp. 419 et s.

Le lien entre le pouvoir et le fétiche, le magique ou le religieux est une caractéristique du pouvoir traditionnel. Au Bénin, devrions-nous y revenir, l'opinion est quasi unanime qu'on doit à l'Evêque de Souza, la réussite de la Conférence des Forces Vives de la Nation et l'apaisement des rancœurs qui auraient pu être fratricides.

Et, encore faut-il, le reconnaitre, d'autres forces religieuses (Musulmanes, Protestantes, Evangéliques, etc.) et Traditionnelles (Vaudou et coutumières) ont pesé dans les compromis politiques qui expliquent la magie béninoise des coups d'État et changements politiques en cascade sans mort d'hommes, de 1972 à 1990.

Depuis cette époque on assiste à une symbiose à la béninoise du religieux et du politique donnant au Bénin une autre spécificité, même en matière de laïcité. Dans ce pays on peut admettre à la suite de Gonidec, que la religion constitue une des dimensions du phénomène politique[521].

Nombre d'auteurs partagent cet avis. Pour s'en convaincre, il suffit d'un regard attentif sur la qualité et le nombre de publications récentes (ouvrages, thèses, articles, conférences, etc.)[522]. « Au Bénin, l'instauration d'un système politique démocratique en 1990, correspond au retour du religieux dans l'espace politique. Comme dans de nombreux pays africains plus particulièrement à une montée en puissance du mouvement néo-pentecôtiste, notamment dans les sphères étatiques », affirme, Camilia Tstrandsberjerg.[523]

Dans sa thèse de doctorat présentée en 2014 sous le titre : « La place des élites religieuses et traditionnelles au Bénin : l'impact de leurs relations avec les élites politiques sur le maintien de l'État démocratique », Waldemar de Souza, résume :

> *L'apparition de la démocratie au Bénin a favorisé l'émergence des élites religieuses et traditionnelles sur la scène publique. Ces dernières ont saisi l''opportunité que leur offraient les changements institutionnels au niveau de l'État pour s'organiser en groupes d'intérêts et essayer d'améliorer leur situation sociale. Mais leurs ambitions vont bien au-delà de leurs sphères de prédilection, car ses élites religieuses et traditionnelles entendent être*

---

[521]GONIDEC, P.F, *Les systèmes politiques africains* », Paris, LGDJ, 1978, p.40

[522]Voir notamment, MAYARGUE, C., *Dynamiques religieuses et démocratisation au Bénin. Pentecôtisme et formation d'un espace public*, Thèse de Doctorat en Sciences Politiques, Sciences de l'Homme et Société. Institut d'études politiques de Bordeaux, Université Montesquieu-Bordeaux IV, 2002.Français, URL http://tel.archives-ouvertes.fr, consulté le 10.11.2022 ; de SOUZA, W., *La place des élites religieuses et traditionnelles au Bénin. L'Impact de leurs relations avec les élites politiques sur le maintien de l'Etat démocratique*, Thèse de Doctorat en Science Politique, Université de Bordeaux, 2014.Français. URL http://tel.archives-ouvertes.fr, consulté le 10.11.2022 ; KADYA TALL, E., « De la Démocratie et des cultes *voduns* au Bénin », *Cahiers d'Etudes africaines*, 137, XXXXV-4, 1995, pp.195-208 ; CAMILIA STRANDSBJERG, *Religion et transformations politiques au Béni. Les sceptres du pouvoir,* Paris, Karthala, 2015, p. 15 et s ; VALLET, O, « Qu'est-ce que la laïcité à la béninoise », Conférence BAV'AGORA, du 27 juin 2020, https://bavardsdu, consulté le 09.11.2022.

[523] STRANSBERJG, C., *Religion et transformations politiques au Bénin, op.cit., p.10 et s.*

associées à l'élaboration des politiques publiques et participer au développement de l'État béninois.

Cela paraît positif. Alors comment ces facteurs religieux, mythiques et mystiques pourraient-ils figurer au rang d'obstacles au constitutionnalisme et à la modernité de l'État béninois ? Tout dépend de l'angle d'où on les observe, et de la manière dont le pouvoir et la société les conçoivent.

D'aucuns considèrent le poids du pouvoir religieux et traditionnel sur la vie politique béninoise comme un vecteur de stabilité et de pérennité de la démocratie. Ils allèguent pour preuve, le fait que le phénomène traditionnel et religieux a participé à une conversion pacifique du pouvoir, et a contribué largement à la réussite d'une transition exemplaire pour toute l'Afrique. On ne démonte pas un système qui gagne dirait-on. Ainsi, un autre point à l'actif du pouvoir religieux et traditionnel est la mise en valeur tant vantée ou recherchée d'une démocratie aux couleurs africaines.

Sous un autre aspect, un courant différent met en garde sur une liaison dangereuse entre le pouvoir démocratique dans un État moderne et un pouvoir religieux polycéphale. Poussée à l'extrême, une telle opinion peut se justifier par la laïcité de l'État qui est par exemple selon Béligh Nabli un élément constitutif de l'identité de l'État français[524]. De là, on a considéré la laïcité comme l'ADN de la démocratie[525].Et, on peut dès lors, aboutir à l'incompatibilité absolue du religieux et du politique.

Pour clarifier ce débat, et préciser en quoi, les idéologies religieuses et traditionnelles sont potentiellement dangereuses, il convient d'analyser leurs implications dans le fonctionnement de l'État, et de montrer la différence de nature entre le pouvoir religieux et le pouvoir d'État démocratique. Le premier est fondé sur une légitimité présumée théocratique et le second sur la volonté souveraine du peuple. L'autorité religieuse est quasi inamovible et absolue tandis que l'autorité politique démocratique est limitée par la Constitution dans son exercice et dans sa durée. La religion est bâtie sur le principe passionnel de la foi et de la révélation qui ne relèvent pas toujours du rationnel. Le constitutionnalisme se veut principalement rationnel pour un peuple de raison guidé et agissant par le droit.

Mélanger ces deux sphères peut conduire à des situations moins bénéfiques à l'État de droit constitutionnel et démocratique dans la mesure où on aurait deux types de gouvernance dont l'un occulte, chercherait à gérer l'État selon la charte religieuse ou mystique, et l'autre positiviste, selon la Constitution. Même si dans le cas du Bénin, le rapport religion-politique ait retenu l'attention du chercheur,

---

[524]BELIGH N et BAUDERROT, J, *« Laïcité de l'État et État de droit »,* Table Ronde, Faculté de Droit, Paris- Est Créteil, 3 juin 2018. URL https://univ-droit.fr/actualites-de-la-recherche/manifestations, consulté le, 9.11.2022

[525] On peut arriver à cette conclusion en considérant que la laïcité est inscrite à l'article 1er de la Constitution française de 1958.

le fait n'est pas exclusif à ce pays dans l'espace démocratique universel[526] ou africain francophone.

Encore faut-il souligner que dans le cas du Bénin le pluralisme religieux laisse l'espace à plusieurs chartes (Bible, Coran, etc.) interprétées selon les élites et les Gourous de chaque Eglise ou de chaque Mosquée.

Aussi, est-il mieux d'appliquer à tous, le principe enseigné par le Seigneur Jésus-Christ lui-même : « Rendez à César ce qui est à César, et à Dieu ce qui est à Dieu[527].»

Cela étant, nous sommes d'avis que la relation entre le pouvoir et la religion au Bénin peut être avantageuse au peuple béninois tant que chacun accomplira les fonctions ou les activités de son domaine selon les limites constitutionnelles.

La solution à cette thématique est déjà inscrite à l'article 23 de la Constitution :

« Toute personne a droit à la liberté de pensée, de conscience, de religion, de culte, d'opinion et d'expression dans le respect de l'ordre public établi par la loi et les règlements. L'exercice du culte et l'expression des croyances dans le respect de la laïcité de l'État.[528] »

Il est fréquent qu'au cours d'une campagne électorale, le pouvoir politique cherche à instrumentaliser les élites religieuses et traditionnelles pour gagner le suffrage. Cela n'est pas l'apanage du Bénin.

Ce qui lui est spécifique, c'est l'enracinement du religieux et du mythe dans la population qui voue une profonde considération aux élites traditionnelles pour des fonctions non reconnues par le droit écrit. Waldemar de Souza décrit cette réalité ainsi :

> *De l'examen de ces textes constitutionnels, il appert que la religion et la tradition sont garanties par la loi fondamentale béninoise, même si ceux qui en sont les gardiens n'ont aucun rôle, ni autorité, consacrés officiellement. Ainsi, dans le droit administratif béninois, les élites traditionnelles et religieuses n'ont, par exemple, aucun rôle dans le cadre de la décentralisation. Mais si les élites religieuses et traditionnelles ne sont aucunement reconnues par les textes juridiques béninois, comme acteurs au niveau des communes, elles sont perçues, de facto, par leurs concitoyens comme des réelles autorités morales jouissant d'un certain respect, voire d'une considération non négligeable. C'est pourquoi dans l'effectivité des*

---

[526] MORNEAU, M. (dir.), « La laïcité jamais achevé », in *FERENZI, T., Religion et politique* ; Une liaison dangereuse ?, Bruxelles, Ed. Complexe, p.157-167 ; RICHET I, « politique et religion aux Etats-Unis. Consensus et conflits », in *FERENZI, T., op.cit.* ; p. 189-105 ; LACORNE D., « Go dis near » (Dieu est proche) L'instrumentalisation du religieux par le politique aux Etats-Unis, in *FERENZI, T, op.cit.,* p. 179-189.

[527] Evangile selon Saint Luc 20 :25

[528] La laïcité est inscrite à l'article 2.

relations interpersonnelles, qu'ils développent tous les jours avec leurs administrés, les maires sont tenus (s'ils souhaitent éviter des difficultés dans l'exercice de leurs fonctions , au niveau de leur gestion administrative des affaires municipales) d'établir de bonnes relations avec les élites traditionnelles et religieuses des localités dont ils ont la charge.[529]

Cette présentation atteste d'une évidence sociologique ayant poussé certaines autorités béninoises à suggérer une reconnaissance juridique de l'autorité traditionnelle et religieuse. C'est dans cette perspective que sous l'Administration de Boni Yayi, le gouvernement béninois à envisager la possibilité d'associer de manière officielle, les leaders religieux et traditionnels à ses décisions dans certaines fonctions, afin d'améliorer le développement de l'État[530].

Les rapports entre le mystique, le mythe, le religieux et la Constitution au Bénin font resurgir le problème de la concomitance concurrente du droit occidental écrit et du droit traditionnel oral. Il est des situations où le pouvoir traditionnel jouit de l'effectivité sans juridicité, et où le pouvoir constitué jouit de juridicité sans effectivité ou sans légitimité sociologique. Nous ne croyons pas qu'il suffise de traiter les traditions et les religions d' « *archaïsme* » à effacer, et la Constitution écrite de modernité à consolider, comme le conçoit Noudjenoume. Parce que la réalité s'impose par les faits. Ne dit-on pas que le fait précède le Droit ?

Il est plutôt préférable de passer d'un état de *facto* à une situation *de jure* en harmonisant les rapports entre le pouvoir traditionnel et le constitutionnalisme béninois. Car comme l'a relevé un observateur : « la démocratie n'existe pas in abstracto ; elle existe pour un peuple, une société ». Ce peuple doit s'y reconnaître pour qu'elle perdure.[531] Sans cela l'État de droit buterait sur d'écueils comme il bute sur la déformation et la consommation négative de tribus et d'ethnies.

B. TRIBUS ET ETHNIES DANS LA CONSTRUCTION DÉMOCRATIQUE BÉNINOISE.

La « tribu » désigne, selon le langage usuel, *une agglomération de familles vivant dans la même région, ou se déplaçant ensemble, ayant un système politique commun, des croyances religieuses et une langue communes, et tirant primitivement leur origine d'une même souche. D'aucuns l'assimilent au clan, à l'ethnie et à la peuplade.*[532]

Ethnies et tribus sont des réalités inoffensives en elles-mêmes car, elles sont le partage de tous les humains sur tous les continents. Dans quel contexte

---

529 SOUZA (DE) W, cité par BANEGAS, R, *La démocratie à pas de caméléon. Transition et imaginaires politiques au Bénin*», *op.cit.*, p.113.

530 SOUZA (DE), W., cité par BANEGAS, R, *La démocratie à pas de caméléon. Transition et imaginaires politiques au Bénin*», *op.cit.*, p.113.

531 BANEGAS, R., *La démocratie à pas de caméléon. Transition et imaginaires politiques au Bénin*», *op.cit.* pp. 105-142

532 URL htttp://www.larousse.fr/dictionnaires : français : tribu/tribu/79517, consulté le 12 mars 2022

seraient-elles susceptibles de nuire au fonctionnement de l'État de droit démocratique en Afrique en général, et au Bénin en particulier ?

Elles deviennent nocives lorsqu'elles dérivent en *tribalisme,* en *ethnicité* ou en *régionalisme.*

L'ancien Ministre des Affaires étrangères du Bénin, Guy Landry Hazoumé définit le « tribalisme » ou l' « ethnocentrisme », comme la solidarité de groupe ethnique ou linguistique ; tandis que le « régionalisme » représente cette solidarité qui au niveau de la région, englobe et laisse subsister des solidarités secondaires de groupe ethnique et de langue[533]. Son analyse se veut un reflet de son pays par rapport aux revendications à la représentation politique aux divers échelons de l'administration et du pouvoir.

Il en vient au constat qu'il se pose au Bénin, le problème de la représentation de toutes les ethnies du pays aux postes de direction de l'appareil politique. Poursuivant sa pensée, l'auteur précise que « ce thème ne se rattache à aucune idéologie démocratique reliée au suffrage universel, au règne de la majorité ou à la représentation proportionnelle. Il s'agit d'une variante originale de la démocratie, d'une sorte « d'ethnocratie. »

Et, le même auteur tire des conséquences alarmantes sur l'institution démocratique en poussant au fond sa description : « cette idéologie insidieuse suppose, comme condition nécessaire et suffisante à un jeu politique loyal, la présence physique au banc du gouvernement d'un enfant de la région ou de l'ethnie…Ce sectarisme étroit, souvent empreint d'ailleurs, de bonne intention pose en règle absolue, qu'à tous les niveaux de la société, les individus ne se préoccupent que des intérêts de leur famille ou de leur région.[…] Il se représente l'histoire de l'évolution de notre société comme désintégrée en multiple histoires locales.[534]»

Voulant vérifier l'actualité de ce diagnostic posé sur la société dahoméenne en 1972, dans la République du Bénin de ce jour, un autre chercheur s'interroge : « une telle analyse appliquée à la société dahoméenne avant 1972 a-t-elle aujourd'hui, soit plus de vingt ans après, quelque valeur ?[535] Et, perspicace, il fait parler Rigobert Kouagou qui répond dans un hebdomadaire béninois : « *Les stigmates du tribalisme et du régionalisme gravés tour à tour sur le corps du Dahomey, de la République Populaire du Bénin et de la République du Bénin, rendent amèrement compte du niveau d'intégration (ou de non intégration!) de diverses ethnies qui forment le peuple béninois. À ce titre le constat fait par Guy Hazoumé en 1972 garde à ce jour sa fraicheur*[536]*.* »

533HAZOUME, G-L, *Idéologies tribalistes et nations en Afrique, le cas dahoméen*, Paris, Présence Africaine, 1972, p.27

534HAZOUME, G-L, *Idéologies tribalistes et nations en Afrique, le cas dahoméen*, Paris, Présence Africaine, 1972, p.27

535 NOUDJEMOUME, P., *La démocratie au Bénin 1988-1999.* Bilan et perspectives, *op.cit.*, p.320.

536 KOUAGOU, K.R., « Bénin, la problématique nationale », *Le Forum de la Semaine*, n°103 du 15 au 21 avril 1992.

À l'issue des élections présidentielles et législatives de 1991 on en est arrivé au constat qu'elles ont mis au grand jour un vieux démon qu'on croyait enseveli : la permanence des vues ethno-régionalistes et leur impact sur le suffrage électoral[537]. En effet, sur les voix récoltées par chaque candidat, environs 80% provenaient de ressortissants de sa région[538]. Et, au deuxième tour des élections présidentielles on a déploré des incidents graves de caractère ethno-régionaliste dans la Capitale du nord-Bénin, à Parakou. Comme la plupart des pays africains postcoloniaux, le Bénin est tenu de relever le défi identitaire.

Selon la formule de Bako-Arifari, *la construction de l'État national demeure de ce fait assez artificielle.*[539]

Un tel constat n'est pas dénué de fondement dans la mesure où la colonisation a tenté de brasser des tribus, des royaumes et des peuples jaloux de leurs identités qu'ils ne tiennent pas à perdre. Une telle situation est vérifiable dans toutes les ex-colonies africaines.[540]

On peut noter qu'en dépit des sporadiques tensions, le Bénin a résisté, jusqu'ici à la menace identitaire dont les effets pervers se répercutent sur le sens et la mission des partis politiques. Ceux-ci sont moins le miroir du projet national que des intérêts claniques, voire familiaux, en République Démocratique du Congo selon Laurent Onyemba.[541] Dans le même sens, Félicien Kalala dénie aux partis politiques congolais une base idéologique précise et, les qualifie, à juste titre, d'alimentaires.[542]

À côté des pesanteurs internes, on signale celles de l'extérieur, qui constituent des limites exogènes à la démocratie africaine en général, et à la démocratisation béninoise et congolaise en particulier.

---

[537] *Idem.*

[538] Sur les chiffres, voir NOUDJENOUME, *P., La démocratie au Bénin 1988-1999.* Bilan et perspectives, *op.cit.*p.321.

[539] BAKO ARIFARI, N., *Le linge sale se lave en famille : la gestion pragmatique des sources de violence xénophobe dans le jeu politique au Bénin*, Afrika Spectrum ,40(2), 267-297, 2006, p.3. https://nbn-resolving.org/urn:nbn:de:0168- , consulté le 10 février 2022. ;

[540] Lire utilement, DJOLI ES'ENGEKELI, J., *Le constitutionnalisme africain entre la gestion des héritages et l'invention du futur : Contribution à l'émergence d'une théorie africaine de l' État, op.cit.*, 2006, pp.10 et s.

[541] ONYEMBA, L., *Les partis politiques et la construction de l' État de droit constitutionnel en République démocratique du Congo : contribution à la théorie du droit constitutionnel des partis politiques*, thèse de doctorat en droit public interne, Faculté de Droit, Université de Kinshasa, 2022-2023, p.453, inédit.

[542] KALALA MUPINGANI, F, *Le droit constitutionnel de la République démocratique du Congo,* Kinshasa, Editions CONGO-UNI, 2023, pp. 256 et s.

CHAPITRE II.
DES LIMITES EXOGÈNES.

Le constitutionnalisme et le processus de démocratisation en Afrique se heurtent aux embuches extérieures qui ne présentent pas toujours les mêmes contours. Elles partagent quelques éléments communs tout en étant spécifiques à chaque pays.

C'est pourquoi, sous ce chapitre, il nous a paru logique d'aborder séparément le cas de la République du Bénin (section 1), et celui de la République démocratique du Congo (section 2)

SECTION 1. CONTRAINTES EXTÉRIEURES SUR LE PROCESSUS DÉMOCRATIQUE BÉNINOIS.

L'évolution institutionnelle et constitutionnelle du Bénin est profondément marquée par une dépendance économique (A), et par une récupération financière internationale de son processus politique (B).

§1. LA DÉPENDANCE ÉCONOMIQUE.

On connait le poids de la France sur ses ex-colonie, jadis membre de la « Communauté ». Cette mainmise pèse principalement sur les activités bancaires et industrielles. Il est fréquent que le constitutionnaliste ait souvent tendance à l'ignorer, la vie globale d'un État, dans sa réalité moderne est profondément tributaire de sa santé économique et sociale. Le fonctionnement harmonieux de l'État de droit a un coût financier.

La matérialisation de valeurs qu'il émet, et sa survie même imposent un déploiement permanent d'activités indispensables aux pouvoirs constitués, à ses fonctionnaires, à ses forces de défense et de sécurité, à son corps de magistrats et auxiliaires attitrés, à son secteur privé, etc. Cela exige de l'argent.

Si en temps de guerre, l'argent est dit-on *le nerf de la guerre*, en temps de paix, nous n'exagérions pas d'affirmer que l'argent c'est le nerf de la démocratie.

L'on ne devrait pas occulter le fait qu'à la source des révolutions pacifiques ou violentes qui ont justifié l'adoption des Constitutions, y compris la révolution française de 1789 et béninoise des années 1980-1990, on trouve une revendication commune et universelle : « *le pain* ».

Or, les Banques sont pour l'argent ce que les conduites de distribution et le fil conducteur sont respectivement pour l'eau et pour l'électricité. Lorsque le circuit de distribution financier est pourvu, contrôlé et presque géré par autrui, le consommateur est sous une piètre posture de servitude qui l'impactera négativement dans tous ses mouvements fussent-ils constitutionnalistes.

D'aucuns estiment que telle est la situation du Bénin comme celle de l'ensemble des États africains et de ceux dits du Tiers-Monde. Au Bénin les Banques sont pour la plupart entre des mains étrangères. Dans une publication fouillée de 1990, un analyste rapporte que le Bénin en tant que membre de l'Union

Economique et Monétaire de l'Afrique de l'Ouest ne dispose d'aucune souveraineté en matière monétaire[543]. Ce propos notamment se base sur la dévaluation du Franc CFA intervenue en début 1994. Cette décision, a été prise par des Autorités françaises en Accord avec le FMI et imposée aux Africains.[544]

Il est notoire que la souveraineté monétaire des États d'Afrique de l'Ouest a été sous la tutelle de la France qui détermine la valeur courante du franc CFA. Comme nous le verrons cela n'est pas sans conséquences sur la vie constitutionnelle et politique du pays contraint de subir également une dépendance industrielle et du marché. Le renouveau démocratique au Bénin a ouvert la voie aux investisseurs étrangers qui ont repris pratiquement l'ensemble des grandes entreprises du Bénin[545]. D'autres filières sont également abandonnées aux mains étrangères, en l'occurrence, le marché de transit et de consignation, le secteur agricole où des firmes étrangères très puissantes.

Cette réalité a été rendue possible du fait de la récupération du processus démocratique par les institutions financières internationales et par des sociétés multinationales.

§2. LA RÉCUPÉRATION DU POLITIQUE PAR LA HAUTE FINANCE INTERNATIONALE.

Il y a lieu de rappeler que pour sortir de la crise économique et sociale des années 1980, le Président Kérékou s'est tourné vers le Fonds Monétaire International et la Banque Mondiale avec lesquels le premier Programme d'ajustement structurel a été signé en fin 1989. On se souviendra de son adresse du 31 juillet 1989 insistant sur la réalisation du programme structurel comme objectif majeur de la Conférence des Forces Vives de la Nation. Ce thème fut également exalté dans son discours d'ouverture du 1er août 1989, déjà cité.

Bien que la Conférence nationale soit parvenue à transcender le cadre strictement économique et social ainsi tracé par le régime, elle a adhéré au pluralisme économique libéral. Par-là, et comme partout ailleurs, les milieux financiers internationaux ont réussi une manœuvre de substitution technocratique aux objectifs démocratiques.

A. SUBSTITUTION TECHNOCRATIQUE AUX OBJECTIFS POLITIQUES.

Au sens absolu, la politique est l'art de gouverner la cité en vue d'atteindre ce que l'on considère comme la fin suprême de la société[546] : le bien commun ou l'intérêt général. On peut considérer sans risque de s'y méprendre que cette définition concorde à la qualité de l'homme d'État accompli qui entend diriger un peuple. Elle correspond mieux au politique, au leader, au chef qu'au

---

[543]NOUDJENOUME, P, *La démocratie au Bénin 1988-1999*. Bilan et perspectives, *op.cit.* p. 330.
[544]*Idem.*
[545]*Ibidem.*
[546]Lexique politique, *op.cit.*, p.339.

technocrate (spécialiste ou expert dans quelque domaine.) Précisons ces deux concepts pour gagner en clarté.

Selon le Robert, le Politique (Homme ou femme politique) se définit comme la *personne qui sait gouverner autrui*.[547] Tandis que technocrate, désigne selon la même source : « *Responsable qui tend à faire valoir les aspects techniques, au détriment de l'élément humain* ».

Cet éclairage est utile pour comprendre en quoi la technocratie au sommet de l'État africain ou dans les instances gouvernantes peut menacer l'État de droit. L'hypothèse la plus illustrative serait celle où la vision technocratique financière entre en conflit avec celle des droits fondamentaux (salaires dus, qualité de vie décente, conditions de travail plus humaines) et avec celle de souveraineté (armement et sécurité du territoire, etc.).

Dans ces cas de figure, le technocrate agit au profit des seuls paramètres préétablis selon le logiciel des milieux financiers internationaux tandis que le politique ferait passer les considérations financières dans une vision globale intégrée prenant en compte, notamment des droits fondamentaux et les nécessités fonctionnelles des administrations publiques.

De là, on peut comprendre l'intérêt de la Finance internationale à provoquer des mutations subtiles d'une gouvernance politique à une gouvernance technocratique.

Aussi, la récupération des revendications politiques par les puissances financières se fait de manière sournoise et calculée. Dans le cas du Bénin, dès lors que la Conférence nationale des Forces Vives a ratifié la déclaration aux termes de laquelle le programme d'ajustement structurel était incontournable, estime-t-on, le processus démocratique déclenché par les travailleurs et la jeunesse venait d'être dévié de son cours et récupéré[548]. Car, il faut le rappeler, toutes leurs revendications étaient incompatibles au programme d'ajustement structurel qui imposent d'énormes sacrifices au peuple.

Ainsi, d'aucuns considèrent que l'appui des Institutions de Breton Wood aux réformes démocratiques africaines en général et béninoises en particulier, n'est pas innocent ni gratuit. Il tend à la mise en place d'un gouvernement jouissant de la légitimité démocratique, mais manipulable à volonté.

Faisant d'une pierre deux coups, la légitimité démocratique permet la stabilité des régimes connectés à leurs intérêts et aux conditions draconiennes imposées au gouvernement dans le cadre des programmes d'ajustements structurels. Par ailleurs, la flexibilité de technocrates leur facilite l'exécution docile des dits programmes sans état d'âme envers leurs peuples sacrifiés.

---

[547] Dictionnaire Le Robert, URL https://google.be/search, consulté le 21/02/2023.

[548] NOUDJENOUME, P, *La démocratie au Bénin 1988-1999*. Bilan et perspectives, *op.cit.* 331.

À cet égard, nombre d'observateurs lient la montée des technocrates aux affaires d'État à la stratégie des puissances financières en vue de pérenniser leur exploitation.

« Derrière l'hommage appuyé à tant de « technocrates », les puissances gérant des zones d'influences sur le Continent semblent décidées à faire dévier de leurs objectifs salvateurs les événements, aujourd'hui comme demain. Ainsi émerge la sphère des « technocrates » en vue de contenir les revendications populaires. Elle servira à écarter du pouvoir les Africains qui ont d'authentiques projets de société et de véritable programme de résistance de leurs pays », écrivait Atsutsé Kokouvi Agbobli dans Jeune-Afrique.[549]

« Résistance », le terme ne rappelle-t-il pas une certaine époque de lutte pour l'indépendance ! Le même analyste établit un parallèle entre la période de démocratisation inondée de technocrates et l'aube des indépendances africaines : *« Comme à la veille des indépendances de 1960 lorsque les nationalistes farouches furent écartés du pouvoir, une vaste opération de récupération est en cours. Elle vise à placer à côté des chefs d'État actuels, des technocrates sans conscience politique pour mieux gérer le quotidien dans l'intérêt de l'étranger »*.

Cela étant, le Bénin comme la République Démocratique et d'autres démocraties africaines francophones sont placés devant une sorte de dilemme cornélien : un choix entre l'autoritarisme « souveraine » et la démocratie « serve » ou otage.

B. ENTRE AUTORITARISME LIBERTICIDE ET DÉMOCRATIE SERVILE : UN CHOIX CORNELIEN POUR LE CONSTITUANT AFRICAIN ?

L'on se rappelle que les désaccords entre les grands leaders africains accusés quelque fois à raison, de dictature ou d'autoritarisme, et leurs anciennes puissances coloniales sont survenus sur fond des querelles d'intérêts financiers et non politiques au sujet des entreprises sous le label des ex-colons.

Les goûts marxistes –léninistes de Kérékou contraires au libéralisme néocolonial de la France devaient lui valoir quelques coups de bâtons par le mercenaire Bob Denard interposé qui tenta un coup d'État le 16 janvier 1977 lors de l'Opération *Crevette*[550]. Le Congo a connu des épisodes semblables, juste après l'indépendance, par des para-commandos belges et les mercenaires à la solde du Royaume de Belgique.

La conclusion à laquelle était arrivé, Atsutsé que nous avons précédemment cité, est également partagée par Tshiyembe Mwayila qui affirme que le processus de démocratisation en Afrique *« est une entreprise*

---

[549] Jeune Afrique n°11536 du 11 juin 1990, p.75.

[550] Sur ces événements, voir, PICARD, M., *L'Empire qui ne veut pas mourir. Une histoire de la France Afrique*, Paris, Seuil, 2021, p.414

antidémocratique au sens propre comme au sens figuré... une forme de résistance à l'avènement d'une société démocratique.[551] »

Comment interpréter et comprendre une telle analyse qui rend la démocratisation en Afrique synonyme du facteur antidémocratique ? Et pourquoi lier ce thème à la problématique de l'encadrement du pouvoir ? Cela appelle des réponses.

Il n'est point de doute que l'autoritarisme de vielles autocraties africaines soit préjudiciable aux droits fondamentaux et aux libertés de la personne, à la société pluraliste. Mais, l'on constate que certains pouvoirs autocratiques étaient à la recherche d'une pleine souveraineté et d'une dignité africaines vis-à-vis des ex-puissances coloniales exerçant ou tolérant en Afrique un pouvoir absolu pour autant qu'il protège leurs intérêts financiers. Alors que le profil du bon dirigeant africain type vu de certains milieux étrangers serait aujourd'hui comme hier celui du démocrate élu, mais qui travaillerait aux mépris des intérêts vitaux de son peuple à l'avantage des institutions financières internationales et des puissances qu'elles arrosent.

D'aucuns ont vu dans les éloges du FMI à la politique économique béninoise, non acceptable par la société civile [552]un argument en faveur des opinions exprimées ci-dessus. En effet, à la Conférence Internationale sur le développement à Tokyo, le 4 octobre 1993, Monsieur Michel Camdessus Directeur Général du FMI, déclarait : « *Le Bénin accomplit un remarquable travail de redressement national : il a montré par là même comment un pays peut se remettre sur pieds*[553].»

Le Bénin y serait parvenu selon l'orateur grâce à « *une politique macro-économique saine, une stratégie fiscale cohérente, une ferme politique monétaire [...] anti-inflationniste* »[554].

À plus de trois décennies la démocratie béninoise tient bon. L'on peut se demander néanmoins, si elle s'est émancipée de ces entraves. Et, si l'État de droit constitutionnel pourra poursuivre sa trajectoire.

Pour y parvenir, il importe que le pouvoir démocratique trouve une voie d'équilibre entre le quotidien social du peuple, dans le cœur duquel doivent loger le constitutionnel, la vertu patriotique et les intérêts des partenaires publics et privés étrangers dans un rapport équitable. Sans cela, le phénomène d'apprivoisement institutionnel et constitutionnel par la pieuvre financière internationale est une menace permanente contre la démocratisation béninoise,

---

[551] TSHIYEMBE MWAYILA, « Résistance actuelle à la démocratisation en Afrique : mystification et réalités » in *Afrique 2000, pp.39-48,* cité par NOUDJENOUME, P, *La démocratie au Bénin 1988-1999.* Bilan et perspectives *op.cit.*, p. 332.

[552] NOUDJENOUME, P., *La démocratie au Bénin 1988-1999.* Bilan et perspectives, *op.cit.*, p.332.

[553] *La Nation* n°832 du 11 octobre 1993.

[554] *La Nation* du 1er décembre 1993.

qui risque d'être simplement une démocratie formelle aussi nuisible à l'État de droit que la dictature et la tyrannie.

Le Bénin risque d'être placé comme d'autres pays africains devant une situation kafkaïenne d'une dictature technocratique subtile téléguidée, otage et servile en robe de démocratie constitutionnelle. Le constitutionnalisme et l'État de droit en République démocratique du Congo sont-ils à l'abri de mêmes obstacles et de mêmes menaces ?

SECTION 2. ENTRAVES EXTÉRIEURES À L'ENCADREMENT CONSTITUTIONNEL DU POUVOIR EN RDC.

Le parcours institutionnel et constitutionnel de la République démocratique du Congo dévoile deux types des contraintes qui freinent de manière cyclique l'élan démocratique : les contraintes financières internationales (§1) et l'environnement international et régional déstabilisateurs et hostiles agressif (§2).

§1 : DES CONTRAINTES FINANCIÈRES INTERNATIONALES.

Dans quelle mesure, le processus de démocratisation congolais subit-il des contraintes internationales ? D'ores et déjà on peut dire que c'est principalement par le financement étranger du processus démocratique et par le poids des institutions et entreprises financières.

A. LE FINANCEMENT ÉTRANGER DU PROCESSUS DÉMOCRATIQUE AU CONGO ET SES CONSEQUENCES.

Depuis 1960, les grands moments du processus démocratique ou des négociations politiques sont pris en charge par des parrains extérieurs. Cette sorte de paternalisme institutionnel et politique se répercute sur le cadre constitutionnel. Et, induit à une espèce d'infantilisation permanente du projet constitutionnaliste congolais.

Sans remonter à la Table-Ronde de Bruxelles et à l'élaboration de différentes Constitutions du pays, à l'exception celle de 1967, le constat est le même. Les Nations-Unies, la France, la Belgique et un certain nombre des pays africains se tiennent comme pourvoyeurs de fonds ou stabilisateurs de la République démocratique du Congo pour soutenir le processus démocratique ou juguler des crises politiques, à ce jour mêmes des États africains jeunes quant à la préséance sur la liste des indépendances sont appelés en appui à la stabilisation du Congo.

Cette 'aide' n'est pas sans conséquences sur le fonctionnement des institutions, et sur la matérialisation de l'État de droit selon les réalités de la société congolaise car « *Les États n'ont pas d'amis, ils n'ont que des intérêts*[555] ». Cette assertion que l'on doit à Charles de Gaulle n'est pas dénuée de sagesse et de fondement politique. La République Démocratique du Congo gagnerait beaucoup à s'en approprier pour comprendre qu'à chaque « aide internationale ou

---

555 DE GAULLE, Ch., « Extrait d'un entretien », *Paris Match*, 9 décembre 1967.

régionale » correspond une facture à payer d'une manière ou d'une autre et qui lui fait perdre une portion de sa souveraineté sur l'ordre constitutionnel.

Le lien avec la trame de la réflexion qui nous occupe est le fait que les garants de la Constitution, à savoir, le Président de la République, le juge constitutionnel, et le peuple, doivent lutter contre l'allégeance aux forces extérieures intervenant dans le processus constitutionnel.

Bien avant le père politique de la Constitution française de la Ve République, Lord Henry John Temple parlant de son pays, déclarait en 1848 : *L'Angleterre n'a pas d'amis ou d'ennemis permanents : elle n'a que d'intérêts permanents*[556].

De cette évidence, l'on retient que les intervenants tiers dans le processus démocratique et constitutionnel d'un autre pays, en l'occurrence de la République démocratique du Congo, sont motivés d'abord par leurs propres gains avant la défense du constitutionnalisme.

Il appartient à la République Démocratique du Congo d'examiner, à chaque fois, ce qu'il lui en coutera. L'addition la plus couteuse est la contrainte de renoncer à quelques attributs de souveraineté pour subir un encadrement paternaliste de la part des pays dits 'amis' sur la manière dont le pays devra conduire sa politique nationale globale souvent courbée sous le fardeaux des institutions financières internationales.

B. DU POIDS NÉFASTE DES INSTITUTIONS FINANCIÈRES INTERNATIONALES EN RDC.

Aujourd'hui les multinationales financières pèsent sur les États au point de braver et contrer leur souveraineté.[557]

Par des mécanismes et réseaux diffus ou apparents, elles interfèrent dans la constitutionnalisation du pouvoir et dans sa gestion courante par le relais technocratique dont nous avons déjà parlé concernant le Bénin. S'agissant de la matérialisation de l'État de droit constitutionnel et démocratique en Afrique en général, et en République Démocratique du Congo en particulier, elle évolue au gré des grandes puissances occidentales, du Fonds Monétaire International et de la Banque Mondiale.

Il est fréquent que les contraintes budgétaires imposées à la République par les organismes financiers précités, et par des contributeurs étrangers lui privent les moyens de sa politique en plusieurs domaines par exemple, en celui de l'indépendance budgétaire. L'État de droit en pâtit par asphyxie. Le fonctionnement régulier des institutions publiques est compromis.

---

[556]Henry John Temple, *Lord Palmerston, Speech to the House of Commons* (1848), URL: https://miscellanees.me/2018/12/27/degaulle-palmerston-etats-amis-interets/ , consulté le 20/02/2023.

[557] Sur le paradigme de la dépendance, voy., not., LOTOY ILANGO- BONGA J-P, *Partenariat entre les multinationales et l'Etat. L'exemple de la R.D. Congo*, Paris, L'Harmattan, 2012, p.9.

Les conditions de travail et sociales requises en faveur de gardiens de la constitutionnalité, les magistrats et les citoyens en sont négativement impactées.

Hormis les contraintes financières, l'encadrement normatif du pouvoir en connait des limites liées à l'environnement régional et international déstabilisateur et hostile.

§2. L'ENVIRONNEMENT RÉGIONAL ET INTERNATIONAL.

D'une part, le Congo cherche constamment à combler un déficit sécuritaire et parer aux tentatives de bradage de sa souveraineté (A), et d'autre part, il est appelé à gérer une posture géographique qui le place comme enjeu géostratégique et financier de grandes puissances en quête de ressources minières pour leurs industries (B). Cela n'est pas sans incidence néfaste sur la consolidation du constitutionnalisme comme voie d'encadrement normatif du pouvoir.

A. LE DÉFICIT SÉCURITAIRE ET LE BRADAGE DE LA SOUVERAINETÉ.

Le constituant congolais du 18 février 2006 à l'instar de tous ses prédécesseurs confirme la souveraineté de l'État dès les premières lignes : *La République Démocratique du Congo, dans ses frontières du 30 juin 1960, est un État de droit, indépendant, « souverain »*[558]*, uni, indivisible, social, démocratique et laïc*[559].

La souveraineté a des implications pratiques sur l'effectivité de l'État de droit et l'encadrement constitutionnel du pouvoir.

Aussi, est-il entendu que l'État dispose du monocentrisme juridique et juridictionnel. L'emprise d'une norme constitutionnelle sur les actes politiques, législatifs et réglementaires doit se manifester de la même manière à l'égard de tous, et sur l'ensemble du territoire national. Cela suppose une capacité permanente de l'État, non seulement de contraindre le contrevenant à cette exigence, mais de vaincre toute résistance au besoin par la force à l'intérieur de ses frontières. Pour cela, le pays doit disposer des moyens défensifs et offensifs susceptibles de défendre son ordre constitutionnel ou de dissuader toutes subversions, agression ou rébellion tendant à perturber les mécanismes constitutionnels démocratiques.

Un déficit sécuritaire en termes de faiblesse militaire et stratégique met l'État de droit à la merci des menaces extérieures et intérieures qui limitent la démocratisation et l'encadrement juridique du pouvoir.

Dans des telles conditions de déficit sécuritaire, la *juridicisation* de la vie publique, les dispositions relatives à la suprématie constitutionnelle, à la garantie de la Constitution par le Président de la République et par le juge indépendant sont de décors livresques déconnectés de la réalité. C'est encore

---

[558] C'est nous qui soulignons.

[559] Art.1er, Constitution de la RDC du 18 février 2006, *op.cit.*

l'occasion de citer Charles de Gaulles qui exhorte son peuple à comprendre que : *les lois désarmées tombent dans le mépris*[560].

Quel sens, aurait l'article 5 de la Constitution du 18 février 2006, clé de voûte du système démocratique et de l'État de droit si une personne ou un groupe d'individu le piétine sans que l'État par son corps armé et de police soit capable de relever le défi, et de les remettre à l'ordre constitutionnel.

Dans un tel cas de figure, le contenu de la disposition précitée est autant inefficace qu'un mandat de prise de corps établi par le magistrat qui ne dispose pas d'agent de police, à l'encontre d'un délinquant armé.

C'est pourquoi, il faut saluer la résistance de forces de défense et du peuple congolais qui luttent héroïquement contre certaines peuplades de pays voisins instrumentalisées pour le pillage du Congo au profit de leurs maîtres étrangers. Et, dans le même contexte, l'on doit se féliciter de la parade efficace des forces de sécurité et de défense congolaise contre la tentative de coup de force perpétrée, le 19 mai 2024 à Kinshasa[561].

En effet, concernant le pouvoir, la Constitution du 18 février 2006 dispose, *in fine* qu' « Aucune faction du peuple ni aucun individu ne peut s'en attribuer l'exercice[562]. » Cette disposition n'a de valeur constructive que dans une société où la conscience démocratique se conjugue avec la vigilance sécuritaire et la mise à niveau du renseignement et des forces combattantes premiers garants réels de l'ordre constitutionnel pourvus qu'ils soient bien imprégnés de la valeur d'une Constitution démocratique et soient dotés des moyens adéquats de leur mission.

Lorsqu'une *faction du peuple* entre en rébellion, et que l'État ne soit plus en mesure de le contraindre par la force à rentrer dans le rang constitutionnel, c'est d'abord la puissance du canon de Forces républicaines régulières qui doit juguler la résistance ou dissuader ou défaire le contrevenant. L'action du juge constitutionnel et les considérations juridiques sont loin de protéger la Constitution en pareilles circonstances.

L'Histoire politique universelle enseigne que la Constitution est un instrument qui va toujours au plus fort quand surviennent des circonstances impliquant l'épreuve de force armée ou des circonstances exceptionnelles entre les détenteurs du pouvoir et d'autres prétendants.

Pour la République démocratique du Congo le besoin sécuritaire est d'autant plus impérieux que le pays est au cœur des confrontations et des appétits géostratégiques de puissances étrangères dès l'aube de son indépendance.

---

560 DE GAULLE, Ch., *Le fil de l'épée,* Paris, Plon, 1971, p.14.

561 Au matin du dimanche 19 mai 2024, un groupe d'individus a tenté un coup de force contre les institutions républicaines congolaises, et les assaillants ont été neutralisés grâce à l'intervention énergique de Forces congolaises.

562 Art.2, al.2, Constitution de la RDC du 18 février 2006, *op.cit.*

B. LA RDC ENJEU GÉOSTRATÉGIQUE ET FINANCIER DE PUISSANCES ÉTRANGÈRES : QUEL EFFET SUR LE CONSTITUTIONNALISME ?

L'on sait que la Constitution du 18 février 2006 est une œuvre de compromis élaborée non seulement entre les différentes forces politiques et la Société civile congolaise mais encore entre la République Démocratique du Congo et les différents parrains internationaux du processus de réconciliation après la première et la deuxième guerre du Congo.

L'Histoire institutionnelle du Congo enseigne que l'emprise de l'Organisation des Nations Unies et de puissances internationales sur le processus démocratique au Congo est plus dictée par le désir de contrôler le pouvoir congolais dans l'intérêt géopolitique et géostratégique des diverses puissances étrangères que par le projet d'un constitutionnalisme objectif.

Etant donné que les intérêts desdites puissances divergent et se heurtent la démocratie congolaise, peu importe la qualité de la norme constitutionnelle, en subit l'impact perturbateur.

Dans les années 1960, le Congo naissant, ancien marché ouvert à la prédation ou au commerce mondial sans contrepartie, sous l'État indépendant du Congo (1885-1908) et sous le Congo-Belge (1908-1960), devint l'enjeu de la guerre froide entre les États-Unis qui craignaient la percée du communisme au cœur de l'Afrique et qui devaient se trouver un gendarme, et l'ex- URSS qui ambitionnait de supprimer le capitalisme dans le monde.

Chacun voulut pousser son pion sur l'échiquier africain sans épargner le Congo-Léopoldville. Des Forces régulières belges déjà citées, des mercenaires occidentaux en appui aux rebellions sécessionnistes, des Casques bleus de l'ONU, des rebelles communistes se déversèrent sur le sol congolais. Nul ne pouvait prétendre combattre pour les beaux principes démocratiques couchés sous la Loi fondamentale du 19 mai 1960 relative aux structures du Congo ni pour le triomphe de l'État de droit démocratique consigné dans la Constitution du 1er août 1964.

Aussi, les Congolais auraient-ils intérêt à comprendre et pour de bon, que les belles dispositions de la Constitution du 18 février 2006 et les compétences dévolues à la Cour Constitutionnelle ne suffisent pas à protéger la démocratie en cours si elle fait obstacle aux intérêts des rapaces et vautours régionaux et internationaux, à moins que le Congo soit à mesure de se défendre seul sans tout attendre des Organisations africaines complices ou infiltrées ni auprès d'une « Communauté internationale » illusoire ou cynique.

Ainsi, la confrontation géostratégique se doublait d'une guerre idéologique par procuration. À chaque grande étape de l'évolution constitutionnelle du pays l'implication sournoise ou assumée de puissances étrangères influe sur le fonctionnement de l'État à travers les leaders servant de cheval de Troie à tel ou tel État ou à travers des dirigeants régionaux inféodés aux puissances industrielles du Nord.

Cette réalité confirmée par les événements contemporains à l'Est du pays, et par ceux du 19 mai 2024, sus évoqués, a pour effet de paralyser le constitutionnalisme congolais par une remise en question cyclique des régimes et des systèmes politiques, pourtant fondés sur une Constitution démocratique libérale, mais qui respirent par des poumons étrangers. Elle compromet l'édifice d'un constitutionnalisme structurel au Congo par l'émergence d'un constitutionnalisme alternatif.[563]

Sous la Première République, l'État de droit démocratique échafaudé sous la Loi fondamentale du 19 mai 1960 relative aux structures du Congo, et sous la Constitution du 1er août 1964 fut déconstruit par l'effet des immixtions étrangères. Les principaux leaders congolais roulaient, chacun pour une puissance étrangère opposée aux autres en faisant fi des principes démocratiques consignés dans la Constitution.

L'avènement de la deuxième République en 1965, sa modération en 1990 et sa fin en 1997 furent plus l'œuvre des États-Unis d'Amérique que du peuple congolais.

La Conférence Nationale des années 1990 s'est tenue sous la pression étrangère sur le Président Mobutu lâchée par ses mentors d'hier que sous la volonté du pouvoir de se laisser encadrer par le droit.

La Transition qui en découla fut stoppée par la Première Guerre du Congo résultat d'une importation de la guerre ethnico-tribale rwandaise dans ses débordements et les inconséquences d'une opération militaire française sur le sol congolais sans l'aval du Congo : *l'Opération turquoise.*

À ce jour, les méfaits d'une conjugaison inopportune des Nations-Unies et de divers acteurs régionaux et internationaux préoccupés par leurs propres bénéfices, sont dans la suite logique de ce bradage de la souveraineté congolaise, et du pillage de ses ressources naturelles. La Constitution du 18 février 2006 et les institutions démocratiques qu'elle décrète sont limitées par une sorte de conspiration internationale et régionale qui s'assouvit d'un Congo malade et moribond. L'on se retrouve chaque fois dans un schéma ou les perdants aux élections sont poussés à déclencher des violences par la main étrangère afin d'obtenir par les armes des positions politiques qu'ils ne sont pas capables d'obtenir au moyen des urnes. La légitimité constitutionnelle est périodiquement compromise par la légitimité du fusil.

Sous le prétexte de rechercher la paix, le pouvoir central en position de faiblesse militaire offre à la délinquance constitutionnelle, à savoir la rébellion,

---

[563] Sur cette notion voir, DOSSO, K., « Les pratiques constitutionnelles dans les pays d'Afrique noire francophone : cohérences et incohérences », *Revue Française de droit constitutionnel*, 2012 (n° 90), 2012, pp. 57 à 85. Selon l'auteur, le constitutionnalisme alternatif est marqué par l'émergence des règles –les accords politiques- autres que celles de la Constitution.

une prime à travers des négociations et palabres politiques où les défenseurs de la Constitution et de l'État de droit sont en impuissance, et honnis par une Communauté internationale à justice variable s'appliquant en faveur de celui qui jure par l'or et le coltan du Congo plutôt que par sa démocratisation et sa Constitution.

La réalisation d'un État de droit constitutionnel démocratique, viable et durable au Congo implique de s'affranchir du piège d'une démocratie financée et contrôlée de l'extérieur. Il faut saluer l'action de l'Administration Tshisekedi Fils qui a gagné le pari d'organiser les élections générales de 2023 sans financement extérieur.

C'est l'un de défis à relever par le peuple pour que la Constitution, loi suprême retrouve son sens et accomplisse son rôle d'encadrer le pouvoir.

L'effet de luttes géostratégiques et financières des grandes puissances en République démocratique du Congo est néfaste sur l'essor du constitutionnalisme depuis les premières heures de son indépendance à ce jour.

CONCLUSION DE LA PREMIÈRE PARTIE.

L'encadrement constitutionnel du pouvoir en République démocratique du Congo et au Bénin implique deux aspects qu'il a fallu aborder pour en ressortir la substance. Le premier, relatif aux règles juridiques fondamentales de limitation du pouvoir a fait l'objet de la première partie, sous l'insigne du cadre normatif. Dans les deux systèmes, le rapport de la Constitution aux gouvernants a été le fil d'Ariane eu égard à la problématique de limitation du pouvoir. Il était important de s'interroger sur le poids de la Constitution en tant que règle juridique sur la réalité du pouvoir en tenant compte des principes du constitutionnalisme en tant que patrimoine universel[564].

En ce sens, la démarche heuristique a débouché inexorablement sur un autre terrain qu'il a fallu défricher : l'État de droit. Cette notion vedette de la nouvelle république congolaise et béninoise appelait à la découverte de son contenu. Aussi, a-t-il été nécessaire de la défricher selon la doctrine comparée, en l'occurrence française, allemande et anglaise sans manquer d'apprécier ses contours sous l'encre des plumes béninoises[565] et congolaises.[566]La quête s'avérait légitime en ce qu' elle a permis de répondre à quelques exigences sans lesquelles il eut été illogique de progresser, à savoir, établir la distinction entre diverses conceptions de l' État de droit d'une part, et la connexion entre l'encadrement du pouvoir, l' État de droit, le constitutionnalisme, et la démocratie libérale d'autre part.

Ainsi, il a été possible de distinguer *l' État de droit constitutionnel* selon la conception française qui remet en cause la souveraineté parlementaire et suggère un contrôle de constitutionnalité de la loi[567], *l'État de droit légal* selon la conception allemande qui affirme la suprématie de la loi[568] , l' État de droit au sens anglo-saxon qui le jauge à l'aune des divers critères dont le principal est le degré d'indépendance de la justice, etc. Sommes toutes, l'État de droit se conçoit comme une arme contre l'abus du pouvoir despotique. Et, dans ce but, il est indissociable de principes et valeurs démocratiques originaires essentiellement fondées sur les droits et libertés de la personne humaine, la séparation des pouvoirs, le pluralisme politique et l'alternance au pouvoir.

---

564 ESAMBO KANGASHE, J-L, *La Constitution congolaise du 18 février 2006 à l'épreuve du constitutionnalisme. Contraintes pratiques et perspectives*, *op.cit.*, p. 199.

565 Lire notamment, OLALE ONKULOLA, M.L., *La Cour constitutionnelle et le peuple au Bénin. D'un juge constitutionnel à un procureur suzerain, op.cit.* ; NOUDJENOUME, P., *La démocratie au Bénin 1988-1999.* Bilan et perspectives, *op.cit.* ; NGANGO YOUMBI E., *La justice constitutionnelle au Bénin.* Logiques politique et sociale, *op.cit.*

566 Lire notamment, ESAMBO KANGASHE, J-L., op.cit., pp.179- 197 ; ODIMULA, L, *L'État de droit en Droit congolais, op.cit.* 95 ; YANGONZELA LIAMBOMBA, D., *L'Avènement de la Justice en République Démocratique du Congo. De la Cour suprême de justice à la Cour constitutionnelle, op.cit.*, pp. 39-44.

567 ODIMULA LOFUNGUSO, L, *L'État de droit en droit congolais, op.cit.*, p. 90.

568 *Idem.*

La réalisation d'une telle organisation politique et civile suppose, comme il a été démontré, l'existence d'une norme matricielle valide de l'activité politique et sociale : la Constitution. C'est à ce niveau que la contribution *kelsénienne* à l'encadrement du pouvoir a prouvé ses mérites. Selon Hans Kelsen, l'État de droit est *« l'État dans lequel les normes juridiques sont hiérarchisées de telles sortes que sa puissance s'en trouve limitée*[569]».

Trônant au sommet de normes positives de l'État, la Constitution impose au pouvoir et à tous une infranchissable limite et une garantie protectrice du peuple et de la République. Ce substrat posé, il était indispensable de vérifier sa valeur et sa réalité au niveau théorique d'abord en droit constitutionnel positif congolais, et ensuite en droit constitutionnel contemporain béninois sur la base de leur trajectoire historique.

De cette investigation sont ressorties des similitudes, des divergences ainsi qu'une ambition commune.

Les systèmes de deux États sous étude se rejoignent dans une turbulence institutionnelle et politique postcoloniale où l'encadrement constitutionnel du pouvoir fut une expression creuse pour la simple raison que la Constitution elle-même fut reléguée au rang de marchepied du pouvoir. Peu après leurs indépendances respectives, les régimes politiques mis en place avant 1990 ont bien déraillé de la voie constitutionnelle. Nous y avons décelé un faussé profond entre d'une part, la norme limitative du pouvoir contenue dans les premières Constitutions et la pratique du pouvoir.

Les divergences apparaissent aussi bien avant qu'après la démocratisation post conférence nationale. Au Bénin, deux faits ont marqué l'esprit et constituent une démarcation d'avec d'autres pays francophones africains y compris la RDC. D'abord l'on a pu noter que le non-respect de la Constitution à l'ère pré-démocratique n'a pas mué en guerres civiles, la précarité de régimes était exempte du sang[570].Ensuite, le droit a pris l'ascendance sur les pratiques politiques néfastes des régimes autoritaires avec une promptitude et une facilité qui ont fait défaut ailleurs ; le processus de démocratisation n'a pas connu des pannes comme en République démocratique du Congo. Cela a permis à la Conférence des Forces Vives de la Nation de fixer des principes pour un cadre normatif clair et contraignant d'encadrement du pouvoir concrétisé par la Constitution du 11 décembre 1990.

Aussi, est-il important de l'avoir signalé, le Chef de l'État sous le Bénin démocratique n'a pas cherché à se fossiliser au pouvoir par de révisions

---

[569]https://www.vie-publique.fr, consulté le 13/03/2023.

[570] Ce qui pousse à comparer le renouveau démocratique béninois à une révolution passive démocratique. Voir BANEGAS, R., *La démocratie à pas de caméléon. Transition et imaginaires politiques au Bénin, La démocratie à pas de caméléon. Transition et imaginaires politiques au Bénin, op.cit.* pp. 31-64.

constitutionnelles sur mesure comme dans certains pays de l'espace francophone africain,[571] du moins jusqu'à ce jour.

La Constitution béninoise du 11 décembre 1990 pose des principes sans équivoque, contrairement à ses devancières, sur sa suprématie par rapport aux normes, les faits et actes de pouvoirs constitués et de leurs animateurs.

En République démocratique du Congo, le parcours démocratique bien que tardif et cahotant, a débouché sur une Constitution de compromis, celle du 18 février 2006.

Ce texte a bien résisté aux tentatives de révisions en vue de proroger les échéances du mandat présidentiel.

L'étude comparée du droit constitutionnel positif autorise à conclure pour cette première partie à une note positive sur l'essor du constitutionnalisme dans les deux pays sous analyse sous réserve de quelques écueils. Le constituant y a posé des fondements classiques à la réalisation d'un État de droit constitutionnel démocratique où l'encadrement normatif du pouvoir cesse d'être une hypothèse d'école. Le pouvoir s'exerce, et se transmet selon le cadre tracé préalablement par la Constitution. Malgré quelques imperfections et certains défis à relever l'édifice constitutionnel béninois et congolais répond aux standards du constitutionnalisme universel.

Exorciser les démons de l'autoritarisme est une ambition commune au Congolais et au Béninois qui sont parvenus à fonder le respect de la norme constitutionnelle pour que le gouvernant ne la foule plus aux pieds comme jadis. Et, cela grâce aux techniques juridictionnelles d'encadrement du pouvoir, objet de la seconde partie.

[571] Le Sénégal du Président Abdoulaye Wade, le Gabon du Président Omar Bongo, le Togo du président Eyadema Gnassimbé, le Zimabwe de Robert Mugabe, etc.

DEUXIÈME PARTIE :
DES TECHNIQUES D'ENCADREMENT JURIDICTIONNEL DU POUVOIR.

La Constitution est en elle-même un instrument d'encadrement du pouvoir, étant donné qu'en plus de ce qui a été déjà dit, elle est un *acte solennel soumettant le pouvoir étatique à des règles limitant sa libertés pour le choix des gouvernants, l'organisation et le fonctionnement des institutions, ainsi que dans les relations avec les citoyens.*[572]

Dans un État de droit démocratique, elle garantit la soumission du pouvoir aux normes qu'elle prescrit. De ce point de vue, elle est un pacte sacré.[573] Cela a été suffisamment établi pour emporter la conviction. Mais, sous l'angle de l'encadrement juridique du pouvoir, la sacralité normative de la Constitution reste purement théorique, du domaine des simples souhaits, et aux effets aléatoires.

Pour qu'elle assume ce rôle, et soumette le pouvoir au droit, elle doit se poser en norme absolue de (et dans) l'État, c'est-à-dire supérieure non seulement à toutes les autres règles, mais aussi imposable aux gouvernants et aux gouvernés. Cela implique la nécessité d'obtenir auprès d'un juge ou d'un organe indépendant la sanction de sa violation.

C'est alors qu'il sied de parler de l'encadrement juridictionnel du pouvoir. Lorsque la justice se dresse en forteresse protectrice du temple constitutionnel envers tous, le juge lui-même y compris. Accepter le regard du juge sur l'acte du gouvernant aux fins éventuelles de l'annuler ou de le paralyser pour non-conformité à la Constitution est l'essence même de la justice constitutionnelle. Celle-ci est une garantie à la limitation du pouvoir. Elle est susceptible de nombreuses définitions en doctrine classique[574], béninoise[575] et congolaise.[576]

En général, la recherche tend à définir la justice constitutionnelle à trois niveaux : matériel, organique[577]et fonctionnel.[578]

---

572 ARDANT, P, *Institutions politiques et droit constitutionnel, op.cit.*, p.49.

573 DJOLI ESENG'EKELI, J., *Droit constitutionnel*, Kinshasa, DJES, 2015, p.141.

574 FAVOREU, L. et *alii*, *Droit constitutionnel*, 2e édition, Paris, Dalloz, 2019, p.249 ; KELSEN H., *La garantie de la Constitution (la justice constitutionnelle*), RDP, 1928, n°5, pp.198-257.

575 OLADE OKUNDOLA, M L, *La Cour constitutionnelle et le peuple au Bénin. D'un juge constitutionnel institué à un procureur suzerain,* L'Harmattan, Paris, 2018, pp. 213 et s.

576 Voir notamment, KALUBA DIBWA, D, *Du contentieux constitutionnel en République démocratique du Congo. Contribution à l'étude des fondements et modalités d'exercice de la justice constitutionnelle*, Berlin, Editions universitaires européennes, 2011, p. 78 ; ODIMULA LOFUNGESO, L., *Les missions essentielles de la Justice constitutionnelle en droit comparé français, béninois et congolais, op.cit.*, pp. 15 et s.

577 La justice constitutionnelle est définie en référence à l'organe chargé d'appliquer la Constitution à l'occasion d'un litige y afférent. Voir, ODIMULA LOFUNGUSO, L., *Les missions essentielles de la Justice constitutionnelle en droit comparé français, béninois et congolais*, *op.cit.*, p.37.

578 En ce sens, la justice constitutionnelle est procédurale, elle apparait chaque fois qu'il existe une procédure ou une technique assurant la garantie de la Constitution. Lire, DRAGO, G., cité par

Le sens matériel comporte la définition restreinte de la justice constitutionnelle en mettant l'accent sur l'aspect régulateur de la Constitution et en accordant au juge constitutionnel le rôle d'arbitre et de régulateur.

La conception large intègre au rôle régulateur et arbitral du juge constitutionnel, d'autres dimensions en l'occurrence, toutes les matières constitutionnelles soumises à sa juridiction, dont principalement la protection des droits des citoyens.[579]

Tout en relevant que la justice constitutionnelle se démarque de la juridiction constitutionnelle en ce que la première désigne l'activité ou une compétence par laquelle s'exerce la seconde[580], il convient de noter que de plus en plus, l'une et l'autre s'imbriquent jusqu'à la synonymie, et que la distinction ne présente désormais qu'un intérêt académique. Aussi, est-il qu'au fil de la présente étude, les deux expressions soient interchangeables sans conséquences majeures.

En définitive, la justice constitutionnelle s'exerce au moyen d'organes juridictionnels indépendants différemment baptisés selon les systèmes juridiques de contrôle : Tribunal constitutionnel en Allemagne, Cour constitutionnelle en Autriche, Cour d'arbitrage en Belgique devenue Cour constitutionnelle (2007), Conseil d' État en France, etc. Le Constituant de chaque pays a revêtu de couleurs locales son mécanisme de contrôle.[581]

Pour Bernard Chantebout, « le contrôle de la constitutionnalité est un mécanisme qui consiste à faire constater par un organisme approprié qu'un acte juridique édicté par une autorité publique a été pris en violation de la Constitution, et est en conséquence dépourvu de toute force juridique».[582]

Cette présentation peut servir de base à une étude sur la constitutionnalité. Mais elle mérite d'être étoffée. Car elle n'intègre pas les procédures de contrôle en aval, et ne pourrait s'appliquer aux systèmes particuliers comme celui du Bénin dans lesquels, le contrôle de la conformité constitutionnelle porte même sur des faits.

Pour une perception plus complète on peut se tourner vers la formule que propose Victor Djelo Empenge Osako : « le contrôle de la constitutionnalité est l'opération qui consiste à vérifier la conformité à la Constitution des actes des

---

ODIMULA LOFUNGUSO, L., *Les missions essentielles de la Justice constitutionnelle en droit comparé français, béninois et congolais*, *op.cit*., p.36.

[579] BADET, S.-G, *Les attributions originales de la Cour constitutionnelle du Bénin,* Cotonou, FES-BENIN, 2013, p.15.

[580] *Telle est a définition de la justice constitutionnelle sens organique ou formel. Voir ODIMULA L. op.cit., p.35.*

[581] Voir, HAMON, F. et WIENER, C, *La justice constitutionnelle en France et à l'étranger*, Paris, L.G.D.J, 2011, p.19.

[582]CHANTEBOUT, B., *Droit constitutionnel, op.cit.* p.44.

pouvoirs publics et à frapper ces actes des sanctions prévues par la Constitution.»[583]

Notons que le contrôle de la constitutionnalité, technique majeure d'encadrement du pouvoir, s'est affirmé sous diverses modalités en suivant une évolution lente ou accélérée. Généralement, on en distingue deux.

Primo, on remonte au système américain du contrôle, à *posteriori,* par voie d'exception. C'est un contrôle indirect. Sous cette formule initiée aux États-Unis, les tribunaux ordinaires sont juges de la constitutionnalité.[584] Si un justiciable évoque devant le juge, l'inconstitutionnalité d'un texte intervenant à son procès, le juge sursoit de statuer au fond pour se prononcer sur cette question préalable.

S'il la déclare inconstitutionnelle, le procès se poursuit sur le fond. La loi déclarée inconstitutionnelle n'est pas annulée mais elle est simplement écartée de la cause en cours d'instance. En cas d'appel, le juge d'appel statue selon la même logique. Et si l'affaire atteint la Cour suprême, sa décision dévient définitive, et lie les juridictions inférieures qui ne devront donc plus appliquer le texte censuré.

Secundo, le système français par voie d'action consiste en un contrôle à *priori* exercé avant la promulgation de la loi par un organisme spécialisé, à savoir, le Conseil constitutionnel. C'est le recours direct. À la différence du système américain, la saisine de l'organe de contrôle est limitée à certaines autorités.[585]

On peut relever que sous l'aspiration toujours de plus en plus accentuée à la protection des droits fondamentaux, même le système français a connu une évolution qui a abouti à l'introduction de la Question prioritaire de constitutionnalité (QPC).[586]

L'Europe occidentale a puisé dans les deux modèles précités, et a opté pour des techniques combinées, lesquelles ont fait apparaitre des systèmes spécifiques sous l'égide d'un tribunal spécial. Notons avec Jacques Chapsal, que

---

[583]Cité par MPONGO BOKAKO, E., *Institutions politiques et droit constitutionnel*, Kinshasa, EUA, 2001, p.325,

[584] ARDANT, P., *Institutions politiques et droit constitutionnel*, Paris, L.G.D.J, 2007, p.105 ; TUNC, A., *Le droit des Etats-Unis,* Paris, Que sais-je ? , 1964, pp. 6 et s.

[585] CHANTEBOUT, B, *Droit constitutionnel op.cit.* p.46 ; ROUVILLOIS, F., *Droit constitutionnel, op.cit.*, pp. 277 et s.

[586] La question prioritaire de constitutionnalité (QPC) est le droit reconnu en droit français, à toute personne qui est partie à un procès ou une instance de soutenir qu'une disposition législative porte atteinte aux droits et libertés que la Constitution garantit. Le Conseil constitutionnel saisi sur renvoi par le Conseil d' État ou la Cour de cassation, se prononce et le cas échéant, abroge la disposition législative. La QPC est une nouveauté introduite à la faveur de la réforme constitutionnelle du 23 juillet 2008 (Art.61-1). Avant cette date, il était impossible au justiciable de contester la conformité à la Constitution d'une loi déjà promulguée.
https://www.conseil-constitutionnel.fr/decision.fr/ , consulté le 13/12/2022.

le but poursuivi est d'assurer le respect par tous, des règles que la Constitution établit.[587]

L'Afrique francophone ne s'est pas soustraite de cette évolution. L'éveil démocratique s'y est jumelé de l'éveil des juridictions constitutionnelles, jadis en hibernation tant au Bénin qu'en République démocratique du Congo (Titre I). Toutefois, en dépit de leurs apports, il convient de reconnaitre aussi leurs limites ainsi que des défis à relever. (Titre II).

---

[587] CHAPSAL, J, *La vie de la politique sous la Ve République*.1/1958-1974, PUF, Paris, 1990, p.118.

TITRE I :
IMPACT DE LA JUSTICE CONSTITUTIONNELLE SUR L'ENCADREMENT DU POUVOIR.

Au Bénin la justice constitutionnelle a connu bien de vicissitudes (Chap. I) autant qu'en République démocratique du Congo elle a subi des nombreux avatars (Chap. II)

CHAPITRE I.
DES VISCISSITUDES DE LA JUSTICE CONSTITUTIONNELLE AU BÉNIN.

Adulée, et chantée à la manière de la « beauté » de Baudelaire dont Eric Ngango rappelle l'hymne : « tu gouvernes tout et ne réponds de rien[588] », la Cour constitutionnelle béninoise a ébloui par sa jurisprudence, abondante, audacieuse, pertinente pour les uns[589], et aussi, devons –nous le reconnaitre, troublante, irritante, voire agaçante pour les autres.[590]

Les juridictions constitutionnelles béninoises ont suivi un parcours tortueux (Section 1) avant la création de la Cour constitutionnelle en 1991 (Section 2).

Celle-ci permet d'apprécier la contribution de la justice constitutionnelle à l'encadrement du pouvoir (Section 3)

SECTION 1. LE PARCOURS TORTUEUX DE LA JUSTICE CONSTITUTIONNELLE BÉNINOISE.

De nos jours comme jadis, le contexte sociopolitique influence l'instauration et la valeur de la justice constitutionnelle. Celle-ci est ou non acceptée selon que la société politique est ouverte à liberté ou si elle est portée à l'oppression. Voguant entre la démocratie et la dictature, le Bénin a expérimenté différentes formes de systèmes politiques. Et, chacun d'eux a drapé de sa toge la juridiction constitutionnelle.

Toutefois, le germe embryonnaire émergeant de Constitutions démocratiques de 1959 à 1962 (§1) fut étouffé sous les ronces monocratiques et autocratiques de 1963 à 1989 (§2).

§1. EMBRYONS DES JURIDICTIONS CONSTITUTIONNELLES SOUS LA PREMIÈRE ET SOUS LA DEUXIÈME RÉPUBLIQUE DAHOMÉENNES.

Dès la veille de l'indépendance, on perçoit l'ébauche d'une juridiction constitutionnelle sous la Première République aux termes de l'article 47 de la Constitution dahoméenne du 15 février 1958 qui dispose : *Il est créé un Tribunal* d'État comprenant *une section constitutionnelle* [...] Une loi organique devait fixer la compétence, l'organisation du Tribunal et la procédure suivie devant lui.[591]

Sous la Deuxième République, l'option fut maintenue par le constituant postcolonial du 26 novembre 1960 qui l'a reprise sous la formule

---

588 NGANGO YOUMBI, E.- M., *La justice constitutionnelle au Bénin.* Logiques politique et sociale, *op. cit,* p. 125.

589 MBORANTSUO, M.-M., *La contribution des Cours constitutionnelles à l'État de droit en Afrique op.cit.*p.20 et s.

590 *Idem.*

591 Art. 47 al.2 de la Constitution dahoméenne du 14 février 1959

d'une Cour suprême comportant quatre Chambres parmi lesquelles figure en première place la Chambre constitutionnelle.[592]

On se rend compte qu'à la fin de l'ordre colonial, le constituant a prévu d'éviter l'arbitraire du pouvoir grâce à un juge constitutionnel indépendant. Mais, il y a lieu de s'interroger si c'était par conviction ou par simple mimétisme.

D'aucuns optent pour la seconde hypothèse[593]. Tel est aussi notre avis car, la majorité de citoyens dans les pays africains nouvellement indépendants, y compris leur élite politique, n'avaient pas encore cultivé le goût d'une telle justice pour la simple raison qu'ils en ignoraient les méandres et le sens. Signalons aussi que le contenu de premières lois fondamentales africaines fut moins leur propre œuvre que celle du colon d'hier. C'est à juste titre que Théodore Holo relève le caractère octroyé des premières Constitutions des États francophones d'Afrique noire au moment des indépendances.[594]

Le sort des juridictions constitutionnelles ne devait guère s'améliorer sous une conception africaine du pouvoir antinomique à la démocratie libérale, matrice idéologique et philosophique des Constitutions postcoloniales.

C'est pour cette raison qu' au Bénin, ces juridictions sont demeurées léthargiques sous les monocraties et autocraties dont le venin a fini par les étouffer complètement.

§2 : LA JUSTICE CONSTITUTIONNELLE SOUS L'EMPIRE DES MONOCRATIES.

Après une lueur de la démocratie constitutionnelle pluraliste attachée aux droits et libertés, le Dahomey, aujourd'hui Bénin a croulé sous une avalanche autoritariste caractérisée par une lutte pour le pouvoir dans une arène politique sans règles juridiques.[595]

Il est compréhensible que dans un tel contexte, les détenteurs du pouvoir aient regardé avec circonspection, voire avec méfiance tout organe ayant pour mission de leur assigner des limites, et de leur exiger des comptes.

En dépit des déclarations politiques et des textes antérieurs prometteurs, le Tribunal d'État et la Cour suprême, devenue Cour Populaire Centrale (CPC) sous le régime marxiste–léniniste béninois (1974-1989), n'ont pu fonctionner et remplir la mission effectivement dévolue à une juridiction constitutionnelle. En 1985 une proposition de loi organisant la Chambre

---

[592] Art. 57, 1er tiret, Loi N° 60-36 du 26 novembre 1960 portant Constitution de la République du Dahomey.

[593] Sur ce sujet, Georges VEDEL note que cette option consistant à créer une chambre constitutionnelle à l'intérieur de la Cour suprême fut commune aux Constitutions des États africains issus de l'occupation française. Voir, VEDEL, G, Préface à l'ouvrage de *DRAGO, G., La légitimité de la jurisprudence du Conseil constitutionnel*, Paris, Economica, 1999, p.31 ; Eric Ngango Youmbi est du même avis. Voir, NGANGO YOUMBI, E.- M, *La justice constitutionnelle au Bénin.* Logique politique et logique sociale, Paris, L'Harmattan, 2016, p.25.

[594] HOLO T., « Emergence de la justice constitutionnelle », in *Pouvoirs* 2009/2 (n°129), p.101 à 114.

[595] La seule règle pouvant être, la force ou la ruse pour accéder au Palais présidentiel.

constitutionnelle fut déposée sur le Bureau de l'Assemblée Nationale. Elle n'eut aucun effet jusqu'en 1991.[596]

Des crises successives firent tomber la Deuxième République. Toutefois, la Cour suprême a été reconduite parmi les organes de la Troisième République sous la Constitution du 11 janvier 1964 adaptée politiquement et théoriquement à la révolution nationaliste, de 1972 à 1974, et marxiste –léniniste, de 1974 à1989.

Dès ces moments, on note que l'*embryon de justice constitutionnelle, fruit de la doctrine libérale française, sera prématurément étouffé.*[597]

Cette réflexion traduit la discordance entre le constitutionnalisme occidental adopté sur le parchemin constitutionnel africain postcolonial et la gouvernance traditionnelle africaine.[598]

Aussi, peut-on constater que le pouvoir béninois n'a pas mis d'entrain à faire fonctionner la « Section constitutionnelle » ou la « Chambre constitutionnelle » au sein de leurs juridictions d'attache.

L'Histoire politique du Bénin permet de constater que ni le Tribunal d'État ni la Cour Suprême n'ont réussi à discipliner le politique par le droit. Comme dans d'autres États, africains « *l'hyper fonctionnalisation* de la Cour suprême connaîtra un retentissant échec. Ainsi, les tentatives menées au Bénin en vue de faire fonctionner la Chambre constitutionnelle seront vaines […] », écrit non sans raison, Eric Ngango Youmbi.

L'auteur ajoute : « *Nous pouvons dès lors affirmer que, de l'indépendance du Bénin jusqu'en 1991 la justice constitutionnelle fut élémentaire, à l'image d'un bébé sur les langes.*[599] »

Il a fallu attendre, la Conférence des Forces Vives de la Nation de février 1989 pour décider d'instituer une véritable Cour constitutionnelle sur des bases constitutionnelles lucides et solides.

SECTION 2. AVÈNEMENT DE LA COUR CONSTITUTIONNELLE ET MATURATION DE LA JUSTICE CONSTITUTIONNELLE AU BÉNIN.

Il convient d'abord de fixer le cadre juridique de la Cour constitutionnelle (§1), ensuite d'appréhender sa structure et son fonctionnement (§2) pour enfin,

---

[596] Interrogé à ce sujet par Robert DOSSOU, le Président de l'Assemblée Nationale Populaire de l'époque déclara qu' « aucun juge ne dût contrôler le parlementaire. » Voir DOSSOU, R, « Le nouveau défi de la Cour constitutionnelle » in : *Bulletin de la Cour constitutionnelle*, n°001, p.5, cité par GANGO YOUMBI E, *op.cit.* p.26.

[597]HOLO, T., « Emergence de la justice constitutionnelle », *in Pouvoirs 2009/2 (n°129),* pp.101-114.

[598] Voir notamment, NOUDJENOUME, P., *op.cit.*, pp.313 et s.

[599] NGANGO YOUMBI, E-M., *La contribution des Cours constitutionnelles à l'État de droit en Afriqueop.cit.*p126.

sonder les rouages d'un montage complexe entre la Cour constitutionnelle et la Haute Cour de justice (§3)

§1. DU CADRE JURIDIQUE DE LA COUR CONSTITUTIONNELLE BÉNINOISE.

Bien que les missions et les compétences de la Cour constitutionnelle aient bénéficié d'une construction jurisprudentielle, et d'une interprétation doctrinale, c'est d'abord dans la Constitution qu'il faut rechercher leurs fondements juridiques.

La combinaison de plus d'une dizaine de dispositions de la Constitution béninoise du 11décembre 1990, telle que révisée à ce jour, fait ressortir d'importantes attributions confiées à la Cour constitutionnelle.[600] La Cour est constitutionnellement habilitée à statuer sur diverses matières formant le champ de ses compétences essentielles (A), lesquelles déterminent les procédures suivies devant elle (B).

A. COMPÉTENCES ESSENTIELLES DE LA COUR CONSTITUTIONNELLE BÉNINOISE.

La Cour constitutionnelles est essentiellement juge de la constitutionnalité, garante des droits fondamentaux de la personne, juge électoral et référendaire, et organe régulateur des institutions. Elle est aussi un organe consultatif.

1. La Cour constitutionnelle, juge de la constitutionnalité.

En qualité de juge de la constitutionnalité, la Cour constitutionnelle statue obligatoirement sur les lois organiques avant leur promulgation ; les règlements intérieurs de l'Assemblée nationale, de la Haute Autorité de l'Audiovisuel et la Communication, du Conseil économique et social avant leur mise en application quant à leur conformité à la Constitution[601]. Dans ce cas, il peut s'agir de l'exercice d'une compétence non contentieuse en l'absence de tout litige. Dans d'autres cas tel que celui prévu à l'alinéa 3 de l'article 3 de la Constitution, la Cour constitutionnelle, peut être saisie par la partie la plus diligente qui entend faire constater, déclarer ou faire annuler tout acte des pouvoirs publics posé « en violation de la Constitution». Dans un tel cas, la Cour exerce une compétence contentieuse en vue de trancher le litige à elle soumis.

S'il est admis que le juge constitutionnel béninois s'inscrit dans le système classique du contentieux constitutionnel, on peut néanmoins observer qu'il s'en écarte à bien d'égards. Parmi les points de singularité du système béninois de contrôle de constitutionalité on peut en retenir principalement trois, à

---

[600] Art. 114 de la Constitution de la République du Bénin du 11 décembre 1990, modifiée par la loi n° 2019-40 du 7 novembre 2019.

[601] Art.117 de la Constitution de la République du Bénin du 11 décembre 1990, *op.cit.*

[601] *Idem.*

savoir, les moyens de saisine de la Cour, le sceptre des requérants et l'objet de la saisine.

1.1. Les moyens de saisine.

Les résultats des études réalisées sur le contentieux constitutionnel béninois en vingt ans après son essor[602], confirment une diversité des techniques de saisine et une variété des moyens de contrôle au point de faire passer le juge constitutionnel béninois , selon l'expression de Fréderic Aïvo, pour *l'un des plus consultés de son espèce.*[603]

L'abondante moisson jurisprudentielle de la Cour à ce jour incite à le croire. De ce fait, le même auteur note qu'*en droit béninois, la saisine du juge est largement ouverte et son prétoire facile d'accès.*

Ainsi la Cour peut être saisie par voie d'exception ou par voie d'action. Dans la première hypothèse, elle est saisie a *priori* aux fins d'un contrôle préventif. Dans le second cas, le contrôle porte sur un texte qui est déjà d'application, et le juge exerce un contrôle a *posteriori.*

Hormis, les modes de saisine, la spécificité béninoise tient également au champ de requérants.

1.2. Le large sceptre de requérants.

En vue de la refondation d'un État de droit constitutionnel libéral, le constituant béninois a considérablement élargi le sceptre de saisissants de la Cour constitutionnelle. Sa saisine est ouverte à tous les élus sans restriction de nombre.[604] En toutes circonstances les autorités publiques ont la faculté de saisir le juge constitutionnel béninois.

Et, conformément à l'article 122 combiné à l'article 3 de la Constitution du 11 décembre 1990 *tout citoyen peut saisir la Cour soit sur la constitutionnalité des lois, soit directement, soit par la procédure d'exception d'inconstitutionnalité invoquée devant une juridiction [...]*

Les armes juridiques fournies au justiciable béninois devant le juge constitutionnel confèrent à la justice constitutionnelle béninoise une autre particularité attachée à l'objet du recours.

---

602 Dossier spécial, « 21 ans de jurisprudence de la Cour constitutionnelle du Bénin 1991-2021 » Annuaire Béninois de Justice Constitutionnelle, I-2013, Cotonou, Presses Universitaires du Bénin, 1914.

603 AVIO, F., *La Cour constitutionnelle du Bénin*, RFDC, 2014/3, n°99, pp.715-740.

604 Président de la République, membres du gouvernement, membres d'exécutifs locaux et parlementaires.

1.3. L'objet du recours au-delà du contrôle infra normatif.

En général, le contrôle de constitutionnalité, faudrait-il nous redire, porte sur un acte juridique dont la conformité à la Constitution est vérifiée par le juge. Il s'agit d'un contrôle infra normatif fidèle au modèle kelsénien.[605]

Le droit béninois transcende les usages courants, et offre aux saisissants, les prérogatives d'attaquer non seulement les actes légaux ou réglementaires, présumés inconstitutionnels, mais aussi de formuler des plaintes en violation des droits fondamentaux et des libertés publiques.

La pratique suffit à convaincre que le principe posé aux articles 3 alinéa 3, et 120 de la Constitution, en matière des droits fondamentaux, fait l'objet d'une interprétation extensive de la part du juge, et aussi du requérant béninois. En effet, le Constituant dispose : « Toute loi, tout texte réglementaire et tout acte administratif contraire à ces dispositions sont nuls et non avenus. En conséquence, tout citoyen a le droit de se pourvoir devant la Cour constitutionnelle contre les lois, textes et actes présumés inconstitutionnels[606]».

Et, encore, relevons que la Cour constitutionnelle doit statuer dans le délai de quinze jours après qu'elle a été saisie d'un texte de loi ou d'une plainte en violation des droits de la personne et des libertés publiques.[607]

Dans une autre affaire, la Cour s'est déclarée compétente sur une requête introduite par une citoyenne béninoise pour atteinte à ses droits fondamentaux par les éléments de la Garde présidentielle du Bénin à l'occasion du passage du Convoi présidentielle sur une artère de la Ville[608].

Relevons que dans la cause ainsi jugée les violations des droits fondamentaux ne résultent ni d'un texte législatif ni d'un acte administratif mais des voies de faits ou de violences physiques sur la victime requérante.

Le cas n'étant pas isolé, il y a lieu de lire à travers l'œuvre du juge constitutionnelle béninois un système de contrôle axé sur l'ultra normativité à côté du contrôle intra normatif de constitutionnalité.[609]

En principe les faits, relèvent de la compétence de juridictions de l'ordre judiciaire civil ou militaire, donc du droit pénal classique. Mais comme aucune disposition n'interdit de manière formelle au juge constitutionnel de s'en saisir, son action n'est ni illégale ni illégitime d'autant que constitutionnellement,

---

[605] *Voir*, GILLES, S -B., *Contrôle normatif et contrôle ultra normatif de constitutionnalité. Contribution à l'identification des sous catégories du modèle kelsénien de justice constitutionnelle à partir des systèmes belge et béninois, op.cit.*, p.158

[606] Art. 3 al.4 de la Constitution de la République du Bénin du 11 décembre 1990, telle que modifiée par la loi n° 2019-40 du 07 novembre 2019. *Journal Officiel de la République du Bénin*, 130e année, n° 21 bis, 8 novembre 2019.

[607] Art.120, Constitution de la République du Bénin, *op.cit.*

[608] DCC 02-058 du 04 juin 2002 Adèle Favi, *Recueil 2002*, p. 243.

[609] Sur la distinction entre ces notions, voir utilement, GILLES, S -B., *Contrôle normatif et contrôle ultra normatif de constitutionnalité. Contribution à l'identification des sous catégories du modèle kelsénien de justice constitutionnelle à partir des systèmes belge et béninois, op.cit.*, p.44 et s.

il est le pilier et l'un des meilleurs garants des droits fondamentaux et des libertés de la personne humaine au Bénin.

2. Le juge constitutionnel béninois : garant des droits fondamentaux et des libertés de la personne.

La garantie et la protection des droits et libertés du citoyen sont au cœur de l'État de droit bâti par le constituant béninois du 11 décembre 1990[610]. Il est fait obligation à la Cour constitutionnelle de statuer sur « des lois et des actes réglementaires censés porter atteinte aux droits fondamentaux de la personne humaine, et aux libertés publiques en général, sur la violation des droits de la personne humaine.[611]»

En recourant aux diverses techniques d'interprétation en l'occurrence sémiologique, systémique et même téléologique[612] de la dernière portion de ce texte, après la virgule, de l'article 114 de la Constitution précité, on est en droit de penser que le juge constitutionnel béninois est fondé de s'en prévaloir pour se déclarer compétent en tout litige portant sur une quelconque violation des droits humains, nonobstant la compétence reconnue en la même matière aux juridictions des ordres judiciaire et administratif. Le renouveau démocratique béninois est tellement épris de la protection des droits de la personne que la justice constitutionnelle en est le pilier central.

C'est pourquoi la Cour constitutionnelle est consultée avec le président de l'Assemblée nationale par le président de la République lorsque celui-ci prend l'initiative du référendum sur toute question relative à la promotion et au renforcement des droits de l'homme, tout en demeurant l'organe régulateur actif du fonctionnement des institutions étatiques.

3. La Cour constitutionnelle béninoise : organe régulateur du fonctionnement des institutions étatiques.

Alors qu'en République Démocratique du Congo comme ailleurs, la régulation de la vie politique par la Cour constitutionnelle est une compétence d'origine exclusivement prétorienne ou doctrinale, au Bénin elle trouve un fondement constitutionnel clairement établi aux termes de l'article 114 qui indique :

La Cour constitutionnelle est la plus haute juridiction en matière constitutionnelle [...] Elle est l'organe régulateur du fonctionnement des institutions et de l'activité des pouvoirs publics.

Sur cette base, la Cour constitutionnelle exerce une série des compétences qui permettent le fonctionnement continu des institutions de l'État, et sert d'arbitre juridictionnel aux Institutions politiques, judicaires et

---

610 Articles 7 à 31, Constitution de la République du Bénin du 11 décembre 1990, *op.cit.*

611 Art.114 de la Constitution de la République du Bénin du 11 décembre 1990, *op.cit.*

612 Sur ces notions voir notamment, DJOLI ESENG'EKELI, J., *Droit constitutionnel, l'expérience congolaise, op.cit.* pp.22-23.

administratives du pays. À ce titre, elle statue sur les conflits d'attributions entre les institutions de l'État ; et fait de droit, partie de la Haute Cour de Justice à l'exception de son président.[613]

Sous ce même angle, la Cour constitutionnelle est un outil de déblocage du rouage institutionnel du pays. Ainsi lorsque le président de la République refuse de promulguer une loi en seconde lecture dans les délais constitutionnels, la Cour constitutionnelle saisie par le président de l'Assemblée Nationale, déclare la loi exécutoire si elle est conforme à la Constitution[614].

De la même façon, et suivant la même procédure, la loi est mise à exécution lorsqu'à l'expiration du délai de promulgation de quinze jours, il n y a ni promulgation ni demande de seconde lecture.[615]

Cette prérogative du juge constitutionnel béninois assure une solution juridique sans confrontation directe tendue entre l'institution législative et l'institution exécutive.

Et, sur la même voie, le Constituant béninois de la Ve République place le droit du suffrage au-dessus de passions politiciennes, lesquelles s'inclinent devant la sentence de la Cour constitutionnelle, juge du processus électoral et du référendum.[616]

4. **La Cour constitutionnelle, juge du processus électoral et du référendum.**

La Cour constitutionnelle veille à la régularité de l'élection du duo président de la République et Vice-président de la République [617]; examine les réclamations, statue sur les irrégularités qu'elle aurait pu, par elle-même, relever et proclame les résultats du scrutin ; statue sur la régularité du référendum et en proclame les résultats[618].

Dans le même registre, notons que la Cour constitutionnelle, statue en cas de contestation sur les élections législatives, et statue souverainement sur leur validité.[619]

Il est important de préciser qu'en matières électorales et référendaires, les attributions de la Cour ne relèvent du contentieux que lorsqu'elle

---

[613] Art.117, nouveau de la Constitution de la République du Bénin du 11 décembre 1990, telle que modifiée par la loi n° 2019-40 du 07 novembre 2019.

[614] Art.117, al.5, Constitution de la République du Bénin du 11 décembre 1990, telle que modifiée par la loi n° 2019-40 du 07 novembre 2019.

[615] Art.57. al.7, Constitution de la République du Bénin du 11 décembre 1990, telle que modifiée par la loi n° 2019-40 du 07 novembre 2019.

[616] Art. 117 (nouveau), Constitution de la République du Bénin du 11 décembre 1990, telle que modifiée par la loi n° 2019-40 du 07 novembre 2019.

[617] Cette compétence est le résultat de la révision constitutionnelle de 2019 par laquelle est constitutionnalisé le poste de vice-président de la République.

[618] Art.49 (nouveau) Constitution de la République du Bénin du 11 décembre 1990, telle que modifiée par la loi n° 2019-40 du 07 novembre 2019.

[619]Art.89 (nouveau), Constitution de la République du Bénin du 11 décembre 1990 [Loi n°2019-40].

est saisie d'une contestation sur le processus ou sur les résultats. Dans d'autres situations, il lui est reconnu des compétences non contentieuses et consultatives.[620]

5 La Cour constitutionnelle béninoise : organe consultatif.

Outre les faits qui donnent lieu à une procédure juridictionnelle devant la Cour constitutionnelle, il est des actes et des pratiques sur lesquels son avis est obligatoire ou son autorisation est requise.

En droit béninois, il s'agit notamment, des cas :

- *D'achat, de prise à bail par eux-mêmes ou par intermédiaires interposés des biens qui appartiennent au domaine de l'État par le Président de la République, et les membres du gouvernement.*[621]
- *De force majeure contraignant au déroulement des séances des sessions de l'Assemblée nationale hors de leur lieu ordinaire.*[622]
- *Des décrets modifiant les textes de forme législative intervenus dans les matières ayant un caractère réglementaire antérieurement à l'entrée en vigueur de la Constitution du 11 décembre 1990.*[623]
- *D'une demande d'autorisation introduite par le Gouvernement à l'Assemblée nationale pour l'exécution de son programme aux fins de prendre par ordonnance pendant un délai limité des mesures qui sont normalement du domaine de la loi.*[624]

L'exercice de compétences qui viennent d'être analysées se concrétise en suivant des règles de procédures précises devant la Cour.

B. PROCÉDURES DEVANT LA COUR CONSTITUTIONNELLE BÉNINOISE.

On distingue des dispositions communes à toutes les procédures de celles spécifiques à chaque matière.

1. Des règles de procédures communes.

La Cour constitutionnelle est saisie par une requête déposée au Greffe, et enregistrée au même office à la date de son arrivée. Le dépôt de la requête par voie électronique est aussi autorisé.

---

620 Il peut s'agir de veiller sur la régularité du processus et d'en valider et proclamer les résultats.

621 Conformément à l'article 52 nouveau [Loi n°2019-40], une autorisation préalable de la Cour constitutionnelle est requise.

622 Dans ce cas, la Cour constitutionnelle doit constater les faits de force majeure. Art.86

623 L'avis préalable de la Cour constitutionnelle est requis en ce cas. Art.102, al.2.

624 Art.102., al.2 de la Constitution du 11 décembre 1990.

Les requêtes passent par l'une des Chambres de mise en état, créées par ordonnance du Président[625] en vertu de l'article 28 du Règlement Intérieur de la Cour.[626]

La Chambre de mise en état est présidée par un des Conseillers désignés en qualité de magistrat. Elle procède à l'instruction de l'affaire. Le cas échéant, elle entend les parties. Elle peut entendre toute personne dont l'audition lui parait opportune ou solliciter par écrit des avis utiles. Des délais sont fixés aux parties pour produire leurs moyens. Au besoin, la Chambre peut ordonner des enquêtes ou un transport judiciaire.

Après la mise en état de l'affaire, la Chambre saisit le Président aux fins de designer un Rapporteur qui propose à la Chambre sur la base du dossier, un rapport et un projet de décision.

Ce rapport est présenté ou lu à l'audience plénière par le Rapporteur. Les parties peuvent donner d'ultimes observations après lesquelles la Cour décide de la suite à donner de l'Affaire. Elles sont libres de se faire assister d'un ou de plusieurs avocats ou de toute personne physique ou morale.

La procédure devant la Cour constitutionnelle est écrite, gratuite et contradictoire. Elle est publique sauf décision contraire de la Cour.

2. Des procédures spécifiques.

Le contrôle de la conformité à la Constitution, l'exception d'inconstitutionnalité, le contrôle de la régularité des élections et du référendum et les demandent d'avis font l'objet des procédures particulières.

1.1. Procédure relative au contrôle de conformité à la Constitution.

En matière de contrôle de la conformité à la Constitution, le Bénin a élargi considérablement le champ de la saisine de la Cour constitutionnelle.

Celle-ci est saisie par le Président de la République ; le Président de l'Assemblée Nationale ; les Présidents de la Haute Autorité des Media de l'Audio-visuel et de la Communication, et du Conseil Economique et Social ; les Présidents de toute institution ainsi que par toutes Associations non gouvernementales, notamment celles de défense des droits de l'homme, régulièrement constituées. Elle peut être saisie également par tout citoyen.

---

625 Ordonnance n°2018-042/CC/SG/ portant création, attribution et composition des chambres de mise en état aux fins de rapport.

626 Voir Règlement intérieur de la Cour Constitutionnelle de la République du Bénin du 10 Août 2022, Site officiel de la Cour constitutionnelle. https://courconstitutionnelle.bj/documentthèque/textes-fondataux , consulté le 13/01/2023

Pour être valable, la requête émanant d'un citoyen ou d'une organisation doit remplir les conditions prévues à l'article 32 du Règlement intérieur de la Cour Constitutionnelle[627].

Dans l'hypothèse des lois et des textes réglementaires censés porter atteinte aux droits fondamentaux de la personne humaine et aux libertés publiques, la Cour constitutionnelle peut se saisir d'office, et rendre sa décision dans un délai de huit jours à compter de la réunion de la Cour qui a décidé de cette saisine.[628]

La saisine de la Cour constitutionnelle avant la promulgation d'une loi a un effet suspensif du délai de promulgation. Il faut noter que le contrôle de la conformité exercé par la Cour constitutionnelle concerne tant la procédure d'élaboration du texte en cause que son contenu.

La censure du texte peut être totale ou partielle. En cas de non-conformité totale à la Constitution de la loi, celle-ci ne peut pas être promulguée. La décision de la Cour en ce sens est notifiée au Président de l'Assemblée Nationale et au Président de la République. L'Assemblée Nationale, procède dans ce cas à une nouvelle délibération en se conformant à la décision de la Cour.

Lorsque la non –conformité à la Constitution d'une ordonnance est partielle, la Cour la constate et examine le caractère séparable de la ou des disposition(s) incriminée(s). Celles-ci ne peuvent être appliquées. La décision de la non-conformité partielle est notifiée au Président de la République pour *qu'il remédie à la situation juridique résultant de la décision*[629]*, et à l'Assemblée Nationale.*

S'agissant de règlements, lorsque la Cour constitutionnelle constate la non-conformité totale à la Constitution d'un acte réglementaire, ledit acte ne peut pas être appliqué. En cas de la non-conformité partielle d'un acte réglementaire, la Cour se prononce sur le caractère séparable de la ou des dispositions concernées. Celles-ci ne peuvent pas être appliquées.

Si la Cour l'estime nécessaire, elle indique, celles de dispositions de l'acte réglementaire qui peuvent être considérées comme définitives. Sa décision est notifiée au Président de la République pour qu'il remédie à la situation résultant de la situation de la non-conformité à la Constitution de celles qui seraient recalées.

1.2. Procédure relative à l'exception d'inconstitutionnalité.

L'exception d'inconstitutionnalité peut être soulevée par tout citoyen dans une affaire qui le concerne, devant une juridiction. La juridiction devant laquelle est présentée l'exception d'inconstitutionnalité, doit saisir

---

[627]Nom et prénom, adresse complète, signature ou empreinte digitale du citoyen requérant ; nom et prénom, indication du siège social et signature du ou /des dirigeants de l'Association non gouvernementale ou d'une association requérante.

[628] Art.121, al.2 du Règlement intérieur de la Cour constitutionnelle du Bénin.

[629]Art.39, al.2, Règlement Intérieur de la Cour constitutionnelle du Bénin, *op.cit.*

immédiatement la Cour constitutionnelle, et surseoir à statuer, conformément à l'article 122 de la Constitution et à l'article 41 du Règlement intérieur de la Cour.[630]

Lorsque la Cour constitutionnelle déclare le caractère contraire à la Constitution d'une loi, d'une ordonnance ou d'un acte réglementaire, l'autorité concernée est appelée à se conformer à la situation juridique résultant de cette décision.

Les règlements intérieurs de certaines institutions béninoises sont préalablement soumis au contrôle de conformité à la Constitution. Dans ces cas, la Cour est saisie par le Président de l'Institution concernée. Aussi, dans l'hypothèse de leur non –conformité à la Constitution, la décision de la Cour qui déclare leur caractère contraire à la Constitution est notifiée au Président de l'Institution qui doit procéder sans délais à la mise en conformité avec la Constitution[631].

Les dispositions jugées contraires à la Constitution ne peuvent s'appliquer. La décision définitive de conformité est notifiée au Président de l'institution, *et le règlement n'entre en vigueur qu'après avoir été reconnu dans sa totalité conforme à la Constitution*[632].

1.3. Procédures relatives au contrôle de la régularité des élections, du référendum, et aux avis de la Cour constitutionnelle béninoise.

Les règles de procédure suivies par la Cour constitutionnelle en matières électorales et référendaires ont pour fondements juridiques, la Constitution du 11 décembre 1990, la loi organique sur la Cour constitutionnelle[633] et les lois électorales en vigueur. Ces textes déterminent les attributions de la Cour constitutionnelle. Le Règlement intérieur de la Cour précise les voies à suivre.

L'instruction des recours en matière électorale se déroule devant la Chambre des audiences plénières[634] qui peut, par une décision ordonner une enquête. Selon les besoins ou nécessités du dossier, la Cour organise ses auditions ou transports.

Conformément à l'article 50 du Règlement intérieur de la Cour, la décision de la Cour constatant l'inéligibilité ou annulant l'élection d'un député est notifiée sans délai à ce dernier, à l'Assemblée Nationale, à l'organe chargé des élections ainsi qu'au requérant.

---

[630] Art.41, al.2, Règlement Intérieur de la Cour constitutionnelle du Bénin, *op.cit.*

[631] Art.44, al.3, Règlement Intérieur de la Cour constitutionnelle du Bénin, *op.cit.*

[632] Art.44, al.4, Règlement Intérieur de la Cour constitutionnelle du Bénin, *op.cit.*

[633] Loi n°22-09 du 27 juin 2022 portant loi organique sur la Cour constitutionnelle.

[634] Art.48, al. Règlement Intérieur de la Cour, *op.cit.*

Ces mêmes règles s'appliquent au contrôle de la régularité du référendum par la Cour constitutionnelle. Celle-ci surveille les opérations de référendum[635], elle en proclame les résultats[636], et tranche définitivement les réclamations y relatives.

Outre les procédures en matières contentieuses, la Cour constitutionnelle, donne ses avis dans tous les cas où son intervention est prévue par la Constitution et/ou par des dispositions législatives ou réglementaires. Les avis émis par la Cour constitutionnelle sont notifiés à l'autorité qui l'a saisie[637]. Ils ont une valeur consultative.

La saisine de la Cour constitutionnelle béninoise et l'appréciation de sa mission recommandent une connaissance de sa composition, son organisation et des règles de son fonctionnement.

§2. COMPOSITION, ORGANISATION ET FONCTIONNEMENT DE LA COUR CONSTITUTIONNELLE BÉNINOISE.

La composition de la Cour (A), son organisation (B) et son fonctionnement (C) trouvent leurs fondements juridiques dans la Constitution, dans la loi organique sur la Cour constitutionnelle, et dans son Règlement intérieur.

A. LA COMPOSITION DE LA COUR.

La Cour constitutionnelle béninoise est composée de sept membres.[638] Ils sont désignés selon une répartition « de quatre par le Bureau de l'Assemblée Nationale, et de trois par le Président de la République pour un mandat de cinq ans renouvelable une seule fois[639] ». La durée et le nombre de mandats ne sont susceptibles ni de prolongation ni d'augmentation pour aucun membre. L'on peut imaginer que le constituant a tenu, pour une raison de logique politique, à faire concorder le mandat de députés et du Président de la République à celui des membres de la Cour constitutionnelle.

Les décisions et décrets portant nomination des sept membres de la Cour sont publiés au Journal Officiel, de même que les résultats des élections au sein de la Cour.[640] S'agissant du recrutement des membres, le Constituant béninois a opté pour un profil diversifié mais fixé par lui. Parmi ses membres :

- *Trois sont des magistrats ayant au moins quinze ans de carrière, dont deux sont nommés par le Bureau de l'Assemblé Nationale et un par le Président de la République ;*
- *Deux sont juristes de haut niveau, professeurs ou praticiens de droit, ayant une expérience de quinze années au moins, nommés l'un par le*

[635] Art.67 et 72 de la loi n° 22-09 du 27 juin 2022 portant loi organique sur la Cour constitutionnelle.
[636] Art.73 de la loi organique sur la Cour Constitutionnelle du Bénin, *op.cit.*
[637] Art.48, al. Règlement Intérieur de la Cour Constitutionnelle du Bénin, *op.cit.*
[638] Art. 115, Constitution de la République du Bénin du 11 décembre 1990, *op.cit.*
[639] Art.115, al.1er de la Constitution de la République du Bénin du 11 décembre 1991, *op.cit.*
[640] Art.1., Loi organique n°-009 du 4 mars 1991, *op.cit.*

Bureau de l'Assemblée Nationale, et l'autre par le Président de la République ;

- *Et les deux autres sont des personnalités de grande réputation professionnelle, nommée, l'une par le Bureau de l'Assemblée Nationale et l'autre par le Président de la République*[641].

Outre, les qualités professionnelles, il est exigé de membres de la Cour constitutionnelle une haute moralité et une grande probité.[642]

Durant l'exercice de leur mandat, les membres de la Cour constitutionnelle sont inamovibles. Aucune poursuite ni arrestation à leur encontre ne peuvent être initiées ni exécutées sans l'autorisation de la Cour constitutionnelle et du Bureau de la Cour Suprême siégeant conjointement, excepté en cas de flagrance. Dans ce cas le président de la Cour constitutionnelle et le président de la Cour suprême sont saisis immédiatement ou au plus tard dans les quarante-huit heures.[643] Comme dans bien des systèmes comparés, le droit béninois institue un régime d'incompatibilité pour les membres. Aussi leur mandat est incompatible avec tout autre mandat électif, tout emploi civil ou militaire, toute activité professionnelle, et avec toute fonction de représentation nationale.[644]

Cependant, l'on peut noter que cette restriction souffrait d'une exception, prévue initialement à l'article 50 de la Constitution du 11décembre 1990 qui accordait au président de la Cour constitutionnelle d'assumer l'*intérim* du président de la République en cas de la mise en accusation de celui-ci devant la Haute Cour de Justice.[645]

Mais, depuis la révision constitutionnelle du 7 novembre 2019, il apparait que les hypothèses de vacance présidentielle soient comblées par le Vice-président de la République ou par le Président de l'Assemblée Nationale plutôt que par le Président de la Cour constitutionnelle. [646]

Si au moment de leur nomination les membres de la Cour Constitutionnelle sont fonctionnaires publics, leur avancement d'échelon et grade sont automatiques.[647]

Les membres de l'Assemblée Nationale, du Gouvernement, de la Haute Autorité de l'Audiovisuel et de la Communication, de la Cour Suprême ou du Conseil Economique et Social nommés à la Cour sont réputés avoir opté pour ces dernières fonctions s'ils n'ont exprimé une volonté contraire dans les huit (08) jours suivant la publication de leur nomination. À l'expiration de ce délai les

[641] Art. 115, al. 3 de la Constitution de la République du Bénin du 11 décembre 1990, *op.cit.*
[642] Art. 115, al.4 de la Constitution de la République du Bénin du 11 décembre 1990, *op.cit.*
[643] Art. 115, al.4, de la Constitution de la République du Bénin du 11 décembre 1990, *op.cit.*
[644] Art. 115, al.5, de la Constitution de la République du Bénin du 11 décembre 1990, *op.cit.*
[645] Art. 50, alinéa 3 ancien.
[646] Art. 50, al.3 nouveau [Loi n°2019-40]
[647] *Idem.*

membres de la Cour nommés à d'autres fonctions sont remplacés dans leurs fonctions.

S'agissant de leurs conditions sociales, les membres de la Cour perçoivent une rémunération fixe égale au moins à celle allouée aux membres du Gouvernement ainsi que des avantages et indemnités dans les mêmes proportions.[648] Aux termes de l'article 11 de la loi organique sur la Cour Constitutionnelle, un décret pris en Conseil des Ministres, sur proposition de la Cour Constitutionnelle, définit les obligations de ses membres.

Il en résulte notamment l'interdiction de prendre aucune position publique sur les questions ayant fait, ou susceptibles de faire l'objet de décisions de la part de la Cour ou de consulter les mêmes questions, pendant la durée de leurs fonctions.

Néanmoins, les publications scientifiques sont exemptes de cette restriction dans les limites et conditions déterminées par le Règlement intérieure de la Cour.[649] Les membres de la Cour sont libres de démissionner. Dans cette hypothèse, le membre concerné adresse une lettre au Président de ladite Cour. Au plus tard dans le mois de sa démission, il est pourvu aux fonctions vacantes du membre démissionnaire par la nomination de son remplaçant.

En cas de démission pour exercice ou acceptation d'autres fonctions incompatibles avec la qualité de membre de la Cour Constitutionnelle, celle-ci la constate, le cas échéant, à la majorité de cinq (5) conseillers au moins.

La même règle s'applique en cas d'empêchement définitif d'un membre de la Cour par une incapacité physique permanente.[650]

Les membres de la Cour portent le titre de Conseillers de la Cour constitutionnelle, et exercent leurs fonctions conformément aux règles et principes d'organisation de la Cour.

B. LA COUR CONSTITUTIONNELLE BÉNINOISE : SON ORGANISATION.

Initialement, la Cour Constitutionnelle du Bénin est organisée sur la base de la loi organique du 4 mars 1991[651] adoptée conformément à l'article 115 de la Constitution du 11 décembre 1990, et de son Règlement intérieur qui régit aussi son fonctionnement grâce à une structure constituée, principalement, de la Présidence, du Secrétariat général, et du Greffe.

---

[648] Art.7, al.10, loi organique n°-009 du 4 mars 1991, *op.cit.*

[649] Art. 11, al.3 de la Loi organique n°-009 du 4 mars 1991, *op.cit.*

[650] Art.14, Loi organique, loi organique n°-009 du 4 mars 1991, *op.cit.*

[651] Loi organique n°-009 du 4 mars du 4 mars 1991 portant loi organique sur la Cour constitutionnelle modifiée par la loi du 31 telle que modifiée par la loi du 31 mai 2001.

1. La Présidence de la Cour constitutionnelle.

Conformément à l'article 5 de son Règlement intérieur, la présidence de la Cour Constitutionnelle est assurée par le Président de la Cour assisté d'un Vice-président.

1.1. Élections du président et du Vice-président.

Le président de la Cour Constitutionnelle est élu conformément à l'article 115 de la Constitution parmi ses pairs à la majorité absolue des membres votants présents[652] parmi ses magistrats et juristes[653].

Le renouvellement du Président de la Cour Constitutionnelle intervient quinze (15) jours au moins avant l'expiration de ses fonctions.[654] Le Vice- Président est élu selon la même formule.

1.2. Attributions du Président de la Cour Constitutionnelle.

Le Président de la Cour Constitutionnelle exerce d'importantes prérogatives que lui reconnaissent la Constitution et la loi organique, telles que résumées aux termes du Règlement intérieur[655] : *Il assure le fonctionnement général de la Cour ; Il rend après consultation des membres de la Cour, des ordonnances qui ne sont susceptibles d'aucun recours.* Et, *il préside les audiences et les réunions de la Cour dont il assume la police.*

Pendant les audiences, réunions ou séances de travail de la Cour, il peut, quand il estime que l'ordre public est troublé ou menacé de l'être, requérir la force publique ou prendre toutes les mesures nécessaires, entre autres, ordonner les huis-clos.

Le Président de la Cour Constitutionnelle peut faire appel, en cas de besoin, à des consultants extérieurs dont les frais et honoraires sont supportés par le Budget de la Cour.

C'est lui qui représente l'Institution dans les cérémonies officielles et des actes de la vie civile. Il est l'ordonnateur des dépenses de la Cour. Pour toutes les décisions importantes, il consulte l'Assemblée générale de la Cour. [656]

Dans certaines matières déterminées, le Vice-président de la Cour peut recevoir délégation du pouvoir de la part du Président.

---

[652] Les membres votants sont ceux qui votent pour ou contre le candidat. L'abstention n'est pas admise lors de ce vote. Art.4, Loi organique n°-009 du 4 mars 1991, op.cit.

[653] Sur les détails de la procédure d'élection du président et du Vice-président de la Cour constitutionnelle, Voir articles 6 à 9 du Règlement Intérieur de la Cour Constitutionnelle.

[654] *Art. 7, Loi organique n°-009 du 4 mars 1991, op.cit.*

[655] Art.10 du Règlement intérieur de la Cour constitutionnelle du Bénin, *op.cit.*

[656] L'Assemblée générale est constituée de tous les Conseillers de la Cour.

En cas d'absence, d'empêchement définitif ou de vacance du Président de la Cour Constitutionnelle, le Vice-président le supplée dans l'exercice de ses fonctions jusqu'à l'élection du nouveau Président.[657]

1.3. Cabinet du Président de la Cour Constitutionnelle.

La Présidence de la Cour Constitutionnelle est pourvue d'un Cabinet dont le Personnel est composé d'un Directeur de Cabinet ; d'un Assistant du Président ; d'un Secrétaire particulier ; d'un Chef de protocole ; de deux Chargés de mission ; et d'un Attaché de presse.[658]

Le Directeur de Cabinet veille au bon fonctionnement du Cabinet sous l'autorité du Président de la Cour. Il assure la coordination des activités du Cabinet, et assiste aux audiences du Président. Il assiste également le Président dans l'exercice de certaines de ses attributions d'une manière générale, et d'une manière spécifique, il exécute toutes les autres missions à lui confiées par le Président.[659]

Le Directeur de Cabinet est nommé par ordonnance du Président de la Cour autant que les autres membres du Cabinet dont il supervise les tâches. En plus de la présidence, la Cour Constitutionnelle du Bénin est renforcée par un Secrétariat général.

2. Le Secrétariat général de la Cour constitutionnelle du Bénin.

Les attributions, l'organisation et le fonctionnement du Secrétariat général de la Cour constitutionnelle du Bénin sont régis par le Décret n°2022-383 du 08 juillet 2022.

2.1. Des attributions du Secrétariat général.

Organe central de l'organisation administrative de la Cour Constitutionnelle, le Secrétariat général est dirigé par un Secrétaire général, nommé par un Décret pris en Conseil des Ministres sur proposition du président de la Cour.

Le Secrétaire général est choisi parmi les Agents de l'État ou du Secteur privé selon les conditions déterminées par le Décret précité.[660] Il exerce ses fonctions sous l'autorité du Président de la Cour constitutionnelle. Sous réserve des attributions du Greffe de la Cour, il est chargé de l'administration et de la coordination de toutes les directions et des services administratifs, de la gestion des ressources humaines, matérielles et financières de la Cour.[661]

---

[657]Art. 11 du Règlement Intérieur de la Cour Constitutionnelle du Bénin, *op.cit.* ; art. 16, loi organique sur la Cour Constitutionnelle.

[658]Art.12, du Règlement Intérieur, *op.cit.*

[659]Art.14, du Règlement Intérieur, *op.cit.*

[660]Pour être choisi en qualité de Secrétaire général de la Cour constitutionnelle, il faut pour l'Agent de l'État, réunir deux conditions : Catégorie A, échelle 1 ayant au moins 10 ans d'ancienneté ; pour le secteur privé, avoir le même niveau et une expérience équivalente.

[661] Art.3, Décret 2022-384 portant attributions, organisation et fonctionnement du Greffe de la Cour constitutionnelle.

En collaboration avec les directions et services de la Cour, le Secrétaire général de la Cour constitutionnelle béninoise prend des mesures nécessaires à la préparation et à l'organisation des travaux techniques ou des activités à caractères scientifiques de la Cour ainsi que des assemblées des conseillers. Il assiste aux assemblées générales des conseillers de la Cour sans voix délibérative, et établit le procès-verbal de chaque assemblée, signé de lui-même et du président de la Cour. En outre, il exécute toute autre tâche à lui confiée par le Président de la Cour ou du Conseiller délégué.

Sous l'autorité du Président de la Cour, il est chargé de la coopération internationale. Pour raison d'efficacité, le Secrétariat général de la Cour constitutionnelle est organisé en directions et services.

2.2. Organisation et fonctionnement du Secrétariat général de la Cour constitutionnelle béninoise.

Dans l'accomplissement de sa mission, le Secrétaire général s'appuie sur un personnel d'appui qui comprend trois Directions :

- *la Direction de la Planification, de l'Administration et des Finances ;*
- *la Direction de la Recherche et de la Documentation ;*
- *la Direction de la Digitalisation et des Systèmes d'information.*

Les Directions et les Services sont éventuellement organisés, en Division et en Section par Ordonnance du Président de la Cour Constitutionnelle qui nomme également leurs animateurs.[662] Ainsi, la Direction de la Planification, de l'Administration et des Finances comprend le Service de Ressources et le Service de la Planification, de la Comptabilité et des Finances.

Tandis que, la Direction de la Recherche et de la Documentation est composée du Service de la Recherche, et du Service de la Documentation et des Publications.

La Direction de la Digitalisation et des Systèmes d'Information comporte un Service de la Digitalisation et de la Dématérialisation ; et un Service du Traitement des informations. En tant qu'institution juridictionnelle, la Cour constitutionnelle du Bénin ne peut se passer d'un Greffe.

3. Le Greffe de la Cour constitutionnelle du Bénin.

En vertu du Décret n°2022-384 du 08 juillet 2022, le Greffe de la Cour constitutionnelle est l'organe central de gestion et de suivi du processus juridictionnel. S'agissant de ses attributions, en collaboration avec le Secrétariat général, et aux termes de l'article premier du texte précité, le Greffe :

- assure la gestion de toute la chaine des recours adressés à la Cour constitutionnelle et des audiences juridictionnelles ;

---

[662]Sur les attributions et le fonctionnement des Directions et Services du Secrétariat général de la Cour constitutionnelle, voir Articles. 11 et suivants du Décret 2022-384 du 08 juillet 2022portant attributions, organisation et fonctionnement du Greffe de la Cour constitutionnelle, *op.cit.*

- assure le suivi de l'exécution des mesures d'instruction de la Cour et rend compte au rapporteur, au président de la Chambre ou au Président de la Cour selon le cas ;
- veille à la bonne gestion du contentieux dont est saisie la Cour ;
- met à disposition de la Cour les données statistiques requises ;
- fournit au Secrétariat général et aux Directions compétentes du Secrétariat général toutes les informations relevant de sa compétence.

Quant à sa composition et son organisation, le Greffe comprend : un Greffier en Chef, qui dirige le Greffe nommé par décret pris en Conseil des ministres, parmi les officiers de la justice, sur proposition du Président de la Cour Constitutionnelle ; des greffiers ; et des agents de Greffe.

En cas de besoin, le Greffe peut être renforcé par un personnel d'appui en vue d'assurer le fonctionnement efficace de la Cour.[663]

C. DU FONCTIONNEMENT DE LA COUR CONSTITUTIONNELLE BÉNINOISE.

La Cour constitutionnelle se réunit dans les conditions définies par son Règlement intérieur où sont déterminés les modalités de prise de décisions, leurs effets et les modes de leur publication.

1. Des réunions de la Cour.

Le quorum fixé pour la validité des réunions de la Cour Constitutionnelle est d'au moins cinq (05) membres.

Si lors d'une réunion en raison d'un empêchement ou de force majeure, ce quorum n'est pas atteint, un procès-verbal en est dressé, à la fin de la séance. Le Greffier en chef ou le Greffier délégué assiste aux séances de la Cour et assure les diligences y attachées en vue de la prise de décisions dont, il nous convient d'examiner la portée.

2. Portée de décisions de la Cour constitutionnelle.

Les décisions sont prises à la majorité simple des membres présents de la Cour sans possibilité d'abstention ; elles portent les visas des textes applicables, les motifs sur lesquelles elles se fondent et un dispositif. Elles font mention des membres qui ont siégé, et sont signées par le Président et le Rapporteur.

Aux termes de l'article 24 du Règlement intérieur de la Cour constitutionnelle, et conformément à la Constitution du 11 décembre 1990 : *Les décisions de la Cour Constitutionnelle sont publiées au Journal Officiel sur support papier ou numérique. Elles prennent effet à compter de leur prononcé. Elles sont notifiées aux parties concernées. Elles ne sont susceptibles d'aucun recours. Elles s'imposent aux pouvoirs publics, à toutes les autorités civiles,*

[663] Sur le statut et les avantages du personnel du Greffe de la Cour constitutionnelle du Bénin, voir les articles 7 à 10 du décret n°2022-384 du 08 juillet 2022, *op.cit.*

militaires et juridictionnelles et à toutes les personnes physiques ou morales. En conséquence, elles doivent être exécutées avec diligence nécessaire. En cas d'erreur matérielle, constatée par la Cour, elle peut la rectifier d'office et procéder à tous amendements jugés nécessaires.[664]

Alors qu'en République démocratique du Congo, la Cour constitutionnelle est le juge pénal du Président de la République et du Premier Ministre dans les conditions prévues par la Constitution[665], le constituant béninois de 1990 a confié cette prérogative à une juridiction spéciale, à savoir, la Haute Cour de justice.

À l'exception de son Président, la Cour constitutionnelle béninoise fait partie de droit de cette Haute juridiction.

§3 LA COUR CONSTITUTIONNELLE ET LA HAUTE COUR DE JUSTICE : UN MONTAGE BÉNINOIS COMPLEXE.

L'insertion de la Haute Cour de justice dans une étude portant sur l'encadrement constitutionnel du pouvoir est justifiée amplement par le caractère de ses prérogatives qui lui confèrent l'attribut d'une justice constitutionnelle au sens large. En effet, au plan matériel tel que l'énonce Louis Favoreu la justice constitutionnelle désigne : *l'ensemble des institutions et techniques grâce auxquelles est assurée, sans restriction, la suprématie de la Constitution.*[666]

Par ailleurs notons encore que la juridiction spéciale béninoise, s'intègre dans la justice constitutionnelle si on perçoit celle-ci comme *l'ensemble des mécanismes mis en place en vue d'assurer la supériorité de la Constitution de telle manière que tout juge, peu importe le système de justice constitutionnelle mis en place peut exercer cette compétence*[667].

En étant le juge pénal du Président de la République, et des membres du gouvernement pour des comportements contraires à la Constitution, il est clair que la Haute Cour de justice béninoise participe à l'encadrement juridictionnel du pouvoir en fondant son action plus sur l'ultra normativité constitutionnelle que sur l'infra normativité.

Quels sont ses fondements juridiques ? Quelles sont ses attributions, son organisation et des procédures devant elle ? Il est important de mieux les connaitre en vue d'apprécier le rôle constitutionnel de cette juridiction dans l'édifice de l'État de droit.

---

[664] Art. 27, Règlement Intérieur de la Cour constitutionnelle, *op.cit.*

[665] Art. 163, Constitution de la République du Bénin du 11 décembre 1990, *op.cit.*

[666] FAVOREU, L., et *alii*, *Droit constitutionnel*, 21ème édition, Paris, Dalloz, 2019, p.249.

[667] EISENMMAN, Ch., *La justice constitutionnelle et la Haute Cour constitutionnelle d'Autriche*, nouvelle édition, Aix-Marseille, Paris, Économica, 1986, p.123 ; ODIMULA LOFUNGESO, L., *Les missions essentielles de la Justice constitutionnelle en droit comparé français, béninois et congolais*, Paris, 2021, p.37.

A. FONDEMENTS JURIDIQUES D'UNE JURIDICTION SPÉCIALE.

La Haute Cour de justice béninoise, dont le Siège officiel est à Porto-Novo, a été créée conformément à la Constitution du 11 décembre 1990 qui fixe sa composition et ses compétences[668].

Les règles de procédures et de son fonctionnement sont précisées dans une loi organique et dans son Règlement Intérieur.

Conformément à l'article 135 de la Constitution du 11 décembre 1990 et 7 de la loi organique n°093-013 du 10 août 1990, la Haute Cour de justice est composée des membres de la Cour Constitutionnelle à l'exception de son Président, de six (6) députés élus par l'Assemblée Nationale et du Président de la Cour Suprême. De cette composition, on note une nature ambivalente de la Cour constitutionnelle béninoise. Elle participe à l'action juridictionnelle de la Haute Cour de Justice. Point n'est plus besoin de revenir sur les conditions de recrutement de cette juridiction spéciale, étant entendu que celles applicables aux membres de la Cour constitutionnelle et aux députés béninois sont bien connues.

À une certaine période, la désignation des membres de la Haute Cour de justice a suscité une épreuve de force entre l'Assemblée Nationale et la Cour constitutionnelle[669].

Les membres de la Haute Cour de justice élisent son Président en son sein[670]. Le Président assure le fonctionnement de l'Institution, préside ses audiences et ses réunions, conformément aux pouvoirs et prérogatives à lui dévolus par la Constitution et par une loi organique.[671]

En cas d'empêchement du Président élu, le plus âgé des juges assume l'intérim pendant le temps de son indisponibilité. S'il y a empêchement définitif, le juge le plus âgé assume l'intérim de ses fonctions jusqu'à l'élection du prochain président de ladite Cour qui intervient dans un mois[672].

Le membre de la Haute Cour de justice porte le titre de *juge à la Haute Cour de Justice*. S'il cesse d'y appartenir. Il est remplacé endéans huit (08) jours. Notons que les membres de la Haute Cour de justice ne sont pas récusables.

Dans le cadre de l'instruction de causes dont elle est saisie, elle dispose de l'Office du Ministère Public près la Haute Cour de justice.

Le Ministère Public est composé de trois (03) magistrats choisis par l'Assemblée générale de la Haute de la Cour Suprême parmi les membres

---

[668] Art.136 de la Constitution de la République du Bénin du 11 décembre 1990, *op.cit.*

[669] La désignation des membres de l'Assemblée nationale à la Haute Cour de Justice béninoise a fait l'objet des fortes frictions entre le Parlement et la Haute juridiction entre 2001 et 2008 au point que la question a dû se résoudre par des décisions contrariées de la Cour constitutionnelle. Voir notamment, les décisions DCC 01-013 du 29 janvier 2001et DCC 09-002 du 08 janvier 2009.

[670] Art.7, loi n°093-013 du 10 août 1990 portant loi organique de la Haute Cour de justice.

[671] Loi n°093-013 du 10 août 1990 portant loi organique de la Haute Cour de justice.

[672] Art. 9 du Règlement Intérieur de la Haute Cour de Justice du Bénin du 26 novembre 2001.

inamovibles. Le plus élevé dans le grade, parmi eux, fait office de Procureur Général, les deux autres sont revêtus des titres d'Avocats Généraux[673], et fonctionnent en cette qualité.

La Haute Cour de justice comprend aussi un Greffe tenu par le Greffier en Chef de la Cour Suprême, assisté ou remplacé en cas de besoin par le Greffier en Chef de la Cour d'Appel.

Un autre trait particulier des rapports étroits entre la Haute Cour de justice et la Cour constitutionnelle est que c'est le Président de cette dernière qui fournit à l'autre le personnel nécessaire à son fonctionnement aux fins d'exercer ses compétences.

B. COMPÉTENCES, ET PROCÉDURES DE MISE EN ACCUSATION DEVANT LA HAUTE COUR DE JUSTICE.

Examinons les compétences de la Haute Cour de justice avant d'analyser la procédure de mise en accusation des personnalités compromises.

La Haute Cour de justice exerce des prérogatives définies principalement aux articles 136 de la Constitution du 11 décembre 1990 et 2 de la loi organique sur ladite Cour.

Aux termes des dispositions précitées, elle est compétente pour juger le Président de la République[674] et les membres du Gouvernement à raison des faits qualifiés de haute trahison, d'outrage à l'Assemblée Nationale ou d'atteinte à l'honneur et à la probité et d'infractions commises dans l'exercice ou à l'occasion de leur fonctions. Selon les mêmes dispositions, elle juge, en outre, les complices des personnalités précitées en cas de complot contre la sûreté de l'État.

Signalons qu'en droit congolais les membres du gouvernement autres que le Président de la République et le Premier Ministre sont justiciables de la Cour de Cassation en matière pénale.

Pour les infractions dont les membres de l'exécutif béninois sont pénalement responsables, commises en dehors de leurs fonctions, les juridictions de l'ordre judiciaire demeurent compétentes d'en connaître.

On peut penser à juste titre que c'est pour prévenir des abus de la part du juge que le Constituant a lié la Haute Cour de justice par la qualification constitutionnelle des faits infractionnels précis.[675]

Ainsi les incriminations donnant lieu à l''ouverture des poursuites à charge du Président de la République sont méticuleusement définies par le constituant :

Il y a haute trahison *lorsque le Président de la République a violé son serment est reconnu auteur, co-auteur ou complice de violations graves et*

---

[673] Art.10, loi organique n°093-013 sur la Cour constitutionnelle, *op.cit.*

[674] Art. 73 de la Constitution de la République du Bénin du 11 décembre 1990, *op.cit.*

[675] Art.137, Constitution la République du Bénin du 11 décembre 1990, *op.cit.*

caractérisés de Droits de l'Homme, de cession d'une partie du territoire national ou d'actes attentatoires au maintien d'un environnement sain, satisfaisant durable et favorable au développement[676]*. Il y a atteinte à l'honneur, et à la probité notamment lorsque le comportement personnel du président de la République est contraire aux bonnes mœurs ou qu'il est reconnu auteur, co-auteur ou complice de malversations, de corruption d'enrichissement illicite.*[677]

Il y a outrage à l'Assemblée Nationale lorsque, sur des questions posées par l'Assemblée nationale sur l'activité gouvernementale, le président de la République ne fournit aucune réponse dans un délai de trente jours.

Cette dernière infraction constitue un manquement grave à la Constitution et suffit pour le déclenchement de la mise en accusation de son auteur.

La mise en accusation du Président de la République est soumise à une procédure qui varie selon les faits de la cause, et qui combine toujours les actes de l'Assemblée Nationale, de la Cour constitutionnelle et de la Haute Cour de justice.

Lorsque le Président de la République est poursuivi sur pied de l'article 76 de la Constitution, pour outrage à l'Assemblée Nationale par exemple, c'est le Président de cette Institution parlementaire qui saisit d'abord la Cour constitutionnelle, à l'expiration du délai endéans duquel, le Président de la République était tenu de réserver une suite sur la question à lui, posée.[678]

Dans les trois jours de sa saisine, la Cour constitutionnelle statue. Le Président de la République est obligé, *de fournir des réponses à l'Assemblée Nationale dans les plus brefs délais au plus tard avant la fin de la session en cours*[679]. Si aucune réponse n'est donnée par le Président de la République à l'expiration de ce délai, il est déféré devant la Haute Cour de Justice pour outrage à l'Assemblée Nationale.

Aux termes de l'article 16 de la loi organique sur la Haute Cour de Justice, la décision de mise en accusation du Président de la république et des membres du gouvernement est votée à la majorité absolue des 2/3 des députés composant l'Assemblée Nationale. Ce vote se déroule selon le mode prévu par le Règlement intérieur de l'Assemblée Nationale.[680]

En cas de mise en accusation du Président de la République, son intérim est assumé selon les modalités prévues par le Constituant. Lorsque la Haute Cour estime que le dossier est suffisamment en état, elle fixe la date de l'audience, laquelle est immédiatement publiée par le soin du Procureur Général près la Haute Cour de Justice dans les organes officiels de l'État.

---

[676] Art. 74 de la Constitution la République du Bénin du 11 décembre 1990, *op.cit.*

[677] Art. 76, Constitution, *op.cit.* ; Art. 5 de la Loi organique sur la Haute Cour de Justice.

[678] Art.77 de la Constitution de la République du Bénin du 11 décembre 1990, *op.cit.*

[679] Art.77 de la Constitution de la République du Bénin du 11 décembre 1990, *op.cit.*

[680] Art. 186-2 du Règlement Intérieur de l'Assemblée Nationale de la République du Bénin.

Sous réserve des dispositions contraires à la loi organique sur la Haute Cour, celle-ci applique la procédure suivie devant la Cour d'Assise. La condamnation de l'accusé entraine sa déchéance de ses charges et de ses décorations : la Haute Cour de Justice peut également procéder contre lui la dégradation militaire et civique ainsi que la confiscation totale ou partielle de ses biens.[681]

La décision de la Haute Cour de justice est sans recours. Mais tout citoyen peut saisir ladite Cour pour rectification d'erreur matérielle. Il est aussi possible que la Haute Cour constate par elle-même, que l'une ou l'autre de sa décision soit entachée d'une erreur matérielle, en ce cas, elle la retire d'office pour des corrections adéquates.

SECTION 3. APPORT DE LA JUSTICE CONSTITUTIONNELLE À L'ENCADREMENT DU POUVOIR AU BÉNIN.

Quel est l'impact de la justice constitutionnelle sur l'exercice du pouvoir au Bénin ? C'est l'interrogation au cœur de notre réflexion. Elle équivaut à apprécier l'incidence de l'activité du juge constitutionnel sur le progrès réalisé dans l'édification de l'État de droit constitutionnel et démocratique. Sous cette section il est question de démontrer en quoi le juge constitutionnel contribue-t-il à l'encadrement du pouvoir par le droit constitutionnel positif mais aussi de manière empirique.

Pour être concret, on doit confronter dans cette phase, la pratique du pouvoir à la norme constitutionnelle sous les lunettes du juge constitutionnel. Donc, sa jurisprudence est-ici à l'honneur sans exclure quelques touches à la doctrine.

L'appréciation concerne sans épuiser la liste : la garde de la Constitution et la consolidation des droits fondamentaux (§1), la discipline politique et la régulation du fonctionnement des institutions publiques (§2), la séparation des pouvoirs et l'affermissement démocratique (§3).

§1. CONTRIBUTION DE LA COUR CONSTITUTIONNELLE BÉNINOISE À LA GARDE DE LA CONSTITUTION, À LA PROTECTION DES DROITS FONDAMENTAUX ET DES LIBERTÉS DE LA PERSONNE.

A. LA GARDE DE LA CONSTITUTION.

La Cour constitutionnelle est la plus haute juridiction de l'État *en matière constitutionnelle*. Elle est juge de la *constitutionnalité* de la loi […][682]

C'est sur cette portion de l'article 114 de la Constitution béninoise qu'est bâtie la prérogative du juge constitutionnel en qualité de gardien de la Constitution.

---

[681] Art.17.A, Loi organique sur la Haute Cour de Justice du Bénin, *op.cit.*

[682] Art. 114, Constitution de la République du Bénin telle que modifiée à ce jour, *op.cit.*

Clarifions le concept de constitutionnalité avant de le situer dans le contexte béninois et de le découvrir dans la production juridictionnelle. De manière lapidaire on peut entendre par « constitutionnalité », le caractère de ce qui est constitutionnel ou de ce qui est conforme à la constitution. Sous cet angle en tant que sentinelle de la Constitution, le juge compétent à cette fin veille à dévitaliser tout ce qui ne répond pas à cette qualité.

Pour aller plus en profondeur, on peut se tourner vers la doctrine.[683] L'évolution de l'État légal à l'État constitutionnel a profondément modifié les notions de constitutionnalité et de légalité en droit public contemporain. Sans chercher à revenir aux étapes clé de ce renversement, relevons avec Louis Favoreu que dans l'État légal la constitutionnalité a remplacé la légalité dans au moins deux de ses fonctions essentielles : *« être la source des sources » et « le véhicule des valeurs essentielles ou fondamentales. »*[684]

Ces deux rôles méritent d'être bien compris pour démontrer que le juge constitutionnel béninois s'est confirmé dans sa fonction de gardien de la Constitution entendue sous ses deux fonctions précitées, lesquels résument sa sacralité.

1. Le juge constitutionnel béninois gardien de la « *Constitution source des sources* »

Pour mieux fixer la pensée suivons Alessandro Pizzorusso qui précise : *la loi était la « source des sources aujourd'hui ce n'est plus qu'une source parmi d'autres. C'est désormais la Constitution qui remplit ce rôle en répartissant les compétences normatives qui sont désormais exercées sous la surveillance du juge constitutionnel, ce qui exclut toute tentation du législateur de redevenir maître du jeu.*[685]

En Afrique ce postulat fut mis à mal sans épargner le Bénin tel que cela a été démontré. À ce jour, il est incontestable que le juge constitutionnel béninois le rend moins utopique.

De la constitutionnalité ainsi comprise, résulte deux implications majeures comme le note encore pertinemment Alessandro. D'une part, le législateur ne peut ni étendre (au détriment du pouvoir constituant) ni restreindre (au profit du pouvoir réglementaire) sa propre compétences sous peine de voir sanctionner ses incompétences positives et négatives par le prononcé de l'inconstitutionnalité de la loi ; d'autre part le pouvoir réglementaire est lui-même cantonné dans son domaine qui est celui de l'exécution des lois et la régularité de ces actes [...] »[686]

---

683 Voir notamment, FAVOREU, L., « Légalité et constitutionnalité », in *Cahiers du Conseil constitutionnel* n° 3-Novembre 1997, site https://www.conseil-constitutionnel.fr, consulté le 03/02/2023

684 *Idem.*

685 PIZZORUSSO, A., cité par FAVOREU, L., *Droit constitutionnel, op.cit.*, p.249.

686 FAVOREU, L. et *alii, Droit constitutionnel, op.cit.*, pp., 249 et s.

Sous cet angle, la production jurisprudentielle de la Cour constitutionnelle béninoise depuis sa création confirme qu'elle a fait ses preuves comme gardienne inlassable des dispositions constitutionnelles.

Elle purge les textes votés par le Parlement de dispositions contraires à la Constitution tel qu'il ressort par exemple de la décision DCC 07-083 du 6 août 2007, laquelle mérite un court temps d'analyse.

En la cause, la Cour constitutionnelle est saisie d'une requête du 14 juillet 2007 enregistrée le 16 juillet 2007 sous le numéro 1786/ 104/REC, par laquelle un certain nombre de députés du Parti du Renouveau Démocratique « PRD », Mesdames Yibathou Sanni-Glèlè, Amoudhathou Ahlonsou, Messieurs Adrien Hougbedji et consorts, sollicitent le contrôle de conformité à la Constitution de la loi portant institution du service militaire d'intérêt national votée par l'Assemblée Nationale en sa session extraordinaire du samedi 14 juillet 2007.

À l'appui de leur demande les requérants exposent que « la proposition de loi déposée par les Députés Chabi-Sika et autres a été adoptée alors qu'elle n'était accompagnée d'aucune proposition d'augmentation des recettes ou de diminution des charges publiques de l' État » ; ils allèguent en outre, que « L'adoption de cette proposition de loi [...] a manifestement pour conséquence une augmentation des charges publiques dans la mesure où ladite proposition de loi prévoit notamment : « le recensement obligatoire des assujettis au service militaire d'intérêt national » ; « l'inscription des charges du service militaire d'intérêt national au budget général de l' État » ; « le versement à chaque appelé pendant le durée du service militaire d'intérêt national d'une indemnité mensuelle».

Or soutiennent-ils, le budget général de l' État n'a pas prévu les ressources nécessaires au financement des charges qu'impliquent l'adoption de la proposition de loi incriminée et la mise en œuvre de ses dispositions ; ce que reconnait d'ailleurs explicitement l'article 15 de ladite proposition de loi qui dispose[687] : « *[...] les charges du service militaire d'intérêt national sont inscrites au budget général de l'État qui prévoit les crédits nécessaires au fonctionnement et à l'investissement*».

En droit, les requérants fondent leur moyen sur pied de l'article 107 de la Constitution qui dispose que : *« les propositions et amendements déposés par les députés ne sont pas recevables lorsque leur adoption aurait pour conséquence soit une diminution de ressources publiques, soit la création de l'aggravation d'une charge publique à moins qu'ils soient accompagnés d'une proposition d'augmentation de recettes ou d'économies équivalente* ».

Dans la même fibre, ils évoquent l'article 74.5 du Règlement intérieur de l'Assemblée nationale aux termes duquel : *« les propositions des lois*

---

687 MEDE, N., *Les grandes décisions de la Cour constitutionnelle du Bénin,* Dakar, L'Harmattan, 2020, p.144

dont l'adoption aurait pour conséquence , soit une diminution des ressources publiques, soit la création ou l'aggravation d'une charge publique, sont déclarées irrecevables par le Président de l'Assemblée nationale si elles ne sont pas accompagnées d'une proposition d'augmentation de recettes ou d'économie équivalentes conformément aux dispositions de l'article 107 de la Constitution ».

Statuant en fait et en droit et recevant la requête et les moyens à elle soumis, la Cour a décidé et jugé que : […] : *La loi portant institution du service militaire d'intérêt national votée par l'Assemblée Nationale en sa session extraordinaire du samedi 14 juillet 2007 est contraire à la Constitution.*

Il est manifeste que sans l'activité du juge constitutionnel et une certaine dose de constitutionnalisme dont la société politique et civile béninoises est désormais imprégnée, une telle proposition de loi serait entrée en vigueur sous l'influence politicienne d'un camp ou de l'autre. Et, l'article 107 de la Constitution du 11 décembre 1990 serait demeuré de l'encre décorative du Journal officiel béninois comme jadis.

L'œuvre du juge constitutionnel béninois regorge de décisions similaires et de nombreuses autres qui illustrent le même recadrage en matière des valeurs essentielles véhiculées par la Constitution : les droits fondamentaux.

2. Le juge constitutionnel béninois : garant de la « Constitution - véhicule des valeurs essentielles ».

La constitutionnalité s'est également substituée à la légalité dans sa fonction de véhicules des valeurs essentielles. Elles désignent celles relatives aux droits fondamentaux et les principes auxquels est attachée la valeur constitutionnelle.

Cependant, il ne faut pas s'y méprendre, la légalité ne disparait pas mais elle est soumise à la constitutionnalité et continue à jouer son rôle. Pour mieux l'exprimer l'on convient que dans l'État de droit, la légalité est une composante de la constitutionnalité.[688]

Cet éclairage est important pour évaluer si la Cour constitutionnelle béninoise s'acquitte de la mission lui assignée conformément à l'article 114 de la Constitution béninoise, lequel dispose : « *[...] elle garantit les droits fondamentaux et les libertés de la personne.* »

L'étude de l'œuvre du juge béninois au cours de trois décennies confirme son investissement complet dans la protection des valeurs relatives aux droits fondamentaux et aux libertés de la personne telles qu'elles résultent de la lettre et de l'esprit de la Constitution du 11 décembre 1990.

Les comportements, les faits, les propos ou textes qui heurtent les valeurs véhiculées par la Constitution sont effectivement et systématiquement censurés par la Haute juridiction béninoise tel que cela apparait à travers ses

---

688 FAVOREU, L., *Droit constitutionnel, op.cit.*, p. 11 et s.

décisions notamment : DCC 02-058 du 04 juin 2002 et DCC 18-087 du 05 avril 2018.

2.1. Des « valeurs essentielles » dans la décision DCC 02-058 du 04 juin 2002 FAVI Adèle.[689]

En faits, la Cour est saisie d'une requête du 11 février 2002 enregistrée à son Secrétariat le même jour sous le numéro 0274/025/REC, par laquelle Madame Adèle Favi porte plainte contre la garde rapprochée du Président de la République pour « traitement inhumain et barbare ». La plaignante expose que le mercredi, 06 février 2002 à 20 heures, revenant de son lieu habituel de vente, elle a été arrêtée par les militaires qui se trouvaient à bord d'un véhicule Pajero immatriculé R 0004 RB de la Garde rapprochée du Président de la République ; que ceux-ci lui ont « porté des coups de pied sans que l'arrivée du chef de l'État ne soit pas encore annoncée » ; qu'elle développe qu'ayant pris la fuite, elle a été poursuivie et rattrapée à la hauteur de la clôture de l'Ambassade de France où elle a subi des bastonnades, des coup de pied de rangers, de chicottes et trainée par terre jusqu'à une distance de 50 mètres avant d'être laissée inerte sans connaissance » ; qu'elle affirme , par ailleurs , qu'elle s'est retrouvée par la suite à l'hôpital de la garnison de Cotonou grâce aux vigiles de la sécurité de la bande de 200 mètres du parc *Germanco ; que tout ce qu'elle avait sur elle est resté introuvable ; qu'en conséquence , elle porte plainte contre la garde rapprochée du Chef de l'État pour l'avoir soumise à un traitement inhumain et barbare et demande que justice soit faite.*

À l'instruction de la cause, répondant à la Cour, le Colonel Alassane Kpembi Massouhoudou, Directeur du cabinet militaire du Président de la République rapporte que « *le passage du cortège étant imminent et pour éviter tout accident malheureux pouvant être fatal, non seulement pour la divagatrice elle-même, mais aussi pour le cortège, et surtout pour le chef de l' État, les éléments de détachement ont dégagé par des méthodes requises cette dame qui n'a pas manqué de les traiter de fous... ; qu'il est fort heureux aujourd'hui pour tout un chacun que la garde ait eu une réaction énergique qui a permis de dégager la dame [...] ; que les personnels de sécurité ont été invités à s'acquitter réglementairement de leur mission sans répondre aux provocations dont ils font quotidiennement l'objet ; qu'il produit la copie du Décret n°99-543 du 22 novembre 1999 réglementant la mise à disposition des gardes du corps et explique que : la réaction énergique dont il est question est une action prompte par laquelle la divagatrice ayant délibérément décidé de ne pas obtempérer aux injonctions a été dégagée de la voie...* »

La défense soutient que « les méthodes requises dans ce genre de situation sont des actes réflexes simples, consistant à se saisir sans délai de l'obstacle , à bras le corps et à le dégager ; et il ajoute par ailleurs, que l'article 10 du Décret n°99-543 du 22 novembre 1999 met le garde du corps, dans l'exécution

[689]Recueil 2002, p.243.

de sa mission , en situation de légitime défense d'autrui [...] et que la réaction énergique a été salutaire pour la divagatrice elle-même , pour les éléments de sécurité eux aussi et pour le cortège présidentiel... »

Après examen des faits, du certificat médical versé au dossier, et des moyens évoqués par les parties à la lumière du droit, la Cour constitutionnelle a considéré que : *ni les dispositions du Décret précité ni les explications fournies par le Directeur du Cabinet Militaire du Président de la République ne saurait justifier de pareils traitements ; que , dès lors, il y a lieu de dire et juger qu'en agissant comme elle l'a fait , la garde rapprochée du Président de la République a violé l'article 18 alinéa 1 de la Constitution.* Et, se référant à sa décision DCC 02-052 du 31 mai 2002, en vertu de laquelle la Haute Cour a jugé que [...] *les préjudices subis par toute personne, du fait des violations de ses droits fondamentaux, ouvrent droit à réparation ; la Cour conclut qu'il s'ensuit que Dame Adèle FAVI a droit à réparation pour les préjudices subis.*

Pour ces raisons, la Cour décide et juge :

Article 1er : Les sévices et traitements cruels, inhumains et dégradants infligés à Madame Adèle FAVI le mercredi 06 février 2002 par une équipe de la garde rapprochée du Président de la République, constituent une violation de la Constitution.

« Article 2 : Madame Adèle FAVI a droit à réparation pour les préjudices qu'elle a subis. [...]

Dans une autre production, le juge constitutionnel béninois se révèle très attentif à la protection des principes véhiculés par la constitution, même lorsqu'ils sont menacés par des simples propos et non par des textes des autorités publiques. Ainsi en est-il dans la décision DCC 13-071 du 11 juillet 2013.

2.2. Des « valeurs essentielles » dans la décision DCC 13-071 du 11 juillet 2013 Serge Roberto PRINCE AGBODJAN- Aristide DOMINGO.[690]

En date du 03 août 2012 la Cour constitutionnelle est saisie d'une requête enregistrée sous le n° 1408/114/ REC, diligentée par monsieur Serge Roberto Prince Agbodjan. Le requérant sollicite, sur les fondements des articles 36, 41 et 35 de la Constitution, « le contrôle de constitutionnalité de certaines paroles tirées de l'entretien du Président Boni Yayi au cours de l'interview dénommé « Boni Yayi à cœur ouvert » diffusée sur l'ensemble des chaînes de la télévision béninoise et en rediffusion le 02 août 2012 sur la Télévision Nationale.

À l'appui de sa requête le requérant argue de moyens tirés de la Constitution du 11 décembre 1990 en ses articles précités, et expose que : l'article 36 dispose que « *chaque citoyen béninois a le devoir de respecter la Constitution et de considérer son semblable sans discrimination aucune et de l'entretenir avec*

[690]Recueil 2013, vol. 1, p. 501.

le respect, le dialogue et la tolérance réciproque en vue de la paix et de la cohésion nationale.»

Quant à l'article 41, il ajoute que : *« le Président de la République est le Chef de l'État. Il est l'élu de la Nation et incarne l'unité nationale. Il est le garant de l'indépendance nationale, de l'intégrité territoriale et du respect de la Constitution, des traités et des accords internationaux»*. En outre, il soutient que malgré la clarté de ces dispositions, son excellence Monsieur Boni Yayi , Président de la République, au cours de cette émission « Boni Yayi à cœur ouvert » a tenu des propos suffisamment graves et menaçant la paix publique et sans égard pour certains citoyens traités de « petits » et des « personnes ou partis politiques en voie de disparition » ; on peut noter des propos tels que : « je leur opposerai les miens du Bénin profond et ils vont s'affronter ». « Je dis que les gens sont trop petits avec Boni Yayi [...] »[691]

Après examen de cette demande suffisamment étayée, la Haute Juridiction béninoise a pris des mesures d'instruction invitant le Président de la République à fournir ses moyens en réponse. Ceux-ci furent présentés par le secrétaire Général du Gouvernement, Monsieur Eugène Dossoumou, et comme on peut le constater ils n'ont pas emporté la conviction de la Cour qui a jugé et décidé :

Article 1er.- *Le Président de la République a méconnu l'article 36 de la Constitution...*

Cette décision confirme l'évolution historique positive du Bénin dans son engagement démocratique par une consécration de la Constitution comme véhicule des valeurs et principes constitutionnels. Aussi, dans sa motivation le juge constitutionnel y tient et y ramène les gouvernants et les gouvernés ; il les traite à égalité quant à leurs droits et devoirs eu égard à l'observance de valeurs susdites :

Considérant que le Président de la République pour être Chef de l'État et Chef du Gouvernement n'en est pas moins un citoyen de la République titulaire des libertés, et devoirs incombant à tout citoyen, sous la seule réserve des obligations spécifiques et fonctionnelles de sa charge ; qu' ainsi les propos par lui tenus le 1er août 2012 en réponse aux déclarations faites le 30 juillet 2012 par les membres du Front unis ne sont pas contraires à la Constitution sauf en ce qu'il a déclaré « je leur opposerai les miens du Bénin et ils vont s'affronter et je pense leur faire mal ces petits-là qui m'insultent tous les matins » ; qu'il est constant qu'au cours de l'émission , le Président de la République a déclaré lui-même être en colère, mais que l'effet produit sur lui par les menaces de citoyens, quelle qu'en soit l'ampleur , ne saurait le dispenser de ses obligations de Chef de l' État ;

Que la paix, principe constitutionnel à la démocratie et à l'État de droit, s'impose aussi bien aux gouvernés qu'aux gouvernants et particulièrement au Chef de

691 Voir aussi, MEDE, N., *Les grandes décisions de la Cour constitutionnelle du Bénin, op.cit.*, p.316.

l'État, Président de tous les Béninois ; qu'en conséquence, le Président de la République, le 1er août 2012 par les propos ci-dessus a méconnu l'article 36 de la Constitution.[692]

Article 2.- *Le Front Citoyen pour la Sauvegarde des Acquis Démocratiques représentés par son Président Monsieur Antoine Robert Detchenou a méconnu la Constitution.*

En dépit des critiques acerbes lancées à l'encontre du juge constitutionnel béninois pour son intrusion dans la sphère de compétences matérielles des juridictions des ordres judicaires et administratifs, trait auquel nous reviendrons par moment, force est de reconnaitre qu' en ce qui concerne la limitation du pouvoir, la sacralité de la Constitution et la protection des citoyens contre la méconnaissance et le mépris de leurs droits fondamentaux, il n'y a pas eu meilleur organe avant la Cour constitutionnelle.

Sa jurisprudence pourtant qualifiée à tort ou à raison d'une jurisprudence de masse[693], contribue efficacement à l'effectivité des droits fondamentaux et des libertés de la personne.

B. APPORT À L'EFFECTIVITÉ DES DROITS FONDAMENTAUX.

La Constitutionnalisation des droits de l'homme élargit tellement les compétences du juge constitutionnel qu'il serait fastidieux d'analyser la variété des cas soumis à la sanction du juge constitutionnel béninois. D'ailleurs certains sont évoqués en doctrine soit sous la rubrique de la constitutionnalité soit sous celle de la régulation, et poussent aussi des ramifications aux droits fondamentaux et aux libertés de la personne comme en témoignent les décisions DCC 96-037 du 18 juillet 1996 et DCC 03-144 du 16 octobre 2003.

1. DCC 96-037 du 18 juillet 1996[694] AHONOUKOUN Florence- l'arrestation et la détention arbitraires.

Il sied de rappeler les faits de la cause avant de pénétrer la motivation de la Cour et d'émettre des observations sur sa Décision.

La Cour constitutionnelle est saisie d'une requête du 03 mai 1996 enregistrée en la même date au Secrétariat de la Cour sous le numéro 2084, par laquelle Madame Ahonou Koun Florence sollicite de déclarer contraire à la Constitution la détention dont a été objet Monsieur Ahonoukoun Paul au Commissariat Central de Cotonou ; la requérante expose que le samedi 27 avril 1996 vers 21H45, des policiers armés sont entrés chez elle avec brutalité pendant qu'elle était avec son mari, le nommé Ahonoukoun Paul ; qu'ils se sont jetés sur

---

692 DCC 13-071 du 11 juillet 2013, *Recueil 2013*, volume 1, pp. 501 et s.

693 LABETOULE, G., « Président de la section du contentieux du Conseil d' État français », entretien in *JCPA* 2004, 1332, p.651, cité par MEDE, N, « Décision DCC 02-058 du 04 juin 2002, FAVI Adèle, Recueil 2002, p.243, Notes », *AFRILEX, N° 4,* p. 372, http://www.afrilex.ub.bordeaux4.fr, consulté le 26-08-24.

694 *Recueil* 1996, p. 173.

lui et l'ont amené au Commissariat de Cotonou après l'avoir immédiatement enchainé ; qu'il est gardé « au violon » dans les conditions inhumaines. Pour moyens, la saisissante affirme que ces actes sont contraires à la Constitution béninoise et aux droits de l'homme.

En réponse aux mesures d'instruction ordonnées par la Cour au Commissariat Central de Cotonou, Monsieur A. Sohou, affirme que le nommé Ahonoukoun Paul a été conduit à son Commissariat le 28 avril 1996 vers 22 heures par Monsieur Keita Aboubakar et par la Compagnie Républicaine de Sécurité, pour vol d'une moto Yamaha 750 ; qu'il a été déféré au Parquet le 06 mai 1996 à 8 heures après avis du Procureur de la République et mis sous mandat de dépôt.[695]

À l'examen des pièces, et prenant en compte la réponse sus vantée, la Cour a considéré que l'article 18 alinéa 4 de la Constitution dispose : « que nul ne peut être détenu pendant une durée supérieure à quarante-huit heures que par la décision d'un magistrat auquel il doit être présenté. Ce délai peut être prolongé dans les cas exceptionnellement prévus par la loi et qui ne peut excéder une période supérieure à huit jours » ; qu'il en ressort du dossier que le Sieur Ahonoukoun Paul a été détenu du 27 avril au 06 mai 1996, soit pendant huit jours et 10 heures ; qu'aucune allégation telle que la pénurie du personnel et l'avis du Procureur de la République évoqués par le Commissaire Sohou ne saurait justifier une détention au-delà de la durée expressément prescrite par la Constitution.

Que fort de ces considérants, la Cour a dit et jugé que la détention, à compter du 29 avril 1996 à 22 heures au 06 mai 1996 à 8 heures, de Monsieur Ahonoukoun Paul est arbitraire et abusive ; et a décidé :

*Article 1er* : La détention de Monsieur Ahonoukoun Paul à compter du 29 avril 1996 dans les locaux du Commissaire A. Sohou viole la Constitution […][696]

À l'analyse d'une telle décision l'on est conforté dans la conviction que le juge constitutionnel béninois veille au grain, et que le justiciable, citoyen ordinaire est fondé de trouver en lui un abri contre l'arbitraire des systèmes africains au sein desquels les prétentions sécuritaires ou politiques donnent accès à tous les abus dans la répression non conforme au canevas légal.

Après un système considéré par nombre d'observateurs comme le plus répressif[697] au Bénin d'aucuns lisent dans cette jurisprudence un *choc en retour des traumatismes encore mal cicatrisés occasionnées par 17 ans de dictature révolutionnaire*[698].

La rigueur du juge constitutionnel béninois sur le rejet absolu de l'arrestation non conforme aux prescrits constitutionnels est compréhensible, et

---

[695] DCC 96-037 du 18 juillet 1996, *Recueil* 1996, p. 173.
[696] DCC 96-037 du 18 juillet 1996, *Recueil* 1996, p. 173.
[697] MEDE, N., *Les grandes décisions de la Cour constitutionnelle du Bénin*, *op.cit.*, p.402
[698] *Idem.*

salutaire à la liberté de l'individu. Cependant, quelques inquiétudes peuvent, surgir quant à l'équilibre utile entre la sûreté individuelle et la sûreté nationale ou collective.

En effet, il a été dit et décidé que même « en matière de Sécurité de l'État, les règles prescrites par la Constitution et relatives à la garde à vue s'imposent ; que les notions de haute police ou de circonstances exceptionnelles ne peuvent prévaloir contre l'affirmation et le respect des libertés telles que prescrites dans la Constitution.[699]

De même la Cour ne tenant pas compte des questions d'effectifs du personnel souvent soulevées dans les postes de police et de gendarmerie, soutient qu'elles ne peuvent excuser les agents de Forces de l'ordre lorsqu'il y a détention arbitraire.

Pour Nicaise Médé, cela pourrait en clair se traduire par « mieux vaut des troubles à l'ordre public qu'une atteinte aux libertés garanties par la Constitution.»[700]

Cette présentation nous semble radicale. Mais elle peut être justifiée sous les couleurs d'une interpellation de l'État béninois d'accroitre les moyens humains et logistiques au niveau des ambitions du constitutionnalisme retrouvé.

La rigueur du juge constitutionnel béninois devrait inciter le gouvernant à hisser la barre aux diapasons de la Constitution et non justifier le rabais de la Constitution aux échelles des carences conjoncturelles.

En cas de déficit structurel du personnel et d'outils requis pour assurer la célérité des procédures de la justice pénale, il y a lieu de reformer le système judiciaire et la Constitution pour proroger des délais de détention par exemple. Tant que les textes demeurent tels, il est avantageux pour tous que la sentence de la Haute juridiction contraigne à s'y conformer et n'encourage personne à y déroger.

La contribution de la Cour constitutionnelle béninoise à l'effectivité des droits fondamentaux et de la liberté de la personne s'en trouve mieux confirmée, tel qu'il apparait encore à travers la décision DCC 03-144 du 16 octobre 2003.

2. **DCC 03-144 du 16 octobre 2003-** le droit d'être jugé dans un délai raisonnable.

En cette cause, la Cour constitutionnelle est saisie d'un recours par lequel monsieur Paul Akoueiko, agent permanent de l'État, précédemment conducteur des services en poste à Abomey-Calvi, se plaint de la lenteur de la justice dans le « dénouement » «de son dossier.»

---

[699]Décision DCC 96-015 du 22 février 1996, Albert Tévoedjre, *Recueil* 1996, p.79

[700]MEDE, N., *Les grandes décisions de la Cour constitutionnelle du Bénin*, *op.cit.*, p.403.

En effet, le requérant avait été arrêté le 15 décembre 1976 et déféré le même jour à la prison civile de Cotonou. Placé sous mandat de dépôt, il fut libéré sous caution le 12 mars 1979.

Par la suite, il n'avait plus eu suite malgré les requêtes successives qu'il a adressé plus de vingt ans au juge d'instruction à l'effet d'obtenir la décision judiciaire qui permettra la régularisation de sa situation administrative. Il estime que cette situation le prive de ses droits pourtant garantis par les textes fondamentaux.

La Cour ayant statué sur les moyens présentés par le requérant, relève que le recours fait état de la violation des droits fondamentaux garantis par la Constitution, notamment le droit d'être jugé dans un délai raisonnable. La Haute Cour fonde sa conviction sur le principe établi par l'article 7.d) de la Charte africaine des droits de l'homme et des peuples[701] qui fait partie intégrante de la Constitution.[702]

La Haute juridiction a constaté qu'il est établi que depuis plus de vingt-quatre (24) ans, plus aucun acte n'a été accompli dans ledit dossier sans que la poursuite pénale exercée contre lui ait connu un quelconque aboutissement. Ainsi la Cour constitutionnelle a conclu qu'il découle de ce temps un délai anormalement long qui porte atteinte au droit d'être jugé dans un délai raisonnable.[703] Or, le délai raisonnable est l'un des éléments consubstantiels du droit au juge qui est aussi une exigence du procès équitable.[704]

En conclusion la Cour constitutionnelle a sanctionné la méconnaissance du principe du délais raisonnable, et a ordonné la réparation du préjudice au regard de la violation flagrante des droits fondamentaux.

Il est intéressant de noter que l'œil du juge constitutionnel béninois se pose ici sur des faits résultant de l'attitude du juge et non des gouvernants politiques. Encore une fois, l'on peut considérer qu'il fait une interprétation très extensive des droits fondamentaux, mais le mieux est de dire qu'il creuse à fond les subtilités constitutionnelles au bénéfice du justiciable. Comme dans bien d'autres cas, le requérant dans le cas examiné, est demeuré complètement démuni

---

[701] *« Toute personne a droit à ce que sa cause soit entendue. Ce droit comprend:[...]d) le droit d'être jugé dans un délai raisonnable par une juridiction impartiale».*

[702] Article 7 de la Constitution de la République du Bénin du 11 décembre 1990 telle que modifiée à ce jour, *op.cit.*

[703]DJOBENOU, J., « Délai raisonnable », *in ABJC*, *Revue de contentieux constitutionnel*, 1-2013, pp.592-593.

[704]Voir MONTCHO-AGBASSA, E.-C., *Contribution à l'étude d'une notion à contenu variable : Le délai raisonnable en droit privé*, Thèse de doctorat, Chaire UNESCO des droits de la personne humaine et de la démocratie, FADESP, UAC, 2009, p.1 cité par OLANTOUNDJI CHABI KPANDE, J, « Décalogue des principales décisions de la présidence Ouinsou, in « Jurisprudence de la Cour constitutionnelle : les droits fondamentaux. Livre Etudes en l'Honneur des 2ème et 3ème mandatures présidées par Conceptia Liliane Denis Ouinsou 1998-2003 et 2003-2008 », *op.cit.*453.

contre une situation juridique dans laquelle l'arsenal légal et constitutionnel, pendant plus de vingt ans, ne lui dévoilait la moindre arme ni la moindre issue.

D'ailleurs le raisonnement de la Cour coïncide à la conviction de nombre d'auteurs qui considèrent que le délai raisonnable a pour vocation d'assurer la protection des droits fondamentaux des justiciables en leur évitant les lenteurs excessives de la justice. Le droit à un délai raisonnable constitue donc un élément primordial de l'effectivité et de la qualité de la protection juridictionnelle à laquelle tout justiciable a droit.[705]

La Cour est demeurée constante dans sa jurisprudence rappelant *que le principe du délai raisonnable est donc l'une des poutres maitresses de l'édifice de l'État de droit.*[706]

Parmi tant d'autres on peut considérer que cette décision DCC 03-144 du 16 octobre 2003 a fait recouvrer l'espoir à un justiciable désespéré face au juge pénal ordinaire béninois, en sa cause, aussi sourd que le juge inique des Evangiles.[707]

Cela justifie aussi de la confiance de la population et des institutions béninoises en la Cour constitutionnelle. Ainsi peut-on relever l'apport du juge constitutionnel non seulement en matière des droits et libertés mais aussi au fonctionnement régulier des institutions.

§2. APPORT AU FONCTIONNEMENT RÉGULIER DES INSTITUTIONS, ET À L'ACTIVITÉ DES POUVOIRS PUBLICS BÉNINOIS.

Déterminant les prérogatives de la Cour Constitutionnelle l'article 114 de la Constitution du 11 décembre 1990 dispose : […] *Elle est l'organe régulateur du fonctionnement des institutions et de l'activité des pouvoirs publics.*

Comme s'il voulait éviter de loger le diable dans les détails, le constituant n'est pas allé plus loin pour déterminer le contenu de cette mission régulatrice attribuée à la Haute juridiction béninoise. L'effort de la doctrine en droit comparé pour en préciser les contours conduit à une diversité d'interprétations lesquelles, pour certains, en augmentent l'imprécision. La fonction est polysémique selon Nicaise Mede.[708]

Le même auteur rappelle que déjà en 1962, le Conseil constitutionnel français emploie aussi l'expression lorsqu'il se déclare être « un organe régulateur » de l'activité des pouvoirs publics[709] sans pour autant donner

---

[705] DCC97 -006 du 18 février 1997 ; DCC 00-51 du 31 août 2000 ; DCC04-084 du 28 mai 2003.

[706] DCC97-006 du 18 février 1997 ; DCC00-051 du 31 août 2000 ; DCC 03-084 du 28 mai 2003 ; DCC03-144 du 16 octobre 2003.

[707]Luc 18 : 16, *La Sainte Bible*, https://saintebible.com, consulté le 06/02/2023.

[708] Voir MEDE, N., *Les grandes décisions de la Cour constitutionnelle du Bénin op.cit.* pp.24 et 25.

[709] Décision n°62-20 du 6 novembre 1962 ; Loi référendaire du 6 novembre 1962, *in* FAVOREU, L. et PHILIP, L., *Les grandes décisions du Conseil constitutionnel*, Paris, Dalloz, 14e édit. 2007, pp.162 et s.

un contenu qu'il dit tenir de l'esprit de la Constitution. La doctrine et la jurisprudence étrangères sur le contenu de la compétence régulatrice donnent à constater avec Jean Gicquel que l'expression et autant suggestive qu'imprécise[710] ou avec Martin Collet[711] qui estime que la suggestion de Michel Verpeaux selon laquelle *la régulation serait à mi-chemin du conseil et de la décision générale* ne fait *qu'embrouiller les choses au lieu de les éclairer.*[712]

Toutefois, on peut noter que le juge constitutionnel a tissé lui-même sa compétence régulatrice autour de l'article 114. Elle est au centre d'observations et commentaires très instructives de la part de chercheurs en droit public et dans la pratique du droit.

A. LA RÉGULATION EN DROIT BÉNINOIS : UNE CONSTRUCTION POLYMORPHE.

Les résultats de la recherche béninoise contemporaine sur la jurisprudence de la Cour constitutionnelle et sur sa fonction de régulation permettent de considérer au premier plan les contributions de Nicaise Mède, à qui on revient sans nuire à la clarté de la réflexion, et de Gilles Badet.

Le premier, formule des observations très riches sur la jurisprudence de la Cour, et notamment sur la décision DCC-03 du 12 mai 2003. Et, il tente une définition qui le mène à distinguer la régulation passive de la régulation active. Le second sur la base d'une étude jurisprudentielle très poussée, confère à la régulation une fonction de lubrifiant du système démocratique béninois. Et, il dégage de cette assertion trois catégories de régulation : la régulation *lubrifiant institutionnel, la régulation discipline des acteurs politiques, et la régulation* mixte.

Leurs présentations méritent qu'on les examine pour comprendre l'apport de la Cour constitutionnelle à la stabilisation, et à la continuité de l'appareil institutionnel démocratique au Bénin. Il est convenable d'abord de présenter leurs perceptions théoriques respectives ; ensuite de relever quelques décisions phares qui leur ont servi d'appui ; et enfin apprécier l'incidence de la régulation ainsi clarifiée.

Selon Nicaise Médé, *la notion de la régulation semble procéder d'un certain existentialisme juridique. Sans essence a priori, son contenu se détermine in concreto, au fur et à mesure que la juridiction constitutionnelle que la juridiction constitutionnelle examine et tranche les cas soumis à sa décision.*[713]

---

[710] GICQUEL J., Préface à BARBAROUSSI, N., *La fonction régulatrice du Président de la République hellénique*, Paris, L.G.D.J.2000, p. IX, cité par MEDE, N., *Les grandes décisions de la Cour constitutionnelle du Bénin, op.cit.* p. 24.
[711] COLLET, M., cité par MEDE N, *Les grandes décisions de la Cour constitutionnelle du Bénin, op.cit.* p. 24.
[712] VERPEUX, M., cité par MBORANTSUO M-M, *La contribution des Cours constitutionnelles à l'Etat de droit en Afrique*, Paris, *Economica*, 2007, p.239.
[713] MEDE, N., *Les grandes décisions de la Cour constitutionnelle du Bénin, op.cit.* p.27.

Se référant à plusieurs décisions de la Cour[714], l'auteur suggère sur la base de son postulat théorique, une catégorisation de la fonction de régularisation en deux types : la régularisation passive et la régularisation active. Pour l'auteur, on considère qu'il y a régulation passive lorsque la Cour constitutionnelle sollicitée à intervenir s'abstient. Dans ce cas, il y a une valorisation du libre jeu des forces politiques. Et un renforcement du principe de la séparation des pouvoirs.

Une telle analyse nous semble perfectible car il est difficile de concilier la notion de régulation laquelle implique une action tendant à empêcher l'inertie, à départager les acteurs ou à débloquer une autre action avec la non action de l'organe régulateur. En d'autres termes cela équivaudrait à ce que chaque fois que la Cour se déclare incompétente dans une cause, elle exercerait son pouvoir de régulation.

Pour cette raison, il nous semble mieux indiqué de ne retenir que la face active de la régulation qui place la Cour dans le rôle d'arbitre central.[715]

Cette fonction est illustrée à suffisance par des nombreuses décisions dont la plus retentissante est la décision DCC03-077 du 7 mai 3003 Gougbedji Cyrille et alii[716], venue après la décision DCC03-078 du 12 mai 2003 Akobi Issifou Ahmed et autres.[717]

Avant de les examiner on peut découvrir les facettes du pouvoir régulateur béninois sous l'encre de Gilles Badet qui écrit :

En définitive , de la jurisprudence établie par le juge constitutionnel béninois,[...] on peut retenir que la fonction de régulation du fonctionnement des institutions et de l'activité des pouvoirs publics revient, pour la Cour constitutionnelle béninoise, lorsqu'elle est saisie à cet effet , et le juge nécessaire , soit, de faire en sorte que le fonctionnement des institutions soit remis en marche lorsque certaines circonstances ou comportements en viennent à les paralyser, menacer leur équilibre ou leur continuité – c'est à cet égard que la Cour estime qu'en qualité d'organe régulateur du fonctionnement des institutions et de l'activité des pouvoirs publics[...] elle est fondée à prendre toute décision qui permette d'éviter la paralysie du fonctionnement des institutions de la République », soit , de modérer les ardeurs et de discipliner les acteurs publics dans la manière dont ils exercent leurs attributions de façons à ce que le fonctionnement des institutions et l'accomplissement des activités soient conformes à l'intérêt général et à l'ordre constitutionnel.[718]

---

[714] *Idem.*

[715] MEDE, N., *Les grandes décisions de la Cour constitutionnelle du Bénin, op.cit.,* pp.28-29.

[716] DCC 03-077 du 7 mai 3003 Gougbedji Cyrille et alii, Recueil 2003, p.311.

[717] DCC 03-078 du 12 mai 2003 AkobiIssifou Ahmed et autres, *Recueil,* 2003, p.317.

[718] BADET, S.- G., *op.cit.,* pp.436 et s.

Le mérite de cette citation, que nous nous sommes permis de reproduire dans sa longueur, est que l'auteur y clarifie mieux la substance de la fonction de régulation au Bénin.

Cela permet de comprendre le sens et le contenu de la classification qu'il en fait. De l'examen de la jurisprudence constitutionnelle béninoise, on distingue comme exprimé ci- haut, d'une part, la régulation « *lubrifiant institutionnel* ».

Elle consiste pour la Cour constitutionnelle, à intervenir, sur demande, pour que par sa décision, et les injonctions qu'elle comporte, il soit fait échec à une situation de paralysie imminente ou réelle d'une institution de la République, d'autre part, la régulation - discipline des acteurs publics a un caractère disciplinaire consistant pour la Cour constitutionnelle, sur demande, et alors même qu'aucune paralysie effective ou imminente n'est à déplorer dans le fonctionnement d'une institution de la République, à sanctionner – si elle l'estime nécessaire -, par la déclaration d'inconstitutionnalité, le comportement d'un acteur public considéré contraire aux prescriptions de la Constitution ou du bloc de constitutionnalité qui lui paraissent devoir s'imposer en vue d'un nouveau comportement conforme aux prescriptions constitutionnelles.[719] Cela apparaît notamment, dans les décisions DCC05-139 du 17 novembre 2005 et DCC96 017 du 05 Avril 1996, déjà citée.

À l'analyse de ces perceptions doctrinales, et surtout de l'étude du contentieux constitutionnel béninois, on peut retenir que la régulation est pour la démocratie béninoise ce qu'est l'huile au moteur. Et qu'en définitive elle est identifiable lorsque l'intervention de la Cour constitutionnelle permet de débloquer une situation de crise, d'empêcher un blocage ou une paralysie des institutions. L'on pourrait ainsi distinguer la fonction régulatrice de déblocage et une régulation préventive. L'on peut considérer que sous divers aspects la régulation est une œuvre additive du juge constitutionnel à l'œuvre du constituant.

B. LA RÉGULATION : UNE ADDITION DU JUGE CONSTITUTIONNEL BÉNINOIS À L'ŒUVRE DU CONSTITUTUANT ORIGINAIRE.

Quelques cas de jurisprudence permettent d'apprécier les facettes du pouvoir régulateur exercé par le juge constitutionnel au Bénin. Ses décisions ont l'avantage de dévoiler les angles pris par le juge constitutionnel, même au prix de quelques nobles contradictions apparentes pour arriver à sa mission régulatrice. Il serait fastidieux d'analyser son œuvre de manière exhaustive.

On peut se limiter à quelques décisions-phares relatives à la « régulation active[720] » (DCC03-077 du 7 mai2003 et DCC03-078 du 12 mai

---

[719] BADET, S.-G., *Contrôle infra normatif et contrôle ultra normatif de constitutionnalité. Contribution à l'identification des sous catégories du modèle kelsénien de justice constitutionnelle à partir des systèmes belge et béninois, op.cit.* p.405

[720]MEDE, N, *Les grandes décisions de la Cour constitutionnelle du Bénin, op.cit.*, p. 28

2003), à la régulation « lubrifiant institutionnel[721] », à la « régulation-discipline[722]» de comportement politique (DCC 96 017 du 5 avril 1996), et à la « régulation mixte» (DCC 01-013 du 29 janvier 2001).

1. La régulation « active » dans les décisions DCC 03-077 du 7 mai 2003[723] et DCC 03-078 du 12 mai 2003.

Il s'agit de décisions où le juge constitutionnel béninois est dans une posture d'arbitre central.[724]

Aux termes de la décision Akobi Issifou Ahmed et autres du DCC03-077 du 7 mai 2003, la Cour sur la base de l'article 35 de la Constitution qui prescrit à tout agent public d'exercer ses fonctions *« dans l'intérêt et le respect du bien commun, a jugé que la doyenne d'âge a violé la Constitution ».*

En effet, après la rentrée parlementaire du 22 avril 2003, le bureau d'âge de l'Assemblée nationale a convoqué les députés pour l'élection des membres du bureau de l'Assemblée nationale le 25 avril 2003 ; Après avoir ouvert la séance électorale , reçu les candidatures et ouvert le vote pour le premier poste à pourvoir , la doyenne d'âge, Madame, Rosine Vieyra Soglo a arrêté le processus pour demander que la composition du bureau de l'institution parlementaire tienne compte de la configuration politique de l'Assemblée nationale. La doyenne d'âge comprend cette exigence comme « un partage des poste du Bureau entre la mouvance et l'opposition ». Face à la résistance des membres du parlement à cette proposition, la doyenne d'âge à suspendu à plusieurs reprises le processus de désignation des membres du Bureau de l'Assemblée nationale.

La Cour est alors saisie, des recours le 02 et 03 mai 2003 par lesquels, il lui est demandé de constater que la doyenne d'âge en agissant comme elle l'a fait a violé la Constitution, d'enjoindre à la doyenne d'âge sur la base de l'article 114 de la Constitution de poursuivre le processus électoral de désignation du président de l'Assemblée nationale sans discontinuité et, d'ordonner la poursuite du processus électoral des autres membres du bureau du parlement par le nouveau président élu.

La Cour constitutionnelle relève qu'il résulte « des dispositions tant de la Constitution que du *bloc de constitutionnalité* que le doyen d'âge de l'Assemblée nationale, président de la séance consacrée à l'élection des membres du bureau de l'Assemblée ne peut que soumettre au vote les candidatures qu'il a reçues, poste par poste au cours de la même séance. Elle considère que ce dernier n'a compétence ni pour remettre en cause les candidatures reçues ni pour en susciter d'autres. En conséquence, la Cour constitutionnelle a dit et jugé qu'en

---

[721]BADET, S-G., *Contrôle infra normatif et contrôle ultra normatif de constitutionnalité. Contribution à l'identification des sous catégories du modèle kelsénien de justice constitutionnelle à partir des systèmes belge et béninois, op.cit.* p. 405

[722] *Idem.*

[723]DCC03-077 du 7 mai 2003 Gougbedji Cyrille et alii, *op.cit.*

[724] MEDE, N., *Les grandes décisions de la Cour constitutionnelle du Bénin, op.cit.* p.30

procédant à des suspensions de séances répétées aux fins de recueillir de nouvelles candidatures, la doyenne d'âge de l'Assemblée nationale a violé les dispositions de l'article 15 du règlement intérieur du parlement et celles de l'article 82 alinéa 1 de la Constitution. »

Et, en plus, la Cour a relevé la violation de l'article 35 de la Constitution par la doyenne d'âge de l'Assemblée nationale aux termes duquel : « les citoyens chargés d'une fonction publique ou élus à une fonction politique ont le devoir de l'accomplir avec conscience, compétence, probité, dévouement et loyauté dans l'intérêt et le respect du bien commun ».

Notifiée de cette décision la doyenne d'âge de l'Assemblée nationale y restera sourde. À la suite de cette obstruction assimilée à une manœuvre dilatoire, la Haute juridiction est saisie d'un deuxième recours introduit le 09 mai 2003, par lequel Monsieur Cyrille Gougbedji forme un recours en inconstitutionnalité du blocage du processus électoral des membres du Bureau de l'Assemblée nationale au titre de la 4ème législature » ; la Cour est également saisie d'une requête du 12 mai 2003 par laquelle Maître Ahmed Issifou Akobi , député à l'Assemblée nationale, défère à la censure de la Haute Juridiction, les violations répétées de la Constitution par la doyenne d'âge de l'Assemblée nationale et son refus de se conformer à la décision DCC 03 077 du 7 mai 2003. Considérant que les deux recours portent sur le même objet et tendent vers les mêmes fins, la Cour a procédé à la jonction de deux causes, a statué, et décidé que : « La doyenne d'âge, Madame Rosine Vieyra Soglo, a de nouveau violé la Constitution » ; la Cour a dit et jugé que:

- *La doyenne d'âge doit convoquer l'Assemblée nationale dès la date de la présente décision et poursuivre sans discontinuité, au cours de la même séance, l'élection des autres membres du Bureau.*
- *En cas de résistance, il sera procédé immédiatement à son remplacement par le doyen d'âge suivant, et ainsi de suite jusqu'à l'aboutissement du processus électoral.*
- *Tout le processus électoral doit se dérouler dans les 48 heures de la date de la présente décision.*
- *Le Bureau de l'Assemblée nationale devra être installé au plus tard le mercredi 14 mai 2003 à minuit.*

Cette sentence énergique de la Cour constitutionnelle a eu raison des atermoiements politiciens surtout par des mesures comminatoires dont la dernière décision fut assortie. Le processus électoral a suivi son cours. Ce qui n'eut pas été possible avant l'institution d'un organe juridictionnel de régulation.

2. Régulation : « lubrifiant institutionnel » dans la décision DCC 05-139 du 17 novembre 2005. »

La fonction de la Cour en tant que lubrifiant institutionnel dont le contenu a été ci-haut expliquée trouve sa meilleure illustration, entre autres, dans la décision DCC 05-139 du 17 novembre 2005 dans laquelle la Cour constitutionnelle béninoise fait injonction au gouvernement, au Ministre des Finances et de l'économie de débloquer les fonds nécessaires au démarrage des travaux de la CENA en prévision de l'élection présidentielle à l'approche de la fin du dernier mandat du Président Matthieu Kérékou en 2006. Il sied sonder les faits.

Alors que l'élection devait avoir lieu au mois de mars de la même année, et que depuis deux mois la Commission électorale nationale autonome (CENA) était déjà installée. Les fonds nécessaires à son fonctionnement n'avaient pas été débloqués par le gouvernement alléguant de vouloir « *ramener les différents budgets de la CENA et des autres institutions à des normes raisonnables*.»

C'est grâce à la décision de la Cour que la situation a été débloquée car le gouvernement et les ministres s'y sont pliés non sans résistance.

En effet, se fondant sur l'article 114 de la Constitution, la Cour s'est prévalue de cette disposition qui fait d'elle « l'organe régulateur du fonctionnement des institutions et de l'activité des pouvoirs publics ». Ajoutant qu'en cette qualité, « elle a compétence pour prendre toute décision susceptible d'éviter la paralysie du fonctionnement régulier des institutions et des pouvoirs publics ». La Cour a convoqué et écouté un ministre du gouvernement qui a confirmé que les moyens financiers n'avaient pas encore étaient mis à la disposition de la CENA à la date du 17 novembre 2005. Elle a en établi le constat, et a poursuivi « [...] le terme du mandat présidentiel en cours étant le 06 avril 2006 à minuit, il urge que le processus électoral se poursuive ; qu'en conséquence, la Cour, organe régulateur du fonctionnement des institutions et de l'activité des pouvoirs publics, demande au gouvernement et à l'Assemblée nationale de prendre en urgence toutes les mesures administratives et législatives nécessaires au déroulement harmonieux du processus électoral pour l'élection du Président de la République en mars 2006, ordonne au gouvernement et spécialement au ministre des Finances et de l'Economie de mettre dans les vingt-quatre (24) heures de la présente décision à la disposition de la CENA une avance substantielle de fonds pour assurer le démarrage immédiat de ses activités».

La Cour a dit et jugé : « que la CENA devra gérer ces fonds conformément aux règles de l'orthodoxie financière ».

Notons que cette procédure fut déclenchée sur la saisine de deux personnes. Trois semaines se sont écoulées sans que le gouvernement et les ministres concernés s'exécutent pour obtempérer aux injonctions de la Haute juridiction béninoise. C'est alors que trois autres requérants saisissent de nouveau la Cour. L'un lui demande de constater le non-respect de sa décision DCC 05-139, l'autre relève une série des dispositions constitutionnelles et demande à la Cour de juger que le gouvernement, et les ministres à charge des Finances et de l'Economie, les ont violés, et le troisième sollicite de la Cour qu'elle « débloque le processus électoral.»

Faisant droit aux moyens à elle soumis, la Cour évoque l'article 124, alinéas 2 et 3 de la Constitution aux termes desquels *: les décisions de la Cour constitutionnelle ne sont susceptibles d'aucun recours. Elles s'imposent aux pouvoirs publics et à toutes les autorités civiles, militaires et juridictionnelles*. En plus, la Cour se basant sur les implications de ce texte dans la loi organique sur la Cour Constitutionnelle en son article 134 alinéas 2, 3, 4, rappelle par la décision DCC 05 -145 du 1er décembre 2005 que « *[...] ses décisions doivent en conséquence être exécutées avec la diligence nécessaire* ».

Par conséquent la Cour en déduit « *que le gouvernement est tenu d'exécuter la Décision DCC 05-139 en mettant une avance substantielle à la disposition de la CENA.* », *et conclut « qu'en se comportant comme ils l'ont fait, le gouvernement et le ministre de Finances et de l'Economie. Ont violé par ailleurs l'article 35 de la Constitution aux termes duquel : « Les citoyens chargés d'une fonction publique ou élus à une fonction politique ont le devoir de l'accomplir avec conscience, compétence, probité, dévouement et loyauté dans l'intérêt et le respect du bien commun* ».

3. De la « régulation-discipline » dans la décision DCC 96 017du 5 avril 1996.

Sous la Ve République béninoise la Constitution est une forteresse sous une garde renforcée. Ainsi, les propos, les procédures et les écarts non conformes à sa lettre et à son l'esprit sont recadrés par le juge constitutionnel sans exception. En témoigne notamment, la décision DCC96 017 du 05 Avril 1996 par laquelle, la Cour constitutionnelle a su trouver des arguments pertinents pour sanctionner certains comportements du Président de la République et donner des injonctions pour que ceux-ci soient repris et accordés avec les exigences constitutionnelles.[725]

En l'espèce, le Président Matthieu Kérékou, sorti victorieux de l'élection présidentielle de mars 1996 au détriment du président en exercice, Nicéphore Soglo, lequel devait, avant son entrée en fonctions, prêter serment comme l'exige l'article 53 de la Constitution. Mais devenu chrétien, le Président a omis volontairement ou involontairement de lire la portion du serment mentionnant « *les mânes des ancêtres* », lors de sa prestation du serment le 04 avril 1996, qui fut reçu par le Président de la Cour constitutionnelle devant l'Assemblée Nationale.

Le même jour deux citoyens relevant cette omission saisissent le juge constitutionnel. La requête du premier requérant, Monsieur Aurélien Gangbe, demande à la Cour de « *contrôler la conformité à la Constitution du*

---

[725]BADET, S.- G, *contribution des mandatures Ouinsou (1998-2008) à l'émergence d'une conception béninoise de la fonction de régulation*, in « Jurisprudence de la Cour constitutionnelle : les droits fondamentaux. Livre Etudes en l'Honneur des 2E et 3E mandatures présidées par Conceptia Liliane Denis Ouinsou 1998-2003 et 2003-2008 », pp.379-440. URL https://courconstitutionnel.b , consulté le 02/02/2023.

serment tel que prêté le 04 avril 1996 par le président de la République ». Le Deuxième, Monsieur Fagnitou Glilles R.B., se plaint *du non – respect de la Constitution du 11 décembre 1990 par le président de la République lors de la prestation de serment* ». La Cour a statué le jour suivant, et s'est fondé quant au fond sur, sur l'article 53 de la Constitution, lequel, selon elle, édicte « une formule sacramentelle indivisible », pour juger que cette formule ne saurait en aucun cas, subir une quelconque modification ». La Cour conclut que le serment prêté le 04 avril 1996 par le Président de la République est « *non conforme à la Constitution.* »

Le Président Kérékou s'est conformé à la décision de la haute juridiction, et a dû reprendre sa prestation de serment en lisant intégralement tous les mots. D'aucuns estiment que par cette jurisprudence, le juge constitutionnel béninois contribue à discipliner le Président de la République et d'autres pouvoirs constitués sans excepté le Parlement comme cela est illustré notamment dans la DCC 01-013 du 29 janvier 2001.

4. La régulation mixte dans la décision DCC 01-013 du 29janvier 2001 et dans la décision controversée DCC 09-002 du 08 janvier 2009.

La régulation mixte emprunte à la *régulation lubrifiant institutionnelle* et de la *régulation- discipline* certains éléments tels que nous les avons présentés ci-haut. Une doctrine béninoise qualifiée, en est arrivée à cette conceptualisation après l'étude de décisions prises par la Cour constitutionnelle dans des nombreuses causes, et particulièrement sur des recours contre les conditions d'élection de députés à la Haute Cour de justice de 2001 à 2009.

En cette période la jurisprudence constitutionnelle béninoise a offert une espèce de feuilleton concernant l'élection des députés membres de la Haute Cour de Justice. Pour mieux appréhender les faits, les moyens juridiques à l'appui de recours initiés, et les fondements constitutionnels de décisions de la Cour à ce propos, il est convenable d'analyser d'un même trait les deux décisions concernées (DCC 01-013 du 29 janvier 2001et DCC 09-002 du 08 janvier 2009).

4.1. Régulation dans la désignation des députés membres de la HCJ : état de la jurisprudence de 2001 à 2008.

Rappelons qu'en 2001, la désignation de six députés qui devaient siéger à la Haute Cour de Justice s'est faite au scrutin secret sur la base d'une liste unique de onze (11) candidats, tous députés. La procédure retenue fut la même que celle prévue pour les membres du Bureau de l'Assemblée Nationale. L'élection s'est déroulée en trois tours au scrutin majoritaire. Aux deux premiers tours, la majorité absolue requise ne fut pas atteinte. Au 3ème tour, il fut requis une majorité simple. Il s'en est suivi que six députés appartenant tous à l'opposition furent élus pour siéger à la Haute Cour de justice. À la suite de ce vote, la Cour constitutionnelle fut saisie d'un recours par lequel le requérant, se fondant sur l'article 135 de la Constitution, s'indignait de ce que « les six sièges [...] « ont été raflés par l'opposition parlementaire usant de sa majorité mécanique.»

Et, au requérant de conclure que les juges élus par l'Assemblée Nationale, dans ces conditions, *« ne représentaient pas une garantie de neutralité».* Ce à quoi, la Cour a répondu par sa décision DCC 01-113 du 29 janvier 2001 que : *D'une part la Constitution, les dispositions précitées [celles de l'article 135 de la Constitution] ne font aucune référence ni à la configuration politique de l'Assemblée Nationale [comme en ce qui concerne l'élection des membres du Bureau de l'Assemblée nationale en dehors de son Président] ni à aucun équilibre ; [...] d' autre part, seule la qualité de député est requise pour être membre de la Haute Cour de Justice au titre de l'Assemblée Nationale ; [...] en conséquence, les moyens tirés de la violation de la Constitution ne sauraient prospérer [...]*

Lors du renouvellement des membres de la Haute Cour de Justice en 2003, les six (6) députés membres de cette Haute juridiction béninoise furent votés au scrutin secret à la proportionnelle avec le plus fort reste. Des recours furent introduits en contestation de certaines procédures de cette désignation.

Pour y répondre la Cour est restée dans la trajectoire de sa jurisprudence précédente en réaffirmant que « *ni la Constitution, ni la loi organique sur la Haute Cour de justice, ni le Règlement intérieur de l'Assemblée Nationale n'ont prévu une procédure spécifique à cet effet.* [...] *les six députés membres de la Haute Cour de justice ont été élus au scrutin secret [leur] désignation n'est pas contraire à la Constitution.*

Ainsi, l'on a pu observer que jusqu' avant 2009, le mode de scrutin importait peu[726], et que la seule exigence acceptée par la Cour fut celle établie par le Règlement intérieur de l'Assemblée Nationale, à savoir, le caractère secret du vote.[727] Mais à partir de 2009, l'œuvre du juge constitutionnel en la même matière va prendre un nouveau virage.

4.2. La Régulation dans la désignation des députés à la Haute Cour de Justice en 2009 : revirement ou évolution de la jurisprudence ?

C'est encore à l'occasion de la désignation des députés candidats membres à la Haute Cour de Justice en 2008 qu'on assiste à une *saga* qui a donné lieu à quelques recours ayant conduit à un revirement de jurisprudence de la part du juge constitutionnel béninois.

La Cour constitutionnelle a réajusté son pouvoir régulateur par une interprétation singulière, audacieuse mais aussi ingénieuse, dans sa décision DCC09-002 du 08 janvier2009[728].

---

[726] AIVO, F.J., « Les juridictions constitutionnelles et les crises, le cas du Bénin », Communication au 5ème Congrès de l'Association des Cours et Conseils constitutionnels ayant en partage l'usage du Français (ACCCPUF), Cotonou, 22 juin 2009, p.13.

[727] BADET, S- G, *Contribution des mandatures Ouinsou (1998-2008) à l'émergence d'une conception béninoise de la fonction de régulation, op.cit.* pp. 419 et s.

[728]BADET, S.-G, *Contribution des mandatures Ouinsou (1998-2008) à l'émergence d'une conception béninoise de la fonction de régulation, op.cit.* p. 419.

Compte tenu des rebondissements attachés à cette Décision ainsi qu'aux remous qu'elle a suscités, dans une sorte de bras de fer qui n'a pas dit son nom, entre une branche de l'organe législatif béninois et le juge constitutionnel, on peut bénéficier de clémence pour s'y attarder.

Les faits remontent à l'année 2008. En décembre, la Commission des lois de l'Assemblée nationale fut saisie par cette institution aux fins de lui indiquer la modalité convenable pour la désignation des membres de la Haute Cour de justice, en application de l'article 135 de la Constitution et 185 du Règlement intérieur de l'Assemblée Nationale. La Commission a proposé la désignation de six (06) membres à la Haute Cour de justice selon la représentation proportionnelle avec le plus fort reste.

Selon la conception de la Commission de lois, sa proposition, au cas où elle serait admise, permettrait aux groupes parlementaires minoritaires d'avoir au moins un membre ou de se concerter pour en désigner un[729]. La Commission proposait qu'il faille d'abord procéder à la répartition des sièges entre les partis, ensuite qu'il soit demandé aux groupes parlementaires de proposer respectivement leur candidat, et le Bureau de l'Assemblée Nationale procéderait à l'établissement d'une liste unique comportant les six (06) députés choisis par les groupes parlementaires, et qu'il fallait enfin soumettre à la plénière en vue de son adoption au scrutin secret.

Cette proposition devait être présentée pour adoption à la plénière de l'Assemblée Nationale, c'est alors qu'un député[730] formula un amendement qu' *« il est retenu le principe d'une élection libre et transparente des représentants de l'Assemblée nationale à la Haute Cour de Justice. Tout député est libre de présenter sa candidature. Chaque député vote respectivement pour les six candidats qui lui apparaissent comme les meilleurs pour représenter l'Institution. Tout bulletin comportant plus de six choix est nul ».*

Cet amendement a été retenu par la plénière qui l'a adopté, et a rejeté la répartition de sièges à la proportionnelle présentée par la Commission des lois.

Les résultats donnèrent effectivement six (06) députés pour siéger à la Haute Cour de Justice selon la configuration suivante :

- Cinq (05) députés appartenant à quatre (04) groupes parlementaires[731] sur les sept (07) que comptait l'Assemblée Nationale ;
- aucun député pour les trois autres groupes,
- et un (01) député non inscrit, donc n'appartenant à aucun groupe parlementaire.[732]

---

[729] *Idem.*

[730] Le député Augustin Ahouanvolebla du groupe parlementaire « PRD-PRS ».

[731] BADET, S.-G, *Contribution des mandatures Ouinsou (1998-2008) à l'émergence d'une conception béninoise de la fonction de régulation, op.cit.* pp. 419 et s.

[732] BADET, S.-G, *Contribution des mandatures Ouinsou (1998-2008) à l'émergence d'une conception béninoise de la fonction de régulation, op.cit.* pp. 419

Aussitôt, deux particuliers et deux députés membres des groupes parlementaires qui n'ont pas eu d'élus à la Haute Cour de Justice ont saisi la Cour constitutionnelle pour contester le déroulement de l'élection.

Le premier requérant, un particulier, soutint dans sa requête que « cette procédure qui permet à des groupes parlementaires de pouvoirs se faire représenter par plus d'un député au moment où d'autres n'ont pu rien obtenir ne saurait être conforme à l'article 135 de la Constitution [...] L'article 185 du Règlement intérieur de l'Assemblée Nationale [...] ne saurait encourager que des groupes parlementaires s'arrogent le droit de s'attribuer plus d'un siège au moment où d'autres n'ont rien obtenu».

Par ces moyens et pour ces raisons, le même requérant demanda à la Cour de déclarer cette désignation contraire à la constitution et d'ordonner sa reprise par les députés. L'un de député demandeur, après avoir rappelé les modalités de désignation pratiquées en 2001 et en 2003, validées par la Cour constitutionnelle, s'interroge dans sa requête : *« bien que la Constitution, la loi organique sur la Haute Cour de Justice ou le Règlement intérieur de l'Assemblée nationale ne font pas référence à une quelconque modalité de désignation, doit-on admettre que les mêmes dispositions des articles 135 de la Constitution et 185 du Règlement intérieur de l'Assemblée nationale fassent à chaque désignation des représentants du parlement l'objet d'application circonstanciée* ? »

Fort de son argumentaire interrogatif, le député demande à la Cour, [...] *d'imposer à l'Assemblée Nationale la modalité de désignation à la proportionnelle au plus fort reste qu'elle a utilisée en 2003,* et poursuit : *parce que celle-ci devait l'emporter sur la modalité de vote majoritaire utilisée en 2001.* Et, il conclut que pour toutes ces raisons la désignation incriminée devrait être déclarée contraire à la Constitution.

Le deuxième député requérant, reprend la même demande en prenant appui sur l'article 36 de la Constitution (déjà utilisé par bien d'autres citoyens) qui dispose que : « chaque béninois a le devoir de respecter son semblable et de considérer son semblable sans discrimination aucune et d'entretenir avec les autres des relations qui permettent de sauvegarder, de renforcer et de promouvoir le respect , le dialogue et la tolérance réciproque en vue de la paix et la cohésion nationale. » Et, il enchaine que « le recours répété et abusif à la majorité mécanique, foulant ainsi aux pieds les principes sacro-saints de la démocratie et de l'État de droit, entretient l'intolérance et la tendance à remettre en cause dans la pratique les règles de droit établies».[733]

Et, enfin, le dernier requérant, le deuxième particulier, sollicite de la Cour l'invalidation de la désignation en cause aux motifs qu'en la faisant, « la représentation nationale a délibérément choisi de rompre l'équilibre ou « la représentativité du groupe au sein de l'Assemblée».

---

[733] Art. 36, Constitution de la République du Bénin du 11 décembre 1990, *op.cit.*

À l'examen de ces quatre recours, et après jonction, la Cour constitutionnelle béninoise a statué et y a répondu en deux étapes.

D'abord au sujet des modalités de désignation des six députés à la Haute Cour de Justice, le juge constitutionnel retourne sa jurisprudence de 2001 et 2003 consistant à considérer que « ni la Constitution, ni la loi organique sur la Haute Cour de Justice, ni le Règlement intérieur de l'Assemblée Nationale n'ont prévu une procédure spécifique à cet effet ».

Dans sa décision DCC 09-002 du 08 janvier 2009, la Cour constitutionnelle retient que « le Peuple béninois, par sa Constitution du 11 décembre 1990, a affirmé solennellement sa détermination de créer un État de droit et de démocratie pluraliste, dans lequel les droits fondamentaux de l'homme, les libertés publiques, la dignité de la personne humaine et la justice sont garantis, protégés et promus [...] ce droit se traduit au sein de l'Assemblée nationale par le respect de sa configuration politique, reflet des deux composantes que sont la majorité et la minorité parlementaires, et ce , quel que soit le nombre de groupes parlementaires composant l'une ou l'autre de ces deux catégories[...] la prise en compte de cette configuration politique implique la répartition proportionnelle dans la désignation des députés appelés à représenter l'Assemblée Nationale en tant que Corps, à animer ses organes de gestion ou à siéger au sein d'autres institutions de l' État [...]

Et, la Cour d'en tirer la conséquence que : [...] s'il est vrai que ni la Constitution, *ni la loi organique sur la Haute Cour de Justice , ni le Règlement intérieur de l' Assemblée Nationale n'ont expressément prévu une procédure spécifique pour cette élection [des députés à la Haute Cour de Justice], il n'en demeure pas moins que la mise en œuvre de ces prescriptions [de la Constitution et du Règlement intérieur de l'Assemblée Nationale qui mettent en œuvre la disposition constitutionnelle] doit se faire conformément aux exigences de la démocratie pluraliste, sur la base de représentation proportionnelle majorité /minorité, principe à valeur constitutionnelle*[734].

Et, la Cour sur cette base, a jugé et décidé que : *« Dans le cas d'espèce, l'Assemblée Nationale a désigné le 19 décembre 2008 les six députés devant siéger à la Haute Cour de Justice uniquement au sein de la majorité parlementaire, en méconnaissant des droits de la minorité [...] cette désignation viole la Constitution.»*

Comme il fallait s'y attendre cette décision a suscité un vif débat tant dans les medias que dans la doctrine[735] , et tel qu'on va le voir dans les milieux politiques.

---

[734] BADET, S.-G, *Contribution des mandatures Ouinsou (1998-2008) à l'émergence d'une conception béninoise de la fonction de régulation, op.cit.* p. 424.

[735] Voir notamment, BOLLE, S., in, *BOLLE, S, « Décision DCC 09-002 du 08 janvier 2009, le bon grain et l'ivraie »*, in https://dial.uclouvain.be, consulté le 10/02/2023.

D'aucuns ont fustigé sans ménagement le retournement de veste de la Cour constitutionnelle rappelant qu'à plusieurs reprises, elle a rejeté les recours appelant à plus d'équité et de prise en compte de la minorité dans les désignations de l'Assemblée Nationale pour la composition de son Bureau (organe de gestion) ou pour la désignation des quatre personnalités membres (sur sept) de la Cour constitutionnelle.[736]

Un autre courant de la doctrine a célébré comme le rapporte un observateur, une bonne année pour la démocratie pluraliste en référence à la décision controversée.[737]

À une seconde étape de la même décision, la Haute juridiction constitutionnelle béninoise donne à son pouvoir de régulation une nouvelle impulsion : *l'injonction.*

Se fondant formellement sur sa compétence de régulation, elle a donné un délai aux fins d'achever la désignation des députés à la Haute Cour de justice : « Considérant qu'aux termes de l'article 114 de la Constitution , la Cour constitutionnelle [...] est l'organe régulateur du fonctionnement des institutions et de l'activité des pouvoirs publics » ; que selon l'article 9 de la Loi n° 93-013 du 10 août 1999 portant loi organique sur la Haute Cour de Justice : « Tout juge à la Haute Cour cesse d'appartenir à cette Juridiction et y est remplacé dans les huit jours[...] ; que « la nouvelle Assemblée ayant été remplacée le 23 avril 2007, la désignation des députés membres de la Haute Cour de Justice aurait dû intervenir au plus tard le 1er mai 2007 ; que la désignation desdits députés n'a eu lieu que le 19 décembre 2008, soit plus de vingt et un (21) mois ; que ce délai anormalement long est préjudiciable au bon fonctionnement de la Haute Cour de Justice ; que dès lors , sur le fondement de l'article 114 de la Constitution précité, il y a lieu de dire que la désignation par l'Assemblée nationale des six députés membres de la Haute Cour de justice doit être effectuée le 15 février 2009 au plus tard.»

Notifiée de cette décision, l'Assemblée Nationale l'a transmise à la Commission des lois aux fins de savoir la conduite à suivre. Ladite Commission s'est réunie le 13 janvier 2009. Et, a fait un rapport à la plénière sur la base de ses recherches tendant à comprendre le sens des concepts « majorité » et « minorité » parlementaires lesquelles ont permis de préciser que « la majorité est un parti ou coalition de partis détenant la majorité de sièges au Parlement par rapport à la « minorité » qui en détient moins.

---

[736] HOUSSOU, B., « La Cour n'a pas dit le droit », *Fraternité* du 12 janvier 2009 ; TOURE, A., la Cour de Robert DOSSOU n'a pas dit le droit », *Le Matinal* du 9 janvier 2009.

[737] KPODAR, A., « *Décision de la Cour constitutionnelle du Bénin DCC09-002 du 8 janvier 2009, Une Bonne année à la démocratie pluraliste.* », cité par BADET S.-G, *Contribution des mandatures Ouinsou (1998-2008) à l'émergence d'une conception béninoise de la fonction de régulation, op.cit.* p.426.

Tirant les conséquences de cet éclairage, la Commission des lois a procédé à un rappel par affinités des forces politiques présentes à l'Assemblée Nationale.[738] Et, elle a dégagé trois (03) tendances : Tendance majoritaire : 44 ; Tendances minoritaire : 37. Non-inscrits : 02 Total : 83. La représentation proportionnelle permettait de distribuer les sièges et désigner les six députés membres de la Haute Cour de Justice se présentaient comme suit : Tendance majoritaire : Trois (03) sièges avec 3,18 ; Tendance minoritaire : Deux (02) + un (01) siège soit trois (03) sièges avec 2, 67. »[739]

La Commission des lois a présenté son rapport lors de la plénière du 15 janvier 2009. Rappelant l'article 124 selon lequel, « *les décisions de la Cour constitutionnelle ne sont susceptibles d'aucun recours. Elles s'imposent aux pouvoirs publics, et à toutes les autorités civiles, militaires et juridictionnelles* », elle a demandé à l'Assemblée nationale d'adopter le rapport surtout en tenant compte du délai impératif fixé par la Cour.

Mais la majorité parlementaire n'a pas accepté de donner son visa à la proposition de la Commission, estimant que la Cour constitutionnelle devait fournir des éclaircissements sur le *principe à valeur constitutionnelle majorité/minorité* dans la désignation de juges à la Haute Cour de Justice ; dire pourquoi fallait-il favoriser des considérations politiques dans la désignation de membres à la Haute Cour de Justice qui est une Haute juridiction comme la Cour constitutionnelle. Sur ces questions un recours fut encore introduit par le Président de l'Assemblée Nationale auprès de la Cour constitutionnelle. Et, c'est sans excès de pessimisme que d'aucuns ont observé qu'il s'est levé une véritable rébellion contre la Décision de la Cour constitutionnelle dans l'Hémicycle béninoise[740].

Aussi, la requête du Président de l'Assemblée Nationale expose que « [...], en application de l'article 114 de la Constitution qui précisent que *la Cour Constitutionnelle est l'organe régulateur du fonctionnement des institutions et de l'activité des pouvoirs publics*, les députés sollicitent : qu'il plaise à votre juridiction de :

1-clarifier «le principe à valeur constitutionnelle de la représentation majorité/minorité et son application dans la désignation des représentants de l'Assemblée Nationale à la Haute Cour de Justice.»

2-définir la notion de Haute Juridiction et préciser au regard de la Décision DCC 08-065 du 26 mai 2008 si la Haute Cour de Justice en est une.»

Saisie de cette demande, la Cour constitutionnelle a considéré dans sa Décision DCC 09-015 du 19 février 2009 que « *les concepts majorité / minorité*

738BADET G., *Contribution des mandatures Ouinsou (1998-2008) à l'émergence d'une conception béninoise de la fonction de régulation*, *op.cit.*, p.427

739BADET, S.-G., *Contribution des mandatures Ouinsou (1998-2008) à l'émergence d'une conception béninoise de la fonction de régulation*, *op.cit.*, p.428

740BADET, S.-G., *Contribution des mandatures Ouinsou (1998-2008) à l'émergence d'une conception béninoise de la fonction de régulation*, *op.cit.*, pp.428 et s.

avaient déjà trouvé une bonne application par la Commission des lois et qu'il revenait à l'Assemblée Nationale de se conformer au rapport présenté par ladite Commission». La Cour a relevé que *cette voie n'a pas été suivie et note « qu'il appert de ces éléments que l'Assemblée Nationale a délibérément décidé d'aller contre l'invite de sa Commission des Lois et de ne pas se conformer à la Décision DCC 09-002 du 8 janvier ; qu'en se comportant ainsi, l'Assemblée Nationale a violé l'article 124 de la Constitution en tous ses alinéas ;[...] l'article 114 de la Constitution.*

Et, la Cour a précisé que *[...] du fait de l'Assemblée Nationale, la Haute Cour de Justice , institution constitutionnelle, n'est pas installée depuis avril 2007 en dépit des prescriptions impératives de l'article 9 de la Loi organique n°93-013 du 10 août 1999 sur la Haute Cour de Justice et de la Décision DCC 09-002 du 08 janvier 2009 ; [...] il échet en conséquence pour la Cour Constitutionnelle de demeurer saisie de tous les aspects du dossier de désignation des députés devant siéger à la Haute Cour de Justice et ce, jusqu'à ce que la Haute Juridiction devienne opérationnelle ; [...] à cette fin , le Président de l'Assemblée Nationale devra transmettre systématiquement à la Cour constitutionnelle les comptes rendus de toutes les séances de l'Assemblée nationale consacrées à cette question».*

Malgré cette Décision, la désignation des six députés membres de la Haute Cour de justice n'a pas fini d'éprouver les nerfs et la sagesse des institutions béninoises, et aussi l'habileté du juge constitutionnel.

D'une part, la Cour constitutionnelle investie d'une mission constitutionnelle de déminage et d'anti-minage ou pour mieux le dire en langage propre, d'*antiblocage* des institutions ne devait pas se radicaliser, elle-même, dans un juridisme qui aurait paralysé le fonctionnement normal de l'Assemblée nationale. Mais en même temps, elle ne devait pas sans se renier en tant que régulateur des institutions, laisser l'Assemblée nationale bloquer le fonctionnement d'une autre institution constitutionnelle, à savoir la Haute Cour de Justice qui attendait depuis deux ans la désignation de ses membres par une Assemblée nationale ficelée par ses propres intrigues entre *majorité et minorité.* Il importait de trouver une solution dont les fondements soient défendables par la Constitution sans une confrontation qui fasse dérailler le régime de la voie constitutionnelle et démocratique, tracée depuis 1990.

D'autre part, le Président de l'Assemblée nationale recherchait des issues pour maintenir son institution sur les principes d'un État constitutionnel et démocratique, mais les méthodes d'usage courant dans la pratique parlementaire rendaient sa tâche encore plus délicate par rapport aux injonctions de la Cour constitutionnelle. Ainsi, il s'était conformé à l'exigence de la Cour en lui communiquant les comptes rendus des séances relatives à la Haute Cour de Justice, tel que cela lui fut exigé.

Il en est ressorti que le 26 avril 2009, des nouvelles modalités de désignation des députés à la Haute Cour de Justice ont été soumises à la plénière par la Commission des Lois. Mais les députés majoritaires mécontents du travail de la Commission ont boycotté la séance en quittant la salle. Les travaux se sont poursuivis par la Tendance minoritaire, et trois députés ont été désignés, sur les six, pour siéger à la Haute Cour de Justice béninoise. Est-il que ce chiffre ne permettait toujours pas à cette Institution de fonctionner conformément à la Constitution et aux lois et Règlements y afférents.

Le Président de l'Assemblée nationale a transmis le rapport de la situation à la Cour Constitutionnelle en y joignant une requête ainsi formulée : « *Au regard de tout ce qui précède, j'estime qu'ayant rigoureusement respecté au cours de cette opération de désignation , la Constitution, les décisions de la Cour constitutionnelle et le Règlement intérieur, la Haute Juridiction devra : 1- dire et juger que le processus de désignation partielle tel qu'effectué au cours de la séance du 26 mars 2009 est conforme aux Décisions visées supra ;2- enjoindre à l'Assemblée Nationale, conformément à l'article 114 de la Constitution, de compléter les noms des représentants restant à pourvoir au niveau des organes concernés et ce, dans les délais qu'il appartiendra.* »

Saisie de ce rapport et de la énième requête, la Cour Constitutionnelle qui s'était déjà déclarée comme on l'a vu, *saisie de l'affaire jusqu'à l'installation de la Haute Cour de Justice* s'est efforcée d'être encore plus rigoureuse sans sortir du droit. Elle a tranché en quatre points :

En premier lieu, elle a jugé et décidé que la répartition proposée par la Commission des lois était conforme à sa Décision : « *le schéma suivi par la Commission des lois de l'Assemblée nationale est conforme aux prescriptions des décisions de la Cour constitutionnelle.* » Ainsi la Cour a validé le rapport de la Commission.

En deuxième lieu, la Cour a fourni sa propre interprétation de la fonction de juge à la Haute Cour de Justice : [...] *en raison des confusions délibérément entretenues au sujet de l'élection des députés devant siéger à la Haute Cour de Justice , il échet pour la Cour de céans de préciser que les députés devant siéger dans une Haute Juridiction y siègent « es nom » en toute indépendance et impartialité avec toutes les obligations imparties à un juge en République du Bénin et non en tant que représentant l'Institution ayant procédé à leur désignation, le tout conformément aux prescriptions de la Constitution et de la Loi n°93-013 du 10 août 1999 portant loi organique de Haute Cour de Justice.*

En troisième lieu, la Cour constate que le retard de plus de deux ans mis par l'Assemblée Nationale pour désigner ses membres au sein de la Haute Cour de Justice « *constitue une atteinte grave à l'édifice constitutionnel et à l'État de Droit.* »

Et, en quatrième lieu, la Cour, explicite le contenu de sa fonction de régulation fondée sur l'article 114 de la Constitution : « *celle-ci fait [...] obligation à la Cour constitutionnelle de suppléer par des dictums appropriés aux défaillances des institutions constitutionnelles».* En l'espèce, la Cour donne une date butoir tant pour la désignation du reste des membres de la Haute Cour de Justice que pour leur prestation de serment *: la Cour considère qu'il lui revient « d'impartir un délai jusqu'au mercredi 06 mai 2009 à la tendance majoritaire de l'Assemblée Nationale pour faire élire par ladite Assemblée les trois députés à désigner pour siéger à la Haute Cour de Justice : que la défaillance de la majorité à l'expiration de ce délai emporte renoncement par elle à sa prérogative ; que l'Assemblée nationale devra se réunir au plus tard le mercredi 20 mai 2009 et qu'elle que soit la tendance présente pour pourvoir aux trois (03) postes restants, ladite Assemblée n'ayant le droit ni de renoncer ni de faillir à son devoir constitutionnel :[...] que la prestation de serment des six (06) députés de la nouvelle formation de la Haute Cour de Justice doit intervenir au plus tard le samedi 30 mai 2009.*[741]

En application de cette décision de la Cour (DCC 09-057 du 21 avril 2009), les députés de la « Majorité » se sont alignés sur les injonctions de la Cour, et cela a permis à l'Assemblée Nationale de pourvoir aux trois postes manquants à la suite du boycott du 26 mars 2009.

Cependant, un événement imprévu (le décès d'un député) est survenu avant la date butoir fixée par la Cour constitutionnelle pour l'installation de la Haute Cour de Justice et pour la prestation de serment de ses membres incluant ceux issus de l'Assemblée Nationale.

C'est alors que se trouvant dans une situation humainement inconvenante pour procéder aux modalités d'installation de la Haute Cour de Justice, et constitutionnellement contraignante de se conformer aux dernières exigences de la Haute juridiction, le Président de l'Assemblée Nationale eut encore une fois la lucidité de recourir à une solution juridictionnelle. Il adressa une lettre à la Cour constitutionnelle dont voici partiellement la teneur :

« *[...] J'accuse réception de votre lettre [...] relative au délai limite pour l'installation de la nouvelle formation de la Haute Cour de Justice. Le décès de l'Honorable [député]. Paulin Tomanaga a provoqué une profonde consternation dans les rangs de ses collègues. En raison de ce trouble psychologique d'une part, et de la nécessité de respecter la procédure en vigueur à l'Assemblée Nationale pour toute élection de député à un poste donné d'autre part, il s'avère pratiquement difficile de procéder au remplacement du disparu avant le 30 mai 2009. C'est pourquoi, je vous prie de bien vouloir accepter de reporter l'installation de la Haute Cour de Justice à une date ultérieure. Je prends l'engagement de faire procéder audit remplacement dans les plus brefs délais...* »

[741] DCC 09-057 du 21 avril 2009.

La Cour constitutionnelle a accueilli cette démarche, pourrait-on dire, avec humanité. Mais à notre avis sans sacrifier ni le droit ni sa mission. Et, elle a répondu par sa Décision DCC 09-65 du 28 mai 2009 en concluant :

« *Dans sa décision DCC 09-057 du 21 avril 2009 la Cour a dit et jugé que les six députés de la nouvelle formation de la Haute Cour de Justice doivent prêter serment au plus tard le 30 mai 2009 ; [...] cependant, l'examen de la requête du Président de l'Assemblée Nationale fait connaître la pertinence de son contenu ; que les éléments évoqués par lui sont fondés ; [...] en conséquence, il y a lieu pour la Cour d'accéder à cette requête et de reporter la date limite de l'installation de la nouvelle formation de la Haute Cour de Justice au mercredi 10 juin 2009.*»

Eu égard à cet épisode, il y a lieu de considérer que la Décision DCC 09-65 du 28 mai 2009 par laquelle fut apaisée la tension suscitée par la Décision DCC 09-002 du 08 janvier 2009 sur la désignation des députés candidats à la Haute Cour de justice, loin de faire conclure à une inconstance jurisprudentielle négative, atteste de trois éléments positifs à savoir, premièrement, des hautes qualités juridiques de la part des membres de la Cour constitutionnelle béninoises ; deuxièmement des vertus politiques élevées au sein des acteurs politiques de la période de faits, et troisièmement, d' une confiance du peuple et des gouvernants à l'endroit du juge constitutionnel béninois aux moments des faits.[742]

En l'espèce, le juge constitutionnel s'est gardé d'une bravade inconsidérée tendant à sortir du schéma constitutionnel, il a fait appel à toutes les ressources interprétatives, jusqu'à celles fournies par la Commission des Lois de l'Assemblée nationale dont les bases de solutions furent puisées dans la recherche de sciences politique et juridique. Ainsi la Cour constitutionnelle a dégagé des principes dont le pilier demeure la Constitution démocratique pluraliste, tant dans sa lettre que dans son esprit. Par ailleurs, le Président de l'Assemblée Nationale est demeuré au-dessus de la mêlée en privilégiant l'arbitrage juridique et juridictionnel plutôt que le recours aux procédés politiciens classiques : la rue, le chahut, l'intimidation ou d'autres formes de violences sociales.

De son côté, et face au déroulement du feuilleton « Haute Cour de Justice-Assemblée Nationale- Cour Constitutionnelle », le Président de la République, comme les autres membres de l'Exécutif, s'est montré attentif, sans immixtion paternaliste ou dictatoriale comme au temps des anciens régimes. Cela est d'autant à prendre en compte que l'on connait bien les conséquences néfastes d'un affrontement entre les institutions nationales impliquant le Parlement. Lorsqu'il mue en crise aigüe sans arbitre impartial admis par tous, l'édifice démocratique s'écroule ou vacille. Et souvent l'on assiste aux guerres civiles ou au coup d'États comme au Congo des années 1960.

---

742 Au Bénin, des particuliers ont inlassablement saisi la Cour constitutionnelle pour trancher sur des questions d'intérêt national d'ordre constitutionnel.

Ce qu'il importe de mettre en exergue à travers ces quelques cas analysés, en rapport avec la présente étude, c'est l'appropriation de la justice constitutionnelle par la nouvelle génération politique et sociale béninoise. Le juge constitutionnel s'est substitué au Baobab au milieu du village : l'arbre à palabre.

Le dénouement par la voie juridictionnelle de la passe difficile que les trois institutions constitutionnelles béninoises[743] ont traversé vaut une palme à l'honneur du juge constitutionnel qui contribue ainsi de manière systématique à l'affermissement de la démocratie et de l'État de droit.

§3. CONTRIBUTION DU JUGE CONSTITUTIONNEL BÉNINOIS À L'AFFERMISSEMENT DE L'ÉTAT DE DROIT CONSTITUTIONNEL ET DÉMOCRATIQUE.

À cette étape de la réflexion, il serait superfétatoire de sillonner davantage la jurisprudence constitutionnelle pour démonter le caractère, combien salutaire de la justice constitutionnelle à la République béninoise démocratique.

En effet, ce qui a été dit à travers les domaines[744] considérés ci-haut, suffit à nous en convaincre. Néanmoins on peut cibler quelques décisions par lesquelles le juge constitutionnel s'est confirmé comme l'arbitre actif de l'activité référendaire et électorale, et comme gardien permanent, véritable cheville ouvrière de l'appareil démocratique.

A. LE JUGE CONSTITUTIONNEL, ARBITRE ACTIF DU PROCESSUS RÉFÉRENDAIRE ET ÉLECTORAL.

La démocratie entendue comme « le gouvernement du peuple par le peuple et pour le peuple » est l'un des modes de gestion de la Cité le plus complexe et le plus délicat. Le modèle de la démocratie libérale occidentale adopté par le Bénin implique, faut-il nous redire, la dévolution du pouvoir et sa transmission par l'autorité du peuple souverain agissant par référendum ou par des élections. Celles-ci se déroulent à plusieurs niveaux, et pour diverses fonctions.

Les opérations électorales et référendaires obligent que des lois soient votées, et que les organes de mise en œuvre soient institués, etc.

Le pouvoir étant un phénomène de puissance, il déclenche, une épreuve de force. Des brouillards éventuels sur les voies qui y mènent peuvent conduire à des télescopages désastreux entre divers concurrents. L'Afrique francophone a subi des affres de conflits, de la violence ou de la dictature, à la suite du processus démocratique mal engagé ou mal abouti. Certains pays en portent encore des stigmates que le Bénin et la République démocratique du Congo tentent d'effacer. Dans cet effort, la justice Constitutionnelle se révèle incontournable. Les régimes non démocratiques ignorent ce genre de problème.

---

[743] L'Assemblée Nationale, la Haute Cour de Justice et la Cour Constitutionnelle.

[744] Du contrôle de la constitutionnalité et de droits fondamentaux.

Le dictateur y est l'homme-référence pour tous, et l'homme-solution à tout aux dépens des libertés individuelles et publiques.

Mais en démocratie constitutionnelle, le législateur définit le cadre juridique des élections et du référendum par des textes appropriés, ceux–ci doivent être conformes à la Constitution. Notons qu'une famille politique peut les contester et vouloir imposer les siens selon ses propres intérêts politiques.

Pour que le législateur, en l'occurrence la Parlement, édicte des lois impartiales il doit être indépendant, et élaborer des procédures intérieures non soumises aux pressions politiques des autres pouvoirs. Quand bien même tout cela serait maitrisé, encore faudrait-il instituer un organe neutre de gestion du processus électoral ou référendaire. Les lois et règlements y afférents, leur composition et leur mode de fonctionnement captivent au plus haut point l'attention et l'intérêt des concurrents politiques. Or il est naturel que la majorité au Parlement soit portée à initier des lois à son avantage au préjudice de la minorité.

Ainsi, les institutions gestionnaires de l'élection présidentielle en Afrique en général, et au Bénin[745] et en R.D. Congo en particulier, engendrent des tensions inéluctables entre le parti au pouvoir et les partis d'opposition. En l'absence d'un arbitrage juridictionnel ou consultatif d'un juge indépendant, elles peuvent dégénérer en vifs conflits civils.

Le Bénin contemporain investi dans la voie démocratique, a confié l'ensemble de mécanismes référendaires et électoraux à la Cour Constitutionnelle, de la source au terminal, tant en ce qui concerne l'élection du Président de la République[746] que des membres de l'Assemblée Nationale.[747]

Juge de la régularité des élections et du référendum[748], elle est aussi le juge du contentieux électoral, entendu comme l'ensemble de règles et procédures applicables aux contestations et à leur règlement en matière électorale.

Selon Jean Claude Masclet, le contentieux électoral porte sur les litiges qui naissent à l'occasion de l'élection.[749]»

---

[745] Commission Électorale Nationale Autonome (CENA) au Bénin ; Commission Électorale Nationale Indépendante (CENI) en République Démocratique du Congo.

[746] Art. 49 et 117 de la Constitution du 11 décembre 1990, *op.cit.* ; Art. 42 de la Loi n°91-009 du 04 mars 1991 portant loi organique sur la Cour constitutionnelle modifiée par la loi du 31 mai 2001.

[747] Art.81 al.2 et Art.117, al.3 de la Constitution de la République du Bénin du 11 décembre 1990, *op.cit.* ; Art. 52 à 67 de la Loi n°91-009 du 04 mars 1991 portant loi organique sur la Cour constitutionnelle.

[748] Art.4 al.2 et l'art.117 al.2 de la Constitution ; Art.68 à 74 de la loi organique sur la Cour constitutionnelle, *op.cit.*

[749] MASCLET, J.-C., «Rapport introductif», in *MASCLET, J-C., ZINZINDOHOUE, A et DESOUCHES, Ch., Aspects du contentieux électoral en Afrique, Actes du Séminaire de Cotonou*, 11-12 novembre 1998, p.34.

À cet égard, la Cour constitutionnelle béninoise n'a pas manqué à sa mission soit pour déblayer le paysage du processus électoral soit pour l'encadrer et le boucler.

En amont, elle a tranché, entre autres, sur la conformité des lois relatives à la CENA (Décision DCC-34 -94)[750], aux décisions prises par cette Institution[751], ou aux actes relatifs à l'élection.

C'est dans ce cadre que la Cour s'est prononcé sur le transfert de Centre de vote et sur la distribution des cartes d'électeurs [Décision DCC 19-092][752]. Il convient de considérer que les interventions de déblayage peuvent donner lieu à ce que Gilles Badet définit, non sans raison, des contentieux préliminaires, lesquels peuvent concerner les recours des candidats avant les élections, le contentieux de la campagne électorale, le contentieux du refus d'inscription, etc.[753]

Et, en aval le juge constitutionnel béninois s'est prononcé notamment sur la proclamation des résultats provisoires éventuels[754], sur le contentieux électoral post électoral, et sur la proclamation des résultats définitifs[755] débouchant sur l'investiture du nouveau pouvoir par la réception du serment.[756]

À n'en point douter, la justice constitutionnelle béninoise a eu pour effet majeur de consolider l'État de droit constitutionnel et démocratique.

B. CONSOLIDATION DE L'ÉTAT DE DROIT PAR LE JUGE CONSTITUTIONNEL BÉNINOIS.

Évoquer la Cour constitutionnelle en rapport avec l'État de droit, c'est parler de l'encadrement et de la limitation du pouvoir par la voie juridictionnelle, de la protection des droits fondamentaux, de la suprématie de la Constitution, et du pluralisme politique.

Ces principes ont fait l'objet d'une analyse suffisante dans les lignes précédentes pour démontrer la part incontournable et stabilisatrice de la justice constitutionnelle béninoise.

---

[750] DCC 34-94 du 23 décembre 1994, Président de la République, *Recueil,* 1994, p.159.

[751] Jacques Sourou O.H., AYADDJI, « Décision El 22-002 du 06 Octobre 2002 », in *https://courconstitutionnelle.bj*, consulté le 15 /02/2023.

[752]DCC 19-092 du 28 Février 2019 Floriane KAFUI DAGHINHO, *Recueil* 2019, p. 325.

[753] Voir BADET, S.-G., « La Cour constitutionnelle béninoise et l'élection présidentielle de 2021 », URL, https://socialwatch.bj/wp-content/uploads/2020/BADET-VERSION-FINAL-, consulté le &é avril 2024.

[754]Voir « Proclamation des résultats provisoires de l'élection présidentielle du 11 Avril 2021 » ; « Proclamation des résultats provisoires de l'élection présidentielle du 06 mars 2016 », in https://courconstitutionnelle.bj , consulté le 15 /02/2023.

[755]Voir, « Proclamation définitives de Résultats de l'élection présidentielle du 11 Avril 2021 ». URL : http, consulté le 15 /02/2023 ; Proclamation définitive de l'élection présidentielle du 20 mars 2016 ; Proclamation de l'élection 2011 de l'élection présidentielle de 2011.

[756] Art. 53, Constitution de la République du Bénin du 11 décembre 1990, *op.cit.*

Cependant, il y a lieu d'explorer encore deux aspects de la vie politique pour illustrer la contribution du juge constitutionnel béninois : l'alternance démocratique paisible et la maturation politique.

1. De l'alternance démocratique au Bénin.

Les quatre alternances démocratiques paisibles au sommet de l'État béninois, de 1991 à 2021 font passer ce pays de l'étiquette moins glorieuse de *champion d'Afrique de coup d'État militaires* au titre prestigieux de champion d'Afrique de l'alternance démocratique.[757]

Ces lauriers partagés par l'ensemble du peuple béninois et sa classe politique sont particulièrement tributaires de la justice constitutionnelle, laquelle par ses prérogatives constitutionnelles et par son œuvre absorbe les relents antidémocratiques qui ont infecté l'Afrique francophone postcoloniale, et qui souillent encore quelques pays qui n'ont jamais connu d'alternance démocratique.[758]

Le juge constitutionnel béninois contribue largement à réduire, voire, à supprimer les nutriments dont se nourrit l'absolutisme, à savoir notamment, le non-respect des règles du jeu électoral, les révisions constitutionnelles-caméléons en vue d'assurer au Président de la République un mandat *ad vitam aeternam.*

L'abus des révisions du texte fondamental ailleurs fait dire à Atangana Amougou que « […] force est de constater que la majorité des États, à travers une instrumentalisation à outrance des procédures de révision constitutionnelle par le chef de l'État et sa majorité sont revenus quelques années plus tard sur le principe de la limitation du mandat présidentiel, anéantissant par la même occasion toute possibilité d'alternance démocratique.[759] Et, Stéphane Bolle de renchérir que de telles révisions permettent de *régénérer partiellement la figure d'un Président démiurge à vie.»*[760]

Par ailleurs, certains régimes non dotés d'une armature juridictionnelle à l'instar de celle du Bénin recourent à la terreur d'État aux fins politiques par une violation calculée des droits fondamentaux et des libertés de la personne, se faisant fidèles disciples de Caligula : « Qu'ils me haïssent pourvu qu'ils me craignent.»

Dans une telle situation, le peuple intimidé courbe l'échine sous les absurdités et les excentricités du pouvoir. Mais, l'armature juridique et

---

[757] VIGNON, Y-B, « Les coups d'États en Afrique francophone », in *Mélanges en l'honneur de Dominique Breillat*, Paris, LGDJ, 2010, pp.614-620).

[758] Notamment le Togo, le Gabon et le Cameroun.

[759] ATANGANA AMOUGOU, J-L., « Les révisions constitutionnelles dans le nouveau constitutionnalisme africain », in *Actualité juridique et politique*, n° 2, juillet 2006, pp.44-84.

[760] BOLLE S., « Des Constitutions made-in Afrique », Communication au VI Congrès de Droit Constitutionnel, Montpelier, 9, 10 et 11 juin 2005,
URL http://ddta.over-blog.com/xxxyyy/1/35/48/78/CONSTITUTIONS, consulté le 15/02/2023.

juridictionnelle du Bénin actuelle par l'action du juge constitutionnel se pose en garde-fou contre les dérives absolutistes d'où qu'elles viennent. Ainsi par exemple, dans sa production de 2014, la Cour constitutionnelle a jugé que *Fatoumata Djibril Amadou, ministre de l'Agriculture a violé la Constitution en tenant des propos favorables à un troisième mandat pour le président de la République, dans une émission télévisée.*[761]

Ce consensus remarquable autour de la racine principale de l'État qu'est la Constitution, et du rôle de la justice constitutionnelle a forgé une maturité politique incontestable au Bénin.

2. De la maturité politique du peuple et des acteurs politiques béninois.

Le plus remarquable est que non seulement la justice constitutionnelle a contribué à l'émergence d'un État de Droit, mais encore elle a propulsé le peuple et les acteurs politiques à un niveau élevé de maturité politique fondée sur une appréciation considérable de la *culture juridictionnelle.*[762]

L'une des lignes de démarcation entre un État de Droit constitutionnel démocratique et un État absolutiste, autoritaire ou autocratique tient à ce que dans le premier, les acteurs politiques des camps opposés sont des adversaires ou des concurrents engagés dans une compétition politique soumise aux règles juridiques dont le juge indépendant est l'arbitre, la Constitution tenant lieu du fond commun. Tandis que dans le second, les acteurs politiques opposés sont également engagés dans une lutte politique où la ruse et la violence illégitime, brute tiennent lieu de loi selon le rapport de forces en présence. Les compétiteurs aux visions différentes s'y considèrent comme des ennemis qui doivent se détruire sans égard ni à la Constitution ni aux lois. Le plus fort se fait juge et partie dans la course au pouvoir.

Comme ailleurs, les pays africains post coloniaux ont expérimenté ce deuxième cas de figure où l'alternance démocratique était taboue, où l'opposant politique n'avait qu'un choix : s'exiler ou trépasser.

En démocratie, la maturité politique des acteurs est lisible à travers leur comportement vis-à-vis de normes juridiques, principalement celles de la Constitution, et par l'attitude du candidat vainqueur à l'égard du perdant, et vice-versa : le *fair-play* politique. À cet égard, on peut rappeler le geste fort de Lionel Zinzou, candidat à la présidentielle de 2016. Dès le lendemain du scrutin du 20 mars 2016, et à l'annonce des premières tendances par la Commission électorale

[761] Décision DCC 14-156 du 19 août 2014.

[762] Il suffit, pour s'en convaincre de considérer le nombre et la qualité des requérants auprès de la Cour constitutionnelle depuis sa création. Elle est sollicitée tant par des particuliers que par des Hautes personnalités sur tous les versants de ses compétences.

autonome (CENA)[763], il a reconnu publiquement sa défaite en adressant ses félicitations au candidat élu Patrice Talon.[764]

Au Bénin, deux phénomènes retiennent l'attention de l'observateur.

D'abord l'élégance démocratique des candidats perdants à l'élection présidentielle qui cèdent sans récrimination le siège en félicitant le vainqueur. Ensuite l'attachement des acteurs béninois aux règles légales et constitutionnelles du jeu démocratique. À ce propos, Komi Dodji Akpatcha opine que : *« L'une des clés des réussites électorales du Bénin par rapport aux autres États africains réside également dans la maturité politique dont font preuve le peuple et les hommes politiques pendant les périodes électorales [...] Cette maturité se remarque d'abord à travers le respect des règles de jeu prédéfinies et la confiance faite aux institutions chargées de conduire le processus électoral. En s'engageant dans le processus électoral les différents acteurs s'engagent ainsi à respecter les règles de jeu et à recourir aux moyens légaux de résolution des conflits en cas de contestation».*[765]

Cette présentation n'est pas sans fondement bien qu'il soit possible de relever quelques failles inhérentes à toute pensée humaine. Et, c'est encore à juste titre que le même auteur note que le « Bénin est l'un des rares États africains à être exonéré du cycle permanent élections-contestations-violences[766] [...] les Béninois sont donc épargnés des multiples polémiques préélectorales sur les conditions d'organisation du scrutin comme on en voit ailleurs, et se concentrent sur les programmes politiques des candidats ».

Dans le même ordre d'idées, on peut remarquer l'attachement du Président de la République à la Constitution et aux lois du pays, par un recours régulier autant que de besoin, aux avis de la Cour constitutionnelle.

Notons que ces avis participent à la limitation du pouvoir en dépit de leur caractère non contentieux. Le fait pour le Chef de l'État d'y recourir témoigne de son humble noblesse pour conformer l'exercice de ses fonctions à l'esprit du renouveau démocratique, et pour éviter de briser le pacte constitutionnel par ignorance ou par défi.

---

763 « Présidentielle au Bénin : la CENA confirme la large avance de Patrice Talon sur Lionel Zinzou », URL : http: //www.jeuneafrique.com/311832/politique/presidentielle-benin-cena-confirme-large-avance-de-patrice-talonlionel-zinzou, consulté le 16/02/2023.

764 « Présidentielle au Bénin : Lionel Zinzou reconnait sa défaite face à Patrice Talon », http: //www.jeuneafrique.com/311614/politique/presidentielle-benin-lionel-zinzou-reconnait-defaite-face-a-patricetalon/, consulté le 16/02/2023.

765 KOMI DODJI, A., « Le Benin, champion d'Afrique francophone de l'alternance démocratique : les clés du succès ». URL https://blogdudroitelectoral.fr/2016/03/29032016-le-benin-champion-ddafrique-francophone-de-lalternance-democratique, consulté le 16/02/2023.

766 FAYE, S., « Elections et instabilités politiques en Afrique de l'Ouest », Texte d'une conférence dispensée dans le cadre d'un colloque organisé en 2014 à L'Université de Dakar au Sénégal, cité par KOMI DODJI, A., *op.cit.*

Depuis son installation, la Cour constitutionnelle a enregistré un certain nombre de requêtes par lesquelles le Président de la République sollicite l' Avis de la Haute Juridiction soit en vue de faire abroger un acte juridique [AVIS CC-001/98 du 19 Novembre 1998][767] soit en vue d'instituer par voie réglementaire des fêtes dans le Pays [AVIS CC-001/97du 31Juillet et 05 Août 1997][768] ou encore sur un projet de décret par lequel le Président entend modifier une ordonnance antérieure [AVIS CC 11-001 du 1er Septembre 2011][769].

Encore, est-il plus remarquable que le Président de la République ait suivi des avis du juge constitutionnel même ceux opposés à son intérêt personnel. Dans cette voie les pas des hommes d'État béninois laissent des traces aux générations futures. L'avantage est de forger une tradition constitutionnaliste et juridictionnelle. Comme on peut s'en apercevoir, la soumission des uns et des autres à la sentence du juge et aux prescriptions constitutionnelles engendrent un climat apaisé favorable à la répétition du concours démocratique, du respect des droits fondamentaux et des libertés de la personne, et surtout d'éradiquer la pathologie africaine postcoloniale : le règlement des contestations électorales par la légitimité des machettes et du fusil. En cela le Bénin a été, durant ces trois dernières décennies, un phare démocratique allumé dans les eaux tumultueuses de l'Afrique francophone post coloniale autocratique.

Ainsi, la justice constitutionnelle béninoise passe au tamis de la Constitution presque toutes les actions de la vie sociale et de la vie politique.

Donc, il y a bien lieu d'affirmer que dans le domaine de la limitation juridictionnelle du pouvoir, le Bénin a une longueur d'avance sur ses voisins et sur d'autres pays de l'espace francophone africain grâce à la justice constitutionnelle.

En ce qui concerne la République démocratique du Congo, l'on peut se demander si elle pourra s'inspirer de l'expérience béninoise ou sera-t-elle rattrapée par les vieux démons d'arrangements et bricolages extraconstitutionnels pour contourner la juridiction constitutionnelle. C'est l'objet du deuxième chapitre.

---

767 Pour les détails voir AVIS CC-001/98 du 19 Novembre 1998 Président de la République, in Site de la Cour constitutionnelle, https://courconstitionnelle.bj/documentheque/avis, consulté le 16/02/2023.

768 Voir, AVIS CC-001/97du 31Juillet et 05 Août 1997 Président de la République. Site de la Cour constitutionnelle, https://courconstitionnelle.bj/documentheque/avis, consulté le 16/02/2023.

769 Voir, AVIS CC 11-001 du 1er Septembre 2011 Président de la République, consulté le 16/02/2023.

CHAPITRE II.
DES AVATARS DE LA JURIDICTION CONSTITUTIONNELLE CONGOLAISE.

La justice constitutionnelle congolaise est le reflet de la nature du pouvoir, des régimes et des systèmes politiques que le pays a connu. On peut s'en convaincre par son évolution (Section 1). La Cour constitutionnelle marque un tournant du constitutionnalisme en RDC (Section2). On peut le mesurer par sa contribution à l'encadrement juridictionnel du pouvoir. (Section3).

SECTION 1. ÉVOLUTION TOURMENTÉE DES JURIDICTIONS CONSTITUTIONNELLES EN RDC.

À l'instar du Bénin, la République démocratique du Congo a connu une évolution constitutionnelle en dents de scie qui a profondément influencé le cours de la justice constitutionnelle et de ses organes d'expression.[770]

On peut suivre le parcours de la justice constitutionnelle congolaise successivement, sous l'empire de la Première République (§1), de la Deuxième République (§2) et de la Troisième République (§3)[771].

§1. LE JUGE CONSTITUTIONNEL SOUS LA PREMIÈRE RÉPUBLIQUE.

D'un point de vue normatif, la justice constitutionnelle telle que nous l'avons appréhendée, remonte à l'indépendance du Congo.

Fruit de la constituante belge, la Loi fondamentale du 19 mai 1960 relative aux structures du Congo comportait un titre consacré à la Cour constitutionnelle instituée à l'article 226, et ainsi libellé : « La Cour constitutionnelle est composée d'une chambre de constitutionnalité, d'une chambre des conflits et d'une chambre d'administration.» Les attributions de la Chambre de constitutionnalité telles que définies à article 230 de la Loi fondamentale la rendaient *juge de la constitutionnalité des actes des autorités centrales et des autorités provinciales*. Ladite Chambre exerçait également les compétences gracieuses en vue de formuler des avis sollicités par le pouvoir de Léopoldville et des provinces.

À ce titre, la Chambre de constitutionnalité devait émettre des avis motivés ou se prononcer par Arrêt sur la conformité des mesures législatives centrales ou provinciales aux dispositions de la Loi fondamentale du 19 mai 1960 relative aux structures du Congo.[772]

---

[770] Avant la Constitution du 18 février 2006 la République Démocratique du Congo a connu un phénomène de construction-déconstruction constitutionnelle et institutionnelle cyclique.

[771] Sur cette évolution, lire utilement YANGONZELA LIAMBOMBA, D., *l'avènement de la justice constitutionnelle en République démocratique du Congo. De la Cour suprême de justice à la Cour constitutionnelle, op.cit.* pp.45 et s.

[772] Art.230. 1, Loi fondamentale du 19 mai relative aux structures du Congo, *IYELEZA MOJU-MBEY et alii, Receuil de Textes constitutionnels de la République du Zaïre. Du 19 mai 1960 au 28 Avril 1991, avec en annexe la Charte coloniale du 18 Octobre 1908,* Kinshasa, ISE-Consult, 1991, pp.3 à 24.

Il est significatif de relever que ces mesures devaient également être conformes à la Loi fondamentale du 17 juin 1960 relative aux libertés publiques. C'est manifestement un argument théorique en faveur d'un État de droit au Congo de la part du Constituant de la Première République.

À la demande du Premier ministre, du Président de la Chambre ou du Président du Sénat, la Chambre de constitutionnalité était habilitée à émettre des avis sur les projets et propositions des lois.[773]

En plus, le Président du gouvernement provincial, le Commissaire d'État ou le Président de l'Assemblée provinciale pouvaient demander des avis sur les projets des Constitutions provinciales ou des Édits.[774]

Les avis de la Chambre de constitutionnalité étaient également requis sur la conformité des ordonnances-lois avant leur signature par le Chef de l'État.[775] Les dispositions d'un texte ou le texte lui-même censurés par la Chambre ne pouvaient être promulgués. Les dispositions, les Constitutions ou les ordonnance déclarées non conformes ou contraires aux dispositions de deux Lois fondamentales précitées sont abrogées de plein droit.[776]

Conformément à l'article 253 de la Loi fondamentale du 19 mai 1960 relative aux structures du Congo, le Conseil d'État de Belgique était compétent d'exercer les prérogatives de la Chambre de constitutionnalité du Congo jusqu'à l'installation de cette dernière.

Mais l'installation de ladite Chambre n'a jamais eu lieu. Dans une espèce d'*imbroglio* juridique, l'Arrêt Mahamba rendu par le Conseil d' État belge le 24 mars 1961 décréta l'incompétence du Conseil d' État belge pour cause d'impossibilité de rendre un Arrêt pour un État étranger.[777]

Il était irréaliste de conférer des compétences de souveraineté à un État étranger, en l'occurrence, le Royaume de Belgique, ex-puissance coloniale. Aux motivations d'ordre juridique s'ajoutèrent les tensions politiques et diplomatiques après l'intervention des troupes belges au Congo. L'installation de la Cour constitutionnelle avec la contribution des Autorités belges fut reportée *sine die*.

Dans ce contexte, la révision constitutionnelle du 18 juin 1963, modifia la Loi fondamentale du 19 mai 1960 relative aux structures du Congo et supprima la compétence transitoire du Conseil d'État belge en matière de constitutionnalité.[778]

---

[773] Art.230.2, Loi fondamentale du 19 mai 1960 relative aux structures du Congo, *op.cit.*
[774] *Idem.*
[775] Art.230.4, Loi fondamentale du 19 mai 1960 relative aux structures du Congo, *op.cit.*
[776] Art.231.1. de la loi fondamentale du 19 mai relative aux structures du Congo, *op.cit.*
[777] VUNDWAWE te PEMAKO, F., *Traité de droit administratif*, Bruxelles, Larcier, 2007, p.851.
[778] ODIMULA LOFUNGUSO, L., *La justice constitutionnelle et la juridicisation de la vie politique en droit positif congolais*, *op.cit.* p.61.

Puis intervint le Constituant du 1er août 1964 qui institua la Cour constitutionnelle aux termes de l'article 165 qui définit notamment sa composition, ses attributions et l'effet de ses décisions[779].

Il est curieux et interpellant de constater que le Constituant du 1er Août 1964 relégua la création effective de la Cour constitutionnelle à une date incertaine située au cours ou au-delà d'une décennie : *« La Cour constitutionnelle sera constituée au cours de douze années qui suivront l'entrée en vigueur de la présente Constitution*[780] *»*. Durant cette période les prérogatives dévolues à la Cour constitutionnelle furent attribuées à la Cour d'Appel de Léopoldville.[781]

C'était sans compter avec la situation politique et sécuritaire volatile du pays. Le coup d'État militaire intervenu le 24 novembre 1965, empêcha la Cour constitutionnelle congolaise de sortir de son *cocon de chrysalide,* s'il faut reprendre la formule d'Evariste Boshab qui a très bien démontré la méfiance du pouvoir congolais à l'égard d'une Cour constitutionnelle dont l'institution a été ardemment souhaitée, mais fréquemment différée[782]. Le Constituant et les acteurs de la Deuxième République suivront la même voie insidieuse en ce qui concerne la justice constitutionnelle.

§2 : LA JUSTICE CONSTITUTIONNELLE ZAIRO-CONGOLAISE SOUS LA DEUXIÈME RÉPUBLIQUE.

L'on ne peut évaluer l'exercice de la justice constitutionnelle sous la Deuxième République sans référence à la Cour Suprême de justice instituée théoriquement en 1967. D'où la pertinence d'examiner deux phases, à savoir celle du gel de la justice constitutionnelle avant la Cour Suprême de Justice et celle de son dégel.

A. LE GEL DU CONTRÔLE DE CONSTITUTIONNALITÉ SOUS L'EMPIRE DU POUVOIR MILITAIRE.

La Première République et ses Institutions s'effondrèrent brutalement à la Proclamation de prise du pouvoir par le Haut commandement de l'Armée nationale Congolaise, le 24 Novembre 1965. Dans la brèche ainsi ouverte, le Congo évolua dans un vide constitutionnel qui s'apparente à un creux démocratique béant.

La Constitution du 1er août 1964 paraissait incompatible avec la vision autoritariste du pouvoir militaire installé en 1965, elle a été sournoisement vidée de sa force juridique. Telle fut l'évidence confirmée par la pratique du

---

[779] Art. 165 à 169 de la Constitution de la République Démocratique du Congo du 1er août 1964, *MC*, n° spécial, 1er Août 1964.

[780] Article 197 de la Constitution de la République Démocratique du Congo du 1er août 1964, *op.cit.*

[781] Art. 196 de la Constitution de la République Démocratique du Congo du 1er août 1964, *op.cit.*

[782] BOSHAB MABUDJ, E., « Les dispositions constitutionnelles transitoires relatives à la Cour constitutionnelle de la République Démocratique du Congo », *Fédéralisme Régionalisme* [en ligne] Numéro 1- Premiers scrutins et contrôle de constitutionnalité en RDC, la mise en œuvre d'une Constitution régionaliste », Volume 7-2007 URL : https://popups.uliège.be/1374

pouvoir. Les dispositions formelles favorables aux libertés exprimées dans la Proclamation du Haut Commandement de l'ANC se sont avérées trompeuses par la suite.

En effet, aux termes de ce texte, les institutions de la République, telles qu'elles étaient prévues par la Constitution du 1er août 1964 auraient dû fonctionner en gardant leurs prérogatives.[783]

Par ailleurs, le même Acte disposait que : « les droits et les libertés garanties par la Constitution du 1er Août 1964, tels que prévus dans certaines de ses dispositions seraient respectés.[784] »

Or, à y regarder de près ces déclarations n'ont été qu'un leurre pour détourner l'attention de l'opinion nationale et internationale du véritable visage du pouvoir putschiste qui n'avait nullement l'intention de se laisser censurer par quel que organe que ce soit, encore moins par un juge constitutionnel.

Poursuivant la logique du renforcement du pouvoir, le Haut Commandement de l'Armée Nationale Congolaise a ignoré l'installation d'une juridiction constitutionnelle jusqu'au dégel de la justice constitutionnelle sous la Constitution du 24 juin 1967.

B. LE DEGEL DE LA JUSTICE CONSTITUTIONNELLE SOUS L'EMPIRE DE LA CONSTITUTION DU 24 JUIN 1967 ET DE LA CSJ.

Dans ses mutations la justice constitutionnelle au Congo s'est exercée d'abord par la Cour d'appel de Kinshasa ; ensuite par la Cour Suprême de justice, et enfin par la Cour constitutionnelle.

Timidement, et à petites doses le Constituant du 24 juin 1967 a restauré les prémices de la justice constitutionnelle en instituant une Cour constitutionnelle[785]et une Cour Suprême de justice. Mais en attendant leur effectivité la Cour d'Appel de Kinshasa fut chargée d'assumer leurs compétences[786].

Comme on peut bien le voir, le Constituant de 1967 s'est livré à une espèce de supputation sur l'ordre chronologique pour installer l'une ou l'autre, entre la Cour constitutionnelle et la Cour Suprême de justice, en disposant que *si*

[783]Point 4°, Proclamation du Haut Commandement de l'ANC du 24 Novembre 1965, *IYELEZA MOJU-MBEY et alii, op.cit., p.80.*

[784]Point numéro 11 de la Proclamation du Haut Commandement de l'ANC, visant les articles 24, 25, 26, 27 et 28 de la Constitution congolaise du 1er Août 1964, Moniteur congolais (5eme année), n° spécial du 1er août 1964.

[785]Articles 70 à 73 de la Constitution de la République Démocratique du Congo du 24 juin 1964, *ILEZAYA MOJU-MBEY et alii, op.cit.* pp.85 à 93.

[786]Article VII, alinéa 1, des dispositions transitoires de la Constitution congolaise du 24 juin 1967, Moniteur congolais (8eme année), n°14 du 15 juillet 1967, p.564-576.

la Cour de justice est créée avant la Cour constitutionnelle, elle exercera, en attendant la création de celle-ci, les attributions de la Cour constitutionnelle.[787]

Durant cet intermède la Cour d'appel de Kinshasa évolua comme une juridiction constitutionnelle transitoire[788] jusqu'à l'effectivité de la Cour Suprême de Justice.[789]

Celle-ci vit le jour, le 23 novembre 1968 avant la Cour constitutionnelle et remplaça la Cour d'Appel dans sa fonction de juge de constitutionnalité.

La Cour Suprême de justice a-t-elle concouru à l'encadrement juridictionnel du pouvoir au Congo-Zaïre ? Une réponse valide n'est possible qu'à l'examen de son parcours, de ses attributions, de son organisation et de son fonctionnement, et surtout de l'effet de ses décisions. Il est vrai que l'exploration de l'ensemble de tous ces aspects ferait l'objet d'une thèse séparée et des nombreuses études débordantes de l'objet de la présente réflexion.

On les retrouve d'ailleurs dans la doctrine congolaise sur toute la trajectoire de la CSJ, telle que reprise de la manière complète par Félix Vunduawe et jean Marie Mboko Dj'Andima dans leur œuvre phare de 2020[790].

1. Parcours historique de la Cour Suprême de Justice congolaise.

Deux temps sont à considérer. D'abord la Cour Suprême de Justice (CSJ) fonctionna comme juge constitutionnel provisoire de 1968 à 1974 avant de se confirmer comme juge constitutionnel établi, de 1974 à 2006.[791]

Le constituant de 1967 pose le fondement de la CSJ aux termes de l'article 59 de son œuvre : « L'ensemble des cours et tribunaux comprend une Cour Suprême de Justice, des cours d'appel, des Cours militaires et des tribunaux.»

Dans la foulée, le constituant laissait à la loi le soin de régler l'organisation, la compétence ainsi que les procédures à suivre devant ces juridictions[792].

2. Organisation et compétences de la Cour Suprême de justice.

Dans le cadre de la présente étude, il est bien entendu que l'accent est mis sur les compétences à effet d'encadrement du pouvoir politique.

De ce trait, il serait inopportun d'aborder la Cour Suprême de justice dans toute sa dimension historique et matérielle. À ses débuts la Cour Suprême

---

[787] Article VII, alinéa 2, des dispositions transitoires de la Constitution du 24 juin 1967, *op.cit.*

[788] Voir notamment, YANGONZELA LIAMBOMBA, D., *L'avènement de la justice constitutionnelle en République Démocratique du Congo*, Paris, L'Harmattan, 2020, pp.50 et s.

[789] *Idem.*

[790] VUNDUAWE te PEMAKO, F et MBOKO DJ'ANDIMA, J-M., *Traité de droit administratif*, *op.cit.*, pp. 1064 et s.

[791] Voir YANGONZELA LIAMBOMBA, D., *L'avènement de la justice constitutionnelle en République Démocratique du Congo*, *op.cit.*, pp.54 et s.

[792] Art. 59, al.2 Constitution de la République démocratique du Congo du 24 juin 1967, 1967, *op.cit.*

de justice zaïroise, devenue congolaise relevait de l'ordre judicaire et comportait deux sections : judicaire et administrative.

La section judicaire était compétente pour connaitre des pourvois en cassation formés pour violation de la loi et de la coutume contre les décisions rendues en dernier ressort par la section judicaire des cours d'appel et des tribunaux, sans connaître du fond de l'affaire[793]. La même section fut également compétente pour juger les membres du gouvernement, dans les cas visés par la Constitution.[794]

La Section administrative connaissait notamment, en premier et dernier ressort, des recours en annulation pour violation de la loi, formés contre les actes, règlements et décisions des autorités centrales ; pour connaître de l'appel des décisions rendues par les sections administratives des cours d'appel sur les recours en annulation pour violation de la loi, formés contre les actes, règlements et décisions des autorités administratives provinciales et locales ; et pour connaître dans les cas où il n'existe pas d'autres juridictions compétentes, de demandes d'indemnités relatives à la réparation d'un dommage exceptionnel matériel ou moral résultant d'une mesure prise ou ordonnée par les autorités de la République. Elle se prononce en équité en tenant compte de toutes les circonstances d'intérêt public ou privé.[795]

En rapprochant les attributions de deux sections de la CSJ congolaise ainsi définies, de mécanismes juridictionnels de limitation du pouvoir, on s'aperçoit de leur insuffisance. D'une part, on ne pourrait les appliquer qu'au volet du contrôle administratif lors d'un contentieux administratif, et au volet des droits fondamentaux dans une certaine mesure pour la réparation du préjudice exceptionnel subi par le citoyen. D'autre part, il manquait à la structure de la Cour suprême de justice, une section de législation. Ce qui ne lui avait pas permis de jouer un rôle d'organe consultatif auprès des autres institutions le volet du contrôle de constitutionnalité.[796]

Le constituant dérivé comblera cette lacune par la révision constitutionnelle du 3 juillet 1973 en dotant la Cour Suprême de justice congolaise d'une Section de législation. Sur la base de l'article 7 des dispositions transitoires de la Constitution du 24 juin 1967, et d'une ordonnance-loi de 1969, la CSJ reçut le rôle de Cour constitutionnelle provisoire.[797]

---

793 Art.60, Constitution de la République démocratique du Congo du 24 juin 1967, *op.cit.*

794 Il s'agit des cas prévus à l'art.35, al.1er de la Constitution du 24 juin 1967. Les membres du gouvernement sont pénalement responsables des actes commis dans l'exercice de leurs fonctions tels que prévus par les lois pénales.

795 Art.60, al.3, Constitution du 24 juin 1967, *op.cit.*

796 YANGONZELA LIAMBOMBA, D., *L'avènement de la justice constitutionnelle en République Démocratique du Congo*, *op.cit.*, pp.50 et s.

797 Ordonnance – Loi n° 69-2 du 8 janvier 1969 relative à la procédure devant la CSJ, MC, n°2 du 15 janvier 1960, pp.58-73. L'article 122 de ce texte dispose : « La Cour Suprême de justice toutes sections réunies, exercera jusqu'à l'installation de la Cour constitutionnelle, les attributions de celle-ci.»

3. Du fonctionnement de la Cour Suprême de justice congolaise.

L'insertion de ce point comporte un intérêt historique mais aussi actuel sur le plan scientifique.

La Cour Suprême de justice siège toutes sections réunies conformément à l'article 61 de la Constitution du 24 juin 1967. Sa compétence s'exerce sur l'étendue du territoire nationale. Et, les Cours et Tribunaux inférieurs sont tenus de se conformer à ses arrêts.

L'exercice de ses compétences requérait des règles de procédures pour un fonctionnement optimal. Cette préoccupation fut réglée par l'ordonnance –Loi n°69-2 du 8 janvier 1969 relative à la procédure devant la CSJ.[798]

Aux termes de l'article 122 de ce texte, « la Cour Suprême de justice, toutes sections réunies exercera jusqu'à l'installation de la Cour constitutionnelle, les attributions de celle-ci.» Sous l'empire de cette loi, la saisine des deux sections de la CSJ fut réservée seulement à certaines autorités politiques, à savoir, le Président de la République par une requête écrite et l'Assemblée Nationale, soit par une requête si c'est l'Assemblée tout entière qui agit, soit par une décision transmise à la haute juridiction par le Président de l'Assemblée lorsque c'est le Bureau de cette institution qui en prend l'initiative.

Le juge constitutionnel provisoire pouvait être également saisi par « la Section judiciaire ou par la Section administrative de la Cour suprême de justice, par un arrêt transmis à la Cour par le Procureur général de la République.»[799] D'aucuns ont dénoncé un mécanisme susceptible de confusion et suscitant des questions sans réponse.

À la faveur de la révision constitutionnelle du 15 août 1974, le constituant introduisit un article 70 nouveau ainsi formulé : « L'organisation, la compétence de la CSJ et la procédure à suivre sont réglées par la loi. Le contrôle de constitutionnalité des lois relève de la Cour Suprême de justice… »

C'est ainsi que l'on essaya de conjurer le sceptre de cette Cour constitutionnelle qui n'a cessé de hanter le pouvoir du Mouvement Populaire de la Révolution. Par l'Ordonnance –Loi 82-017 du 31 mars 1982 relative à la procédure devant la Cour suprême de justice, ladite Cour consolida sa stature de juge constitutionnel définitif et non provisoire.

Elle eut des larges pouvoirs en matières d'annulation des décisions et actes des autorités centrales[800] ; de la demande d'indemnité pour réparation d'un dommage exceptionnel ; des poursuites contre les personnalités politiques en fonction. Cependant, on peut observer que malgré de telles ouvertures, il fallait tenir compte du changement intervenu sous la Deuxième République dans les

[798] L'ordonnance-loi n°69-2 du 8 janvier 1969 relative à la procédure devant la CSJ, MC, n°2 du 15 janvier 1960.

[799] Art.122, al.2 de l'Ordonnance-Loi 82-017 du 31 mars 1982 relative à la procédure devant la Cour suprême de justice.

[800] Titre III, procédure devant la section administrative.

années 1970, et dont l'impact fut considérable sur l'ensemble des pouvoirs constitués, y compris le pouvoir judiciaire et même sur la manière de dire le droit. Il s'agit de l'*institutionnalisation* du MPR.

Lors d'une Conférence remarquable tenue à l'Institut de Relations internationales en 1974, Léon Kengo- Wa-Dondo, alors Commissaire politique et Procureur général de la République affirmait que « *Le soutènement philosophique et constitutionnel de la mission de dire le droit a radicalement changé, dans notre pays, au cours de la Deuxième République. Ce changement est le fait d'une décision importante prise en 1970, à savoir l'institutionnalisation du Mouvement Populaire de la Révolution »*[801].

L'observation historique et constitutionnelle permet de constater que malgré l'audace et la valeur du juge constitutionnel et administratif dans un contexte monolithique, son champ opératoire tendant à l'encadrement du pouvoir, et à la protection des droits fondamentaux de la personne demeure toujours très réduit. Cela est compréhensible dans un environnement où comme le note Corneille Wasenda N'Songo *les matières constitutionnelles ont toujours été considérées comme un sujet tabou, où l'autoritarisme qui découle de la monopolisation de la vie politique, de la personnalisation et de la militarisation du pouvoir politique, bâillonne le peuple et lui enlève jusqu'au droit de connaitre ses droits et les principales limitations des pouvoirs des dirigeants, qui en sont des corollaires.*[802]

Cette présentation correspond à tous égards à la situation de la République démocratique du Congo avant l'installation effective de la Cour Constitutionnelle.

Le juge constitutionnel et administratif suprême au Congo-Zaïre, sous le joug du MPR, comme au Bénin sous les entraves du PRPB, avant la Ve République, s'est émancipé à petits pas. Il ne pouvait pas pleinement faire respecter les principes essentiels du constitutionnalisme et de l'État de droit, à savoir : la suprématie de la Constitution, la séparation du pouvoir, la protection des droits fondamentaux dans un système du pouvoir patrimonial. Néanmoins l'on doit reconnaître l'apport du juge suprême congolais à l'encadrement du pouvoir.

4. Apport de la Cour Suprême de justice à l'encadrement du pouvoir.

Bien que la Cour Suprême de justice telle qu'elle a fonctionné de 1974 à 2015 n'ait pas disposé de mêmes armes législatives et constitutionnelles ni du même environnement politique que ceux dont dispose la Cour

---

[801] KENGO-WA-DONDO, L., « Le pouvoir judiciaire sous la Deuxième République zaïroise », Conférence faite à l'Institut Royal des Relations internationales, Bruxelles, le 16 décembre 1974. URL : http, consulté le 19/ 12 /2022.

[802] WASENDA N'SONGO, C., *Répertoire des Arrêts de la Cour constitutionnelle, T.*1. Vol.1/ 2015 à 2016, Kinshasa, Édition du Service de documentation de la Justice et Garde des Sceaux, 2022, p.IX.

constitutionnelle, installée en 2015, elle a contribué sans nul doute à l'encadrement juridictionnel du pouvoir et au cheminement vers un État de droit.

Signalons par exemple, sa contribution à l'ébauche d'une culture démocratique[803] ; ses effets sur l'amorce d'une alternance démocratique[804] à la suite des élections pluralistes, et sur l'encadrement juridique de l'expérience démocratique retrouvée au Congo.[805]

L'implication de la Cour suprême de justice a permis d'assainir et de concrétiser le droit électoral positif au Congo. Car ; il n'est pas envisageable de concevoir le scrutin sans mécanismes juridiques de résolution de conflits et de canalisation juridique des techniques d'opérabilité des lois électorales.

En cela, le Doyen Jean- Louis Esambo précise : *plus qu'une technique d'organisation et de gestion du scrutin, le droit électoral est une réalité bien complexe, qui au fil du temps, s'affirme comme une discipline autonome [...] discipline juridique, le droit électoral remplit une fonction essentiellement politique, celle de faire respecter le principe démocratique, que toute élection est censée procurer. Il participe à la distribution démocratique du pouvoir, et donc, à la régulation de la vie politique.*[806]

Cette présentation dévoile le lien entre l'œuvre du juge suprême congolais dans le processus électoral et l'encadrement juridictionnel du pouvoir. Aussi, il est intéressant de saluer pour illustration les décisions de la CSJ intervenues notamment en matière de proclamation des résultats de l'élection présidentielle de 2011(Arrêt R.E.007)[807], de contestation des résultats provisoires de l'élection présidentielle du 28 novembre 2011(CSJ. R.C.E.011/PR)[808], et de prise d'acte de prestation de serment du Président de la République[809].

Depuis le retentissant « Arrêt témoins de Jéhovah » (CSJ. Arrêt du 8 janvier 1993), l'on considère que la Cour suprême de justice congolaise a délié le régime juridique des droits fondamentaux et des libertés au Congo de serres autocratiques.

Cependant, l'on convient que l'installation effective de la Cour constitutionnelle ayant pris le relais de la Cour suprême de justice, marque un tournant historique dans l'encadrement juridictionnel du pouvoir.

---

[803] YANGOZELA LIAMBOMBA, D., *L'avènement de la justice constitutionnelle en République Démocratique du Congo, op.cit.* p.138.
[804] *Idem.*
[805] ESAMBO KANGASHE, J. L., *Le droit électoral congolais*, Louvain-la-Neuve, Academia-L'Harmattan, Coll. De droit africain, 2020, p. 21-22.
[806] *Idem.*
[807] CSJ/RS.007 du 16 décembre 2011, *Journal officiel de la RDC*, n° Spécial, 52e Année, 22 décembre 2011, p. 15- 19.
[808] CSJ/R.C.E.011/PR du 16 décembre 2011, *Journal officiel de la RDC, Première partie,* 52e Année, n° Spécial du 22 décembre 2011, p.1- 14.
[809] CSJ/RS.006 du 20 Décembre 2011, *Journal officiel de la RDC*, n° Spécial, 52e Année, 22 décembre 2011, p. 19-20

SECTION 2. LA COUR CONSTITUTIONNELLE, UN TOURNANT HISTORIQUE.

L'aspiration des Congolais à la liberté et à l'éradication de la dictature trouve sa concrétisation, notamment, dans l'installation de la Cour constitutionnelle, point d'orgue de l'ascension vers une justice constitutionnelle active, et antidote au venin de l'absolutisme présidentialiste.

Cette disposition de l'article 157 de la Constitution du 18 février 2006 dispose : *Il est institué une Cour constitutionnelle.*

Ce texte a servi de fondement à l'installation de la Cour constitutionnelle, le 11 avril 2015. Il consacre la fin juridique de la Cour Suprême de justice dont les compétences ont été distribuées entre la Cour de cassation, le Conseil d'État et la Cour constitutionnelle.

Une observation attentive permet de voir que la Cour figure au Titre III de la Constitution, réservé à l'organisation et à l'exercice du pouvoir, au chapitre portant sur les Institutions de la République, et encore plus précisément, au paragraphe 5 de la section relative au Pouvoir judiciaire.

Que la Cour constitutionnelle soit répertoriée au sein du pouvoir judiciaire dans la Constitution est une innovation de taille par rapport à la Deuxième République. Cela témoigne de sa lente, mais perceptible progression vers l'État de droit constitutionnel et démocratique.

La justesse d'une telle conviction, invite à examiner d'abord l'organisation et le fonctionnement de la Cour (§1), et ensuite ses compétences et des procédures (§2) y afférentes.

§1 : ORGANISATION ET FONCTIONNEMENT DE LA COUR CONSTITUTIONNELLE CONGOLAISE.

L'organisation de la Cour constitutionnelle congolaise et les modalités de son fonctionnement sont régis par les articles 157 à 169 de la Constitution du 18 février 2006, combinés aux dispositions pertinentes de la Loi-organique n°13/026 du 15 octobre 2013, et de son Règlement intérieur[810]. L'on y puise, en amont de la doctrine, les fondements juridiques de la structure de la Cour qui justifie sa composition et le statut de ses membres (A) ; les offices du Parquet Général et du Greffe (B) ainsi que l'existence d'un Corps des Conseillers référendaires et d'Agents divers (C).

A. DE LA COMPOSITION DE LA COUR ET DU STATUT DE SES MEMBRES.

Les neuf juges qui composent la Cour constitutionnelle congolaise sont désignés selon les modalités prévues à l'article 157 de la Constitution[811].

---

[810]Règlement Intérieur de la Cour constitutionnelle, *Journal Officielle de la République Démocratique du Congo, n°* spécial du 22 mai 2015, pp.5-32.

[811] Art. 158, Constitution du 18 février 2006, telle que modifiée par la Loi n°11/002 du 20 janvier 2011, *op.cit.*

Tous sont nommés par le Président de la République en raison de : trois sur sa propre initiative, trois désignés par le Parlement réunis en Congrès, et trois autres par le Conseil Supérieur de la Magistrature.[812]

Hormis la condition de nationalité congolaise, il est requis que les membres de la Cour constitutionnelle justifient d'une expérience de quinze ans dans le domaine juridique ou politique.[813] Parmi ses membres, six doivent être des juristes issus de la magistrature, du Barreau ou de l'enseignement universitaire.

Les Membres de la Cour constitutionnelle, ainsi désignés, sont investis par ordonnance présidentielle, et « présentés à la Nation, devant le Président de la République, l'Assemblée Nationale, le Senat et le Conseil Supérieur de la magistrature représenté par son Bureau »[814]. Avant leur entrée en fonction, le Président de la République reçoit leur serment selon la formule prévue à l'article 10 de la loi-organique sur ladite Cour, et leur en donne acte.

Par ailleurs, le législateur congolais tenant compte des réalités locales a exclu la possibilité pour la Cour constitutionnelle d'avoir en son sein deux membres parents ou alliés jusqu'au troisième degré inclusivement. Dans le même ordre d'idées, il ne peut y avoir plus d'un membre issu d'une même province.[815]

Alors qu'au Bénin le mandat des membres de la Cour constitutionnelle est de cinq ans renouvelable une seule fois, en République démocratique du Congo, le juge constitutionnel, exerce une mandature de neuf ans non renouvelable[816].

Le renouvellement des membres de la Cour se fait conformément à la procédure prévue aux articles 7 et 8 de la loi organique relative à son organisation et à son fonctionnement.

Le Président de la Cour constitutionnelle jouit et exerce des larges attributions pour lesquelles il dispose d'un Cabinet bien garni en personnel.

Le Président de la Cour élu par ses pairs exerce ses fonctions pour une durée de trois ans renouvelable une seule fois.[817] La procédure et les conditions de son élection sont précisées aux articles 6 à 9 de son Règlement intérieur qui prévoit à cette fin, l'institution d'un Bureau *ad hoc* au format quelque peu atypique.

---

[812] Art.2, alinéa 1er, de la Loi-organique n°13/026 du 15 octobre 2013 portant organisation et fonctionnement de la Cour constitutionnelle. Il convient de préciser ici, que les trois membres désignés par le Conseil Supérieur de la Magistrature, sont choisis parmi les magistrats actifs.

[813] Art.3 de la Loi-organique n°13/026 du 15 octobre 2013, *op.cit.*

[814] Art. 10, Loi-organique n°13/026 du 15 octobre 2013, *op.cit.*

[815] Art.2, al.2, de la Loi-organique n°13/026 du 15 octobre 2013, *op.cit.*

[816] Art.158, Constitution de la RDC du 18 février 2006, telle que modifiée par la Loi n° 11/002 du 20 janvier 2011.

[817] Art. 10, Loi-organique relative à la Cour constitutionnelle, *op.cit.*

Ce Bureau est composé de deux membres, dont le premier et le dernier cités dans l'ordre de succession des actes de nomination, et de deux scrutateurs. Le premier en devient le président et le dernier assume le rôle de secrétaire.[818]

Le Bureau supervise l'élection du Président de la Cour constitutionnelle selon les conditions et la procédure déterminées à l'article 8 du Règlement intérieur. Le nom du candidat élu est consigné sous un procès-verbal constaté par chaque membre présent et votant, et signé par le président, le secrétaire ainsi que les deux scrutateurs, et transmis au Président de la République aux fins de la signature de l'Ordonnance d'investiture.

Ce n'est qu'après notification de l'ordonnance d'investiture que le Président investi entre en fonctions. Le fonctionnement et l'administration de la Cour constitutionnelle sont assurés par son Président qui exerce aussi les prérogatives prévues aux articles 10 et 11 du Règlement intérieur, notamment celles de la représentation officielle de la Cour constitutionnelle auprès des institutions extérieures, et d'ordonnateur de budget en matières financières.

En ce domaine, il statue par voie de décision et dans d'autres matières, il agit par circulaire. Le Président de la Cour constitutionnelle sous la Troisième République jouit d'un pouvoir considérable, car il est de droit Président du Conseil supérieur de la magistrature.[819]

En cette qualité, il convoque et préside les sessions de l'Assemblée générale du Conseil supérieur de la magistrature, et exerce les attributions inhérentes à cette charge, telles que prévues aux articles 14 et 15 du Règlement intérieur de la Cour, et 41 du Règlement intérieur du Conseil Supérieur de la Magistrature. En cas d'empêchement du Président de la Cour, le membre le plus ancien de la Cour assume l'intérim de ses fonctions. Au-delà de six mois d'empêchement, il doit être pourvu à son remplacement selon les procédures légales et réglementaires conformes à la Constitution.

Conscient de l'ampleur des tâches qu'exige son fonctionnement harmonieux et efficient, la Cour constitutionnelle a pourvu son Président d'un Personnel de Cabinet et d'Appoint de plus d'une cinquantaine des membres placés sous l'autorité d'un Directeur de Cabinet assisté par deux Directeurs de Cabinet Adjoints.[820] En vue d'assurer leur indépendance et leur dignité, le législateur congolais leur accorde des droits et avantages prévus par la Loi des Finances, et fixés par un statut particulier.[821]

Hormis le Cabinet du Président de la Cour, chaque membre de la Cour dispose d'un Cabinet dont les membres sont nommés sur propositions de

---

[818] Art.6, Règlement intérieur de la Cour constitutionnelle, *op.cit.*

[819] Art. 14 du Règlement intérieur de la Cour constitutionnelle, *op.cit.*

[820] Art. 17 du Règlement intérieur de la Cour constitutionnelle, *op.cit.*

[821] Art.11, Loi-organique n°13/026 du 15 octobre 2013, *op.cit.*

chaque juge, par Décision du Président de la Cour.[822] Ce Personnel comprenant une vingtaine d'agents est dirigé par un Chef de Cabinet assisté d'un Chef de Cabinet adjoint. Notons toutefois que *l'organisation et la composition des Cabinets du Président et des juges de la Cour constitutionnelle sont déterminées par décision du Président de la Cour, après avis des autres membres de la Cour.*[823]

En vue d'optimaliser le fonctionnement de la Cour constitutionnelle, il est institué un Parquet Général près ladite Cour et un Greffe.

B. DU PARQUET GÉNÉRAL PRÈS LA COUR CONSTITUTIONNELLE ET DU GREFFE.

Le Parquet général est un office incontournable dans l'administration de la justice constitutionnelle autant que le Greffe.

1. Du Parquet général près la Cour constitutionnelle.

Régi par les articles 12 et 18 de la Loi-organique du 15 octobre 2013, le Parquet général près la Cour constitutionnelle est placé sous l'autorité du Procureur Général près ladite Cour, assisté d'un ou des plusieurs Avocats généraux.[824]

Ceux-ci, sont nommés conformément au statut des magistrats, par le Président de la République, pour un mandat de trois ans renouvelable une seule fois, parmi les magistrats de l'ordre judiciaire ou administratif.[825]

Les Avocats généraux sont soumis au même statut que celui des membres de la Cour, et comme eux, ils prêtent serment selon la même formule et devant la même autorité.

Le Procureur général et le Parquet général exercent des attributions à eux dévolues par la Loi organique sur la Cour constitutionnelle.[826]

Ainsi, le Procureur général fixe l'organisation intérieure du Parquet ; recherche et constate les infractions relevant de la compétence de la Cour constitutionnelle, soutient l'accusation et requiert les peines. Il émet des avis motivés dans les autres matières.

Sans prendre part au délibéré, il assiste à toutes les audiences et peut formuler des observations. Dans l'accomplissement de sa tâche, le Parquet général est doté d'un secrétariat dirigé par un Premier Secrétaire ayant le grade de Secrétaire Général de l'Administration publique. L'organisation et le fonctionnement du secrétariat du Parquet général sont fixés par un Décret du Premier Ministre délibéré en Conseil des Ministres sur proposition du Ministre ayant la Justice dans ses attributions. Le cas échéant, le Procureur général requiert

---

[822] Art. 19, Règlement intérieur de la Cour constitutionnelle, *op.cit.*
[823] Art. 18, al. 2, Règlement intérieur de la Cour constitutionnelle, *op.cit.* p14.
[824] Art.13, Loi-organique n°13/026 du 15 octobre 2013, *op.cit.*
[825] Art.14, Loi-organique n°13/026 du 15 octobre 2013, *op.cit.*
[826] Art.14 et 15, Loi-organique n°13/026 du 15 octobre 2013, *op.cit.*

les services du Parquet général près la Cour de Cassation. Et, son office opère en harmonie avec le greffe.

2. Du Greffe au sein de la Cour constitutionnelle.

L'article 19 de la loi organique sur la Cour constitutionnelle dispose : « La Cour est dotée d'un Greffe dirigé par un Greffier en chef ». Cette disposition est fondée sur l'article 169 la Constitution du 18 février 2006.

Les dispositions de la loi organique précitée relatives au Secrétariat du Parquet général sont applicables *mutatis mutandis* à l'organisation et au fonctionnement du Greffe.

Aussi, ces textes sont complétés par le Décret du Premier ministre n°14/035 du 04 décembre 2014 portant organisation et fonctionnement du Greffe de la Cour constitutionnelle.

Le Greffe est chargé de recevoir et d'enrôler les affaires dont la Cour est saisie. Le Greffier tient le plumitif d'audiences et veille à l'accomplissement des tous les actes de procédure. Il reçoit toutes les pièces des parties en demande et en défense.[827]

Comme on peut bien le constater le Greffe remplit une fonction indispensable à la procédure devant la Cour constitutionnelle. Les affaires y sont enregistrées au rôle correspondant au domaine des compétences de la Cour, à savoir par exemple :

- le rôle constitutionnel (R.Const) ;
- le rôle pénal (R.P) ;
- le rôle du contentieux électoral(RCE) ;
- le rôle des conflits d'attribution (RCA) ;
- le rôle du contentieux référendaire (RCR) ;
- le registre de déclaration du patrimoine familial (RDPF) ;
- le registre des prestations de serment (RPS).[828]

D'autres rôles et registres ne sont pas repris ici parce qu'ils ne rentrent pas dans le champ de notre étude concernant l'encadrement du pouvoir.[829]

L'action et le rayonnement de la Cour constitutionnelle passe par deux autres appuis : le corps des conseillers référendaires et le service de documentation.

---

[827] Art.2, Règlement intérieur de la Cour constitutionnelle, *op.cit.*
[828] Art. 23, Règlement intérieur de la Cour constitutionnelle, *op.cit.*
[829] Tel est le cas par exemple, du Rôle disciplinaire.

C. DU CORPS DES CONSEILLERS RÉFÉRENDAIRES ET DU SERVICE DE DOCUMENTATION, ÉTUDE ET PUBLICATION.

Hormis le Greffe, le législateur congolais a créé un corps des conseillers référendaires dont le nombre ne peut dépasser soixante au sein de la juridiction constitutionnelle, et dont trois quart doivent être des juristes. Ils assistent la Cour dans l'étude et la préparation des dossiers dont elle est saisie conformément à la Loi organique sur la Cour.[830] Les conseillers référendaires sont recrutés sur concours suivant les conditions et les modalités fixées aux articles 22 à 25 inclus, de la loi organique du 15 octobre 2013.

L'action de la Cour constitutionnelle serait moins performante si elle œuvrait en vase clos. Les activités et les décisions de la Cour sont d'une grande utilité à l'opinion publique et scientifique nationale et internationale. Surtout à l'heure actuelle où l'information est un instrument de protection de droits et libertés. Les compétences strictement juridiques, politiques et administratives n'auraient pas suffi à faire rayonner les mérites de la justice constitutionnelle dans le pays et à faciliter le fonctionnement efficace de la Cour constitutionnelle dans l'édification de l'État de droit. C'est pourquoi, on ne peut que saluer le rattachement d'un Service de documentation, d'études et de publication à la Cour constitutionnelle.[831]

Sous la supervision d'un des membres de la Cour assisté par des conseillers référendaires, du greffier en chef et des collaborateurs désignés à cet effet par le Président de la Cour, ce Service est chargé des tâches prévues à l'article 24 du Règlement intérieur de la Cour, à savoir notamment :

- *Préparer les publications au Bulletin les arrêts de la Cour constitutionnelle ;*
- *Assurer le répertoire, l'acquisition régulière et la conservation de toutes publications législatives, jurisprudentielles et doctrinales nécessaires et utiles au travail de la Cour constitutionnelle ;*
- *Établir périodiquement un bulletin des arrêts de la Cour, des actes législatifs et réglementaires publiés et l'organisation des colloques sur les activités judiciaires de la Cour, etc.*

D. DU RÉGIME D'INCOMPATIBILTÉS, DES DROITS ET DES DEVOIRS DES MEMBRES DE LA COUR ET ASSIMILÉS.

L'on peut penser à juste titre que c'est pour préserver les membres de la Cour, du Parquet général près la Cour, et des Conseillers référendaires des tentations pernicieuses ou des influences vicieuses que le législateur a prévu une série d'incompatibilités, des droits aussi bien que de devoirs.

---

[830] Art.20 la loi organique n° 13/026 du 15 octobre 2013 portant organisation et fonctionnement de la Cour constitutionnelle, *op.cit.*

[831] Art. 24, Règlement intérieur de la Cour constitutionnelle.

Ainsi, ils ne peuvent être membres du gouvernement ni exercer tout mandat électif. Ils ne peuvent exercer tout emploi public ni tout autre mandat public.

Leurs fonctions sont incompatibles avec l'appartenance à un parti politique, à un regroupement politique ou à un syndicat.

En outre, aucun membre du Parquet général ou de la Cour, aucun Conseiller référendaire ne peut exercer directement ou indirectement un commerce quelconque.[832] Toutefois, il est prévu une exception relative à ces restrictions.

Comme au Bénin et ailleurs, il leur est accordé le droit de dispenser des enseignements dans un établissement supérieur ou universitaire.

En termes des droits et avantages, le législateur, soucieux de mettre les opérateurs de la justice constitutionnelle à l'abri de la précarité, nuisible au rôle qu'ils sont appelés à jouer, les a placés sous un statut particulier.[833]

Et, à cet égard, il est stipulé que « *les membres de la Cour constitutionnelle, ceux du Parquet général et les Conseillers référendaires ont droit à un traitement et à des avantages qui assurent leur indépendance et leur dignité. Ils sont prévus par la Loi de Finances.*[834]

Qu'en est-il d'un membre de la Cour qui souhaite être déchargé de ses fonctions ? La fonction n'est pas une servitude. Le droit à la démission est reconnu à chaque membre de la Cour conformément à l'article 28 de la loi organique 15 octobre 2013. En ce cas, le membre concerné adresse une lettre à la Cour qui en apprécie l'opportunité. Et, le Président de la Cour en tient informé le Président de la République, l'Assemblée Nationale, le Sénat et le Conseil Supérieur de la Magistrature. La vacance subséquente à la démission est comblée par le remplacement du membre démissionnaire, suivant les conditions et procédures précisées aux articles 2 à 8 de la loi organique, déjà citée.

À noter que le membre de la Cour nommé en remplacement de celui dont les fonctions ont pris fin avant terme achève le mandat de ce dernier en conservant la potentialité d'être nommé pour un autre mandat s'il a exercé les fonctions de remplacement pendant au moins de trois ans.

La structure de la Cour constitutionnelle congolaise et le statut de ses membres lui impriment une certaine originalité autant que nous l'avons décelé pour la Cour constitutionnelle béninoise, l'on relève des particularités congolaises

---

[832] Art.32 de la loi organique n° 13/026 du 15 octobre 2013portant organisation et fonctionnement de la Cour constitutionnelle, *op.cit.*

[833] Art. 11 la loi organique n° 13/026 du 15 octobre 2013portant organisation et fonctionnement de la Cour constitutionnelle, *op.cit.*

[834] Art.27 la loi organique n° 13/026 du 15 octobre 2013portant organisation et fonctionnement de la Cour constitutionnelle, *op.cit.*

dans les attributions dévolues au juge constitutionnel et dans les procédures suivies devant lui.

§2. DES PROCÉDURES DEVANT LA COUR CONSTITUTIONNELLE CONGOLAISE ET DE SES COMPÉTENCES.

La procédure devant la Cour constitutionnelle congolaise procède d'un agencement de dispositions constitutionnelles, législatives ainsi que de son Règlement intérieur. Il est prévu des règles communes (A) à toutes les saisines de la Cour, et des règles spécifiques à certaines de ses compétences (B). Celles-ci seront examinées chaque fois en rapport avec l'attribution étudiée.

A. DES RÈGLES DE PROCÉDURE COMMUNES.

Comment saisir la Cour constitutionnelle ? Quelles sont les qualités des personnes et personnalités habilitées à la saisir ? Que doit contenir la requête ? Qui assure l'exécution de décisions de la Cour ? Il est pertinent de rencontrer ces préoccupations dont les réponses trouvent les bases juridiques principalement aux articles 89 à 95 de la loi organique du 15 octobre 2013 sur la Cour constitutionnelle. En droit congolais, la Cour constitutionnelle est saisie par requête des parties ou du Procureur général contre récépissé au greffe. Sauf lorsqu'elle émane du Procureur Général, la requête mentionne, sous peine d'irrecevabilité, les noms et adresses du requérant ainsi que l'objet et les moyens de la demande.[835] La requête est enregistrée par le Greffier dans un rôle correspondant à la nature de la demande.

À la diligence du Greffier, la requête est signifiée à toutes les parties concernées qui disposent de huit jours, à dater de la réception, pour le dépôt de leurs conclusions. Passé ce délai, le dossier est communiqué au Procureur Général pour son avis à intervenir aussi dans les huit jours.[836]

La Cour siège valablement à la réunion de tous ses membres. Il est prévu cependant une dérogation à cette règle en cas d'empêchement temporaire d'au plus deux de ses membres. Dans ce cas l'empêchement est dûment constaté par les autres membres.

Sous réserve de huis-clos ordonné par la Cour pour raison d'ordre public ou des bonnes mœurs, les audiences de la Cour sont publiques. Les parties sont représentées ou assistées de leurs avocats. Mais les délibérés sont secrets, et les décisions sont prises à la majorité des voix. En matière répressive, s'il se forme plus de deux opinions, le juge qui a émis l'opinion la moins favorable au prévenu est tenue de se rallier à l'une de deux autres.[837] En cas de partage de voix, celle du Président prévaut. Sans préjudice aux dispositions légales contraires, l'opinion

---

[835] Art.88 de la loi organique n° 13/026 du 15 octobre 2013portant organisation et fonctionnement de la Cour constitutionnelle, *op.cit.*

[836] Art. 89 de la loi organique n° 13/026 du 15 octobre 2013 portant organisation et fonctionnement de la Cour constitutionnelle, *op.cit.*

[837] Art.92 de la loi n° 13/026 du 15 octobre 2013 portant organisation et fonctionnement de la Cour constitutionnelle, *op.cit.*

dissidente ou individuelle est intégralement reproduite en fin de l'Arrêt en indiquant le nom de son auteur.

La Cour constitutionnelle statue par voie d'Arrêt écrit, motivé, et signé par tous les membres de la composition, et par le Greffier du siège.[838] Sauf interprétation ou rectification d'erreur matérielle, les Arrêts de la Cour ne sont susceptibles d'aucun recours. Le constituant du 18 février 2006 l'exprime mieux :

Les Arrêts de la Cour constitutionnelle ne sont susceptibles d'aucun recours et sont immédiatement exécutoires. Ils sont obligatoires et s'imposent aux pouvoirs publics, à toutes les autorités administratives et juridictionnelles, civiles et militaires ainsi qu'aux particuliers.[839]

Une telle disposition confère à la juridiction constitutionnelle congolaise un poids considérable sur l'échiquier institutionnel global de la République, et surtout en considérant l'amplitude de ses compétences.

B. DES COMPÉTENCES DE LA COUR CONSTITUTIONNELE CONGOLAISE (R.D).

La justice constitutionnelle congolaise focalise une abondante littérature aussi bien en droit comparé qu'en droit congolais. La plupart d'écrits font ressortir les traits saillants des prérogatives dévolues au juge constitutionnel, et bien de fois en comparaison avec son pendant béninois ou français.[840] Ce qui est fort appréciable pour éclairer le panorama juridique et élargir les horizons de la connaissance.

Cependant, il est primordial de cibler les fondements de l'activité juridictionnelle de la Cour en droit constitutionnel positif congolais tels que posés par le Constituant, complétés par le législateur et par les pouvoirs réglementaires. Les articles 160 à 164 de la Constitution du 18 février 2006, définissent l'essentiel des attributions de la Cour constitutionnelle, tandis que les articles 42 à 87 de la loi-organique du 15 octobre 2013 en fixent les modalités d'exercice.

L'alliage de ces différents textes permet une analyse sans ombrage, et de retenir comme prérogatives essentielles de la Cour constitutionnelle congolaise :

- Le contrôle de la constitutionnalité ;
- L'interprétation de la Constitution ;
- La connaissance des conflits des compétences ou d'attribution ;
- La compétence pénale pour les faits commis par le Président de la République et le Premier ministre dans l'exercice de leurs fonctions ;

---

[838] Art.92, al.5, de la loi n° 13/026 du 15 octobre 2013 portant organisation et fonctionnement de la Cour constitutionnelle, *op.cit.*

[839] Art.168 de la Constitution de la République Démocratique du Congo du 18 février 2006, *op.cit.*

[840] ODIMULA LOFUNGUSO, L., Les *missions essentielles de la justice constitutionnelle en droit comparé français, béninois et congolais*, *op.cit.*, pp.50 et s.

- Le contentieux électoral ou référendaire ;
- La réception du serment du président de la République ;
- La déclaration du patrimoine familial des hautes autorités de la République ;
- la déclaration de vacance de la présidence de la République et de la prolongation des délais des élections.
- La protection des droits fondamentaux en amont.

Manifestement toutes ces prérogatives participent à l'encadrement juridique du pouvoir, car il est vrai qu'en régime autoritaire, elles ne sont pas envisageables.

Mais dans le cadre de la présente étude l'accent sera plus ou moins accentué sur les unes que sur les autres. Et, plus sur celles à caractère limitatif du pouvoir politique et/ou contentieux que sur d'autres non contentieuses.

L'on peut observer que le constituant et le législateur congolais se démarquent du droit béninois où la régulation du fonctionnement des institutions publiques relève d'une compétence de la Cour constitutionnelle explicitement formulée. Dans la Constitution congolaise, elle n'est pas citée. Ce n'est que par interprétation inductive ou déductive que le juge s'en est prévalu.

1. La Cour constitutionnelle : juge de la constitutionnalité en RDC

La Cour connait de la « constitutionnalité des traités et accords internationaux, des lois, des actes ayant force de Loi, des édits, de Règlements Intérieurs des Chambres parlementaires, du Congrès et des institutions d'appui à la démocratie ainsi que des actes règlementaires. »[841]

Dans le système congolais, le contrôle de la constitutionnalité des textes visés à l'article 43 de la Loi organique sur la Cour constitutionnelle, peut se faire soit par voie d'action soit par voie d'exception.

1.1. La voie d'action en droit congolais.

La Cour constitutionnelle peut être saisie d'un recours visant à faire déclarer une loi à promulguer, non conforme à la Constitution. Sur le même registre, les lois organiques sont soumises à la censure de la Cour qui examine leur conformité à la Constitution avant leur promulgation.[842]

Saisie par le Président de la République, ou par les autorités visées à l'article 139 de la Constitution[843], la Cour statue dans le délai de quinze jours de sa saisine. À l'expiration de ce délais la loi est réputée conforme. Dans le même

[841] Art. 43 de La loi organique n° 13/026 du 15 octobre 2013 portant organisation et fonctionnement de la Cour constitutionnelle de la RDC, *op.cit.*

[842] Art. 44 de La loi organique n° 13/026 du 15 octobre 2013 portant organisation et fonctionnement de la Cour constitutionnelle de la RDC, *op.cit.*

[843] Le Président de la République ; le Premier Ministre ; le Président de l'Assemblée Nationale ou le Président du Sénat ; un nombre de députés ou de sénateurs au moins égal au un dixième des membres de chacune des Chambres.

contexte, les Règlements intérieurs des Chambres parlementaires, du Congrès et des Institutions d'appui à la démocratie sont transmis à la Cour pour examen de leur conformité à la Constitution dans les quinze jours. Ils ne peuvent être mis en application sans la déclaration positive de la Cour. Leurs modifications sont également soumises à l'appréciation de la Cour.

Si celle-ci ne s'est pas prononcée après quinze jours de sa saisine, les Règlements pris ou leurs modifications sont réputés conformes à la Constitution. Mais, les dispositions déclarées non conformes à la Constitution, ne peuvent pas être mis en application.[844]

Le contrôle de constitutionnalité vise aussi les Ordonnances prises en délibération en Conseil des Ministres par le Président de la République en cas d'état d'urgence ou de sièges. Dès leur signature, elles sont soumises à la Cour qui doit déclarer toutes affaires cessantes si elles sont ou non conformes à la Constitution.

Quant aux personnes ou instances habilitées à saisir la Cour, celle-ci peut être saisie pour faire déclarer une loi à promulguer non conforme à la Constitution par le Président de la République ou le Premier Ministre dans les quinze jours de la transmission leur faite, de la loi définitivement adoptée ; le Président de l'Assemblée Nationale, le Président du Sénat ou le dixième des Députés ou Sénateurs au moins, dans les quinze jours qui suivent l'adoption définitive de la loi.[845] Dans ces cas, la Cour se prononce dans les trente jours de sa saisine ou dans les huit jours en cas d'urgence à la demande du Gouvernement.

À noter aussi que toute personne peut saisir la Cour pour inconstitutionnalité des actes précités, visés par l'article 43 de la loi organique sur la Cour, à l'exception des accords et traités internationaux. Ce recours est recevable s'il est introduit dans les six mois après la publication de l'acte suspecté au Journal Officiel ou suivant la date de sa mise en application.[846]

Au cas où lesdits actes portent atteinte aux droits fondamentaux de la personne humaine ou aux libertés publiques, le Procureur général saisit d'office la Cour constitutionnelle.[847]

1.2. La voie d'exception en droit congolais.

Conformément à la loi organique portant organisation et fonctionnement de la Cour constitutionnelle de la RDC, toute personne peut invoquer l'inconstitutionnalité des lois, des règlements, des actes ayant forces des lois à l'exception des traités et accords internationaux, devant une juridiction dans une affaire qui la concerne.[848]

---

[844] Art.45. al. 3, de La loi organique sur de la Cour constitutionnelle de la RDC, *op.cit.*

[845] Art. 47 de la loi organique sur la Cour constitutionnelle de la RDC, *op.cit.*

[846] Art.48 de la loi organique sur la Cour constitutionnelle, *op.cit.*

[847] *Idem.*

[848] Art.49, Loi organique sur la Cour constitutionnelle de la RDC, *op.cit.*

Le Ministère public jouit aussi de la même prérogative.[849] La juridiction devant laquelle l'exception d'inconstitutionnalité est soulevée sursoit à statuer, et saisit la Cour constitutionnelle toutes affaires cessantes. La Cour statue par un Arrêt, et signifie celui-ci à la juridiction concernée qui est tenue de s'y incliner.[850]Et, l'acte déclaré non conforme à la Constitution ne peut plus être appliqué dans le procès en cours.

2. La Cour constitutionnelle : juge en interprétation de la Constitution.

La Constitution est un outil technique d'une portée au-delà de la compréhension des personnes non initiées. Et pourtant elle régit la vie publique et privée et lie les personnes physiques et morales y compris l'État. Dès lors, son interprétation n'est pas laissée à la fantaisie ou à l'intelligence commune. C'est pourquoi il est prévu de l'interpréter par un organe réputé de mieux la comprendre, la juridiction constitutionnelle dont l'interprétation tient lieu de norme impérative pour tous.

Les modalités d'exercice de cette prérogative par le juge constitutionnel congolais résultent des articles 54 à 56 de la Loi organique sur la Cour constitutionnelle. Celle –ci connait du recours en interprétation de la Constitution conformément à l'article 161 de la Constitution du 18 février 2006, telle que révisée à ce jour.

Sont habilitées à saisir la Cour, par requête à cette fin, le Président de la République ; le Gouvernement ; le Président du Sénat ; le Président de l'Assemblée Nationale ; un dixième de chacune des Chambres parlementaires ; les Gouverneurs de Province et les Présidents des Assemblées provinciales.

La requête des autorités concernées doit être motivée tout en précisant, les dispositions à interpréter. À compter du dépôt du recours, la Cour a trente jours pour statuer. Comme pour certaines situations, déjà évoquées, ce délai peut être réduit à huit jours à la demande du Gouvernement pour raisons d'urgence.

Aux termes de l'article 56 de la loi organique sur la Cour constitutionnelle[851], et conformément à la Constitution[852] , l'interprétation de la Cour lie les pouvoirs publics, les autorités administratives et juridictionnelles, civiles et militaires ainsi que les particuliers.

Notons qu'en matière du contrôle de constitutionnalité, la procédure est écrite, et contradictoire en cas du contentieux d'inconstitutionnalité. En outre, elle est gratuite.[853]

---

[849] Art.162 de la Constitution de la RDC du 18février 2006, *op.cit.* Voir aussi l'article 52, al.1, de la loi organique portant organisation et fonctionnement de la Cour constitutionnelle, *op.cit.*

[850] Art.53, loi organique portant organisation et fonctionnement de la Cour constitutionnelle, *op.cit.*

[851] Art.56, Loi organique sur la Cour constitutionnelle, *op.cit.*

[852]Art.161 de la Constitution de la RDC du 18 février 2006, *op.cit.*

[853] Art.97, Loi organique sur la Cour constitutionnelle de la République Démocratique du Congo, *op.cit.*

3. La Cour constitutionnelle : juge des conflits de compétences.

Sur la base de l'article 161, la Cour constitutionnelle connait des conflits de compétence d'abord entre le pouvoir exécutif et le pouvoir législatif, ensuite entre l'État et les Provinces, et enfin entre les ordres de juridictions. La loi organique n°13/026 du 15 octobre 2013 précise les modalités d'action de la Cour dans chacun de ces trois cas de figure.

3.1. Du conflit entre le pouvoir exécutif et le pouvoir législatif.

Il y a conflit de compétences entre le pouvoir exécutif et le pouvoir législatif, lorsque l'un des actes énumérés à l'article 43[854] de la loi organique sur la Cour est pris par l'un des pouvoirs en violation du domaine de compétence matérielle de l'autre.

Sur requête de l'autorité la plus diligente ou par le groupe d'autorités intéressées, la Cour statue, et se prononce sur le caractère législatif ou règlementaire des matières dont elle est saisie.[855]

Sous cet angle, le Gouvernement peut demander à la Cour de se prononcer sur le caractère règlementaire d'une matière réglée par une loi mais relevant désormais du domaine règlementaire.[856]

3.2. Du conflit entre l'État et les Provinces.

La structure fortement décentralisée de la Troisième République nécessite un arbitrage judicieux de revendications des compétences par le pouvoir central et par les Entités provinciales. Malgré le partage et l'énumération des prérogatives des uns et des autres, dans la Constitution, dans la pratique, elles sont susceptibles de conflits.

Ainsi, il y a conflit de compétence lorsque le pouvoir provincial prend des actes exclusivement réservés aux termes de l'article 202 de la Constitution, au pouvoir central ou lorsque celui-ci prend des actes relevant de la compétence exclusive du pouvoir provincial en vertu de l'article 204 de la Constitution.

Aussi, il est interdit par exemple à une Assemblée provinciale de légiférer sur les matières de la compétence exclusive du pouvoir central sans délégation de pouvoir par une loi d'habilitation selon les modalités prévues à l'article 205 de la Constitution. En vertu de cette même disposition, l'Assemblée Nationale et le Sénat ne peuvent légiférer sur les matières de la compétence exclusive d'une province.

Le pouvoir qui estime qu'il y a violation de l'une des dispositions constitutionnelles précitées saisit la Cour qui statue, et se prononce sur *l'échelon*

---

[854]Il s'agit de traités ou accords internationaux ; des Règlements Intérieurs de Chambres parlementaires ; du Congrès et des Institutions d'Appui à la démocratie ainsi que des actes règlementaires des autorités administratives.

[855]Art.54, loi organique sur la Cour constitutionnelle de la RDC, *op.cit.*

[856]Art. 60, loi organique sur la Cour constitutionnelle de la RDC, *op.cit.*

du pouvoir compétent.[857] Le juge constitutionnel est aussi juge des conflits d'attribution entre les ordres des juridictions congolaises.

3.3. Juge de conflits d'attribution entre les ordres de juridictions.

Les prérogatives de la Cour constitutionnelle en cette matière sont fondées sur l'article 161 de la Constitution dont les modalités d'application sont précisées aux articles 65 à 70 de la loi organique relative à la Cour.

Les conflits d'attributions surviennent lorsque la Cour de cassation et le Conseil d'État déclarent tous une juridiction de l'ordre judiciaire et une juridiction de l'ordre administratif compétente ou incompétente pour connaitre d'une même demande mue entre les mêmes parties.[858]

En pareil cas, lorsqu'une exception d'incompétence a été soulevée par ou devant la Cour de cassation ou le Conseil d'État au motif que la demande relève en tout ou en partie de l'autre ordre, la Cour constitutionnelle peut être saisie dans les deux mois de la signification de la décision d'où résulte le conflit. Jusqu'à l'expiration de ce délai, la juridiction de l'ordre judiciaire ou de l'ordre administratif déclarée compétente par la Cour de cassation et le Conseil d'État en même temps sursoit à statuer quant au fond. Pendant ce temps, la prescription est suspendue.

À l'issue du conflit, vidé par la Cour constitutionnelle, la juridiction de l'ordre qui n'a pas été reconnue compétente est dessaisie de plein droit de l'action pendante devant elle. La partie la plus diligente réintroduit une nouvelle demande dans les formes et conditions légales requises, devant la juridiction de l'ordre reconnue seule compétente. Celle-ci statue alors sur le fond de la cause.

Précisons que les deux ordres de juridictions qui ont été en conflit s'inclinent devant l'arrêt de la Cour constitutionnelle qui est aussi le juge pénal des autorités exécutives et du processus électoral.

4. La Cour constitutionnelle : juge pénal des autorités au sommet de l'État et juge du processus électoral.

La Cour constitutionnelle est le juge pénal des plus hautes autorités gouvernementales en République Démocratique du Congo. C'est elle aussi qui déclare le cas échéant, la vacance de la Présidence de la République.

4.1. Juge pénal des autorités gouvernementales.

Alors qu'au Bénin la Cour Constitutionnelle n'a pas la pleine compétence pour juger seule le Président de la République, et que cette prérogative est principalement dévolue à la Haute Cour de Justice, en République Démocratique du Congo, le Constituant du 18 février 2006, pose que : *la Cour*

---

[857] Art. 63, loi organique sur la Cour constitutionnelle de la RDC, *op.cit.*

[858] Voir les articles : 161 de la Constitution congolaise du 18 février 2006 ; 66 de la Loi organique relative à la Cour et 53 du Règlement intérieur de la Cour constitutionnelle.

constitutionnelle est la juridiction pénale du Chef de l'État et du Premier ministre dans les cas et conditions prévus par la Constitution.[859]

Ainsi, le juge constitutionnel congolais connait des infractions politiques de haute trahison, d'outrage au Parlement, d'atteinte à l'honneur ou à la probité ainsi que de délit d'initié commises par les deux plus hautes autorités de l'exécutif congolais.[860]

Dans cette perspective, et pour se conformer au principe de la légalité des lois et des peines, le Constituant et le législateur congolais ont défini de manière stricte les faits constitutifs des incriminations précitées, et les peines auxquelles s'exposeraient leurs auteurs.

En vertu de l'article 73 de la loi organique relative à la Cour, *il y a haute trahison lorsque le Président de la République a violé intentionnellement la Constitution ou lorsque lui ou le Premier ministre est reconnu auteur, coauteur ou complice des violations graves et caractérisées des droits de l'homme ou de cession d'une partie du territoire nationa*l.

Sont également constitutifs de haute trahison dans le chef du Président de la République ou du Premier Ministre, les faits visés à l'article 74 de la même loi, à savoir :

- *instituer ou tenter d'instituer un parti unique sous quelque forme que ce soit ;*
- *Manquer à son devoir de sauvegarder l'unité de la République et l'intégrité de son territoire ;*
- *détourner les forces armées de la République à ses fins propres ;*
- *organiser des formations militaires, paramilitaires ou des milices privées ou entretenir une jeunesse armée.*

La peine légale à infliger éventuellement au Chef de l'État ou au Premier ministre reconnu coupable de haute trahison est la servitude pénale à perpétuité.[861]

Quant à l'atteinte à l'honneur, elle est retenue conformément à l'article 76 de la loi organique sus vantée, lorsque le comportement personnel du Président de la République ou du Premier Ministre est contraire aux bonnes mœurs. Pour cette infraction le législateur congolais[862] renvoie aux faits définis dans les sections III et IV du titre VI du Code pénal de la RDC et aux peines y afférentes.[863]

---

[859] Art.163 de la Constitution de la République Démocratique du Congo du 18 février 2006.

[860] Le Président de la République et le Premier Ministre.

[861] Art. 75 de la loi organique sur la Cour constitutionnelle (RDC), *op.cit.*

[862] Art.77, loi organique sur la Cour constitutionnelle (RDC), *op.cit.*

[863] Voir les articles 172 à 178, Code pénal congolais, Décret du 30 janvier 1940 tel que modifié à ce jour, *Journal Officiel* de *la République Démocratique du Congo*, numéro spécial du 30 novembre 2004, pp. 46 et 47. Il s'agit notamment des faits impliquant des atteintes à la pudeur et à la moralité publique.

En matière d'amende, le Chef de l'État ou le Premier Ministre succombant aux charges de l'accusation serait condamné à cinquante millions de Francs congolais.

S'agissant de l'atteinte à la probité, elle est constituée des faits définis à la section VII du Code pénal Livre II, et punies des mêmes peines.

Signalons ici qu'il s'agit d'une large gamme des comportements couvrant globalement : la corruption, les rémunérations illicites, le trafic d'influence, et des abstentions coupables des fonctionnaires.[864]

Concernant le délit d'initié dans le chef du Président de la République ou du Premier Ministre, il est commis « lorsque l'un ou l'autre effectue des opérations sur valeurs immobilières ou sur marchandises à l'égard desquelles, il possède, en raison de ses fonctions, des informations privilégiées et dont il tire profit avant que celles-ci ne soient connues du public ».

Ce délit englobe en outre, « l'achat ou la vente d'actions fondées sur des renseignements qui ne seraient jamais divulgués aux actionnaires ».[865] Il est punissable d'une servitude pénale principale de dix à vingt ans et d'une amende de dix à cinquante millions de Francs congolais.[866]

À propos, de l'outrage au Parlement, il est constaté lorsque sur des questions posées par l'une ou l'autre Chambre du Parlement sur l'activité gouvernementale, le Premier Ministre ne fournit aucune réponse dans les trente jours à dater de la réception de la question. La peine prévue est de cinq à dix ans de servitude pénale.

Dans les hypothèses ci-dessus, la décision de poursuite et de la mise en accusation du Président de la République ou du Premier Ministre sont votées à la majorité de deux tiers des membres du Parlement réunis en Congrès.[867]

Outre les infractions politiques, la Cour constitutionnelle congolaise connait aussi des infractions de droit commun commises par le Président de la République, par le Premier ministre ou par leurs complices et coauteurs. En cas d'infractions commises par le Président de la République ou le Premier ministre, le Procureur Général assure l'exercice de l'action publique dans les actes d'instruction et de poursuite à leur charge et à celles de leurs complices et de leurs auteurs. Il reçoit les plaintes et les dénonciations et rassemble les preuves[868]. À

---

[864] Art.147 à 150i, Code pénal congolais, *op.cit.*, pp.38-39.

[865] Art.78, Loi organique relative à la Cour constitutionnelle de la RDC, *op.cit.*

[866] *Idem.*

[867] Art.80, Loi organique relative à la Cour constitutionnelle de la RDC, *op.cit. ; art.166 de la Constitution du 18 février 2006.*

[868] *Tout Officier de police judiciaire ou tout officier du Ministère public qui reçoit une plainte ou une dénonciation ou qui constate l'existence des faits infractionnels à charge soit du Président de la République soit du Premier Ministre, les transmets toutes affaires cessantes au Procureur Général et s'abstient de poser tout autre acte.* Art. 104 de la Loi organique relative à la Cour constitutionnelle de la RDC, *op.cit.*

cette fin, il entend toute personne susceptible de contribuer à la manifestation de la vérité.[869]

Lorsque le Procureur Général s'estime suffisamment éclairé et qu'il décide de poursuivre les suspects, en l'occurrence, le Président de la République ou le Premier ministre, il adresse au Président de l'Assemblée nationale et au Président du Sénat une requête aux fins d'autorisation des poursuites.

L'autorisation est donnée conformément à l'article 166 de la Constitution du 18 février 2006 telle que révisée à ce jour, et qui dispose : « La décision de poursuivre ainsi que la mise en accusation du Président de la République ou du Premier Ministre sont votées à la majorité des deux tiers des membres du Parlement composant le Congrès suivant la procédure prévue par le Règlement intérieur.»

À l'issue du vote, si le Congrès autorise les poursuites, l'instruction préparatoire est menée par le Procureur Général suivant les règles ordinaires de la procédure pénale. Seule la Cour est compétente pour autoriser la mise en détention préventive du Président de la République ou du Premier Ministre.[870] Dans chaque cas, elle en détermine les modalités. Le juge constitutionnel peut remplacer la détention préventive par la résidence surveillée. Si le Président de la République ou le Premier Ministre est condamné, la Cour prononce sa déchéance. La même sanction s'applique *mutatis mutandis* aux coauteurs ou complices revêtus de la puissance publique.[871]

À propos des dommages-intérêts et réparations qui peuvent-être dus aux victimes, la Cour ne peut pas statuer d'office. Et, la Constitution des parties civiles n'est pas recevable devant la Cour, car l''action civile n'est possible qu'après l'Arrêt définitif, et ce, devant les juridictions compétentes ordinaires.[872]

En cas de déchéance, la vacance de la Présidence de la République est déclarée par la Cour constitutionnelle selon la procédure prévue par la Constitution et les lois de la République.

4.2. La Cour déclare la vacance de la Présidence de la République, et éventuellement la prolongation du délai de l'élection présidentielle.

Le caractère institutionnel de l'État requiert sa continuité en dépit de la disparition ou de l'empêchement des personnes qui l'incarnent. Dans un État de droit démocratique, la pérennité de l'État-pouvoir est assurée par des mécanismes constitutionnels sans lesquels, la succession au pouvoir serait une source de perturbantes incertitudes.

Ainsi, pour conjurer les démons de lutte par la force pour le pouvoir, et combler sans dommage le vide du pouvoir en cas de vacance, le Constituant

---

[869] Art.100, loi organique relative à la Cour constitutionnelle de la RDC, *op.cit.*

[870] Art.102, al.2, Loi organique relative à la Cour constitutionnelle de la RDC, *op.cit.*

[871] Art.105, al.2, Loi organique relative à la Cour constitutionnelle de la RDC, *op.cit.*

[872] Art. 107 de la loi organique relative à la Cour constitutionnelle, *op.cit.*

congolais du 18 février 2006 a confié au juge constitutionnel, la prérogative de déclarer la vacance de la Présidence de la République[873] tout en déterminant les causes d'ouverture[874]. Il a aussi défini l'autorité d'intérim.[875] Ainsi la vacance peut résulter soit du décès ou de la démission du Président de la République, soit de toute autre cause d'empêchement définitif. En cette matière, la procédure de saisine de la Cour est précisée par la loi organique du 15 octobre 2013. En effet, la Cour est saisie par le Gouvernement de la République réuni de toute urgence en Conseil des Ministres dès la survenance de l'une des causes de la vacance.

Endéans soixante-douze heures, en cas de décès du Président de la République, la Cour statue et rend son arrêt. En d'autres situations d'empêchement définitif, le délai est de huit jours.[876]

Par son arrêt, le juge constitutionnel ouvre la période de l'intérim et fait courir le délai de l'organisation d'une nouvelle élection présidentielle qui est de soixante jours au moins et de quatre-vingt-dix jours au plus, à dater de l'ouverture de la vacance ou de la déclaration de l'empêchement définitif.[877]

Saisie par la Commission électorale indépendante, la Cour constitutionnelle est habilitée à prolonger ces délais en cas de force majeure, à cent vingt jours tout au plus. La succession est faite après les élections dont la Cour est également juge du processus.

4.3. La Cour constitutionnelle : juge du processus électoral et référendaire.

« La Cour est juge du contentieux des élections présidentielle, législatives nationales et du référendum. Elle connait des recours en contestation de la régularité des candidatures, des résultats des élections présidentielles, législatives nationales ainsi que du référendum. Elle proclame les résultats définitifs de ces consultations. »[878]

Ce texte de l'article 81 de la loi organique sur la Cour constitutionnelle définit les prérogatives électorales et référendaires de la Cour constitutionnelles fondées sur l'article 161 de la Constitution du 18 février 2006. Il est complété par le Règlement intérieur de la Cour constitutionnelle en son article 54 qui dispose : *La Cour est juge du contentieux des élections présidentielle et législatives nationales ainsi que du référendum. Elle connait de recours en contestation de la régularité des candidatures, de résultats des*

[873] Art.76, al.2, Constitution de la RDC du 18 février 2006, *op.cit.*

[874] Art.75, Constitution de la RDC du 18 février 2006, *op.cit.*

[875] Art. 75. L'intérim du Président de la République en cas de vacance, est assuré par le Président du Sénat qui exerce les fonctions du Président de la République à l'exception de celles prévues aux articles 78, 81 et 82 de la Constitution.

[876] Art.86, al.2, loi organique sur la Cour constitutionnelle de la RDC, *op.cit.*

[877] Art.76, al.2, Constitution de la RDC du 18 février 2006.

[878] Art. 161 de la Constitution congolaise du 18 février 2006, *op.cit.*

élections présidentielles, législatives nationales ainsi que du référendum. Elle proclame les résultats définitifs de ces consultations.

En cette matière, la Cour est saisie conformément à la loi électorale ou référendaire. Elle procède à tous les devoirs d'instruction nécessaires à l'enquête. Elle siège au nombre de trois membres, et rend son arrêt dans les délais fixés par la loi électorale ou référendaire.[879]

5. D'autres compétences non contentieuses de la Cour constitutionnelle congolaise.

En plus des attributions contentieuses ou politiques que nous venons d'examiner, la Cour constitutionnelle exerce d'autres compétences qui ne sont pas sans incidence sur l'encadrement constitutionnel du pouvoir découlant de l'article 160 de la Constitution du 18 février 2006. Sur cette base, la Cour émet des avis ; reçoit le serment du Président de la République, et reçoit la déclaration du Président de la République et des membres du Gouvernement.

5.1. La Cour constitutionnelle : autorité consultative.

Les avis de la Cour constitutionnelle sont requis sur la conformité à la Constitution de lois organiques avant leur promulgation et les Règlements intérieurs des Chambres parlementaires et du Congrès, de la Commission électorale nationale indépendante ainsi que du Conseil Supérieur de l'audiovisuel et de la communication avant leur mise en application.[880]

Avant d'être mis en application, le règlement intérieur est obligatoirement transmis par le Président de l'institution intéressée, à la Cour constitutionnelle qui se prononce sur sa conformité à la Constitution dans un délai de quinze jours. À l'expiration de ce délai, le texte est réputé conforme à la Constitution.

5.2. La Cour reçoit le serment du Président de la République.

Dans les dix jours qui suivent la proclamation des résultats définitifs, la Cour constitutionnelle reçoit le serment du Président de la République, et lui en donne acte. Dans les mêmes conditions, et en cas d'intérim, la Cour reçoit, le serment du Président de la République par intérim. La cérémonie solennelle consacre l'investiture de la fonction présidentielle. Outre le caractère formel d'apparat, le serment établit un lien sacré entre le titulaire du pouvoir et le pouvoir dont la Constitution est le gage, la source.

6 La Cour reçoit la déclaration du patrimoine familial des membres de l'Exécutif.

La Cour connait également de la déclaration du patrimoine familial du Président de la République et des membres du Gouvernement, communiquée dans les quinze jours de son dépôt, à l'Administration fiscale. Une copie est transmise à l'Assemblée Nationale et au Sénat. Il est important de préciser que le

---

[879] Art. 161 de la Constitution congolaise du 18 février 2006, *op.cit.*

[880] Art.160, al. 2, Constitution de la RDC du 18 février 2006, *op.cit.*

Président de la République et les membres du Gouvernement ne peuvent pas se soustraire de cette exigence constitutionnelle sans engager leur responsabilité politique. Faute de cette déclaration endéans les trente jours, la personne concernée est réputée démissionnaire.

Dans cette hypothèse, la Cour est saisie par au moins un dixième de Députés ou des Sénateurs. Elle statue pour constater d'office la démission du Président de la République ou du membre du gouvernement en cause.

Les membres du Gouvernement et le président de la république sont liés par la même obligation à la fin de leur mandat. Dans les trente jours suivant la fin des fonctions, fautes de cette déclaration, en cas de déclaration frauduleuse ou de soupçon d'enrichissement illicite, la Cour constitutionnelle ou la Cour de Cassation peut être saisie conformément à l'article 99 de la Constitution[881].

§3 : LA RÉGULATION : UNE COMPÉTENCE AFFERMIE ET CONTROVERSÉE EN R.D.C.

Réguler s'entend : « Assurer le fonctionnement correct, le rythme régulier d'un mécanisme, le développement d'un processus.»[882]

Appliquée à la vie politique, la compétence régulatrice correspond à celle d'assurer à l'ensemble des institutions étatiques, et à l'État lui-même un fonctionnement harmonieux sans discontinuité conformément à la Constitution.

Lors du 4ème Congrès de l'Association des Cours Constitutionnelles ayant en Partage l'Usage de la langue du Français (ACCPUF), Madame Simone Veil, éclairait les conviés sur cette prérogative :« *La régulation de l'activité des pouvoirs publics et la résolution des conflits éventuels conduisent les Cours constitutionnelles à poser des bornes en assurant le respect de la séparation des pouvoirs et de la hiérarchie des normes , à jouer un rôle d'arbitre en cas de conflit, et enfin à garantir le respect par chacun des pouvoirs du plein exercice de leurs compétences respectives.*»[883]

Ainsi par sa fonction régulatrice, la justice constitutionnelle serait à l'État de droit démocratique ce que l'huile est au moteur. C'est sous le même angle, que Didier Yangozela dans sa florissante œuvre sur l'avènement de la justice constitutionnelle en RDC[884], nous rappelle la formule d'Alain Richard : « *la Cour joue le rôle d'amortisseur d'alternance.*»[885]

Au Bénin la Constitution attribue formellement la compétence de régulation de la vie publique au juge constitutionnel. Malgré cela, elle n'y est pas

---

[881] Art. 99 al. 5, Constitution de la RDC du 18 février 2006, *op.cit.*

[882] Larousse Poche, Paris, Cedex, 2014, p.692.

[883] VEIL, S., « Discours introductif », 4e Congrès de l'ACCPUF, tenue à Paris, du 13 au 15 novembre 2006. URL https: //www.conseil-constitutionnel.fr/sites/default, consulté le 03/01/2023.

[884] YANGONZELA LIAMBOMBA, D., *l'avènement de la justice constitutionnelle en République Démocratique du Congo. De la Cour suprême de justice à la Cour constitutionnelle*, Paris, L' Harmattan, 2020, p.352.

[885] Richard, A., *Les Partis politiques et le Conseil constitutionnel*, Paris, Economica, 1987, p.97

moins polémique comme nous l'avons vu. En République du Congo la Constitution est silencieuse. Et pourtant la Cour constitutionnelle se prévaut du pouvoir régulateur. Cela implique une genèse jurisprudentielle (A) qui alimente un large débat en doctrine (B), et en dépit duquel la régulation se construit et se consolide (C).

A. GENÈSE JURISPRUDENTIELLE DE LA COMPÉTENCE DE RÉGULATION.

Là où le constituant n'a pas conféré explicitement la compétence de régulation au juge constitutionnel, on est en droit de s'interroger sur son fondement. Quelle est sa source ? D'où tire-t-elle sa légitimité et même sa légalité ?

Les réponses apportées convergent sur ses origines jurisprudentielles aussi bien en droit comparé qu'en droit congolais, selon la culture juridique de chaque peuple. D'ailleurs, il est opportun de rappeler que la justice constitutionnelle elle-même est d'origine jurisprudentielle, depuis l'Arrêt Marbury.

Donc, c'est vers la jurisprudence que la doctrine se tourne pour déceler les contours de cette compétence en remontant à la défunte Cour Suprême de justice jusqu'à l'actuelle Cour constitutionnelle congolaise.

D'aucuns considèrent que chaque fois que la Cour Suprême de Justice a rendu des arrêts qui ont épargné le fonctionnement des pouvoirs publics d'un éventuel blocage en cas de crise politique, d'un conflit entre les pouvoirs constitués ou qui ont permis de débloquer une situation de crise, la Cour a usé de son pouvoir de régulation. À titre d'illustration, l'on cite l'arrêt du 13 septembre 2006[886], par lequel la CSJ saisie par la Commission électorale indépendante (CEI), après avoir constaté l'impossibilité d'organiser le second tour des élections présidentielles dans le délai constitutionnel de 15 jours après la proclamation des résultats, a repoussé l'échéance à plus 45 jours. La décision de la Cour a permis à la Commission électorale indépendante de réunir les moyens matériels requis pour organiser dans les meilleures conditions, le deuxième tour du scrutin.[887]

Dans la foulée, la Cour s'est référée à l'article 223 de la Constitution du 18 février 2006, pour se déclarer compétente, et a statué à la saisine de la CEI qui lui demandait de prolonger son mandat jusqu'à l'installation de la CENI. Celle-ci obtint gain de cause dans l'arrêt de la Cour du 27 août 2007[888].

Il ressort de l'analyse de cette décision que la partie saisissante a vu en la Cour une compétence que nulle autre institution républicaine n'avait pour agir en vue d'éviter une discontinuité de l'activité démocratique. Répondant à la question de savoir pourquoi il a saisi la Haute Cour, le Président de la CEI,

---

[886] CSJ, Arrêt, Const.037/TSR du 13 septembre 2006.

[887] ODIMULA LOFUNGUSSO, L, *Les missions essentielles de la justice constitutionnelle en droit comparé français, béninois et congolais*, op.cit., p.169.

[888] CSJ, Arrêt, R.Const. 055/TSR du 27 août 2007

motive sa requête en ces termes : *« C'est parce que, comme toutes les Hautes Cours et les Cours constitutionnelles du monde, elle est la seule Institution, qui jouit d'un pouvoir régulateur, qui lui permet de compléter ou de corriger le législateur en cas de silence de la loi ou de l'inadéquation entre celle-ci et la réalité sociale… »*

Aussi la CEI, soutient sa demande en rappelant à la Cour non seulement les bases constitutionnelles de sa mission, mais encore, sa prérogative de régulation, et expose : *« […] A l'honneur de saisir la Cour Suprême de Justice, constituant dérivé, en vertu de l'article 223 de la Constitution du 18 février 2006 et d'introduire devant elle, sa demande tendant à obtenir la prolongation de son mandat, fondée sur son pouvoir régulateur* […][889] »

On note que la Cour Suprême est demeurée constante dans sa jurisprudence. Evoquant ses attributions de juge constitutionnel en vertu de l'article 223 de la Constitution, déjà cité, elle s'est déclarée : compétente, en vertu de son pouvoir régulateur « *de résoudre toute question constitutionnelle bloquant actuellement le fonctionnement normal des institutions […]* », et a suivi la CEI dans ses moyens.

L'on a pu relever la même ligne dans la jurisprudence de la Cour constitutionnelle. Dans les cas où elle évoque son pouvoir de régulation elle se fonde sur une interprétation des dispositions relatives à ses compétences explicites pour statuer, et éviter la paralysie ou le disfonctionnement des institutions.

Toutefois, le silence du constituant sur la régulation des pouvoirs publics suscite un débat dans les milieux scientifique et politique.

B. DÉBAT DOCTRINAL ET POLITIQUE SUR LA COMPÉTENCE RÉGULATRICE DU JUGE CONSTITUTIONNEL CONGOLAIS.

Un organe juridictionnel est-il fondé de se prévaloir d'une compétence qui ne lui soit pas dévolue explicitement par la Constitution ?

Au premier abord, le juriste répondrait par la négative, car nous l'avons dit la Constitution est le fondement et la limite de tout pouvoir et de toute action dans l'État. Nul ne peut agir sans son mandat, et nul ne peut agir à contre-courant de ses prescriptions et de ses prohibitions. Alors comment comprendre que le juge constitutionnel chargé de garantir la suprématie constitutionnelle s'octroie une prérogative que celle-ci ne lui aurait pas formellement reconnue?

D'aucuns s'en offusquent, et fustigent la conduite de la Cour qui évoque son pouvoir régulateur dans sa décision rendue le 08 septembre 2015[890]. On fait observer *qu'en évoquant son pouvoir régulateur, sans le définir ni fixer*

---

[889] MUHOLONGU MALUMALU, A, Requête en prolongation de mandat de la C.E.I. du 21 juillet 2007 devant la CSJ. Voir CSJ, Arrêt, R.Const. 055/TSR du 27 août 2007.
[890] R.Const.0089/2015

les conditions pour y recourir, la Cour est restée dans un flou constitutionnel grave et inadmissible de la part d'une juridiction de son rang.[891]

Pour Bola l'évocation du pouvoir régulateur est une erreur d'autant qu'elle est évoquée par la Cour *ex nihilo* pour contourner le respect et l'application stricte de la Constitution dont elle a la charge d'assurer la primauté effective, conformément aux 160 et 162 de la Constitution.[892]

Une autre préoccupation s'invite au débat d'un point de vue juridique et politique. En s'investissant dans la mission régulatrice des pouvoirs publics, le juge constitutionnel ne marche-t-il pas sur les plates-bandes du Chef de l'État garant du fonctionnement régulier des institutions de la République[893], et des autres branches du pouvoir ? De là à se demander si le juge garant du principe de la séparation des pouvoirs n'en devient pas le fossoyeur par usurpation.

Par ailleurs, on estime que le juge constitutionnel congolais protecteur des droits et libertés fondamentaux ne devrait aucunement s'auto-attribuer une compétence formellement attribuée à une autre institution, qu'en faisant cela, il a violé la Constitution.[894] . Qu'il s'agisse du Bénin où le pouvoir de régulation est mentionné dans la Constitution ou du Congo où il n'y figure pas, d'aucuns considèrent que le juge constitutionnel par un tel pouvoir, se place au-dessus de la Constitution ou la viole par manque de fondement légal à son activisme ou par excès de pouvoir. Quelques propos de Léon Odimula reflètent bien ce courant critique :

> *Contrairement à d'autres fois où la Cour Suprême de Justice était timidement critiquée, l'évocation du pouvoir de régulation par la Cour constitutionnelle est d'autant plus contestée qu'elle ne soit prévue par aucune disposition constitutionnelle, et a pour justification première l'audace du juge, qui n'a d'égale que le risque pris par la Cour de s'attirer des foudres politiques et les critiques scientifiques parfois fondées*[895].

Cette présentation bien qu'acceptable dans un sens n'emporte pas la conviction de tous. Selon une autre perception moins pessimiste, le pouvoir régulateur du juge constitutionnel n'est pas dépourvu de fondement

---

[891] YATALA NSOMWE, C., *Commentaire de l'arrêt de la Cour Constitutionnelle du 08 septembre 2015 R.Const.0089/2015*, URL : http// :www.constitution-en-afrique.org.,

[892] BOLA, F., *L'interprétation de l'article 70 de la Constitution, faut-il craindre la Cour constitutionnelle ?* http://www.editions-harmattan.fr./auteur/article_pop.asp.no=316&no=316_artiste=10190, consulté le 04/01/2023.

[893] Art.69, Constitution de la RDC du 18 février 2006, telle que modifiée à ce jour, *op.cit.*

[894] BOLA, F., *L'interprétation de l'article 70 de la Constitution, faut-il craindre la Cour constitutionnelle ?, op.cit.*

[895]ODIMULA LUFUNGUSON, L., *Les missions essentielles de la justice constitutionnelle en droit comparé français, béninois et congolais*, L'Harmattan, *op.cit.*, p. 40 et s.

constitutionnel, même en l'absence apparente d'une disposition constitutionnelle attributive.

Tel est aussi notre avis. En partant du postulat que l'État est une institution permanente et pérenne dont la Constitution assure la continuité et l'arbitrage, l'on peut en déduire que le juge constitutionnel investi de la mission de veiller à la suprématie de la Constitution et à ce que celle-ci atteigne les objectifs lui assignés par le constituant originaire ne peut s'abstenir d'agir là où son inaction empêcherait le fonctionnement des institutions, paralyserait l'État, voire la Constitution elle-même.

À y regarder de près, l'audace du juge constitutionnel congolais n'est pas l'unique source de sa compétence régulatrice en droit congolais. En, effet dans les différentes motivations de ses décisions en la matière, il rejoint la tendance majoritaire de la doctrine et de la jurisprudence constitutionnelle. Le pouvoir régulateur du juge constitutionnel est un pouvoir implicite. Dans le domaine électoral par exemple, l'on s'accorde sur la compétence régulatrice du juge constitutionnel africain qui accomplit dès lors, une *mission normative* tel qu'au Bénin et au Cameroun, ou *d'attribution* comme en République Démocratique du Congo et en République du Madagascar.[896]

Au-delà de la lettre, l'esprit de la Constitution permet de soutenir que la régulation est une compétence implicite dévolue au juge constitutionnel, partout où il existe une Constitution démocratique dans un État de droit. Elle adoucit les frictions des engrenages institutionnels. Certes au Congo, l'on pourrait opposer à une telle argumentation, la fréquence des arrangements politiques extra constitutionnels loin du prétoire et qui auraient abouti à quelques succès. Donc, on s'accorde sur l'essence hautement jurisprudentielle de la compétence de régulation de la Cour constitutionnelle congolaise, sur sa construction et sa consolidation.

C. CONSTRUCTION ET CONSOLIDATION DU POUVOIR DE RÉGULATION DU JUGE CONSTITUTIONNEL EN RDC.

Conscient de son rôle cardinal dans l'édifice institutionnel démocratique, le juge constitutionnel congolais a tissé la légitimité et la légalité de son pouvoir de régulation sur la nécessité impérative de permettre le fonctionnement des institutions et de parer à l'anarchie découlant d'un vide ou d'une interruption du pouvoir, et qui est susceptible de compromettre l'ordre public.

Par souci de clarté en ce sens, il convient d'analyser deux arrêts de la Cour constitutionnelle qui ont permis à la machine électorale et institutionnelle

[896] Sur ce sujet, lire utilement, ESAMBO KANGASHE, J.- L., « À propos de la fonction régulatrice du juge électoral africain », in *OUMAROU NAREY (Dir.), L'élection présidentielle*, L'Harmattan, Sénégal, Dakar, 2020, pp. 355-367.

de redémarrer sans gripper, en l'occurrence, les arrêts R. Const.0089/2015 du 8 septembre 2015 et R.Const. 0338 du 17 octobre 2016.

1. **Ouverture du chantier régulateur dans l'arrêt R.Const.0089/2015 du 8 septembre 2015.**

C'est encore à l'occasion des difficultés rencontrées dans les opérations électorales que la Commission électorale nationale indépendante(CENI) a saisi la Cour constitutionnelle en date du 29 juillet 2015, d'une requête en interprétation des dispositions des articles 10 de la loi de programmation n°15/004 du 28 février 2015 déterminant les modalités d'installation de nouvelles provinces et 168 de la loi n°06/006 du 09 mars 2006 portant organisation des élections présidentielles, législatives, provinciales, urbaines municipales et locales, telle que modifiée par la loi n°11/003 du 25 juin 2011 et la loi n°15/001 du 15 février 2015. À titre principal la requérante demande à la Cour d' interpréter les articles précités, et à titre subsidiaire, elle sollicite l'avis de la Cour sur la poursuite du processus électoral tel que modifié par sa décision n°001/CENI/BUR/15 du 12 février 2015 portant publication du calendrier des élections provinciales, urbaines, municipales et locales de 2015 et les élections présidentielle et législatives de 2016 relativement à l'organisation, dans le délai, des élections provinciales prévues le 25 octobre 2015.

S'estimant en qualité d'agir sur la base des articles 162.2 de la Constitution et 48 de la loi portant organisation et fonctionnement de la Cour constitutionnelle aux termes desquels « toute personne peut saisir la Cour constitutionnelle pour inconstitutionnalité de tout acte législatif ou règlementaire », la CENI expose que le calendrier, publié en accord avec les dispositions de l'article 168 de la loi électorale, ne cadrait pas avec certains délais institués par la loi de programmation.

En effet, conformément à l'article 168 de la loi électorale, l'élection du Gouverneur et du Vice-gouverneur devait intervenir, au plus tard vingt-et-un jours à partir de l'installation du Bureau de l'Assemblée provinciale, lequel devait en la circonstance, coïncider avec la date du 18 juillet 2015. Pour la partie saisissante, il s'est posé alors la question de savoir si le délai courait à partir de la convocation de l'électorat ou du jour du scrutin ? Question sur laquelle elle a requis l'éclairage de la Cour, étant préoccupée de se conformer à la loi électorale, dans l'organisation de l'élection des Gouverneurs et Vice-gouverneurs de province.

Se référant aux articles 29, alinéa 1 et 30 de sa loi-organique et pour rencontrer la préoccupation du Gouvernement qui consistait à concilier les dispositions de l'article 168 de la loi électorale et celles contraignantes de l'article 10 de la loi de programmation précitée, la CENI a ainsi sollicité l'avis de la Cour dans la mise en œuvre de deux textes légaux dont les délais apparaissaient incompatibles. Par ailleurs, elle estimait se trouver devant un cas de force majeure qui ne lui permettait pas d'appliquer son calendrier électoral réaménagé par la décision n°014/CENIBUR/15 du 28 juillet 2015 portant organisation de l'élection des Gouverneurs et Vice-gouverneurs des provinces. À l'appui de son exposé, la CENI fournit un certain nombre des pièces à conviction. Il en résultait que la suite des opérations électorales à entreprendre menait à violer l'article 10 de la loi de programmation. C'est pourquoi, l'avis de la Cour fut sollicité.

À l'examen de la cause, le juge constitutionnel relève dans sa motivation, et en premier lieu, que l'absence des Bureaux définitifs au sein des Assemblées provinciales empêche l'organisation, dans la sécurité, et en harmonie avec le calendrier susvisé, de l'élection des Gouverneurs et Vice-gouverneurs de provinces énumérées à l'article 2 de la Constitution.[897] En deuxième lieu, la Cour considère qu'il s'agit là d'un cas de force majeure, irrésistible et insurmontable qui motive la CENI à adapter son calendrier électoral.

Quant aux premier chef de la demande dont la Cour est saisie, et au motif qu'aux termes de l'article 1er de la Constitution de la RDC et 54 alinéa 2 de la loi-organique la loi organique n°13/026 du 15 octobre 2013 portant organisation et fonctionnement de la Cour constitutionnelle, celle-ci a compétence pour interpréter la Constitution sur saisine du Président de la République, du Président de l'Assemblée nationale, d'un dixième des membres de chacune des chambres parlementaires, des gouverneurs de provinces et des présidents des assemblées provinciales ; rappelant en même temps les dispositions des articles 168 alinéa 1er de la Constitution et 93 alinéa 1er et 4 de la loi-organique sur la Cour constitutionnelle, en vertu desquelles, celle-ci statue par voie d'arrêt et non par voie d'avis, la Cour s'est déclarée incompétente pour interpréter les articles soumis à son interprétation.

En revanche, elle s'est déclarée compétente pour connaitre du deuxième chef de la demande, qu'elle a dit partiellement fondé, ayant constaté la force majeure empêchant la CENI d'organiser, dans les délais légaux, les élections en l'absence de l'installation des bureaux définitifs des Assemblées provinciales des nouvelles provinces[898] , et le caractère irréversible du processus d'élection des Gouverneurs et Vice-gouverneurs des provinces concernées par la Loi de programmation n°15/004 du 28 février 2015.

Dans la même fibre, la Cour considère que certaines provinces issues du démembrement des anciennes étant devenues ingouvernables où

---

[897] Cour Const., Arrêt R.0089-2015 du 8 septembre 2015, *Requête de la Commission électorale Nationale Indépendante en interprétation des articles 10 de la loi de programmation N°15/004 du 28 février 2015 déterminant les modalités d'installation des nouvelles provinces et 168 de la loi n°06/006 du 09 mars 2006 portant organisation des élections présidentielle, législatives, provinciales, urbaines, municipales, telle que modifiée par la loi n°11/003 du 25 juin2011 et la loi n°5/001 du 15 février 2015,* neuvième feuillet.

[898] Il s'agit des provinces ci-après : Bas-Uélé, Equateur, Haut-Katanga, Haut-Lomami, Haut-Uélé, Ituri, Kasaï-Central, Kasaï-Oriental, Kwango, Kwilu, Lomami, Lualaba, Mai-Ndombe, Mongala, Nord-Kivu, Nord-Ubangi, Sankuru, Sud-Ubangi, Tanganyika, Tshopo et Tshuapa.

règnent l'anarchie et le désordre le pouvoir central se trouve dans le besoin urgent de restaurer l'autorité de l'État sur l'ensemble du pays.

En conséquence, la Cour ordonne notamment, à la CENI d'évaluer, en toute indépendance et impartialité, tout le processus électoral conduisant aux élections prévues dans son calendrier global du 12 février 2015 et, notamment celle des Gouverneurs et Vice–gouverneurs de nouvelles provinces avant la tenue des élections provinciales ; au Gouvernement de la RDC, de prendre sans tarder les dispositions transitoires exceptionnelles pour faire régner l'ordre public, la sécurité et assurer la régularité, ainsi que la continuité des services publics dans les provinces concernées par la loi de programmation en attendant l'élection des Gouverneurs et Vice-gouverneurs, ainsi que l'installation des gouvernements provinciaux issus des élections prévues par l'article 168 de la loi électorale, et la Cour enjoint également au Gouvernement de la RDC d'accélérer l'installation des Bureaux définitifs des Assemblées provinciales de nouvelles provinces et de doter la CENI des moyens nécessaires pour l'organisation impérative de l'élection des Gouverneurs et Vice-gouverneurs avant toute élection des députés provinciaux sur toute l'étendue de la République.

Notons que dans sa motivation, le juge constitutionnel congolais se fonde sur l'usage de « son pouvoir de régulation de la vie politique, du fonctionnement des institutions et des pouvoirs publics.»[899]

Peut-on considérer cet arrêt comme le fondement jurisprudentiel du pouvoir régulateur de la Cour constitutionnelle congolaise que certains observateurs qualifient de compétence encore en chantier.[900]

Malgré les critiques qu'il suscite, il y a lieu d'admettre à juste titre, que cet arrêt a jeté les jalons des nouvelles prérogatives de la Cour constitutionnelle congolaise sur les traces de sa devancière, la CSJ. Aussi, il ouvre la voie au chantier régulateur de la justice constitutionnelle dans le pays comme en témoignent les décisions qui ont suivi, notamment, l'arrêt R.Const. 0338 du 17 octobre 2016.

2. Affermissement du pouvoir régulateur du juge constitutionnel congolais dans l'arrêt R. Const. 0338 du 17 octobre 2016.

Situons d'abord le contexte de cette saisine avant d'en sonder les termes. En effet, conformément à la Constitution, le Président de la République est élu pour cinq ans renouvelables une seule fois.[901] Or le Président en fonction, Son Excellence Joseph Kabila Kabange vient de consommer son deuxième mandat en 2015 sans qu'il n'y ait eu d'élection pour désigner son successeur ni de révision de la Constitution en vue de prolonger son mandat.

---

[899] Arrêt R.Const. 0089-2015 du 8 septembre 2015, *op.cit.*, dixième feuillet.

[900] Voir à ce propos, ODIMULA LUNFUGUSO, L., *Les missions essentielles de la justice constitutionnelle en droit comparé français, béninois et congolais, op.cit.* pp. 172 et s.

[901] Article 70 de la Constitution de la RDC du 18 février 2006.

Toutefois, l'article 70 de la Constitution dispose que *« le Président de la République est élu au suffrage universel direct pour un mandat de cinq ans renouvelable une seule fois, le Président de la République reste en fonction jusqu'à l'installation effective du nouveau Président élu »*.

Il est visible que ce texte contient une dose d'ambigüité en ce qu'il ne clarifie pas la situation de ce « reste en fonction » si les élections présidentielles ne sont pas organisées par le Président en place. Ceci est d'autant plus flagrant qu'il revient au Président en place d'organiser les élections dans le délai. Peut-il se prévaloir de n'y être pas parvenu sans alléguer sa propre turpitude ?

Dans les rangs de l'opposition, nombreux ont suspecté la mauvaise foi ou une ruse par laquelle le Président et sa majorité cherchaient à prolonger illégitimement son mandat.

Il a fallu un Arrêt de la Cour constitutionnelle pour interpréter la disposition susdite, et permettre au Président de la République en fonctions d'y demeurer jusqu'à l'installation officielle du nouveau Président élu sans incidents graves. C'est après cette décision que la même Cour a été saisie en date du 17 septembre 2016, aux fins du report d'un des scrutins prévus au calendrier électoral du 12 février 2015. À l'appui de sa requête la CENI allègue des contraintes d'ordre technique, opérationnel et financier.

D'abord, les difficultés techniques et opérationnelles étaient relatives, à la révision de la loi électorale pour ressortir le quotient électoral à partir du nombre d'électeurs plutôt que par celui du nombre d'habitants.[902] Ensuite, elles résultaient du fichier électoral que la CENI qualifiait d'impropre, corrompu et infecté, sa refonte s'imposait. Et, enfin des obstacles découlaient de la prise en compte des situations nouvelles nées du découpage territorial opéré récemment justifiant l'inclusion des personnes détentrices des cartes d'électeurs rendues caduques, etc. Les contraintes financières résultaient du retard dans le décaissement des fonds affectés aux élections, par le Gouvernement qui justifiait ce manque par les difficultés de trésorerie.

Par ailleurs, la CENI a soutenu sa requête par une combinaison de quatre moyens tenant en premier lieu au risque de manque d'inclusivité si l'élection etait organisée en 2016, en deuxième lieu, à l'existence d'une imprévisibilité juridique devant l'impossibilité d'organiser les élections dans le délai, impossibilité qui justifie que la Cour « *constituant dérivé* »[903], puisse corriger la loi ou la Constitution devant l'inadéquation entre celles-ci et la réalité politique ; en troisième lieu, au souci de la crédibilité du processus électoral en vertu de l'article 5 de la Constitution qui considère le peuple comme seul détenteur du pouvoir ; et en quatrième lieu enfin, à l'impossibilité de se conformer

---

[902] ODIMULA LUFUNGUSO, L., *Les missions essentielles de la justice constitutionnelle en droit comparé français, béninois et congolais op.cit.*, p.174.

[903] L'expression est de la CENI.

à l'article 5 alinéa 2 de la loi électorale de 2006 telle que révisée en 2015 stipulant d'inclure les Congolais de l'Etranger.

À l'examen de la cause, la Cour s'est basée sur la Constitution et sa loi organique pour se déclarer compétente en vertu des articles 161 alinéa 2 de la Constitution et 81 de la loi organique sur la Cour qui lui attribuent la compétence en matière électorale. Se fondant sur l'article 149 de la Constitution, elle s'est prévalue de sa prérogative protectrice des libertés et droits fondamentaux desquels font partie le droit d'éligibilité : d'élire et d'être éligible.

Tirant les conséquences de ces fondements, le juge constitutionnel congolais est arrivé au raisonnement que *la Cour gardienne des droits et libertés des citoyens et régulateur de la vie politique, ne peut aucunement priver les Congolais de leur droit reconnu à l'article 5 de la Constitution.*

Juge des élections présidentielle et législatives au niveau national et du référendum, la Cour en est le garant de la régularité. Elle exerce un contrôle non seulement curatif mais aussi préventif. C'est dans cette logique que la Cour a statué *ex-ante* dans la cause à elle, soumise.

Ainsi, la Cour déclare quant au fond, recevable et fondés tous les moyens présentés par la saisissante ; constate l'impossibilité d'organiser les élections en 2016 suivant le calendrier et autorise la CENI de refondre le fichier électoral et d'en élaborer un nouveau aménagé, dans un délai objectif et raisonnable exigé par des opérations techniques de refonte du fichier électoral afin de s'assurer de la régularité des scrutins[904].

L'on ne peut clore cette analyse sans signaler une note de la procédure qui est considérée par bon nombre d'observateurs comme une illégalité, voire une inconstitutionnalité commise par la Cour constitutionnelle dans cette cause.

En effet, conformément aux articles 158 de la Constitution et 2 de la loi n°13/026 du 15 octobre 2013 portant organisation et fonctionnement de la Cour constitutionnelle, le quorum pour siéger est de 9 juges. Et, aux termes des articles 90 de la loi organique susvisée et 30 du règlement intérieur de la Cour, en cas d'empêchement temporaire de deux d'entre eux ou plus dûment constaté par les autres membres, la composition peut siéger à 7. Mais l'Arrêt R.Const.0338 du 17 octobre 2016 est le produit de 5 juges, car trois juges se sont soustraits, sans justification conforme, du quorum devant siéger. Malgré cette absence, la Cour s'est fondée sur le principe *salus populi suprema lex esto* qui exprime la loi de la nécessité[905], compte tenu de l'importance de la cause pour statuer et vider sa saisine.

---

[904] ODIMULA LUFUNGUSO, L, *Les missions essentielles de la justice constitutionnelle en droit comparé français, béninois et congolais op.cit.* p.177.

[905] ODIMULA LUFUNGUSO, L, *Les missions essentielles de la justice constitutionnelle en droit comparé français, béninois et congolais op.cit.* p.177 et s.

En dépit de cette controverse, il demeure possible de démonter la contribution de la Cour constitutionnelle à l'encadrement du pouvoir en RDC.

SECTION 2. CONTRIBUTION DE LA JUSTICE CONSTITUTIONNELLE À LA L'ENCADREMENT DU POUVOIR EN RDC.

Comme nous l'avons dit dès les premières lignes de la présente étude, le détenteur du pouvoir politique a horreur d'un guide. Surtout du juge. Sous tous les cieux et en tout temps, l'encadrement juridictionnel du pouvoir est une gageure. Pourtant, les néo-démocrates africains rivalisent d'ingéniosité pour y parvenir. En ces trois dernières décennies, la justice constitutionnelle apparait à ce propos, comme une sorte de panacée universelle.

Au Bénin nous l'avons vu, au regard d'un passé dominé par la légitimité extra constitutionnelle, et d'une actualité éclairée par la légitimité des urnes sous l'arbitrage d'un juge constitutionnel véritable bouclier de la suprématie constitutionnelle, contre des atteintes multiformes, l'on peut dire sans pour autant baisser la garde que le pari est gagné.

Pouvons-nous en dire autant pour la République Démocratique du Congo ? Quels sont les indicateurs ? Deux domaines peuvent servir d'étalon pour mesurer l'apport de la justice constitutionnelle : celui du comportement politique (§1) et celui de l'encadrement des normes (§2).

§1. RECADRAGE DU COMPORTEMENT POLITIQUE.

L'absolutisme sous ses variantes est un mode de comportement politique qui conduit aux abus du pouvoir sans crainte d'une sanction pénale ou politique. Tel est le cas en l'absence d'une justice constitutionnelle effective. Mais l'évolution de la justice constitutionnelle a modifié cette tendance. Elle conduit non seulement à l'incrimination des personnalités politiques pour des comportements présumés délictuels (A), mais aussi à l'instillation d'une culture juridique et judiciaire dans le politique (B).

A. INCRIMINATION DES PERSONNALITÉS POLITIQUES : UN CONTRÔLE DISSUASIF ULTRA NORMATIF DE CONSTITUTIONNALITÉ.

En République Démocratique du Congo sous la Première, et sous la Deuxième République, les personnalités politiques nageaient au-dessus de la Constitution et des lois du pays tant qu'ils étaient revêtus du gilet de sauvetage présidentiel ou du parti. Le mot *impunité* trouvait son plein accomplissement dans la vie politique.

De 1960 à 1965, le Congo ressemblait à une jungle où la loi tribalo-ethnique sur fond d'ingérence étrangère rendait toute analyse juridique rationnelle vaine. Il a été démontré que les juridictions constitutionnelles chargées de faire appliquer les dispositions de la loi fondamentale relatives au respect de la Constitution, et servant à canaliser la conduite politique ne furent jamais installées.

En conséquence, chaque « politicien » investi d'une parcelle de pouvoir se muait aussitôt en roitelet, « potentat » dans son domaine.

Après le coup d'État du 24 avril 1965, jusqu'en 1990, la situation n'évolua guère au mieux. Bien que la Constitution de 1967 ait prévu la responsabilité pénale des personnalités politiques pour certains faits, le déclenchement de la procédure et leur mise en accusation dépendait moins du droit et du juge que de la volonté du Guide suprême du parti. La nature et la configuration du système politique n'étaient pas en phase avec les missions d'une justice constitutionnelle.

L'on serait tenté de croire que la responsabilisation pénale du Président de la République mentionnée aux articles 34 et 35 de la Constitution du 24 juin 1967 fut un moyen d'encadrement juridique du pouvoir. Une analyse attentive du même texte permet d'en douter. On y décèle plutôt un camouflage de la part du pouvoir autocratique de l'époque à l'intention de certaines opinions scrupuleuses sur l'État de droit.

En effet, la mise en œuvre de l'article 35 alinéa 1 de la Constitution qui disposait que « les membres du Gouvernement sont pénalement responsables des actes accomplis dans l'exercice de leurs fonctions dans les cas prévus par les lois pénales » était aussitôt verrouillée par le même constituant à l'alinéa 2 de la même disposition : *Ils ne peuvent être poursuivis pour les infractions visées à l'alinéa précédent ni pour aucune autre infraction aux lois pénales commise en dehors de leurs fonctions que s'ils ont été mis en accusation par le Président de la République*.

Dès lors, il est manifeste que ce texte paralysait en pratique les compétences pénales reconnues à la Cour Suprême de Justice à l'égard des membres du Gouvernement.

Le Président de la République détenant seul la clé de la saisine, et de la mise en accusation, rendait inefficient le mécanisme juridictionnel de limitation juridique du pouvoir en cette matière. Ses favoris, à l'instar des cadres du Parti trouvaient en lui une forteresse politique imprenable par l'arsenal constitutionnel ou légal. On peut bien affirmer que de cette manière les éventuelles délinquances politiques ou de droit commun étaient assorties d'une garantie d'impunité constitutionnellement assurée.

Quant à la responsabilité pénale du Président de la République lui-même, elle est prévue à l'article 34 :« Le Président de la République n'est responsable des actes accomplis dans l'exercice de ses fonctions qu'en cas de haute trahison ou de violation intentionnelle de la présente constitution. » On peut signaler deux aspects de ce texte qui le rendent moins crédible par rapport aux textes de la Troisième République.

Primo, le Président de la République est mis en accusation par les 2/3 des membres de l'Assemblée Nationale, mais au scrutin public[906]. Ce détail apparemment anodin est lourd de signification, surtout dans le contexte du Parti unique où chaque personnalité appartenait au Mouvement Populaire de la Révolution et devait jurer tacitement ou formellement fidélité au Président fondateur du MPR ou au *mobutisme.*

Voter publiquement sa mise en accusation n'équivalait-il presque pas à un suicide au sens propre et au sens politique ? Le caractère public du vote en pareille circonstance est nous semble-t-il, assimilable à un viol de conscience. La formule du scrutin public de ce temps-là, contraste avec celle de ce jour prévue à l'article 93 du Règlement intérieur de l'Assemblée Nationale sous l'empire de la Constitution du 18 février 2006 qui instaure un vote secret en cas des délibérations portant sur des personnes.[907]

Secundo, le Président de la République n'était justiciable que devant la Cour constitutionnelle qui n'a jamais vu le jour durant le règne du Président concerné.

Tertio, la prérogative de mise en accusation des membres du Gouvernement attribuée au Président de la République renforçait à outrance son pouvoir sous son casque de protecteur constitutionnel absolu des autres membres de l'exécutif, et sapait par là le principe même de la séparation des pouvoirs, car elle obstruait les compétences de la Justice.

Ainsi les mécanismes institués sous la Deuxième République affaiblissaient les deux autres branches classiques du pouvoir, à savoir le pouvoir judiciaire et le pouvoir législatif.

À ce jour, la justice constitutionnelle congolaise fixe des feux rouges sur la conduite des acteurs politiques qui ne sont plus exemptés de la justice universelle, sous réserve bien sûr des immunités attachées légalement à leurs fonctions.

Non seulement la Constitution prévoit des cas de figures où est mise en cause leur responsabilité pénale, mais encore est-il que des juridictions compétentes, en l'occurrence la Cour constitutionnelle et la Cour de Cassation[908] sont opérationnelles pour connaitre des faits à leur charge.

---

[906] Article 34 alinéa 2 de la Constitution du 24 juin 1967, *op.cit.*

[907] Art.93 alinéa 4 du Règlement intérieur de l'Assemblée Nationale de la RDC du 21 mars 2019, *op.cit.*

[908] Conformément à l'article 153 de la Constitution, la Cour de Cassation connait en premier et en dernier ressort des infractions commises par : les membres de l'Assemblée Nationale ; les membres du gouvernement autres que le Premier ministre ; les membres de la Cour constitutionnelle ; les magistrats de la Cour de cassation ainsi que du Parquet près cette Cour ; les membres du Conseil d'État et les membres du Parquet près ce Conseil ; les Premiers Présidents des Cours d'appel ainsi que les Procureurs généraux près ces Cours ; les Premiers Présidents des Cours administratives d'appel et les Procureurs près ces Cours ; les Gouverneurs, Vice-gouverneurs des provinces et les ministres provinciaux ; et les Présidents des Assemblées provinciaux.

De ce point de vue la justice constitutionnelle congolaise contribue sans doute à l'encadrement constitutionnel du pouvoir politique auquel il est instillé davantage une culture juridique.

B. INSTILLATION DE LA CULTURE JURIDIQUE AU POLITIQUE.

Le terme culture est susceptible de plusieurs acceptions. Au sens courant le concept désigne un ensemble de convictions partagées et de comportements qui caractérisent un groupe.[909] Transposé au plan juridique, il est diversement défini.

Nous retiendrons à la suite de John Bell que la culture juridique peut se présenter comme *un ensemble de conceptions et de modes d'action, conscients ou inconscients des acteurs d'un système juridique, qui s'inscrivent dans une certaine durée, et qui lui permettent de produire des valeurs et des institutions.*[910]

Depuis l'affirmation de la justice constitutionnelle, d'abord par la Cour Suprême de Justice, à partir des années 1990, et ensuite par la Cour constitutionnelle dès son installation en 2015, l'on assiste à une montée en puissance de la production jurisprudentielle des institutions juridictionnelles tendant à encadrer et limiter les comportements du pouvoir. Plutôt que de recourir au trafic d'influence ou à la menace, les acteurs politiques eux-mêmes à l'instar des gouvernants recourent désormais aux arbitrages des organes judiciaires et juridictionnels pour le règlement de litiges ou pour le déblocage de situations politiques d'inertie.

Le parcours institutionnel de la République Démocratique du Congo dévoile une tendance persistance à chercher des solutions moins constitutionnelles et extra juridiques aux crises du pouvoir, voguant entre les conflits armés et les palabres politiques. Mais faut-il, le reconnaitre avec Jacques Djoli que *« loin des solutions apparentes que ces mécanismes semblent apporter, ils n'offrent aucune garantie de pérennité et d'adhésion populaire tant ils sont des produits conjoncturels et liés soit au charisme des acteurs en présence, soit à leur bonne volonté qu'ils ne sont pas toujours inclusifs encore moins légitimes. »*[911]

Eu égard à ce constat, le recours au juge constitutionnel fournit un canal d'arbitrage plus fiable et plus stable, malgré la méfiance des acteurs politiques congolais, que des parades extraconstitutionnelles temporaires. C'est là une évidente évolution vers une culture juridique qui se substitue aux pratiques révolutionnaires de la deuxième République, et aux nébulosités de la première

---

909 Larousse Poche, 2014, *op.cit.p.201.*

910 Cité par MIGUEL HERRERA, C., « Culture juridique et politique : une Introduction », in *Revue internationale de Sémiotique juridique*29, 721-727 (2016). https://link.spriger.com/article, consulté, le 07/01/2023.

911 DJOLI ESENG'' EKELI, J., *Droit constitutionnel l'expérience congolaise*, *op.cit.* p.42

République. Quitte à espérer que le processus perdure ; car ont bien raison qui opinent que « la démocratie est une quête incessante d'elle-même. »[912]

Sous la troisième République, le juge constitutionnel est devenu le pilier de l'édifice démocratique congolais qu'il protège en amont et en aval par l'encadrement des normes édictées par les pouvoirs publics.

§2 DE LA LIMITATION DU POUVOIR PAR L'ENCADREMENT DES NORMES.

La justice constitutionnelle soustrait la Constitution de caprices politiciens et la place sous la garde du juge constitutionnel qui veille à son effectivité (A). Cela a pour effet positif de consolider les autres principes du constitutionnalisme et de l'État de droit (B).

A. LA CONSTITUTION SOUS LA GARDE DU JUGE CONSTITUTIONNEL EN RDC.

La dictature et l'absolutisme se nourrissent de lois tyranniques édictées ou ordonnées dans le but de satisfaire le pouvoir et sa Cour. Dès lors, l'œuvre législative ou réglementaire sert à pérenniser le système et à soumettre les sujets. En les sanctionnant par rapport à leur conformité ou non à la Constitution, la justice constitutionnelle vide le pouvoir de potentialités despotiques nocives. Au Congo comme au Bénin, cette évolution est considérable par rapport à la valeur désormais accordée à la Constitution comme norme fondamentale.

En conséquence, sous la Troisième République, la Constitution du 18 février 2006 cesse d'être en compétition comme jadis, avec un quelconque manifeste du Parti -État tel que le fut, la Constitution du 24 juin 1967 en concurrence avec le Manifeste de la N'Sele[913]. La Constitution n'est plus un simple parchemin pour embellir le Journal Officiel de la RDC.

À ce titre, et en vertu de l'alinéa 1er de l'article 160 de la Constitution, la Cour constitutionnelle congolaise est un véritable filtre à travers lequel les actes édictés par le pouvoir à différents échelons sont censurés, et recadrés par le droit. Leur soumission à la Cour constitutionnelle qui se prononce sur leur conformité à la Constitution permet en même temps de les épurer de germes anticonstitutionnels, et de rendre effective la *juridicisation* du phénomène politique.

En plus, le contrôle de la constitutionnalité prévu par le constituant n'est pas demeuré une simple déclaration d'intention. Depuis son installation, la Cour constitutionnelle congolaise s'est révélée un tamis efficace des actes

---

[912] BOSHAB MABUDJ, E. et MATADI NENGA, G., *Le statut de représentant du peuple dans les Assemblées délibérantes. Parlementaires, députés provinciaux, Conseillers urbains, Conseillers communaux, de Secteurs et de Chefferies*, Louvain-La-Neuve, Bruylant, 2010, p.6.

[913] Document qui contient les options fondamentales du Mouvement populaire de la Révolution, proclamé, le 20 Mai 1967, à la N'Sele, banlieue de la Ville de Kinshasa.

normatifs par l'exercice systématique de ses compétences d'appréciation comme en témoignent une jurisprudence abondante concernant :

- Les ordonnances présidentielles ;
- Les lois organiques ;
- Les Règlements intérieurs du Sénat et de l'Assemblée nationale.

Les Règlements Intérieurs des assemblées provinciales et leurs actes n'échappent pas au même tamisage du juge constitutionnel. La Cour constitutionnelle s'est penchée sans complaisance sur la conformité de leurs contenus à la Constitution comme on peut le relever dans les arrêts en appréciation de conformité prononcés par la Cour à la suite des requêtes introduites en 2015 par les responsables des nouvelles province, par exemple dans les arrêts : R.Const.132 du 25 septembre 2015 et R.Const.138 du 06 octobre 2015.

Hormis la garde du bloc de constitutionnalité, l'activité de la Cour constitutionnelle congolaise a de l'incidence sur l'État de Droit.

B. DE L'INCIDENCE SUR D'AUTRES PRINCIPES DE L'ÉTAT DE DROIT.

Partout où elle fonctionne la juridiction constitutionnelle, à l'instar du Conseil d'État en France, joue un rôle moteur dans la construction de l'État de droit.[914]

À ce titre, la justice constitutionnelle est une institution de l'État de droit comme d'aucuns l'on si bien affirmé.[915] Sa contribution est vérifiable à travers sa jurisprudence relative à la protection des droits fondamentaux et des libertés de la personne, à la séparation des pouvoirs, au libéralisme politique et à l'alternance démocratique.

1. Contribution à l'effectivité des droits et libertés de la personne.

Le constituant de la Troisième République réserve une large part de son œuvre aux droits fondamentaux et aux libertés des citoyens : 52 articles sous le Titre II. De l'article 11 à l'article 61, les différentes catégories des droits, selon leur génération, sont garanties : droits civiles et politiques, droits économiques.

Au-delà des mécanismes extra ou infra judiciaires de la protection des droits en République Démocratique du Congo[916], le pouvoir judiciaire a reçu du constituant une mission cruciale aux termes de l'article 150 de la Constitution du 18 février 2006 : « Le pouvoir judiciaire est le garant des libertés individuelles et des droits fondamentaux des citoyens. »

Or, la Cour constitutionnelle est une composante du pouvoir judiciaire. Il s'en suit qu'elle participe activement à la protection effective des

---

[914] ROUVILLOIS, F, *Droit constitutionnel. 2*. La Ve République, Paris, Flammarion, 2009, p. 277.

[915] YANGONZELA LIAMBOMBA, D., *L'avènement de la justice constitutionnelle en République Démocratique du Congo. De la Cour suprême de justice à la Cour constitutionnelle, op.cit.,* p.173.

[916] On pense par exemple au Ministère des Droits humains ; à la Commission nationale des droits humains, à la Cellule de liaison entre les ONG et le Gouvernement.

droits et libertés. Son apport s'effectue par le déploiement d'une panoplie de ses compétences.[917]

En ce sens, T. Muhindo affirme avec pertinence : « Dès lors que la Constitution définit les droits et les libertés des citoyens, le contrôle de la constitutionnalité des lois pourrait amener la Cour constitutionnelle à jouer le rôle de protectrice des droits et libertés »[918].

Ainsi les actes législatifs et réglementaires non conformes aux dispositions constitutionnelles protectrices des droits fondamentaux sont soit préventivement écartés[919] soit postérieurement invalidés par le juge constitutionnel.

Dans le contexte démocratique en cours, l'écart entre le caractère déclaratoire et opératoire des droits humains se réduit par l'action du juge constitutionnel dont le bras peut atteindre aussi bien le sommet du pouvoir[920], sa base[921] ainsi que ses branches latérales[922] comme l'atteste une jurisprudence récente. Il est notoire que l'État de droit s'exprime à travers le principe de la séparation des pouvoirs.[923]

2. La séparation des pouvoirs sous la lanterne du juge constitutionnel congolais.

L'État moderne est régi par le principe de la séparation des pouvoirs que nous avons amplement présenté dans la première partie de cette étude. Il impose à chacune de trois branches du pouvoir, le respect scrupuleux de compétences des autres. Quel est l'apport de la justice constitutionnelle à sa concrétisation en RDC ? Il convient d'éclairer quelques points de la réalité institutionnelle congolaise, avant de préciser à travers la jurisprudence l'impact du juge constitutionnel congolais sur l'effectivité de ce principe sous la Troisième République.

Au niveau théorique le rouage de pouvoirs semble limpide. Mais en pratique, la tendance est vers la rupture intéressée des équilibres normatifs par l'une ou par l'autre branche du pouvoir. En Afrique francophone postcoloniale, la difficulté résulte d'un penchant de l'exécutif à la présidentialisation autocratique du pouvoir au détriment du pouvoir législatif dont les Chambres sont

---

917 NZONGO EKOMBO, V., « Juge constitutionnel et libertés publiques : Garanties et apport à l'exercice effectif des libertés citoyennes », *in Revue de la Faculté de Droit*, Unigom, *n°3, 2018*

918 MUHINDO MALONGA, T., *Droit constitutionnel et institutions politiques, Théorie générale et Droit constitutionnel congolais*, Presses, Butembo, Presses Universitaires du Graben-Centre interdisciplinaire (PUG-CRIG), 2009, p. 534

919 En cas du contrôle de constitutionnalité a *priori*, général et obligatoire.

920 Le contrôle de constitutionnalité touche aux actes législatifs et réglementaires des institutions centrales, en l'occurrence, le Gouvernement et le Parlement.

921 Sont également visés les actes des autorités provinciales.

922 Allusion est faite aux Institutions d'appui à la démocratie.

923 ODIMULA LUFUNGUSO, L., *l'État de droit en droit congolais*, *op.cit.*p.171.

réduites en caisse de résonnance, et au préjudice du pouvoir judicaire transformé en *escalator* politique à sens unique : la montée.

Mais la crainte de l'accaparement du pouvoir ne proviendrait pas que de l'exécutif. N'a-t-on pas redouté pendant de décennies l'absolutisme parlementaire contre lequel la mission initiale du Conseil d'État en France fut de tempérer le zèle ? Et, aujourd'hui ne craindrait-t-on pas la dictature du juge par un gouvernement des juges ? Les inquiétudes sont rationnelles tant l'on sait que tout détenteur du pouvoir fût-il parlementaire ou judiciaire a une tendance naturelle à en abuser.

Face à ce danger, la Justice est investie d'une fonction primordiale de veiller à ce que l'indépendance de chaque pouvoir soit assurée y compris la sienne. Cet effort est bien perçu par la doctrine congolaise et étrangère. Dans un État proclamé constitutionnellement de droit, enseigne le Doyen Esambo, *le droit de tout faire n'appartient, au regard de la séparation des pouvoirs, à aucun pouvoir*[924].

Les limites de chacun sont comme nous le rappelle Gilles Champagne, circonscrites dans ce même texte fondamental.[925]

Rappelons que les modalités de la séparation des pouvoir conduisent soit à la séparation stricte selon le modèle américain en régime présidentiel soit à une collaboration des pouvoirs en régime parlementaire. La République démocratique du Congo a opté pour cette dernière solution saupoudrée de quelques spécificités locales qui ont fait croire à un régime mixte ou semi – présidentiel comme cela a été dit.

Sous l'empire de la Constitution du 18 février 2006, le pays a opté également pour la décentralisation territoriale comme technique juridique d'organisation administrative. D'aucuns voient dans ce choix une volonté de lutter contre la tyrannie, et qui s'inscrit dans la même logique de limitation et d'encadrement du pouvoir[926], cela nous maintient dans le sujet qui nous occupe.

Il n'est plus utile de revenir sur la querelle sémantique qui divise la doctrine congolaise sur la qualification du régime congolais tant sur le plan vertical que sur le plan horizontal. Il s'agirait pour les uns, d'un régionalisme constitutionnel ou politique[927], et pour les autres d'un fédéralisme prudent ou d'un

---

[924] ESAMBO KANGASHE, J-L., « De l'indépendance, de l'autonomie financière et de l'efficacité de la magistrature, les défis politico-administratifs, sécuritaires, juridiques et institutionnels de la gestion de la Troisième République », Kinshasa. 2006, éd., Fondation Konrad Adenauer, p.12.

[925] CHAMPAGNE, G., *L'essentiel de droit constitutionnel, théorie générale du droit constitutionnel*, Paris, 4e éd., EJA, 2004, p.75.

[926] Lire notamment, ESAMBO KANGASHE, J.-L., *La Constitution congolaise du 18 février 2006 à l'épreuve du constitutionnalisme. Contraintes pratiques et perspectives, op.cit.*

[927] Lire par exemple, KABANGE NTABALA, C., « Le réaménagement de l' État, la décentralisation et l'émergence démocratique en République démocratique du Congo », in BAKANDEJA WA MPUNGU, G., MBATA MANGU, A et KIENGE KIENGE, R. (dir.) , *Participation et responsabilité des acteurs dans un contexte d'émergence démocratique en République démocratique du Congo,*

État quasi fédéral. Pour bien d'autres encore nous sommes en face d'un État [unitaire] régionalisé. Ce qui importe est de relever le rôle du juge constitutionnel dans une telle configuration territoriale et administrative. On doit noter que sa mission est d'autant indispensable au maintien et au fonctionnement de l'État de droit qu'il y a prolifération des centres du pouvoir et d'émission des normes. D'une part, il faut veiller au respect du principe de la séparation des pouvoirs au niveau central et d'autre part, la même attention est requise au niveau provincial.

La jurisprudence de deux dernières décennies incite à reconnaître que le juge constitutionnel congolais s'est systématiquement investi dans sa mission protectrice de l' État de droit par l'annulation des actes ayant porté atteinte au principe de la séparation des pouvoirs. Deux Arrêts prononcés par la Cour Suprême de Justice en 1997, et en 2000 méritent une brève attention pour nous en convaincre : Arrêt du 1 décembre 1997 dans la cause KKLM c/ RDC et Arrêt du 25 septembre 2000 dans la cause MN c. RDC.

2.1. La séparation des pouvoirs dans l'arrêt RA 422 du 25 septembre 2000

Cet arrêt a été prononcé à la suite de la requête en annulation déposée au greffe de la Cour par monsieur Mutombo Nyema le 8 octobre 1997 contre la République démocratique du Congo.

Le demandeur sollicite de la Cour l'annulation de la décision contenue dans l'alinéa 2 de la page, de la lettre n°234/CAB/MIN/RI.JGS/97 du 2 avril 1997 par laquelle le Ministre de la Justice a rapporté purement et simplement la lettre n°221/CAB/MINRIJGS/97 du 24 mars 1997 aux termes de laquelle il avait, suite au recours du demandeur, enjoint aux services compétents de son Ministère d'exécuter les jugements RC 57.914 et RC 2326/2017 déjà coulés en force de chose jugée.

À l'examen de la cause, il a été jugé : *« La Cour suprême de justice, section administrative, siégeant en annulation en premier et dernier ressort ; le Ministère public entendu ; Reçoit et dit fondée la requête de monsieur Mutombo Nyema ; Annule la décision du Ministre de la Justice contenue à l'avant dernier alinéa de la page 2 de sa lettre n°234/CAB/MIN/RI.JGS/97 du 2 avril 1997».*

Dans cette cause, la Cour a reçu et dit fondé, le moyen vanté par le demandeur en annulation. Elle s'est appuyée sur la violation du principe de la séparation des pouvoirs prescrits par les dispositions de l'article 93 de l'Acte constitutionnel de la transition et reprises par l'article 11 du décret-loi constitutionnel n°003 du 27 mai 1997 relatif à l'organisation et à l'exercice du pouvoir en République Démocratique du Congo, tel que modifié et complété à ce jour.

Kinshasa, Bibliothèque de la Faculté de Droit, Presses de l'Université de Kinshasa, 2007, p. 54. ; VUNDUAWE-te-PEMAKO, F., *Traité de droit administratif*, *op.cit.*, *pp.124*-125.

En effet, l'article 11 du décret – constitutionnel précité dispose : *L'ensemble des Cours et tribunaux forment le pouvoir judiciaire. Le pouvoir judiciaire est indépendant du pouvoir législatif et du pouvoir exécutif.* De ce texte, il y a bien lieu d'affirmer que le Ministre de la Justice membre de l'Exécutif ne peut pas s'ériger en censeur de l'œuvre de juge. Il en découle que la Cour a motivé qu'en suspendant l'exécution des décisions susdites, le Ministre de la justice a commis un excès de pouvoir car aucun texte légal ne lui confère ce pouvoir. Il s'en suit que son acte sera annulé [...]

2.2. La séparation des pouvoirs dans l'arrêt R.A.325 du 1er décembre 1997.

À la suite de la requête introduite par monsieur Kato Kale L., demandeur en annulation, le 27 mars 1995, aux termes de laquelle il sollicite de la Cour l'annulation de la décision du Ministre de la Justice contenue dans sa lettre n° JUSTICABIMIN/0644/94 du 14 juin 1994 par laquelle ce dernier a ordonné la surséance à l'exécution de l'arrêt R.T.A. 2.93712.946 du 30 décembre 1993 rendu par la Cour d'Appel de Kinshasa/Gombe, ayant condamné la Caisse d'Epargne du Congo à payer au demandeur certaines sommes au titres des dommages-intérêts pour rupture abusive du contrat de travail qui liait les parties, la Cour a examiné les moyens à elle soumis. À noter que le jugement dont la surséance d'exécution est ordonnée par le Ministre de la Justice est déjà coulé en force de chose jugée.

La Cour suprême de justice a retenu et dit fondé, notamment, le second moyen, en vertu duquel, il est reproché à la décision entreprise la violation des articles 38 et 95 alinéa 2 de l'Acte Constitutionnel de la Transition dont substance est reprise respectivement aux articles 11 et 123 du Décret-loi constitutionnel 003 du 27 mai 1997 relatif à l'organisation et l'exercice du pouvoir en République Démocratique du Congo, en ce que , alors que lesdites dispositions posent le principe de la séparation des pouvoirs et de l'indépendance du pouvoir judiciaire à l'égard du pouvoir législatif et du pouvoir exécutif, le Ministre de la Justice, qui est un membre de l'Exécutif, a ordonné qu'il soit sursis à l'exécution de l'arrêt pré rappelé, portant ainsi atteinte au principe susdit.

Aussi, il a été jugé et prononcé :

[...] La Cour Suprême de Justice [...] Annule la décision du Ministre de la Justice contenue dans sa lettre n°JUSTICABIMIN/0644/94 du 14 juin 1994 ayant ordonné la surséance à l'exécution de l'arrêt RTA 2.93712.946 rendu par la Cour d'Appel de Kinshasa/Gombe, le 30 décembre 1993.

On peut observer, à ce niveau, trois éléments de l'évolution politique et juridique de la société congolaise, à savoir, l'œuvre du nouveau juge constitutionnel ; l'effet obligatoire de ses décisions sans obstacle ou rébellion de la part du pouvoir exécutif, et surtout l'adhésion des autorités de la Troisième République à l'idéal du constitutionnalisme tel qu'en témoigne le nombre des requêtes soumises à l'appréciation de la Cour constitutionnelle. Celle-ci a eu également un impact positif sur le pluralisme politique et l'alternance au pouvoir.

3. Du pluralisme politique et de l'alternance au pouvoir.

Le pluralisme politique est le cœur de l'État de droit démocratique. Il désigne un système reconnaissant l'existence de plusieurs modes de pensée, de comportement, d'opinions politiques et religieuses, de plusieurs partis politiques.[928]

Pendant 25 ans, soit de 1965 à 1990, la République démocratique du Congo a évolué sous le régime du parti unique. La Constitution de la Deuxième République ne laissait pas d'espace à un jeu politique ouvert entre plusieurs compétiteurs qui défendent des courants différents. Mais depuis l'émergence démocratique en 1990 qui s'est affermie par la Constitution du 18 février 2006 ; le pluralisme politique est la marque de la Troisième République sous laquelle s'est opérée une première alternance démocratique postélectorale à la Présidence de la République.

L'on y voit la concrétisation de l'article 6 de la Constitution qui dispose : « *le pluralisme politique est reconnu en République démocratique du Congo. Tout congolais jouissant de ses droits civils et politiques a le droit de créer un parti politique ou de s'affilier à un parti de son choix.* »

Cette disposition est aux antipodes de textes de la Constitution du 24 juin 1967 dont l'article 4 de la version initiale prescrit : *« [...] il ne peut être créé plus de deux partis dans la République».*

Ce texte laissant une petite ouverture au pluralisme politique perdra sa substance juridique avant même son application, à la suite de la loi n°74-020 du 15 août 1974 portant révision de la Constitution du 24 juin 1967 dont l'article 28 dispose : « En République du Zaïre, il n'existe qu'une seule institution, le Mouvement Populaire de la Révolution, qu'incarne son Président.» C'est le bétonnage du monolithisme institutionnel.

Pour conjurer définitivement le démon du monopartisme, le constituant du 18 février 2006, proscrit l'institution d'un parti unique sous quelque forme que ce soit sur tout ou partie du territoire national[929]. Et, plus, il érige toute tentative en ce sens en une infraction imprescriptible de haute trahison.[930]

Certes, la floraison des partis politiques mérite d'être saluée par les défenseurs de l'État de droit démocratique. Cependant, leur formation et leur fonctionnement impliquent des lois et des pratiques qui ne peuvent évoluer sans arbitrage et sans contrôle par rapport à la loi fondamentale qu'est la Constitution. Et, du fait que chaque parti poursuit la conquête du pouvoir, la concurrence

---

928 Larousse, URL https://www.larousse.fr, consulté, le 10/01/2023.

929 Art. 7, al. 1er, Constitution de la RDC du 18 février 2006, *op.cit.*

930 Art. 7, al. 2, Constitution de la RDC du 18 février 2006, *op.cit.*

politique trouve son sens dans le suffrage et la participation aux élections. Sur ce chapitre, la contribution de la justice constitutionnelle a eu un effet considérable sur le déroulement des élections générales du 20 décembre 2023. L'intervention du juge a apaisé les tensions. Les prétendants se sont soumis à ses sentences tant du point de vue du contentieux électoral que de la proclamation de résultats définitifs[931].

Dans les démocraties pluralistes, le jeu politique se déroule principalement entre le pouvoir, l'opposition et différents acteurs intéressés à l'exercice du pouvoir. Sur ce terrain, il serait dangereux que les acteurs évoluent comme des électrons libres. Il y aurait à craindre que le pouvoir en place manipule les lois en faveur de ses candidats ou que les concurrents se livrent à des procédés d'obstruction inconstitutionnelle à moins qu'un regard impartial y veille. Or il n'y a pas œil plus vigilant, à cet égard que celui du juge.

C'est pourquoi le processus électoral, corolaire du régime pluraliste ainsi que le contentieux électoral sont soumis aux compétences de la Cour constitutionnelle.[932]La jurisprudence tant de la Cour Suprême de Justice que de la Cour constitutionnelle atteste du caractère indispensable de la justice constitutionnelle à l'édification d'un État de droit en République Démocratique du Congo de 2006 à ce jour.[933]

De ce point de vue, l'on ne saurait démentir Marie-Madeleine Mborantsuo qui démontre magistralement que : « *La contribution des Cours constitutionnelles à l'État de droit en Afrique par le contrôle de la constitutionnalité et par le dépassement du contrôle de la constitutionnalité. Les Cours constitutionnelles sont des instruments fondamentaux pour permettre à l'État de droit de s'imposer*[934]. » Cela est indéniable autant pour le Bénin que pour la République Démocratique du Congo.

Cependant l'on ne devrait non plus occulter des limites à la justice constitutionnelle ni des défis auxquels elle est confrontée dans les deux pays étudiés.

---

[931] C.C, 03 janvier 2024, RCE 014/PR/CR ; C.C, 03 janvier 2024, RCE 015/PR/CR ; C.C, 09 janvier 2024, RCE 016 /PR/CR ; CC, 19 janvier 2019, RCE 003/PR/CR

[932] Voir article 161, alinéa 2 de la Constitution congolaise du 18 février 2006, *op.cit.*

[933] L'analyse de décisions ciblées des deux Hautes juridictions congolaises font l'objet de la seconde partie de la présente étude.

[934] MBORANTSUO M.-M., *la contribution des Cours constitutionnelles l'Etat de droit en Afrique,* Paris, Economica, 2007, pp. 210 et s.

TITRE II:
DÉFIS IMPOSÉS À L'ACTIVITÉ DU JUGE CONSTITUTIONNEL.

Des limites à l'action juridictionnelle du juge constitutionnel sont inhérentes à celles du constitutionnalisme en général. Elles imposent des défis communs (chapitre 1), et des défis spécifiques (chapitre 2).

CHAPITRE I :
DÉFIS COMMUNS À LA JUSTICE CONSTITUTIONNELLE BÉNINOISE ET CONGOLAISE.

Le juge artisan cardinal de la justice constitutionnelle opère avec les instruments juridiques que l'État lui fournit : la Constitution et les lois. Celles-ci définissent ses compétences, ses modes d'opérabilité, et surtout la portée et les voies d'exécution de ses décisions telles qu'évoquées dans les lignes précédentes.

Ainsi l'on peut relever que la justice constitutionnelle au Bénin, en République démocratique du Congo et même sous d'autres cieux, est susceptibles des limites liées au cadre constitutionnel lui-même (Section 1). En plus, courtisé par le pouvoir, et par le peuple, le juge constitutionnel est partout en position de résistant contre la politisation et l'instrumentalisation. (Section 2).

SECTION 1 : LIMITES RELATIVES AU CADRE CONSTITUTIONNEL.

Le cadre constitutionnel renvoie ici au contenu et à l'esprit d'une Constitution. Il reflète la vision idéologique et politique des États dans un contexte historique précis.

Les Constitutions étant l'œuvre du pouvoir politique, en dépit de l'éloge portée à la souveraineté populaire ou nationale, elles sont taillées sur la mesure des acteurs politiques les plus avantagés dans le rapport des forces au moment de leur conception. Et, comme le droit qu'elles reflètent, elles sont imprégnées de l'idéologie du plus puissant[935] ou du plus rusé.

Ainsi, les textes constitutionnels sont susceptibles de lacunes (§1), et le rôle du juge constitutionnel peut en être déformé (§2).

§1. DES IMPERFÉCTIONS CONSTITUTIONNELLES.

Des incohérences constitutionnelles sont décelables par rapport à l'un ou l'autre principe essentiel du constitutionnalisme : respect des droits fondamentaux, Constitution démocratique, équilibre ou séparation des pouvoirs etc.

À titre d'exemple, quelques failles sont détectables à travers les Constitutions américaines, européennes, et africaines dans leur évolution historique et politique. Examinons quelques cas en droit comparé (A) avant d'aborder l'aspect spécifique des constitutions béninoises et congolaises (B).

---

935 Ici la puissance ne s'entend pas seulement de la force brute mais de la capacité de peser sur le jeu politique pour accéder au pouvoir, d'infléchir à son profit le cours des évènements politiques. Il peut s'agir de l'habileté de propagande, de la majorité parlementaire ou de tout autre facteur avantageux au prétendant au pouvoir dans les normes positives d'une époque.

A. INCOHERENCES CONSTITUTIONNELLES EN DROIT COMPARÉ.

Un regard rétrospectif sur Les États-Unis d'où naquit d'ailleurs, la justice constitutionnelle révèle, à travers la Constitution américaine de 1787, la persistance d'une vision politique qui assimile des personnes humaines aux objets susceptibles d'importation et des taxes :

> *L'immigration ou l'importation de telles personnes que l'un quelconque des États actuellement existants jugera d'admettre ne pourra être prohibée par le Congrès avant l'année mil huit cent huit, mais impôt ou droit n'excédant pas 10 dollars par tête pourra être levé sur cette importation.*[936]

Bien que cette disposition ait été supprimée par le 16e amendement, elle ne traduit pas moins une limite d'un constitutionnalisme imprégné de l'idéologie politique esclavagiste à une époque qui ne fait aucune différence entre une personne humaine et du bétail. Dans un tel contexte le juge constitutionnel lié autant que tous à la suprématie de la norme constitutionnelle ne peut que constater son impuissance à protéger les droits et libertés fondamentaux des victimes.

Ce cas dévoile une dichotomie des principes : la sacralité de la Constitution et celle des droits humains se heurtent. Faut-il en déduire que le juge constitutionnel, parce que chargé de défendre la *suprématie* constitutionnelle soit obligé de garantir l'application d'une norme constitutionnelle liberticide et inhumaine ? La logique d'un juridisme rigoureux incite à répondre par l'affirmative. Mais la valeur de la vie humaine depuis 1789 milite à dire « non ».

Aujourd'hui encore, les techniques de limitation juridictionnelle du pouvoir de l'État aux États-Unis, à ce propos, souffrent d'inconvénients attachés au système américain du contrôle de la constitutionnalité seulement par voie d'exception et non par la voie d'action.[937] Cela laisse la possibilité à une loi attentatoire aux droits fondamentaux de naitre et de vivre, sur le plan juridique, tant qu'elle n'est pas attaquée devant une juridiction ordinaire. Même dans ce cas de figure, quelle que soit sa nocivité et son inconstitutionnalité elle demeure dans l'arsenal législatif, et applicable au préjudice d'une partie qui ne s'y serait pas opposée. N'est-ce pas une véritable aberration. D'aucuns pensent, et à juste titre, que c'est-là un système discriminatoire : favorable aux uns et préjudiciables aux autres.

Les systèmes de justice constitutionnelle en Europe et en Afrique ont voulu contourner ou améliorer le système américain en ouvrant la faculté de

---

[936] Article I, section 9 de la Constitution des ÉÉtats-Unis du 17 septembre 1787, version française, *Digithèque, MJP*, URL : https://mjp.univ-perp.fr/const/us.htm, consulté le 22/01/2023.

[937] Sur les deux modes de contrôle voir notamment ESAMBO KANGASHE J.-L., *Traité de droit constitutionnel congolais, op.cit., pp.86 et s.*

contrôle de constitutionnalité *a priori*[938] et *a posteriori*. Cependant, une analyse de l'armature constitutionnelle des uns et des autres permet d'éclairer des zones lacunaires.

En France, par exemple, le constituant de 1958 n'a pas initialement conféré au Conseil constitutionnel ni au juge la compétence de connaitre de recours contre les lois déjà promulguées. Ainsi, le particulier était dépourvu de recours contre une loi soupçonnée d'inconstitutionnalité. À cette période on n'hésiterait pas à voir en cela une limite de la justice constitutionnelle découlant d'une Constitution lacunaire, matrice d'un système de contrôle imparfait.[939]

Il a fallu attendre juillet 2008 pour que soit inséré dans la Constitution un article 61-1 qui permet la saisine du Conseil constitutionnel, lorsque, à l'occasion d'une instance en cours devant une juridiction, s'il est soutenu qu'une disposition législative porte atteinte aux droits et libertés que la Constitution garantit. Cela apparait comme un droit nouveau en vigueur depuis le 1er mars 2010, et dénommé « Question Prioritaire de Constitutionnalité»[940].

L'on peut relever aussi le silence du constituant français sur le pouvoir régulateur de la vie politique par le juge constitutionnel qui est plutôt explicite sur la compétence du Président de la République de « veiller au respect de la Constitution, et d'assurer par son arbitrage, le fonctionnement régulier des pouvoirs publics ainsi que la continuité de l'État».[941]

B. DES AMBIGUITÉS CONSTITUTIONNELLES AU BÉNIN ET EN RDC.

En Afrique, la plupart des Constitutions tout en ayant prévu des mécanismes efficaces de contrôle de conformité des faits et des textes à la Constitution érigent comme d'aucuns l'ont observé, des barrières constitutionnelles à la protection des droits fondamentaux, sous la formule quasi généralisée de « devoirs des citoyens ».

En plus, le constituant béninois à l'instar de celui du Congo (RD) semble attribuer au juge constitutionnel et au président de la République une compétence d'égale charge quant à la garde de la Constitution.[942]

La même tendance apparait à l'article 42, alinéa 2 de la Constitution du Sénégal du 22 janvier 2011 : « le Président de la République est le gardien de la Constitution [...]», à l'article 8 de la Constitution gabonaise du 26 mars 1991 : « le président de la République est le chef de l'Etat ; il veille au respect de la

---

938 Art.61 de la Constitution française du 4 octobre 1958, JACQUES G., *les Constitutions de la France depuis 1789*, Paris, Garnier-Flammarion, pp.425-450.

939 Sur les aspects perfectibles du système français lire notamment, DUHAMEL, O., *Droit constitutionnel et politique, op.cit.*, pp.358 et s.

940 Art. 61-1, de la Constitution française du 4 octobre 1958, telle que révisée à ce jour.

941 Art.5, de la Constitution française du 4 octobre 1958, *op.cit.*

942 Art.69, al. 2 et 3, Constitution de la RDC du 18 février 2006 ; Art.41 de la Constitution béninoise du 11 décembre 1990.

Constitution […] » Cette espèce de double attribution est susceptible d'ambigüité ou de concurrence entre le Président de la République et le juge constitutionnel en matière du respect de la Constitution et de régulation de la vie politique. Il en résulte des interprétations qui penchent plutôt à l'accroissement du rôle de la justice constitutionnelle.

§2. ACCROISSEMENT ET DÉFORMATION DU RÔLE DU JUGE CONSTITUTIONNEL.

Si l'on en croit Michel Debré[943], le Conseil constitutionnel en France a été conçu comme une arme contre la déviation du régime parlementaire pour mettre un terme à la toute-puissance du parlement.

Mais de plus en plus, l'on a assisté à un élargissement de ses compétences. Jean Claude Zarka résume cette évolution en trois phases : la création du Conseil en 1958, sa jurisprudence du 16 juillet 1971, et la révision constitutionnelle de 1974[944]. On doit y ajouter la révision constitutionnelle de juillet 2008 dont il a été fait mention. Non seulement le juge constitutionnel français a élargi le champ de son contrôle, comme le démontre le même auteur, mais les deux révisions constitutionnelles précitées ont conduit à une intervention de plus en plus fréquentes du juge constitutionnel et à une transformation de son rôle[945]. D'organe régulateur de l'activité des pouvoirs publics, il est devenu un organe gardien des droits et libertés des citoyens.

Il est devenu le véritable garant de l'État de droit et des valeurs démocratiques[946]. Cette expansion de la mission de la justice constitutionnelle en France a rapidement séduit l'espace francophone africain où comme nous venons de le signaler les juridictions constitutionnelles sont instituées avec des prérogatives très larges.

La République Démocratique du Congo et le Bénin, sur ce plan, couvrent la même réalité. Mais en quoi cela peut-il constituer une limite à la justice constitutionnelle ?

L'idée capitale à dégager de cette analyse est qu'à force de *trop embrasser le juge constitutionnel pourrait mal étreindre*, mal accomplir sa mission, et prendre le risque de sortir du cadre juridique pour chevaucher avec le politique

---

[943] Cité par ZARKA, J-C., « *Chapitre 8. Le Conseil constitutionnel* » *in* « *Droit constitutionnel et institutions politiques (2018)* », pp.269 -294.

[944] La réforme constitutionnelle de juillet 2008 introduit le mécanisme de l'exception d'inconstitutionnalité en droit français.

[945] ZARKA, J.-C., « *Chapitre 8. Le Conseil constitutionnel* » *in* « *Droit constitutionnel et institutions politiques (2018)* », *op.cit.* p.269.

[946] ZARKA, J.-C., « *Chapitre 8. Le Conseil constitutionnel* » *in* « *Droit constitutionnel et institutions politiques (2018)* », *op.cit.* p.269 et s.

Notons que le revers de la médaille d'une auto-appropriation des multiples compétences par le juge constitutionnel serait la politisation ou l'instrumentalisation des juridictions constitutionnelles.

SECTION 2. LIMITES RELATIVES À LA POLITISATION ET À L'INSTRUMENTALISATION DE LA JUSTICE CONSTITUTIONNELLE.

De plus en plus, la justice constitutionnelle essuie des critiques de la part d'une classe politique mécontente, croit-on, de voir la politique saisie par le droit.[947]

À y regarder de près, on peut aussi craindre le contraire : que la politique saisisse la justice. Plutôt que de la *juridicisation* ou la *judiciarisation* du politique, l'on assisterait à la politisation du judiciaire et du juridique. La tendance et la tentation peuvent s'avérer certaines. La pression à cet égard émanerait tant bien des pouvoirs constitués (§1) que des propres appétits du juge constitutionnel qui est appelé à mieux les gérer (§2).

§1. LA PRESSION DES POUVOIRS CONSTITUÉS : LA CAROTTE OU LE BATON.

L'observation des nations démocratiques laisse apparaitre une dualité, voire une rivalité permanente entre le pouvoir législatif et le pouvoir exécutif. L'effectivité même du principe de séparation des pouvoirs ne supprime pas l'antagonisme. Tout au moins, elle permet d'atténuer le déséquilibre entre les deux pôles. Aux États-Unis les débuts de la République sont marqués par une quête de l'autorité exécutive affirmée. En France, la démocratie a porté les stigmates d'un parlementarisme dominant.

En Afrique postcoloniale la séparation des pouvoirs est restée formelle sous la montée en puissance d'un exécutif à tête unique transformé en présidentialisme absolu. L'on peut noter qu'avant l'institution de la justice constitutionnelle, le pouvoir judiciaire apparait comme un pouvoir tiers, tiède, dans les espaces démocratiques, excepté aux États-Unis.

En lui reconnaissant les vertus d'arbitre, et de contrôleur de leurs actes, le Parlement et le Gouvernement l'ont tiré du bas de l'étage pour le hisser à leur niveau sans pour autant se défaire de l'envie de le manipuler ou de l'instrumentaliser, chacun à son avantage. Ainsi, le juge constitutionnel est exposé aux tentations pernicieuses.

§2. LE JUGE CONSTITUTIONNEL FACE AUX TENTATIONS PERNICIEUSES.

Le doute n'est plus admis sur l'énorme pouvoir que détient désormais le juge constitutionnel dans l'architecture étatique et démocratique : gardien de la constitution ; régulateur des compétences politiques et

---

[947] VOLADE ONKULOLA, M-L, *La Cour constitutionnelle et le peuple au Bénin. D'un juge constitutionnel à un procureur suzerain, op.cit., p.327*

juridictionnelles ; arbitre suprême du processus électoral, protecteur des droits fondamentaux au sommet de la hiérarchie juridictionnelle, et juge pénal des gouvernants de la haute sphère.

Ce qui est dit de la potentialité corruptrice du pouvoir politique devient applicable aussi au pouvoir du juge constitutionnel.

« *Le pouvoir tend à corrompre, le pouvoir absolu corrompt absolument*» disait Lord Acton (1834-1902). Plus d'un siècle nous sépare de son auteur, mais l'actualité de sa pensée demeure. Et le pouvoir croissant du juge constitutionnel n'est pas épargné.

Deux raisons entre autres, incitent à le croire : la première tient au caractère politique de la justice constitutionnelle ; la seconde aux effets sans recours de ses décisions.

Ces affirmations appellent quelques éclaircissements. Le caractère politique de la justice constitutionnelle est moins manifeste que celui des institutions politiques classiques. Il découle tant du mode de désignation des membres des juridictions constitutionnelles et de la nature de leur mission (A) que du poids de leurs rôles et des effets de leurs décisions (B).

A. LE MODE DE DÉSIGNATION ET LA NATURE DE L'ACTIVITÉ DU JUGE CONSTITUTIONNEL SONT EMPREINTS DU POLITIQUE.

Qu'il s'agisse des États-Unis, de l'Europe ou de l'Afrique, le politique pèse plus sur le choix des juges constitutionnels que sur celui des autres magistrats.

Il a été montré également la part du Président de la République et du Parlement dans la désignation des membres de la Cour tant au Bénin qu'en République démocratique du Congo.

En France l'on a remarqué la présence d'anciens Présidents de la République, en qualité de membres de droit au Conseil d' É tat conformément à l'article 56, alinéa 2 de la Constitution de la Ve République. Il a été même donné à l'un d'entre eux d'exercer les fonctions de Président du Conseil.[948]

Les diverses compétences de la juridiction constitutionnelle amènent Fréderic Rouvillois à s'interroger si elle n'est pas un juge politique, et à répondre par l'affirmative :

> Par nature le Conseil constitutionnel est le juge du politique : et c'est précisément dans sa composition comme dans son fonctionnement, un juge politique.[949]

[948] FAVOREU, L., et PHILIP, L., *Le Conseil constitutionnel*, Paris, PUF, Que sais-je, 1978, pp 11 et s.
[949] ROUVILLOIS, F., Droit constitutionnel. 2. La Ve République, Paris, Flammarion, 2009, p.277.

Malgré l'affirmation du principe d'indépendance du juge, il est difficile d'écarter totalement une tendance de leur part à influencer les décisions du Conseil ou à décider selon leur idéologie politique.

Aux États-Unis le choix des juges de la Cour Suprême de Justice donne lieu à une véritable quête d'équilibrage politique entre les républicains et les démocrates. Leur nomination est une des tâches les plus délicates qui incombent au Président américains comme l'affirme André Tunc[950].

Ainsi, partout en régimes démocratiques de type occidental libéral, la juridiction constitutionnelle attire l'attention du pouvoir et de l'opposition à cause du poids politique de son rôle.

B. LE RÔLE DU JUGE CONSTITUTIONNEL ET L'EFFET DE SES DÉCIONS SONT AU CŒUR D'ENJEUX POLITIQUES.

La justice constitutionnelle déborde le cadre judiciaire et traite fondamentalement de la Constitution, pierre angulaire de l'État, cadre juridique de l'activité politique, et aiguilleur de la vie civile. La nature de sa mission plonge le juge constitutionnel dans l'univers, voire dans l'arène politique.

L'on a vu comme le rappelle le juge Breyer[951] que, lors de l'élection de Bush contre Gore en 2000, la Cour suprême américaine avait pris la décision de mettre fin au recomptage des votes en Florides, assurant ainsi le succès du candidat républicain. Cette décision que beaucoup estiment erronée, affirme le juge, a été acceptée sans difficulté aux États-Unis du fait du respect porté par le peuple à la Cour. Dans un commentaire Gilbert Guillaume reprenant le propos du juge précité établit un constat à partir de cette élection : *l'autorité de la Cour.*

L'auteur note, et il est important de le souligner que le juge Suprême des États-Unis est parvenu à asseoir une autorité jusque-là incontestée grâce à une jurisprudence à la fois audacieuse et prudente.[952]

L'audace remonte à l'arrêt fondateur, l'Arrêt maintes fois rappelé : *Marbury c. Madison de 1803.* Le juge s'est créé une compétence non explicitement formulée dans la Constitution : l'inapplication d'une loi inconstitutionnelle. La prudence apparait dans sa sagesse à éviter d'entrer en confrontations avec les pouvoirs constitués.[953]

En effet, le Président Madison avait nommé Marbury à la Cour Suprême quelques heures avant le terme de son mandat, sans avoir le temps de notifier sa décision. Son successeur Jefferson, a refusé de reconnaître la validité d'une telle nomination. La Cour s'est retrouvée devant un dilemme au cœur d'un

---

[950]TUNC, A., *Le droit des États-Unis*, Paris, PUF, 1964, pp.57 et 58.

[951]Cité par GUILLAUME, G., « la Cour suprême américaine et la politique », in : Commentaire 2023/3(Numéro178), pp.576 à578.

[952]*Idem.*

[953]En Afrique en général, au Bénin et en République Démocratique du Congo en particulier, ce trait de prudence est à recommander au juge constitutionnel en vue de lui épargner l'inconvénient de s'afficher en militant de l'Opposition ou en griot de la Majorité.

fourneau politique à éteindre par la voie juridique. Valider la décision aurait mis la Cour en conflit ouvert avec le nouveau Président. S'y refuser aurait été méconnaitre le droit applicable. La Cour a échappé à cette équation en prononçant que Marbury avait droit à son affectation, mais qu'elle ne pouvait statuer en l'espèce, la loi qui l'y autorisait étant inconstitutionnelle [...]

Ces cas démontrent les enjeux politiques en présence dans les situations où le juge est confronté à des faits apparemment du domaine juridique.

Au-delà des pressions politiques et des difficultés communes à l'exercice de la justice constitutionnelle en général, l'on note aussi des contraintes spécifiques à chaque pays.

CHAPITRE II : DÉFIS SPÉCIFIQUES.

En République démocratique du Congo, au Bénin et en Afrique francophone, le rôle du juge constitutionnel est d'autant plus accentué que le constitutionnalisme et la démocratie y sont encore en chantier.

Souvent, l'élection présidentielle débouche sur la contestation des résultats et des violences postélectorales.[954] Il est courant que le penchant du Président de la République à se maintenir au pouvoir l'incite à la révision de la Constitution.

Plus que toute autre instance de l'État, la Cour constitutionnelle détient aujourd'hui une autorité redoutable pour l'homme politique : la sentence pénale ou la sentence ultime sur le processus électoral.

Par ces pouvoirs, il focalise l'attention de l'ensemble de la classe politique. Depuis 2006, la justice constitutionnelle au Congo-Kinshasa a usé de son autorité constitutionnelle pour trancher sur les résultats des élections présidentielles, d'abord entre Joseph Kabila et Jean Pierre Bemba ; ensuite entre Etienne Tshisekedi et Joseph Kabila, et enfin entre Martin Fayulu et Félix Antoine Tshisekedi.

Au Bénin, et sur le même registre, d'aucuns tranchent sans exagérer, du moins avant le second mandat du Président Patrice Talon[955], que le pays passe pour le champion d'Afrique francophone. En effet, du 4 avril 1991 au 16 avril 2016, 21 avril 2023, le Pays a connu quatre alternances présidentielles, et des réélections à la magistrature suprême sous le label démocratique dont le processus est méticuleusement encadré par le juge constitutionnel.

L'expérience enseigne que toute œuvre humaine appréciable est confrontée aux obstacles. Aussi la justice constitutionnelle au Bénin et en RDC est soumise aux contraintes à diverses échelles. Elle doit relever des défis, à savoir contourner des embuches survenant tant au niveau national (Section 1) que résultant du facteur international (Section 2).

SECTION 1 : DÉFIS AU NIVEAU NATIONAL.

L'encadrement juridictionnel du pouvoir repose essentiellement sur la justice constitutionnelle, celle-ci œuvre à la consolidation de la suprématie constitutionnelle (§1). Et, souvent la Constitution doit résister au poids des traditions (§2). Au niveau national, il s'agit- là de défis à relever.

---

[954] Kenya, élections de 2007 ; Zimbabwe en 2008 et en Côte d'Ivoire. Voir DARRACQ, V et MAGNANI, V, « Les élections en Afrique : un mirage démocratique ? », in *Politique étrangère*, 20011/4 (Hiver), pages 839 à 850.

[955] Le scrutin du 11 avril 2023 ayant porté Monsieur Patrice Talon à sa réélection fut précédé de violences qui ont fait plusieurs morts. France-Diplomatie, URLhttps://www Présentation du Bénin - Ministère de l'Europe et des Affaires étrangères (diplomatie.gouv.fr), consulté le 24 mai 2023.

§1 : LA SUPRÉMATIE CONSTITUTIONNELLE DANS LA CONSCIENCE COLLECTIVE : UN DÉFI PERMANENT.

Les peuples du Bénin et du Congo sont engagés sur la voie de l'État de droit constitutionnel démocratique impliquant la suprématie constitutionnelle. La Constitution y est la norme au sommet de la hiérarchie. Toutes les autres règles en découlent. D'emblée, il faut noter que ce principe n'est pas automatiquement digéré par les schèmes des acteurs politiques et sociaux pour s'ancrer dans l'esprit national en dépit d'énoncées exégétiques.

Aussi louable que soit la théorie, il n'est pas évident qu'il fasse le bonheur de tous. Autant que la loi pénale n'emporte pas l'adhésion de celui à qui profite le crime, la rigueur constitutionnelle ne satisfait ni l'ensemble de la classe politique ni l'ensemble des gouvernés, elle ne plait pas à qui profite le pouvoir abusif. D'où la nécessité d'acclimater la conscience politique (A) et de reconditionner celle du peuple (B).

A. ACCLIMATER LA CONSCIENCE POLITIQUE GOUVERNANTE

Le Bénin et la RDC à l'image de l'Afrique ancestrale, voire du monde antique ont vécu sous des régimes imbus d'autoritarisme. La classe politique béninoise et congolaise est partagée entre les nostalgiques des régimes passés bénéficiaires de la frivolité constitutionnelle, les défenseurs de la démocratie, et les férus de la transhumance partisane.

Il n'est pas acquis que le juge constitutionnel béninois ou congolais s'attache à la rigueur constitutionnelle sans désarticuler les axes de dividendes de certaines catégories sociales. Concrètement, un président de la République, ses partisans au pouvoir, et sa basse- Cour qui entendent se maintenir au pouvoir, se sentent pétris sous l'étau de la Constitution qui leur dresse un obstacle, et sous la menace du juge constitutionnel perché comme une épée de Damoclès.

C'est pourquoi, l'Afrique offre d'exemples des révisions constitutionnelles opérées au grand jour en vue de garantir un mandat à vie au Président en fonction. Bien qu'on dise que l'Afrique soit un laboratoire en matière constitutionnelle par la moisson constitutionnelle récoltée depuis 1960, la question de leur application se pose encore plus que celle de leur conformité aux standards admis[956].

Bien que le Bénin et la RDC semblent rouler pour le moment sur la voie de la suprématie constitutionnelle, l'on aura constaté pour le Congo que la dernière élection présidentielle est survenue après que le Président en fonctions ait tenu en haleine l'opinion congolaise sur le respect du mandat constitutionnel à lui assigné, et que la révision constitutionnelle opérée en 2011 a été faite par calcul

---

[956]KOROKORO, D, « L'idée de Constitution en Afrique», *Afrique contemporaine*, N°242, 2012/2 p.117-117

électoral pour éviter un deuxième tour susceptible de compromettre la réélection du Président en place.

Les soupçons de révisions constitutionnelles opportunistes de l'article 220 de la Constitution ont pesé sur le pouvoir, et ont déclenché une levée de boucliers chez les défenseurs de l'État de droit et au sein de l'opposition.

Est-il que l'élection s'est déroulée au-delà des délais constitutionnels, et le pays a échappé au chaos ou à l'inertie grâce à l'action juridictionnelle et régulatrice du juge constitutionnel congolais.

En revanche, le Bénin n'a pas enregistré de passage en force des barrages constitutionnels par un président élu depuis 1991 ou de révisions opportunistes devenues malédictions constitutionnelles selon la formule d'Iddy Soidroudine Boina[957] . Toutefois, les révisions constitutionnelles survenues en 2011en RDC et en 2019 au Bénin sont sans commune mesure avec celles opérées sous les régimes monolithiques africains où le parlement marche au pas et au son de la trompette présidentielle. Au Bénin, la création d'un poste de Vice-président a suscité quelques remous sans remettre en cause l'édifice démocratique. Dans les deux pays la tentative du Chef de l'Exécutif de « présidentialiser » sa fonction au point de s'octroyer un siège à vie se heurte aux barricades constitutionnelles ou à la liberté du Parlement[958].

Il n'y a pas que chez le gouvernant qu'il faille encrer la culture constitutionnelle ou constitutionnaliste. Le déficit est perceptible aussi chez les gouvernés.

B. RECONDITIONNER LA CONSCIENCE DU PEUPLE BÉNINOIS ET CONGOLAIS.

Une société qui a évolué sous l'égide du pouvoir patrimonial clientéliste ou corrupteur peut facilement soit par manque du discernement soit par allégeance pécuniaire se dresser en obstacle pour une démocratie fondée sur le respect strict d'une norme immuable : la Constitution. Il est important de le souligner ; car les gouvernés constituent le peuple souverain, considéré par beaucoup comme le véritable gardien de la Constitution.

Or si le gardien ignore la valeur de ce qu'il garde, il est prêt à le brader comme certains autochtones l'ont fait pour des minerais et des pierres précieuses dont ils ne connaissaient ni la nature ni la valeur.

C'est du peuple que surgissent parfois des slogans qui encouragent un troisième mandat ou attribuent une longévité fonctionnelle à vie à tel président ou tel président pourvoyeur d'avantages illicites ou simplement charismatique.

---

[957] BOINA, I.-S., « La malédiction constitutionnelle en Afrique : la révision », in : *Revue française de droit constitutionnelle*, n° 2021/4(N°128), Pages 21 à 46.

[958] Le Parlement béninois a refusé d'examiner le projet de révision de la Constitution cher au Président Patrice Talon qui prévoyait l'instauration d'un mandat unique pour le chef de l'Etat, le 4 avril 2017, faute de majorité de trois-quarts de voix exigée.

La République Démocratique du Congo comme d'autres pays d'Afrique sortent à peine de périodes où le fanatisme politique, l'ethnie, la tribu ou le parti, l'emportent sur la Constitution au sein d'une population faiblement alphabétisée.

Tant pour le gouvernant que pour le gouverné béninois et congolais, une révolution de mentalité selon le schéma de Dodzi Korokoro s'impose pour redorer la grandeur de textes constitutionnels car, dit-il, pertinemment, *on ne change pas les habitudes politiques avec des mécanismes tous aussi sophistiqués que rudimentaires* [...][959]

Et encore faut-il, le reconnaître, le constitutionnalisme favorable à l'encadrement juridictionnel du pouvoir par la justice constitutionnelle y fléchit sous le poids de certaines traditions pré constitutionnelles et des pratiques constitutionnelles ambiguës.

§2 : RÉDUIRE LE POIDS DE TRADITIONS.

Au sens courant, et selon Larousse, la tradition désigne, une doctrine, une pratique transmise de siècle en siècle, originellement par la parole ou l'exemple. On parle de tradition juive, chrétienne, islamique etc. Elle est aussi perçue comme un ensemble de notions relatives au passé, transmises de génération en génération ou encore une manière d'agir ou de penser transmise de génération en génération.[960]

Sous cet aspect, la tradition est susceptible d'application à différents domaines. Dans ce cadre on veut parler des traditions politiques et institutionnelles béninoises et congolaises. Quelques traits les ont marquées.

La manière de penser politique, la manière d'agir, et de dire le droit transmise d'une génération à une autre. Il importe de sonder la substance politique perpétrée par les générations béninoises et congolaises dans la conception du pouvoir et du droit. Pour gagner en clarté il y a lieu de situer deux époques: pré constitutionnelle (A) et constitutionnelle (B).

A. LES TRADITIONS PRÉ CONSTITUTIONNELLES AU BÉNIN ET EN RDC

Avant la colonisation française et belge, respectivement au Dahomey actuelle République du Bénin, et au Congo, les peuples vivaient sous un pouvoir généralement monarchique selon les coutumes de diverses ethnies. Le fait n'est pas nouveau ni exclusif à l'Afrique.

Les États modernes sont bâtis sur le pouvoir traditionnel adapté est coulé, pour ce qui en vaut la chandelle, sous le moule constitutionnel.

Pour que le constitutionnalisme occidental libéral réussisse, il faut que les traditions spécifiques soient acceptées, filtrées ou rejetées par une génération politique démocratique. Si les résultats de ce filtrage retenus comme

---

[959]KOROKORO, D., *L'idée de Constitution en Afrique*, *op.cit.*p.117.

[960] Larousse 2014, *op.cit.* p.827

principe de gouvernance et du pouvoir sont inscrits dans la Constitution, c'est alors que la justice constitutionnelle et le droit deviennent des aiguilleurs.

Mais si l'ordre traditionnel et l'ordre constitutionnel évoluent concurremment ou s'entrechoquent, il est possible d'avoir un conflit. La question pertinente est de savoir si le Bénin et le Congo par la vertu du droit écrit fondé sur la Constitution démocratique ont évincé des traditions pré-constitutionnelles.

Aussi est-il important de relever que les deux pays n'ont pas connu une tradition politique unique avant leur indépendance mais une pluralité des traditions au sein des différents royaumes.

Le Bénin actuel est une composition coloniale des trois principaux royaumes : Allada, Abomey et Porto-Novo qui se nommera Adjacè, puis Hogbonou.

La République Démocratique du Congo est aussi une réunification des centaines des tribus autour des quelques royaumes principaux: Kongo, Lunda, Luba, et les Royaumes Swahili de l'Est et du Sud…

S'agissant de l'exercice du pouvoir, l'histoire renseigne qu'il fut de type dynastique, bâti sur une légitimité théocratique, fétichiste ou guerrière. Ainsi par exemple comme l'affirme Basil Davidson, le Bénin connut une période particulièrement faste entre 1440 et 1473 sous le règne d'Edware le Grand.

L'auteur enchaine : « *selon une tradition orale, ce monarque était à la fois un grand sorcier, un docteur, un guerrier, un homme à la fois brave et avisé.*[961]»

Dans les Royaumes de l'actuelle RDC, la même image correspond aux qualités de la personne qui devait incarner le pouvoir. Celui-ci devait incarner des qualités mystiques ou charismatiques d'un vrai chef. Ainsi transmis ce reflet du chef pré constitutionnel demeure encore dans la culture politique et sociale des peuples d'Afrique y compris, de la RDC et du Bénin.

S'il existait des règles relatives à l'organisation de l'État et à la succession pacifique au pouvoir, l'idée de l'encadrement juridique et de limitation du pouvoir qui émousse l'aura de la personne du chef n'était pas acceptable. On peut dire que la légitimité ne reposait guère que sur les lois orales organisant le pouvoir, mais bien encore, voire plus, sur la personnalité de celui qui exerce le pouvoir : le roi et sa Cour.

En plus, cette tradition récuse la contestation des opinions du chef, relais magique entre le monde ancestral transcendantal et le monde de vivants. Par ailleurs, la conception traditionnelle africaine du pouvoir est incompatible à son partage, selon l'adage populaire en vertu duquel *« il n'y a pas de la place pour deux caïmans dans un marigot ! Chaque marigot a son crocodile … »*

---

[961] DAVIDSON, B., *Les grandes époques de l'homme. Une histoire des civilisations mondiales. Les Royaumes africains*, Nederland, 1974, p.100

L'idée phare à retenir de ces trois traits du pouvoir pré constitutionnel africain tient au lien avec la pratique du pouvoir constitutionnel postcolonial et aux défis du constitutionnalisme en cours Le mélange du traditionalisme et du modernisme politique génèrent des réalités constitutionnelles et institutionnelles ambigües.

B. DES PRATIQUES CONSTITUTIONNELLES ET INSTITUTIONNELLES AMBIGUES.

Certes, le Bénin et le Congo se sont dotés des Constitutions écrites calquées sur les modèles occidentaux, respectivement à partir de 1959 et 1960. Pour demeurer sur le thème de l'encadrement du pouvoir, et à ce niveau, sur l'incidence des traditions, il est important de distinguer deux phases dans chacun des deux pays : celle d'avant la justice constitutionnelle et celle sous la justice constitutionnelle. Quelle a été la tradition du pouvoir au Bénin et au Congo indépendants avant l'avènement des Cours constitutionnelles ?

Les pratiques politiques se rejoignent en ce que le président de la République était nonobstant la Constitution, une espèce de reproduction du monarque africain précolonial, et le peuple avait une perception du pouvoir similaire à celle de ses ancêtres autour d'un grand chef traditionnel ou d'un monarque absolu envers ses sujets.

« *Quand le chef a décidé, on obéît, point c'est tout disait Joseph Désiré Mobutu pour justifier la pendaison publique des présumés conspirateurs de la pentecôte*[962].»

La personnalité du Président de la République en Afrique écartelée entre la conception traditionnelle du pouvoir sans partage et l'exigence démocratique du partage constitutionnel du pouvoir, pose un problème du statut constitutionnel à conférer au chef de l'État africain.[963]

Un autre élément de la tradition politique africaine dont les traces ont perduré même après l'indépendance tient au règlement des différends sous le Baobab : l'arbre à palabre. En République démocratique du Congo, on l'a signalé, les acteurs politiques bloqués dans leurs ambitions par les garde-fous constitutionnels créent souvent des situations où ils préconisent des sentences para-juridiques. Cette tradition qui fait des hors la loi constitutionnels (des rebelles armés et meurtriers) des futurs gouvernants est une menace permanente à la naissance d'une culture constitutionnaliste intergénérationnelle. Le Bénin semble s'en être affranchi tandis que le Congo y est encore empêtré par ce qui s'apparente à la troisième guerre du Congo à l'Est.

Avant l'avènement de la justice constitutionnelle dans sa présentation et ses compétences actuelles au Bénin et en RDC, la Constitution

---

[962] NDAYEWEL, I, *Histoire générale du Congo, de l'héritage ancien à la République démocratique du Congo, op.cit.*, p. 35 et s.

[963] HOURQUEBIE, F., « Quel statut constitutionnel pour le chef de l'Etat africain », Afrique contemporaine, N°242, 2012/2, p. 73-86.

était une simple monture du pouvoir. Le peuple s'accommodait sans s'indigner ni s'opposer aux réformes constitutionnelles opportunistes et capricieuses décrétées par le « chef » : le *président fondateur* du Parti, et président de la République.

Mais sous l'égide du juge constitutionnel un autre mode de gouvernance encadré par le principe constitutionnaliste a germé. Des idées, autrefois tabous, sont remises à la surface : la censure des actes du « chef », sa responsabilité pénale, sont désacralisées. Il importe qu'elle se transmette de génération en génération pour lever l'ambigüité sur une malencontreuse trilogie du pouvoir bâtie sur des traditions ancestrales[964], des traditions tribalo-ethniques[965], des pratiques dictatoriales résiduelles, et sur des énoncées formelles de la démocratie occidentale libérale.

Cependant d'autres tabous persistent comme embuches au constitutionnalisme en Afrique tel qu'il ressort du Colloque international organisé par le Centre de droit public de l'Université de Lomé (Togo)[966] et le Colloque international de la justice constitutionnelle organisée à Kinshasa en mai 2023.[967]

Aussi, les juridictions constitutionnelles en Afrique en général, au Bénin et en RDC en particulier sont des charnières entre une époque des constitutions sans constitutionnalisme décriée par la doctrine et celle des Constitutions sous le constitutionnalisme en chantier.

Au nombre d'écueils internes, mention doit être faite d'un vice érigée en tradition, née sous les monocraties au Bénin, et sous la dictature au Zaïre : la corruption. Comme elle n'a épargné aucune couche laborieuse, la justice en a été gangrénée. Dès lors la justice constitutionnelle elle-même, corrompue ou aisément corruptible ne peut ni encadrer efficacement le pouvoir ni protéger le citoyen contre la violation de ses droits fondamentaux. Des eaux salent ne blanchissent pas le linge sale.

Hormis les facteurs internes, la justice constitutionnelle naissante en RDC et au Bénin est confrontée aux défis liés à la sécurité intérieure et extérieure.

SECTION 2 : DÉFIS ATTACHÉS À LA SÉCURITÉ INTÉRIEURE ET EXTÉRIEURE DE L'ÉTAT.

La paix est le gage de l'opérabilité de la justice constitutionnelle, donc de l'action juridictionnelle dans un État de droit (§1). Le juge constitutionnel

[964]Sur la coexistence ambiguë du pouvoir traditionnel et moderne, lire utilement, BOSHAB MABOUDJ, E., *Pouvoir et droit coutumier à l'épreuve du temps,* Bruxelles, Paris, Academica, Bruylant, 207, p.20 et s.

[965]ROSSATANGA RIGNAUTLT, G., « Identités et démocraties en Afrique entre hypocrisie et faits têtus », *Afrique contemporaine*, N°242, 2012/2 p.59-71.

[966]GAUDUSSON (De) J. D. B, DODZI KOROKORO, « Les tabous du constitutionnalisme en Afrique » Afrique contemporaine, *op.cit.,* p 47-51.

[967]Colloque international sur la justice constitutionnelle et le contentieux électoral, 18-20 mai 2023, Kinshasa.

est impuissant à assumer son rôle dans le contexte délétère d'un État « faible », « fragile » ou en guerre (§2).

§1. LA PAIX, GAGE DE L'ACTION JURIDICTIONNELLE DANS L'ÉTAT DE DROIT.

L'action du juge constitutionnelle vise la protection de la Constitution. La question de liens entre les Constitutions et la paix est une idée ancienne. Elle a nourri plusieurs thématiques tendant surtout à démontrer que la paix est autant l'affaire du droit constitutionnel que du droit international.[968]

En ce sens, les analystes se sont intéressés, à montrer en quoi et comment les Constitutions (et le droit constitutionnel) peuvent contribuer globalement à l'objectif de paix formulé dans différents textes internationaux (comme la culture de la paix et le droit humain à la paix) et dans les normes de droit international.[969]

Pour notre part, il s'agit d'établir le lien entre la paix et la consolidation de la constitutionnalisation des États où le constitutionnalisme est encore au stade de jeunesse comme au Bénin et en République Démocratique du Congo.

Mais que faut –il entendre par le concept « paix » en vue de l'appliquer à la présente réflexion ? Parmi des nombreuses acceptions dont elle est susceptible, retenons en deux.

D'abord, celle selon laquelle, il s'agit *de l'état de pays, de nations qui ne sont pas en guerre ayant pour contraires, conflit, guerre et hostilités.*[970]

Ensuite, la paix au sens de la paix sociale désigne *l'état de concorde, d'accord entre les citoyens, les groupes sociaux ; absence de luttes sociales, de troubles sociaux.*[971]

Sous ces deux aspects, la paix constitue un défi au constitutionnalisme africain, plus à la République Démocratique du Congo qu'à la République du Bénin. Celle-ci a été quelque peu épargnée d'événements sanglants qui ruinent le constitutionnalisme. Cependant, l'environnement régional d'un voisinage épris des coups d'États et à l'invasion djihadiste invite à une attention soutenue sur la primauté de la légitimité constitutionnelle, et de la

---

[968] Voir notamment, MEKHANTAR, J., « La Paix et la constitutionnalisation des principes pacifiques de la Révolution aux Républiques » ; BOURGI, A., « la paix et les Constitutions en Afrique » ; MOUTON, J.-D., « *la Paix entre internationalisation du droit constitutionnel et la constitutionnalisation du droit international* », Colloque: *Paix et Constitutions,* organisée dans le cadre de la journée mondiale de la Paix par le Centre de recherche en droit et science politique (CREDESPO) de l'Université de Bourgogne, en partenariat avec l'Association française des communes, départements et régions pour la paix (AFCDRP), Digon, le 21 septembre 2012.

[969] *Idem.*

[970] Larousse Fr., https://www;larousse.fr/dictionnaire/français/paix/57298, consulté le 26/01/2022

[971] *Idem.*

capacité permanente de l'État à l'assurer en toutes circonstances. C'est un défi qui concerne l'ensemble du peuple béninois.

L'Histoire institutionnelle et constitutionnelle du Congo est tissée de guerres, et des troubles sociaux qui remettent en cause de manière cyclique le fondement constitutionnel de l'État. L'impact négatif des conflits répétitifs sur la norme constitutionnelle a été suffisamment établi dans la première partie.

Au niveau opérationnel, la justice en général, et la justice constitutionnelle en particulier, ne s'enracinent dans la société que dans un contexte de paix dans un État fort et stabilisé. Pour que les pouvoirs constitués, desquels fait partie le pouvoir juridictionnel du juge atteignent leurs objectifs, l'État doit être à même de la distribuer de manière constante et égale sur l'ensemble de son espace territorial conformément à sa Constitution. Sinon sa faiblesse ou sa mollesse compromet sa propre édification et aboutit à l'impuissance de la justice constitutionnelle, voire à son éradication. Un État de droit ambitieux de le demeurer est tenu de combler, à tout prix son déficit sécuritaire.

§2. DÉFICIT SÉCURITAIRE : JUSTICE CONSTITUTIONNELLE DANS LE CONTEXTE D'UN ÉTAT FAIBLE.

La faiblesse s'entend de l'incapacité de l'État à être maître de son destin politique par le plein exercice de sa souveraineté, notamment dans l'application de décisions juridictionnelles sur l'ensemble de sa population et sur toute l'étendue de son territoire.

La fragilité relève d'un *état d'être* potentiellement précaire à la suite duquel les pouvoirs constitués, y compris le pouvoir judiciaire, sont démunis des moyens de faire face à un coup de force, grâce aux forces armées nationales républicaines et aptes à défendre l'ordre constitutionnel.

La notion d'État fragile, apparue en 2005 désigne un État *qui n'a plus aucun contrôle sur son territoire et ses frontières. C'est un État incapable de reproduire durablement les conditions de sa propre existence*.[972]

Le paradigme pour la RD Congo est qu'il s'agit d'un État faible et fragile comme c'est souvent le cas pour des États aux Constitutions post-conflit. Il est important de noter que la justice relève des attributs de souveraineté et implique la puissance et la force légitime. L'affirmation mérite une explication. Ne dit-on pas que les décisions de la Cour constitutionnelle s'imposent à tous ?

Le terme *s'imposer* signifie obtenir l'exécution indépendamment de la volonté de quiconque sur qui la sentence est prononcée, au besoin par la violence légitime (policière) ou armée. C'est par la sanction que la règle de droit

---

972 CHATAIGNER, J-M et MAGRO, H. (sous dir.), *États et sociétés fragiles. Entre conflits, reconstruction et développement*, Paris, Karthala, 2007, p.540 ; Sur la même notion, voir aussi KAMBALE MAKWERA, S.J., « Sortir de la fragilité un défi pour l'Afrique », Congo –Afrique (Avril 2020), no 564, p.342-344.

diffère de la règle morale ou religieuse. Ainsi le droit n'est concevable que lorsque la violation de ses normes entraine une sanction selon les domaines. On aborde le pan d'une question souvent occultée par les analystes constitutionnalistes : le lien entre les capacités sécuritaires de l'État et la sauvegarde de la Constitution. Le constitutionnalisme est utopique pour un État sans force.

À ce jour, la *juridicisation* du politique et sa *judiciarisation* sont élevées au rang de remède miracle à la violation des droits fondamentaux et des libertés publiques. Certes le raisonnement est louable et valide, mais à la condition que l'État existe, et dispose des forces de défenses et de sécurité qui assurent sa sécurité intérieure et extérieure.

Il ne peut y avoir ni constitutionnalisme effectif ni État de droit là où l'État est inexistant dans sans son attribut fondamental de puissance souveraine au sens physique ou matériel.

De ce point de vue l'Armée est au droit constitutionnel, et à la Constitution ce que la police est à la loi. Autant celle-ci assure le maintien de l'ordre public, autant celle-là assume le maintien de l'ordre constitutionnel.

Aussi, il va de soi que la disposition aux termes de laquelle, le Président de la République veille au respect de la Constitution[973], concerne l'ordre constitutionnel, support du régime des institutions politiques et globales.

Cela implique la potentialité et la capacité à réduire la rébellion par l'armée autant que l'insurrection par toutes les forces républicaines. En ce domaine, la puissance publique étatique est redevable à la cause commune, d'une responsabilité de résultat et non de moyens.

Une démocratie incapable d'une telle force est un État mou, faible au sein duquel la justice constitutionnelle est mal tenue dans la mesure où le rebelle qui n'en a cure impose sa loi sur les portions de terres et les populations qu'il soumet. La Constitution ne le concerne pas et la Cour constitutionnelle et ses décisions sont à ses pieds.

De même les dispositions constitutionnelles sanctionnant les violations graves et systématiques des droits humains, même appliquées par le juge constitutionnel sont vaines sans la puissance armée de l'État. D'ailleurs en tant qu'acteur social, l'État, se présente selon Jean Pierre Lotoy, *sous ses prérogatives de puissance publique.*[974]

La République démocratique du Congo, à la différence du Bénin est confrontée à ce défi. Il est paradoxal d'instituer autant d'éventualités de poursuite à charge du président de la République pour haute trahison et un chapelet des faits

---

[973] Art. 69, Constitution de la R.D.C du 18 février 2006, révisée par la Loi no 11/002 du 20 janvier 2011, *op.cit.*

[974] LOTOY ILANGO-BANGA, J.-P., *Décentralisation chaotique en République démocratique du Congo*, Paris, l'Harmattan, 2018, p.12

répréhensibles à la charge de membres du gouvernement[975], mais de céder par incapacité militaire aux chantages de rebelles commettant tout ce qu'il y a d'abject et de contraire aux droits humains et à la Constitution sur quelques portions du territoire national. Et, comme par ironie du sort, les auteurs et présumés auteurs sont investis des fonctions gouvernementales comme palme aux violations antérieures de l'ordre constitutionnel, à la suite de négociations de paix engagées dans un état de rapport de forces défavorable au gouvernement par la faiblesse. Tel est le sort du constitutionnalisme des États militairement faibles qui par moment doivent paradoxalement recourir aux dictatures régionales pour protéger leur ordre démocratique face aux menaces existentielles.[976]

Dans un État, faible, failli ou mou, le juge constitutionnel encadre partiellement et insuffisamment le pouvoir. Ses compétences territoriales et personnelles sont, de fait limitées à l'espace territorial et à une tranche de la population sous l'autorité gouvernementale.

De manière répétitive, la République démocratique du Congo plonge dans cette situation compromettant chaque fois l'éclosion du constitutionnalisme et l'aspiration démocratique par des rafistolages constitutionnels conjoncturels. Le danger est d'autant présent que l'assise matérielle congolais, son sol et sous-sol, fait l'objet des convoitises insatiables de nouveaux prédateurs que sont les puissances étrangères.[977]

La sécurité intérieure et la dissuasion face à une menace extérieure sont nécessaires pour assurer la garde des gardiens de la Constitution, à savoir le peuple, le Président de la République et le juge constitutionnel. Cet impératif mène inévitablement aux rapports de l'Armée et des institutions démocratiques. Ailleurs, elle est le bras séculier de la démocratie, pilier de l'ordre constitutionnel.

En Afrique l'on n'a pas tort de constater avec Alexie Essomo Ovono une relation ambivalente à normaliser.[978]

L'auteur observe que *dans l'Afrique subsaharienne francophone, une longue tradition de participation à la gestion du pouvoir a fait des armées, des acteurs politiques incontournables plutôt que des groupes socioprofessionnels en charge de la défense du territoire national. En dépit de l'adhésion aux principes de la démocratie et de l'État de droit dans les années 1990[...]*[979]

[975]Art.164, Constitution de la R.D.C du 18 février 2006, révisée par la Loi no 11/002 du 20 janvier 2011, *op.cit.*

[976] Les récents partenariats sécuritaires du Bénin avec un État autocratique d'Afrique de l'Est sans démocratie ni constitutionnalisme, en avril 2023 à Cotonou pour mater les djihadistes en témoignent.

[977] Voy.p.ex., BRAECKMAN, C., *Les nouveaux prédateurs. Politiques de puissances en Afrique centrale*, Paris, Fayard, 2009, pp.12 et s.

[978]ESSOMO OVONO, A, « Armée et démocratie en Afrique, une relation ambivalente à normaliser », *Afrique contemporaine,* N° 242, 2012/2, p.120-121.

[979]*Idem.*

Cette présentation est pertinente et induit à trouver une juste réponse au rôle de l'armée. Dans certains pays africains tels que le Mali, le Burkina Faso, la Guinée équatoriale et le Soudan, auxquels se sont ajoutés le Niger et le Gabon, elle est devenue une menace à l'ordre constitutionnel et à la démocratie comme ce fut, jadis, le cas au Bénin et au Congo.

Le défi sous cet aspect, se dresse en termes de « juridiciser » l'armée autant que le politique. L'impératif d'une armée forte est indiscutable mais elle doit se faire dans le seul cadre constitutionnel comme une institution forte au sein d'une démocratie forte. Une armée républicaine et neutre offre la garantie à un constitutionnalisme continu, et est appelée à jouer le rôle de bouclier constitutionnel de l'État-institution.

En République démocratique du Congo et au Bénin, conserver l'apaisement de l'armée et sa soumission au pouvoir civil constitué depuis 1990 est un signal positif, et en même temps un défi à relever.

CONCLUSION DE LA SECONDE PARTIE.

Cette seconde partie a été une opportunité de pénétrer le cœur du contentieux constitutionnel congolais et béninois. Il ne pouvait en être autrement tant la limitation et l'encadrement constitutionnel du pouvoir ont été passés sous examen en ayant pour point de mire, l'action juridictionnelle comme technique de contrôle du pouvoir.

Il est apparu que le juge constitutionnel, véritable bouche de la Constitution, est devenu la pièce maitresse de la démocratie béninoise et congolaise. Bien que son institution ait été consacrée dès l'aube de l'indépendance, les régimes autoritaires méfiants à l'égard d'une justice constitutionnelle susceptible de censurer leurs dérives despotiques ont systématiquement renvoyé son installation effective *aux calendes grecques*. L'on s'accorde sur l'idée que leur mention dans les textes constitutionnels sous les régimes à parti unique tant en République Démocratique du Congo qu'au Bénin fut une simple *opération cosmétique.*[980]

On a noté que c'est à la faveur du mouvement de démocratisation des années 1990, marqué par un regain du constitutionnalisme en Afrique francophone, que Béninois et Congolais ont tenu à ce qu'un organe indépendant veille à la garde de la Constitution, au respect de ses prescrits, et à la sanction des violations de ses dispositions. Cette mission dévolue aux Cours constitutionnelles de deux pays, a été scrutée à travers le statut de leurs membres, le fonctionnement et l'organisation respective[981], et surtout à l'effet et au sceptre de leurs décisions.

Au-delà d'une simple présentation énumérative des compétences, dictée par l'impératif méthodologique, il a été procédé à une analyse minutieuse de l'œuvre jurisprudentielle en diverses matières relatives notamment, à la constitutionnalité, à la séparation des pouvoirs, aux droits fondamentaux et au droit électoral. Les fondements constitutionnels des attributions des Cours constitutionnelles béninoise[982] et congolaise[983], et des procédures devant elles ont requis une analyse exégétique qui a mis en surface l'étendue des prérogatives confiées à l'instance gardienne du temple constitutionnel. L'œuvre du juge constitutionnel a dévoilé une activité qui déborde de la lettre constitutionnelle, ce qui donne lieu à une auto-attribution des compétences laquelle ramène à l'éternel

---

980 MEDE, N., *Les grandes décisions de a Cour constitutionnelle du Bénin, op.cit.*, p.16.

981 Loi n° 91-009 du 04 mars 1991 portant loi organique sur la Cour constitutionnelle (République du Bénin) telle que modifiée par la loi du 31 mai 2001, et remplacée par la loi n°2022-08 DU 27 juin 2022 ; Loi n°13/026 du 15 octobre 2013 (RDC) portant organisation et fonctionnement de la Cour constitutionnelle.

982 Art. 114 ; 117 et 118 de la Constitution béninoise du 11 décembre 1990 (*modifiée par loi n° 2019-40 du 07 novembre 2019).*

983 Art. 160 ; 162 ; 163 et 164 de la Constitution congolaise du 18 février 2006 (modifiée par la loi 11/002 du 20 janvier 2011).

débat du « gouvernement des juges[984] » tant redouté, étant donné l'effet impératif et obligatoire de ses décisions.

Il a été relevé que cette question est alimentée par la prérogative régulatrice dont est constitutionnellement investi le juge constitutionnel béninois, et que le juge constitutionnel congolais s'est arrogée par interprétation.

Malgré les piques dressées contre l'activisme du juge constitutionnel, le parcours de sa jurisprudence milite en son maintien dans l'échiquier institutionnel démocratique africain en général, béninois et congolais en particulier ; car la protection de la Constitution participe à *l'idée de sa durabilité*[985]

De jour en jour, en effet, le juge constitutionnel se révèle indispensable dans la construction de l'État de droit constitutionnel, et incontournable dans la maturation de la démocratie par son arbitrage du processus électoral et référendaire.

En dépit des critiques qui lui sont adressées, le pouvoir régulateur du juge constitutionnel a su maintenir l'édifice étatique, sauvegarder l'ordre constitutionnel, et la continuité des institutions. Son action en amont, et en aval, contribue à préserver la suprématie constitutionnelle.

Au Bénin comme au Congo, l'on a pu saluer une sorte d'auto censure du juge constitutionnel qui, en des nombreux cas, s'est déclaré incompétent dans les procédures qui l'auraient exposé à une immixtion dans les domaines des autres pouvoirs constitués. On a aussi déploré son activisme à censurer des sentences d'autres juridictions.

---

984 OLADE OKUNKOLA, M. L., *La Cour constitutionnelle et le peuple au Bénin. D'un juge constitutionnel à un procureur suzerain*, *op.cit.* p. 316.

985 L'expression est empruntée à Evariste Boshab qui le reconnait bien même s'il s'insurge contre l'intangibilité excessive de dispositions constitutionnelles. BOSHAB MABUDJ, E., *Entre la révision et l''inanition de la Nation*, Bruxelles, Larcier, Coll. Crimen, 2013, p.43.

CONCLUSION GÉNÉRALE.

Dans le désert institutionnel africain, la Constitution béninoise du 11 décembre 1990, tel un oasis apaisant, a offert une source désaltérante au peuple assoiffé de liberté et de démocratie sous le souffle brulant des régimes autoritaires ou tyranniques. La Cour constitutionnelle qu'elle a instituée a suscité un immense espoir. Vigile de la Constitution, elle a été perçue comme le bras actif de l'encadrement du pouvoir, indispensable à l'enracinement du constitutionnalisme et de l'État de droit constitutionnel.

Après plus de trente ans d'écoulement, l'on devrait conclure à la parfaite qualité des eaux constitutionnelles béninoises. La nappe découverte, à la suite d'un laborieux forage par les pères du renouveau démocratique réunis en conférence nationale de février 1990 est restée longtemps féconde.

Ce cliché allégorique mène au bilan du fruit récolté par rapport à l'objet étudié, en l'occurrence, les mécanismes normatifs d'encadrement du pouvoir.

Pionnière de l'expérience démocratique postcoloniale réussie après une transition paisible, l'œuvre du constituant béninois n'a pas seulement abreuvé l'ex-Dahomey, mais aussi d'autres pays de l'espace francophone africain parmi lesquels la République démocratique du Congo qui s'est dotée le 18 février 2006 d'une Constitution à la base du ravitaillement de la justice constitutionnelle.

Soucieux de rompre sans équivoque avec un présidentialisme oppressif, le constituant béninois du 11 décembre 1990 est allé au-delà du mimétisme dont les Constitutions africaines sont généralement accusées.

Par une mixture politico-juridique faite d'ingrédients importés[986]et locaux[987], il a réussi à soigner et guérir l' « enfant malade de l'Afrique[988]», le Bénin, devenu dès lors un exemple de bonne santé institutionnelle du continent tel que confirmé notamment par la stabilité de son régime, l'alternance cinq fois sans conflit majeur, des élections régulières[989], l'effectivité de la protection des droits fondamentaux et de la liberté de la personne humaine dont la violation ouvre à la victime des voies de recours fondés sur des moyens qui transcendent le droit constitutionnel béninois ancien[990]. S'ajoutent la réalité de la séparation des pouvoirs, et surtout la longévité constitutionnelle exceptionnelle.

---

[986] On songe ici, à la transposition des dispositions constitutionnelles françaises en droit béninois empruntées de la Ve République.

[987] La victime d'une violation des droits fondamentaux peut se fonder sur la Charte africaine des droits de l'homme et des peuples, etc. Ce qui n'était pas le cas dans l'ancien droit béninois.

[988] DIDEH, A., *l'Idéal républicain. Etude sur la culture politique dans l'Afrique actuelle*, Paris, connaissances et savoirs, 2018, p.10 et s.

[989] NGANGO YOUMBI, E-M., *La justice constitutionnelle au Bénin, Logiques politiques et sociales, op.cit.*, p. 13 et s.

[990]NGANGO YOUMBI, E-M., *La justice constitutionnelle au Bénin. Logiques politiques et sociales, op.cit.*, p.567.

La Constitution congolaise du 18 février 2006 mérite, dans une certaine mesure, ce partage d'éloge, et s'il fallait apaiser les préoccupations légitimes du Doyen Jean-Louis Esambo sur sa résistance à l'épreuve du constitutionnalisme et des contraintes pratiques, l'on conviendrait que ce texte fondamental a pourvu aux acteurs politiques et au peuple, des leviers qui ont permis de contenir l'ardeur politicienne dans une fourche juridique solidement ancrée au socle constitutionnel. Sous l'empire de ladite Constitution, la République Démocratique du Congo a expérimenté en 2019, sa première alternance pacifique au pouvoir à la suite d'élections pluralistes à tous les échelons, en soixante ans d'indépendance. À cela, s'ajoutent les élections du 20 décembre 2023 qui ont permis à Monsieur Félix Antoinne Tshisekedi Tshilombo de se succéder à lui-même à la tête de l'État.

La mesure de cet acquis serait incomplète sans la prise en compte de son acteur clé, le juge constitutionnel, artisan de la justice constitutionnelle réveillée de son hibernation.

Longtemps reportée, dès les premières années des indépendances africaines, la justice constitutionnelle est demeurée une évocation décorative du parchemin constitutionnel. À la faveur, du mouvement néo-démocratique[991] des années1990, le constituant l'a revitalisée.

Pierre angulaire de l'édifice démocratique béninois et congolais, le juge constitutionnel s'est vu attribuer d'importantes prérogatives qui font de lui, la principale sentinelle de la citadelle constitutionnelle.[992] Généralement, l'action du juge constitutionnel se déploie dans le cadre infra-normatif en appréciation de la conformité des normes inférieures à la Constitution. Comme pour conjurer à tout jamais la malédiction dictatoriale, les constituants béninois du 11 décembre 1990 et congolais du 18 février 2006 ont pourvu le juge constitutionnel des compétences ultra normatives lui permettant de censurer, au-delà des textes, des faits et comportements de dépositaires de la puissance publique.

À considérer la trajectoire tourmentée du Bénin et de la RDC, autrefois, véritables prototypes du pouvoir absolu, à se remémorer l'instabilité institutionnelle et la précarité constitutionnelle qu'ils ont hérité, il y a lieu de s'aligner du côté de ceux qui concluent à un bilan positif de l'activité du juge constitutionnel.

Grâce à son installation, les deux pays ont jusqu'à ce jour échappé au diagnostic d'Aristide Bere Kayaba pointant l'échec accablant de deux principaux gardiens de la Constitution à savoir, le Chef de l'État et le juge constitutionnel.

---

[991] L'Afrique a subi l'onde de choc de l'effondrement de l'empire soviétique, à la suite de la perestroïka. Le vent de la démocratie a soufflé sur les régimes européens de l'Est et africains francophones qui ont renoué avec le pluralisme postcolonial. Au Bénin et en République démocratique du Congo, ce mouvement fut caractérisé par la tenue des Conférences nationales en vue d'élaborer une Constitution démocratique.

[992]CONAC, G., « Quelques réflexions sur les transitions démocratiques en Afrique », cité par NGANGO YOUMBI E.-M., *La justice constitutionnelle au Bénin. Logique politique et sociale, op.cit.* p.668.

La jurisprudence de deux juridictions constitutionnelles conduit à quelques constats positifs : la stabilité de l'ordre constitutionnel, la sanction juridique des écarts normatifs ou comportementaux par rapport au texte fondamental, et surtout la confiance du peuple et des gouvernants aux premiers mandats des juridictions constitutionnelles.

Une exaltation dans le milieu universitaire telle qu'elle transparait à travers le propos d'Eric Ngango Youmbi qui opine que *« le Bénin a réussi non pas la greffe, mais l'inculturation de la justice constitutionnelle. Il semble sur ce point indiquer la voie à beaucoup d'États du continent. Le mécanisme mis en place est porteur d'espoir ; considéré comme une graine aux lendemains des indépendances, la justice constitutionnelle est aujourd'hui à l'image d'un plant qui fleurie au bord d'un cours d'eau* [...] »[993]

Une telle euphorie parait justifiée à bien des égards, elle reflète les faits sous les premières mandatures au point que le même auteur enchaine non sans raison : *« Au cœur d'une Afrique politique belliciste, la justice constitutionnelle au Bénin garantit la paix et la cohésion nationale, la Cour constitutionnelle s'est affirmée ces vingt dernières années comme « la pierre angulaire de l'État de droit libéral et la clé de voûte de tout le système politico-juridique.»*

L'expérience béninoise en matière d'encadrement constitutionnel du pouvoir semble avoir convaincu même les observateurs les plus pointilleux du constitutionnalisme et des régimes politiques africains comme Gérard Conac qui écrit : *« Le succès de la Conférence nationale du Bénin en 1990 et la refondation de l'État Sud-Africain dans un esprit de réconciliation furent des événements si inattendus et spectaculaires que d'aucuns pourraient les assimiler à des miracles, grâce à des tels exemples l'Afrique tout à la fois a apporté sa contribution à l'extension de la démocratie et de manière inédite à l'invention démocratique.»*[994]

Ces observations épidictiques de la démocratie sous l'emprise de la justice constitutionnelle béninoise n'empêchent pas de prêter l'oreille à un autre son qui éclate comme des œufs pourris sur la face du juge constitutionnel.

Au terme de son monumental et brillant ouvrage de 2018 Moise Layele *écrit : « [...] le peuple souverain béninois d'une part abusé, meurtri par des nombreux abus de droit qu'administre quotidiennement une Cour constitutionnelle prise en otage par la politique politicienne, n'aura jamais tort de considérer cette institution comme le vrai bourreau du modèle de la démocratie et de l'État de droit en construction.*

On note un certain contraste avec les précédentes présentations, par un style réquisitoire surtout quand il affirme : *« ces dernières années cette institution républicaine de contre–pouvoir (...) expose de très grave tares et*

---

[993] NGANGO YOUMBI, E-M., *La justice constitutionnelle au Bénin. Logique politique et sociale, op.cit.*p.567.
[994] CONAC, G., « Quelques réflexions sur les transitions en Afrique », *op.cit.*

déficiences préjudiciables à la continuité apaisée du système politique et de l'État. Les perspectives actuelles ne présagent pas d'un avenir rassurant».

Loin d'un noir pessimisme isolé, cette dénonciation est partagée par quelques praticiens du droit parmi d'anciens magistrats béninois sur les traces de Pierre Ehoumi[995] qui fustige une décadence de la Haute juridiction constitutionnelle béninoise : *« ...au cours de diverses mandatures, la légèreté prend la place du sérieux et la complaisance. (Peut -être même de la complicité) celle de la résistance. Cette décadence qui s'installe...)* [996] Le même auteur s'insurge contre « *des décisions d'opportunité ou entachées d'erreur grossière et manifeste et bien d'autres qui ne peuvent bénéficier de la moindre justification technique parce qu'elles sont simplement politiques.*[997] »

Dans la foulée Mahoutou Norbert Hounkonnou voit dans son pays, le Bénin, une « *nomenklatura qui prend en otage son peuple, souvent avili et appauvri dans son essence humaine, exposé à la misère et à la dépendance sauvage de ses propres fils, et qui n'a de cesse que l'avenir lui paraisse enfin sous des meilleurs auspices* ! »[998]

Ce sombre tableau, transposable à certaines réalités congolaises (RD) où Augustin Mampuya se révolte contre les dérives d'une *« jurisprudence constitutionnelle qui ne doit pas faire jurisprudence»*[999], est opposé à la louange de la justice constitutionnelle béninoise et congolaise, mérite l'attention pour éviter l'usure du système.

La sévérité de la sentence ne dépeint pas moins l'essoufflement du système béninois de la démocratie et de la justice constitutionnelle. La rigueur de l'analyse ne balaye pas non plus les mérites de la Constitution béninoise et celle congolaise, ni ceux du juge constitutionnel exposé à diverses tentations propres aux démocraties libérales du faits d'enjeux politiques, financiers et mondains sur le terrain desquels, il opère.

Retenons que la critique est à prendre pour une alerte contre le ver susceptible de ronger l'institution juridictionnelle de l'intérieur : le vice et la politisation de la justice constitutionnelle.

Le vice, antithèse de la vertu comporte la fraude, la corruptibilité, la corruption et l'immoralité sous toute leur laideur. Il est à noter que les deux systèmes

---

[995] 238 Pierre E EHOUMI est Magistrat honoraire, Ancien Procureur Général à la Cour Suprême, Ancien conseiller à la Cour Constitutionnelle (1ère mandature).

[996]238 EHOUMI, P.E, Préface à l'ouvrage d'OLADE ONKUNKOLA, M.-L *La Cour constitutionnelle et le peuple au Bénin. D'un juge constitutionnel à un procureur suzerain*, *op.cit.*, p.9

[997]*Idem.*

[998] MAHOUTON HOUKONNOU, N., Avant-propos à l'ouvrage d'OLADÉ ONKUNKOLA, M-L, *op.cit.*, p.9

[999]MAMPUYA KANUNK' –a-TSHIABO, A., *Sous la houlette de la Cour constitutionnelle, « une jurisprudence « qui ne doit pas faire jurisprudence*, Editions René Descartes, Kinshasa, 2023, p.5.

ne semblent plus de modèles en matières d'intégrité et de moralité publique.[1000]Cela mène à recommander en vue de meilleures perspectives au juge constitutionnel, et à ceux qui constituent les rouages de la justice constitutionnelle, à se vacciner contre la baignade de boue avec le commun de mortel dont ils sont les censeurs modernes. Ils sont appelés à désamorcer constamment leurs propres convoitises et appétits, et à se parer du bouclier de la vertu contre la politique du ventre, et contre le bâton ou la carotte agité par le politique. « La femme de César ne doit pas être soupçonnée » devrions-nous leur rappeler.

De tout temps, il demeure que d'acteurs et praticiens vicieux, l'on ne peut s'attendre à rien de lumineux. D'une justice corruptible ou corrompue, l'État de droit démocratique ne peut longtemps fleurir et mûrir ses fruits.

Un scrutateur attentif du processus démocratique béninois a bien raison d' exhorter ses compatriotes au redressement moral : *« Même la proclamation d'intention euphorique que nous avions martelée à l'issue de la conférence nationale des forces vives de février 1990 en laissant entendre avoir vaincu la fatalité n'aura point suffi pour libérer une démocratie sous l'emprise d'une corruption au rythme de l'impunité (...)*[1001] »

La politisation de la justice est un mal récurent du monde contemporain, même dans les démocraties occidentales aguerries, tel que le dénonce Régis de Castelnau en France par exemple. L'auteur relève que l'opinion n'a plus confiance dans la Justice, et il trouve l'explication de cette défiance *dans la perte par la magistrature de sa neutralité au profit d'un exercice politique de sa mission*[1002].

À l'égard de la justice constitutionnelle, la politisation et l'instrumentalisation de son œuvre est une menace permanente compte tenu du mode de recrutement et de la qualité des membres des juridictions constitutionnelles sur lesquelles les partis ou tendances politiques ont une grande influence.

Le juge constitutionnel et l'élite politique qui viennent après la génération des acteurs témoins de la Conférence nationale des Forces Vives du Bénin, et des luttes congolaises après le Dialogue inter congolais et la Conférence Nationale souveraine sont invités à travailler selon la même vision : reconnaître les atouts de l'ordre constitutionnel sous l'empire de textes fondamentaux pour en

---

[1000]Voir, « La corruption et la gouvernance au Bénin », Rapport des résultats de l'enquête diagnostique, juin 2007, avec l'assistance financière de la Banque Mondiale et de la Banque africaine de développement. URL https://undp.org.file, consulté le 26 avril 2023 ; « Perceptions et incidence de la corruption au Bénin. Evidence à partir à partir des données Afro baromètres round4 », *Bulletin Afro baromètre* N°5, décembre 2008. Les autorités béninoises luttent assidument contre le phénomène de corruption. On peut signaler la loi 2011-20 du 12 octobre 2011 portant lutte contre la corruption et autres infractions connexes en République du Bénin.

[1001] ADEOSSI, S, *Le processus démocratique au Bénin de 1990 0 nos jours*. Compromis ou compromission des acteurs politiques, *op.cit.*p.258.

[1002] CASTELINAU (DE), F., *Une justice politique. Des années Chirac au système Macron, Histoire d'un dévoiement*, Paris, L'Artilleur, 2020, p.27.

préserver les acquis. Cela appelle toutes les couches à honorer la neutralité du juge constitutionnel en s'abstenant de l'inviter à troquer sa toge d'arbitre contre le maillot du joueur sur la pelouse politicienne.

De tout ce qui précède, quelques points importants à retenir émergent.

Premièrement, la Constitution est un outil à explorer. Quelle que meilleure qu'elle soit, les résultats attendus de la loi fondamentale dépendent du cœur et des mains qui en font l'usage, selon qu'ils sont sincères ou fourbes. Les Constitutions béninoise du 11 décembre 1990 et congolaise du 18 février 2006 n'échappent pas à cette règle. `

En deuxième lieu, le juge constitutionnel jouit d'un pouvoir aux diapasons de trois autres pouvoirs, et même plus, car au sein de l'État, il n'existe aucun pouvoir qui ne soit modéré par un contre-pouvoir, or la Cour constitutionnelle risque de devenir au Congo et au Bénin, voire ailleurs, l'unique pouvoir qui en soit exempt. Il est convenable d'inventer des mécanismes juridiques d'encadrer son propre pouvoir. La juridiction constitutionnelle est l'unique instance dont les décisions ne dépendent que de la science et de la conscience de leur auteur avec effet contraignant « *erga omnes* »[1003].

Les structures actuelles du système de justice constitutionnelle béninois et congolais placent les hautes juridictions hors l'orbite des pouvoirs constitués et du peuple souverain. Cela existe aussi ailleurs comme en France. Mais dans une démocratie naissante, il convient de trouver des parades à la naissance et la montée en puissance du gouvernement extra constitutionnel, du gouvernement des juges et du parlement des juges. Sans cela, il y a lieu de craindre l'effet inverse à celui souhaité. Au lieu de la *juridicisation* et la *judiciarisatio*n de la politique, ce sera plutôt la politisation du judiciaire et du juridique.

En troisième lieu, il y a risque de craindre l'absolutisme et l'arbitraire du juge. L'absolutisme découlerait du revers de la médaille d'une indépendance mal comprise du juge et instrumentalisée, susceptible d'usage abusif d'autant qu'il n'y a nul pouvoir pour limiter celui du *limitateur*. L'arbitraire peut naître de l'auto-attribution des compétences extraconstitutionnelles par une jurisprudence, certes, audacieuse, mais sans fondements juridiques légitimes clairs. L'œuvre du juge béninois ruisselle de quelques décisions qui font encore couler beaucoup d'encre et de salive comme celle du juge congolais, en l'occurrence l'Arrêt de la Cour constitutionnelle du 22 juillet 2022 en inconstitutionnalité de l'arrêt REA 183 du 27 mai 2022 du Conseil d' État. Cette production relance le débat sur le fondement constitutionnel du juge constitutionnel d'invalider les décisions judiciaires qui ne rentrent pas dans la nature des actes soumis constitutionnellement à sa censure[1004].

[1003] Art.124, Constitution de la République du Bénin du 11 décembre 1990 telle que modifiée par la Loi n°2019-40 du 7 novembre 2019 ; Art. 167 de la Constitution congolaise du 18 février 12006 telle que modifiée par la Loin°11/002 du 20 janvier 2011.

[1004]Art.160 à 164 de la Constitution congolaise du 18 février 2006, révisée par la Loi no11/002 du 20 janvier 2011, *op.cit.*

Il est judicieux que les juges béninois et congolais saisis du contentieux en inconstitutionnalité des sentences judiciaires puissent de manière constante se déclarer incompétents. Toutefois, il faut se garder de faire de déclarations d'incompétence qui frisent l'*esquive judiciaire ou politique* tel que les stigmatisent Eugène Banyaku Luape[1005].

Quatrièmement, s'agissant du peuple et du pouvoir constituant dérivé, il est opportun de recommander un intérêt soutenu et permanent pour la connaissance des principes directeurs de la Constitution du 11 décembre 1990 au Bénin et du 18 février 2006 et de se dresser par toute voie constitutionnelle contre des révisions qui font obstacle à la légitimité démocratique et favorables à la patrimonialisation du pouvoir.

Ces équilibres et valeurs à sauvegarder constituent des défis majeurs à relever pour assurer un encadrement constitutionnel viable du pouvoir au Bénin et au Congo. Un autre défi est souvent méconnu du fait que nombre de constitutionnalistes l'ignorent ou n'en voient pas des liens avec la Constitution ; il s'agit de la puissance dissuasive, défensive et même offensive de l'État. Enfin, il y a lieu de retenir qu'un État de droit démocratique est voué à la disparition à brève, moyenne ou longue échéance s'il n'allie pas au constitutionnalisme libéral une vision géostratégique de défense à la hauteur des menaces internes et externes.

À ce jour, la menace contre les démocraties en Afrique en général, et en particulier, au Bénin et en République Démocratique du Congo, c'est-à-dire contre l'État de droit constitutionnel, et contre le constitutionnalisme découle moins du régime que des subversions internes et des violences téléguidées qui n'ont aucun avantage à se reconnaitre dans les Constitutions en vigueur.

Il est donc constitutionnellement vital d'assurer une compatibilité des doctrines « *droit humaniste* » et « constitutionnaliste » avec l'impératif sécuritaire par une remise à niveau sans faille des Armées suffisamment fortes et républicaines. C'est à ce prix que sont mieux défendus la Constitution démocratique et son ordre institutionnel contre la délinquance constitutionnelle[1006] suprême qu'est la rébellion armée ou l'agression. Car si celles-ci triomphent, la République démocratique du Congo et le Bénin à l'instar de tout autre pays peuvent se retrouver dans la situation que décrit avec une grande lucidité Carré de Malberg : « *À la suite d'un bouleversement politique résultant de tels événements, il n'y a plus ni principes juridiques ni règles constitutionnelles : on ne se retrouve plus ici sur le terrain du droit, mais en présence de la force. Le pouvoir constituant tombera aux mains du plus fort.* »

[1005] BANYAKU LUAPE EPOTU, E., *Procédure devant la Cour constitutionnelle congolaise. Esquive judiciaire ou politique ?* , Paris, L'Harmattan, 2023, pp.15 et s.

[1006] Nous nous inspirons de Francis Délpérée qui affirme : *« qu'un homme ou qu'un organe nie cette origine constitutionnelle et prétende s'affranchir des règles qu'elle fixe et des bornes qu'elle établit, pour l'exercice des pouvoirs, il se met hors l'Etat comme un bandit se met hors la loi »*, DÉLPERÉE, F., *Droit constitutionnel. Le système constitutionnel*, Bruxelles, Ferdinand-Larcier, 1987, p.13.

Le même auteur ajoute que *« Le peuple n'a plus de représentants réguliers. Entre la Constitution ancienne et la Constitution nouvelle, il n'y a plus de lien juridique, mais il y a au contraire une solution de continuité, un interrègne constitutionnel, un intervalle de crise durant lequel la puissance constitutionnelle de la nation n'aura d'autres organes que les personnages ou corps, qui a la faveur des circonstances, seront parvenus à mettre la main sur elle».*

Cette observation pertinente nous incite à affirmer que le thème de la faiblesse militaire de l'État, souvent omis par les juristes constitutionnalistes des facteurs négatifs au constitutionnalisme, conduit fréquemment à des Constitutions imposées ou négociées, au préjudice du pays concerné, comme celle qu'a connu le Congo en 2003.

Les deux textes fondamentaux, respectivement béninois et congolais étudiés ont réussi à instaurer des régimes d'encadrement juridique du pouvoir. Et, les juridictions constitutionnelles qu'elles ont instituées assurent avec succès le passage d'un pouvoir limité à un pouvoir contrôlé.[1007]

Nous sommes d'avis que par une combinaison normative et juridictionnelle, le juge constitutionnel au Bénin et au Congo a gonflé le bloc de constitutionnalité. Cela est bénéfique principalement sur deux terrains : de la protection des droits humains et du fonctionnement régulier des institutions ou de la continuité de l'État.

Cependant, la mutation du juge constitutionnel en législateur implicite et la transformation de son rôle en celui exercé par l'opposition politique ne sont pas sans dommage. Et, encore faut-il insister, au risque de nous répéter, sur le fait que le juge constitutionnel n'est en effet respecté que s'il incarne la bouche de la Constitution.

Enfin, les textes et l'activité du juge sont certes, importants comme techniques de limitation et d'encadrement du pouvoir. Mais, ils restent insuffisants pour prendre en charge un phénomène devenu à la foi systémique et structurel. Il importe donc, de mettre l'accent sur l'appropriation citoyenne de la nécessité de l'encadrement constitutionnel du pouvoir. L'on doit mettre l'accent sur la dimension pédagogique et psychologique à travers les nouveaux canaux de l'information et de la communication. Un tel besoin requiert l'infusion conséquente d'une culture constitutionnelle au peuple par des programmes scolaires adaptés dès le niveau primaire dans toutes les sections d'apprentissage pour que la Constitution et les valeurs qu'elle véhicule soient popularisées et perpétuées entre les générations. C'est à ce prix que les peuples congolais et béninois passeront d'un constitutionnalisme conjoncturel à un constitutionnalisme structurel pérenne.

[1007]Sur cette expression, Voir, ESAMBO KANGASHE, J.-L, *la Constitution congolaise à l'épreuve du constitutionnalisme. Contraintes pratiques et perspectives, op.cit.*, 385 et s.

BIBLIOGRAPHIE.

I. OUVRAGES GÉNÉRAUX.

A

1. ARDANT, P., *Institutions politiques et droit constitutionnel*, 19e édit., L.G.D.J., Paris, 2007,616 p.
2. ARISTOTE, *Les politiques*, traductions, notes et bibliographies par Pierre, P., Flammarion, Paris, 2008,515 p.

B

3. BADIE, B., *L'État importé, l'occidentalisation de l'ordre politique,* Fayard, Paris, 1992. ,334 p.
4. BADET, S.-G., *Les attributions originales de la Cour constitutionnelle du Bénin*, FES-BÉNIN, COTONOU, 2013, p. 481 p.
5. BANEGAS, R, *La démocratie à pas de caméléon. Transition et imaginaires politiques au Bénin*, Karthala, Paris, 2003, 494p.
6. BANYAKU LUAPE EPOTU, E., *Procédure devant la Cour constitutionnelle congolaise. Esquive judiciaire ou politique ?*, L'Harmattan, Paris, 2023, 183p.
7. BAYART, J.-F. *État en Afrique. La politique du ventre*, Paris, Fayard, 1989, 2006, 439 p.
8. BELLINA, S., et al. (dir.), *La gouvernance démocratique. Un nouveau paradigme pour le développement ?* Karthala, Paris, 2008 ,608 p.
9. BURDEAU, G., *Traité de science politique*, T.2., Pichon et Durand Augias, Paris, 1967, 577 p.
10. BURDEAU, G. et FRANCIS, H, Droit constitutionnel, L.G.D.J.,Paris, 1997, 759 p.
11. BEAUD, O., *La puissance de l'État,* Léviathan et PUF, *Paris,* 2009, 512 p.
12. BEAUD, O., *Théorie de la Fédération,* PUF, Paris, 2009, 216 pages.
13. BEAUTHIER, R., *Droit et genèse de l'État,* Editions de l'Université de Bruxelles, Bruxelles, 1997,307 p.
14. BERHENDT, C. et BOUHON, F., *Introduction générale à la Théorie de l'État.* Manuel, Larcier, Bruxelles, 2009, 650 p.
15. BERHENDT, C. et BOUHON, F., *Introduction générale à la Théorie de l'État.* Recueil de texte, 3e édition, Larcier, Bruxelles 2009, 650 p.
16. BIBOMBE, M., *Formes de l'État, Régimes politiques et systèmes politiques. Dossiers de Droit constitutionnel, publications de la Faculté de Droit de l'Université Libre des pays des Grands Lacs*, Goma, 2002.

17. BOUIFFROR, S. et *alii*, *Droit constitutionnel méthodologie*, Vuibert, Paris, 2006, 203p.
18. BOSHAB MABUDJ, E., *Pouvoir et droit coutumier à l'épreuve du temps*, Academica-Bruylant, Bruxelles, Paris, 2007, 344 p.
19. BRAUD, P., *Sociologie politique*, L.G.D.J, coll. « Manuels », Paris, 2000, 833 p.
20. BRAECKMAN, C., et al. *Kabila prend le pouvoir*, Editions complexe, Bruxelles, 1998,180 p.
21. BRAECKMAN C., et alii, *Le Dinosaure. Le Zaïre de Mobutu,* Fayard, Bruxelles, 1998,382 p.
22. BRAECKMAN C., *Les nouveaux prédateurs. Politiques de puissances en Afrique centrale*, Fayard, Paris, 2009, 394 p.
23. BRAILLARD P, *Théorie des systèmes des relations internationales,* Bruylant, Coll. Organisations internationales, Bruxelles, 1977, 213p.

C

24. CASTELINAU (DE), R., Une justice politique. Des Années Chirac au système Macron, histoire d'un dévoiement, L'Artilleur, Paris, 2021, 557 p.
25. CHAGNAULLAUD, D., *Droit* constitutionnel contemporain, *T. I : Théorie générale des régimes étrangers,* 3e éd., Dalloz, Paris, 2003, 396 p.
26. CHAVILDAN, P.H. et LECLERQ, C, *Travaux dirigés de droit constitutionnel. Documents-Dissertations- commentaires de texte*, 8è éd., Litec, Paris, 1996,373 p.
27. CHANTEBOUT, B., *Droit constitutionnel,* 20è édition, 2003, Armand Colin, Paris, 2003, 591 p.
28. CHAPSAL, J., *La vie politique sous la Ve République*. T. 1, 1958-1974, P.U.F., Paris, 1981, 543 p.
29. CONDORCET (DE), N., *Réflexions sur l'esclavage des Nègres,* Flammarion, Paris, 2009, 245 p
30. COHENDET M.-A., *Méthodes de travail en Droit public*, 3e éd., Montchrestien, Paris, 1998, 223 p
31. COHENDET M.-A., *Droit constitutionnel*, Montchrestien, Paris, 2000, 348 p.
32. CORTEN O. et A. SCHAUS, *Le Droit comme idéologie. Introduction critique au droit belge*, 2e édition de l'U.L.B., 2009, 423 p.

D

33. DAVID, R, *Les grands systèmes de droit contemporains*, 7è éd., Dalloz, Paris, 657 p.

34. DEBBASCH, C. et DAUDET Y., *Lexique de politique,* 6e éd., Dalloz, Paris, 1992,465 p.
35. DE GAULLE, Ch., *Le fil de l'épée*, Plon, Paris, 1971, 202 p.
36. DELPÉRÉE, F., *Droit constitutionnel, les pouvoirs*, Bruxelles, Maison Ferdinand Larcier, Bruxelles, 1986, 194 p.
37. DELPÉRÉE F., *Droit constitutionnel. Les données constitutionnelles*, Maison Ferdinand Larcier, Bruxelles, 1987, 507 p.
38. DELPÉRÉE, F., *Droit constitutionnel, le système constitutionnel,* Maison Ferdinand Larcier, Bruxelles, 1987, 386 p.
39. DJOLI ESENG'EKELI J., *Droit constitutionnel*, DJES, Kinshasa, 2015, p.141.
40. DRAGO, G., *La légitimité de la jurisprudence du Conseil constitutionnel*, Economica, Paris, 1999.
41. DUHAMEL, O. *Droit constitutionnel, Les démocraties*, 3e du Seuil, ,3e éd. Paris, 2000, 339 p.
42. DUHAMEL, O. *Droit constitutionnel et politique*, Paris, Seuil, 1993,899 p.
43. DUVERGER, M., *Institutions politiques et Droit constitutionnel,* 18e éd. PUF, Paris, 1925, 380 p.
44. DUVERGER, M., *Introduction à la politique*, Gallimard, 1964, Paris, 382 p.

E

45. ESAMBO KANGASHE, J.-L., *Le droit constitutionnel, Academia, Louvain-la-Neuve, 2013,320p*

F

46. FAVOREU, F., et *alii*, *Droit constitutionnel*, 21e éd., Dalloz, Paris, 2019,132 p.
47. FRAISSEIX, P., *Droit constitutionnel*, Vuibert, Paris, 2006,416 p.
48. FERENZI, T. et *alii* (dir.), *Religion et politique. Une liaison dangereuse* ?, Ed. Complexe, Bruxelles, p.255p.

G

49. GICQUEL, J et GICQUEL, E., *Le Droit constitutionnel et institutions politiques,* Paris, Montchrestien, 2005.
50. GUILLIEN, R., et *alii*, *Lexique des termes juridiques,* 14e éd., Dalloz, Paris, 2003, 619 p.
51. GONIDEC, P.F., *Les systèmes politiques africains* », L.G.D.J, Paris, 1978, p.40

H

52. HAMON F et WIENER, C, *La justice constitutionnelle en France et à l'étranger*, L.G.D.J, Paris, 2011, 204 p.

53. HAURIOU, A., *Droit constitutionnel et institutions politiques,* Montchrestien, Paris, 1970, 962 p.
54. HAURIOU, M., *Précis de Droit Constitutionnel,* 2ᵉ éd., Sirey, Paris, 1929.
55. HERMET, G. et al. *Dictionnaire de la science politique et des institutions politiques,* 7ᵉ éd., Paris, Armand Colin, 2010, 384 p.

J

56. JACQUE, J.-P., *Droit constitutionnel et Institutions politiques*, 4e éd., Dalloz, Paris, 2003, 397 p.

K

57. KABANGE, C., *Droit Administratif, Genèse et évolution de l'organisation territoriale, politique et administrative en République Démocratique du Congo, de l'État indépendant du Congo à nos jours et perspectives d'avenir,* Saint Paul, Kinshasa,2001.
58. KELSEN, H., *Aperçu d'une théorie générale de l'État, Revue du Droit public,* Julius Springer, Paris, Berlin, 1925, 1926 p.
59. KUNYUNSA, G. et SHOMBA, S., *Initiation aux méthodes de recherche en science sociales,* P.U.Z, Kinshasa, 1995, 275p.

L

60. LAVROFF, D-G., *le système politique français, la* Vᵉ République, 3ᵉéd, Dalloz, Paris, 1982,839 p.
61. LOTOY ILANGO-BANGA, J-P, *Apprendre la science politique pour comprendre la politique*, Paris, L'Harmattan, 2018, 150 p.

M

62. MACHIAVEL, N., *Le Prince*, Gallimard, Paris, 1927, 473p.
63. MAZEAUD, J et De JUGLART, M, *Leçon de droit civil*, Paris, Montchrestien, 1981.
64. M'PONGO E., *Institutions politiques et droit constitutionnel,* E.UA, Kinshasa, 2001, 328 p.
65. MONTESQUIEU, *De l'Esprit des lois*, Garnier- Flammarion, Paris, 1979, t. 1, 1510 p.

N

66. NTUMBA LUABA LUMU, A., *Droit constitutionnel général,* Éditions universitaires africaines, Kinshasa, 2005, 383 p.

P

67. PACTET, P. et MELIN SOUCRAMAIEN, F., *Droit constitutionnel*, 25e éd., Sirey, Paris, 2011, 576 p.
68. PLATON, *La République*, Trad. E. CHAMBRY, les Belles-lettres, Paris, 1948, Tome I, 280 p.
69. PRELOT, M., *Institutions politiques et droit constitutionnel,* « Précis », Dalloz, Paris, 1972, 925 p.

R

70. ROUSSEAU, J.-J., *Discours sur l'origine de l'inégalité parmi les hommes*, Hatier, Paris, 1927, 192 p.
71. ROUSSEAU, J.-J., *Du contrat social,* Flammarion, Paris, 2001, 256 p.
72. ROUVILLOIS, F., *Droit constitutionnel, la Ve République,* 3^{e}éd. Flammarion, Paris, 2009, 399 p.
73. ROUVEYRAN, L., *Le guide de la thèse. Le guide du mémoire. Du projet à la soutenance*, Paris, Maisonneuve et Larousse, 1999, 249 p.

S

74. SHOMBA KIYAMBA S., *Méthodologie de la recherche scientifique. Parcours et moyens d'y parvenir*, Ed. M.E.S, Kinshasa, 2005, 166 p.

T

75. TOCQUEVILLE, A, *De la démocratie en Amérique,* Flammarion, 1993 et 1999, 2 tomes, 569 p. et 414 p.
76. TOUCHARD, J., *Histoire des idées politiques*, P.U.F., Paris, 1959, 865 p.

U

77. UYTTENDAELE, M., *Trente leçons de droit constitutionnel*, Bruylant, Bruxelles, 2011, 882 p.

V

78. VELLEY S., *Droit administratif,* Vuibert, Paris, 2005, 180 p.
79. VILLIER (DE), M., *Dictionnaire de droit constitutionnel*, 6^{e}éd, Dalloz-Sirey, 351 p.
80. VUNDUAWE-TE-PEMAKO, F. et MBOKO DJ'ANDIMA, J.M., *Traité de droit administratif,* Afrique éditions et Larcier, Bruxelles, 2020, 1218 p.

II. OUVRAGES SPÉCIFIQUES SUR LA CONSTITUTION ET LE POUVOIR EN AFRIQUE.

C

81. CABANIS, A. et MARTIN, M-L., *Les Constitutions d'Afrique francophone : évolutions récentes*, Karthala, Paris, 1999,198, p.

82. CONAC, G., (dir.*), Les institutions constitutionnelles des États d'Afrique francophone et de la République Malgache*, Economica, Paris, 1979,316 p.

83. CONAC, G., (dir.), *L'Afrique en transition vers le pluralisme politique, Economica,* (Actes du Colloque), Paris, 12-13 décembre, 1990. CROS M.-F. et MISSER.F., *Le Congo de A à Z.*, André Versailles Editeur, Bruxelles, 1994, 240 p. DJELO EMPENGE OSAKO, V, *L'Impact de la coutume sur l'exercice du pouvoir en Afrique noire. Le cas du Zaïre*, Le Bel Elan, Ottignie/Louvain-la-Neuve, 1990, 168 p.

D

84. DIDEH, A., *l'Idéal républicain et ses distorsions. Etude sur la culture politique dans l'Afrique actuelle*, Paris, connaissances et savoirs, 2018,248 p.

F

85. FALL, I.M., *Pouvoir exécutif dans le constitutionnalisme des États d'Afrique*, Paris, L'Harmattan, 2008 p.22.

H

86. HOUNGNIKPO, C-M., *L'illusion démocratique en Afrique,* L'Harmattan, Paris, 2004, 256p.

L

87. LAVROFF D.G, *Les systèmes constitutionnels en Afrique noire. Les États francophones*, éd. A. Déponné, Paris, 1976,839 p

P

88. PROUZET M. et *alii*, *Les procédures de révision constitutionnelles*, *Les institutions constitutionnelles des États d'Afrique francophone et de la République Malgache*, Economica, Paris, 1979, p.p.280-320.

S

89. SINDJOUN, L., *L'État ailleurs. Entre noyau dur et case vide*, Economica, Paris, 2004,332 p.

90. SINDJOUN, L., *Les grandes décisions de la justice constitutionnelle africaine. Droit constitutionnel jurisprudentiel et politique constitutionnelle aux prismes des systèmes politiques africains*, Bruxelles, Bruylant, 2009,598 p.

III. OUVRAGES SUR LE DROIT ET LE POUVOIR AU BÉNIN ET EN RÉPUBLIQUE DÉMOCRATIQUE DU CONGO.

A

91. ADEOSSIS., *S., Le processus démocratique au Bénin de 1990 à nos jours. Compromis ou compromission des acteurs politiques ?*, Torraza Piemonte, 2021, 286 p.

B

92. BOUVIER, P., *Le dialogue inter congolais, Anatomie d'une négociation à la lisière du chaos,* MRC-L' Harmattan, Tervuren-Paris, 2004.
93. BOSHAB MABUDJ, E et MATADI NENGA. G, *Le statut de représentants du peuple dans les Assemblées politiques délibérantes. Parlementaires, députés provinciaux, Conseillers urbains, Conseillers communaux de Secteurs ou de Chefferies*, Academia-Bruylant, Bibliothèque de Droit Africain, Louvain-La-Neuve, 2010, 360 p.
94. BOSHAB MABUDJ, E., *Entre la révision et l'inanition de la Nation*, Larcier, Bruxelles, 2013, 440 p.

D

95. DJELO EMPENGE OSAKO, V, *Dette de clarification, proposition pour parachever la révision de la Constitution du Zaïre,* le Bel Elan, Bruxelles, 1989, 90 p.
96. DJOLI ESENG'EKELI, J., *Le constitutionnalisme africain entre la gestion des héritages et l'invention du futur : Contribution à l'émergence d'une théorie africaine de l'État,* Connaissances et Savoirs, Paris, 2006, 492 p.
97. DJOLI ESENG' EKELI J., *Droit constitutionnel l'expérience congolaise*, L'Harmattan, Paris, 2013, 264 p.
98. DOSSOU, R, « L'audace, la vérité et l'espérance. La Conférence Nationale, ce que j'en ai dit en trente ans », *Ruisseaux d'Afrique,* Cotonou, 2020.

E

99. ESAMBO KANGASHE, J.-L., *La Constitution du 18 février 2006 à l'épreuve du constitutionnalisme. Contraintes pratiques et perspectives*, Academia- Bruylant, Louvain-la-Neuve, 2010, 358 p
100. ESAMBO KANGASHE, J.-L., *Traité de droit constitutionnel congolais, l'Harmattan*, 2017, *Paris,* 408 p.
101. ESAMBO KANGASHE, J.-L., *Le droit électoral congolais, 2e Ed., Academia-L'Harmattan, Louvain-la-Neuve, 2020,*360p.

G

1. GENDEBIEN, P-H., *l'intervention des Nations-Unies au Congo 1960-1964*, La Haye, Mouton & Cie et I.E.E.S., Paris, 1967, 288 p.
2. GBABENDU ENDUNDUKA, A. et EFOLO NGOBAASU, E., *De la Consultation populaire vers la Conférence nationale*, L' Harmattan, Paris, 1991 ? 217 p.

K

3. KALALA MUPINGANI, F, *Le droit constitutionnel de la République démocratique du Congo,* Editions CONGO-UNI, Kinshasa, 2023, 322 p.
4. KALUBA DIBWA, D, *Du contentieux constitutionnel en République Démocratique du Congo. Contribution à l'étude des fondements et des modalités d'exercice de la justice constitutionnelle,* EUE, Berlin, 2011, 565 p.
5. KAMUKUNY, A., *Contribution à l'étude de la fraude en droit constitutionnel congolais*, Academia, Louvain-la-Neuve, 2011, p. 25 et s.

L

6. LANOTTE, O., *République Démocratique du Congo. Guerres sans frontières,* Editions complexe, Bruxelles, 2003, 259 p.
7. LOTOY ILANGO-BANGA, J-P, *Partenariats entre les multinationaux et l'État. L'exemple de la R.D Congo*, Paris, L' Harmattan, 2012, 268 p.
8. LOTOY ILANGO-BANGA, J-P, *Décentralisation chaotique en République démocratique du Congo*, l'Harmattan, Paris, 2018, 144p.
9. LUKUNDA VAKALA, R, *Le développement intégré de l'Afrique par les bassins fluviaux. Cas des bassins du Congo et du Nil,* L'Harmattan, Paris, 2016, 270p.

M

10. MABANGA MONGA MABANGA, G., *Le contentieux constitutionnel congolais*, Editions universitaires africaines, Kinshasa, 1999 ,104 p.
11. MABIALA MANTUBA NGOMA, P., *La République démocratique du Congo une démocratisation au bout du fusil,* Publications de la Fondation Korand Adenauer Kinshasa, 2004, 253p.
12. MAKIASHI, W., *Refonder l'État en Afrique, en République démocratique du Congo*, Louvain-La-Neuve, 2018, 374 p.
13. MAMPUYA KANUNK'-A- TSHIABO, A., *Espoirs et déceptions de la quête constitutionnelle congolaises. Clés pour comprendre le processus constitutionnel du Congo,* AMA, Kinshasa, 2005, pp. 8 et s.
14. MAMPUYA KANUNK' A TSHIABO, A., *Sous la houlette de la Cour constitutionnelle, une « jurisprudence » qui ne peut faire jurisprudence,* Editions René Descartes, Kinshasa, 2023, 169 p.

15. MALANDA, F., (dir.), *La nouvelle constitution de la R.D.C. : Aspects juridiques, politiques, économiques et socioculturels,* Konrad Adenauer, *Kinshasa,* 2003.

16. MARIE, F.C. et MISSER, M., *Géopolitique du Congo,* Ed. Complexe, Bruxelles, 2000, 136 p.

17. MATUSILA, P.-A., *Dialogue inter congolais. De Sun City I à Sun City II, Pretoria : Etape décisive,* éd. Isidore Bakanja, 2003, 228p.

18. MAVUNGU, J.- P., *La justice constitutionnelle en République démocratique du Congo : aperçu sur la compétence de la Cour constitutionnelle et la procédure devant cette haute juridiction,* EUA, 2018, *Kinshasa*, 145 p.

19. MASSOZ, M., *Le Zaïre authentique*, Ed. M. Massoz, Liège, 1984, 474 p.

20. MBATA MANGU, A, « perspectives du constitutionnalisme et de la démocratie en République démocratique du Congo sous l'empire de la Constitution du 18 février 2006 », in S. *BULA BULA (dir.), Pour l'épanouissement de la pensée juridique congolaise*, Liber Amicorum Marcel Antoine Lihau, Bruxelles, Bruylant &Kinshasa, Presses de l'Université de Kinshasa, 2006, pp.185-224.

21. MEDE N., *Bénin Constitutions et documents politiques,* L'Harmattan, Dakar, 2020, 353 p.

22. MEDE, N., *Les grandes décisions de la Cour constitutionnelle du Bénin*, L' Harmattan, Dakar, 2020, 644p.

23. MBORANTSUO, M.-M., *La contribution des Cours constitutionnelles à l'État de droit en Afrique,* Economica, Paris, 2007,366 p.

24. MUHINDO MALONGA T., *Droit constitutionnel et institutions politiques, Théorie générale et Droit constitutionnel congolais*, Presses Universitaires du Graben-Centre interdisciplinaire (PUG-CRIG), Butembo, 2009, p. 534

25. MULAMBA MBUYI, B, *Droit international public. Les Sources,* L'Harmattan, Paris, 2012, 448 p.

26. MUKENDI, G et KASONGA, B., KABILA. *Le retour du Congo*, Quorum, Ottignies, 1997, 269 p.

27. MWENZE KONGOLO, J., *Laurent Désiré Kabila. Ma part de vérité*, L'Harmattan, 2007, Paris, 135 p.

N

28. NDAYWEL I., *Histoire générale du Congo, de l'héritage ancien à la République Démocratique du Congo*, Duculot, Paris, Bruxelles, 1998, 918 p.

29. NDESHYO RUHIHOSE, O et *alii* (dir.), *Le fédéralisme, modèle idéal de la démocratie participative. Participation et responsabilité des acteurs*

politiques dans un contexte d'émergence démocratique en République du Congo, Kinshasa, Bibliothèque de la Faculté de Droit de l'Université de Kinshasa, Presses de l'Université de Kinshasa, 2007, p.70.

30. NGANGO YOUMBI, E., *La justice constitutionnelle au Bénin.* Logiques politique et sociale, L'Harmattan, Paris, 2016, p.682.
31. NOUDJENOUME, P., *La démocratie au Bénin 1988-1999.* Bilan et perspectives, L'Harmattan, 1999, Paris, Montréal, 395 p.
32. NTOMBOLO MUTUALA, *Troisième République du Zaïre. Le round décisif*, Edition du Souverain, Tournai, 1991, 126 p.

O

33. ODIMULA LUFUNGUSO KOS'ONGENY, L., *La justice constitutionnelle et la juridicisation de la vie politique en droit positif congolais,* L' Harmattan, Paris, 2016, 411 p.
34. ODIMULA LONFUNGUSO KOS'ONGENYI, L., *L'État de droit en droit congolais,* L'Harmattan, Paris, 2021, 286 p.
35. ODIMULA LOFUNGUSO KOS'ONGENYI L., *Les missions essentielles de la justice constitutionnelle en droit comparé français, béninois et congolais*, L' Harmattan, Paris, 2021, 209 p.
36. OLADE ONKULOLA M.L., *La Cour constitutionnelle et le peuple au Bénin. D'un juge constitutionnel à un procureur suzerain*, L'Harmattan, Paris, 2018, p.531.
37. OWONA J., « L'essor du constitutionnalisme rédhibitoire en Afrique. Étude de quelques ''constitutions Janus'' in *Mélanges en l'Honneur de P.F., Gonidec. État moderne*/ Horizons 2000 : aspects internes et externes, Paris, 1985.

P

38. PLASMAN, P.- L., *Léopold II, Potentat congolais. L'action royale face à la violence coloniale,* Racine, Bruxelles, 246 p

V

39. VANDERLINDEN, B., et alii, *Du Congo au Zaïre, 1960-1980.* Essai et Bilan, CRISP, Bruxelles, 1978,420 p.
40. VANDEWALE, E.-R., et BRASSINE, J., *Les rapports secrets de la sûreté congolaise* t.2 novembre 1959 à juin 1960, Arts & Voyages, Collection Inédits, 1971, 241 p.
41. VANDEWALE, E.-R., et BRASSINE, J., *Les rapports secrets de la sureté congolaise,* t.1. janvier 1959 à octobre 1959, Ed. Arts & Voyages, Collection Inédits, 1973, 32 p.
42. VANTHEMESCHE, G., *La Belgique et le Congo, Nouvelle histoire de la Belgique,* éditions complexe, Bruxelles, 2007, *vol. 4,* 357p.

W

43. WASENDA N' SONGO, C., *Répertoire des Arrêts de la Cour constitutionnelle*, t.1. Vol.1/ 2015 à 2016, Édition du Service de documentation de la Justice et Garde des Sceaux, Kinshasa 2022, 456 p.
44. WETSH'OKONDA, M., *Les perspectives des droits de l'homme dans la Constitution congolaise du 18 février 2006*, Editions de la Campagne pour les droits de l'homme au Congo, Kinshasa, 2006,172p.

Y

45. YANGONZELA LIAMBOMBA, D., *l'avènement de la justice constitutionnelle en République démocratique du Congo. De la Cour suprême de justice à la Cour constitutionnelle*, Harmattan, Paris, 2020, 632 p.
46. YAMBUYA, P., *Zaïre : L'abattoir,* EPO, Bruxelles, 1991, 96 p.

IV. ARTICLES DE REVUES, CHAPITRES D'OUVRAGES, ET APPORTS.

1. AÏVO, F. J., « La Cour constitutionnelle du Bénin », in : *RFDC*, 2014/3, n°99, pp.715-740.
2. AÏVO, F.J., « La Cour constitutionnelle du Bénin », in : *Nouveaux Cahiers constitutionnel, n°47*-Avril 2015, pp.99 - 112.
3. BAKO ARIFARI, N., « Le linge sale se lave en famille : la gestion pragmatique des sources de violence xénophobe dans le jeu politique au Bénin, in : *Afrika Spectrum, 40(2),* 2006, pp. 267-*297.*
4. BANEGAS, R., « Action collective et transition politique en Afrique. La Conférence nationale du Bénin», in : *CAIRN INFO, Cultures & conflits,* 1995/1, n°17.
5. BANEGAS R., « Les Transitions démocratiques : mobilisations collectives et fluidité », in : *CAIRN INFO, Cultures & Conflits*, n°12, hiver 1993, pp.105-142.
6. BOSHAB MABUDJ, E, « Les dispositions constitutionnelles transitoires relatives à la Cour constitutionnelle de la République Démocratique du Congo », in : *Fédéralisme et Régionalisme,* Numéro1-Premiers scrutins et contrôle de constitutionnalité en RDC : la mise en œuvre d'une Constitution « régionaliste », Volume 7 : 2007.
7. BRETON, J.M, « Le sacré et le constitutionnalisme des États d'Afrique. De la légitimation à la disqualification du pouvoir », Droit et culture, *Revue trimestrielle d'anthropologie et d'histoire*, n°12, 1986, p.105 et s.

8. CADOUX, C., « Le statut et les pouvoirs du Chef de l'État et des gouvernements », *Institutions constitutionnelles des États d'Afrique francophone et de la République malgache, sous la Direction de CONAC. G.,* Economica, Paris, p.p.69-94.
9. DAKO, S, « La résolution juridictionnelle des conflits entre le gouvernement et le parlement au Bénin », in : *La Constitution béninoise du 11 décembre 1990 : un modèle pour l'Afrique ? Mélange en l'honneur de Maurice Ahanzo-Glèlè*, L'Harmattan, 2014, pp.327-366.
10. DU BOIS DE GAUDUSSON, L., « Les Tabous du constitutionnalisme en Afrique. Introduction thématique », in : *Afrique contemporaine 2012/2, n° 242*, pp.53-58.
11. DJOLI ESENG'EKELI, J., « Le Souverain primaire face à la Cour constitutionnelle », in : *Congo-Afrique*, n°526 juin-juillet-août 2018, 58e Année, Kinshasa, CEPAS, p.590.
12. DJOLI ESENG'EKELI, J. « Problématique de l'identité du projet constitutionnel », in : *Congo Afrique*, Kinshasa, n°397, septembre 2005, pp. 17-27.
13. DOSSO, K., « Les pratiques constitutionnelles dans les pays d'Afrique : cohérences et incohérences », in : *RFDC*, 2012/2/N°90, 2012, PUF, pp.57 – 85
14. ESAMBO KANGASHE J.-L., « À propos de la fonction régulatrice du Juge électoral africain », in *OUMAROU N., L'élection présidentielle* (dir.), l'Harmattan, Sénégal, Dakar, 2020, pp. 355-367.
15. HOLO, T., « Emergence de la justice constitutionnelle », in : *Pouvoirs,* 2009/2 (n°129), pp.101 - 114.
16. HOLO T., « Démocratie revitalisée ou démocratie émasculée ? Les constitutions du renouveau démocratique dans les Etats de l'espace francophone africain : régime juridique et système politique », in : *Revue Béninoise des Sciences Juridiques et Administratives*, 2006, n°16, pp.17-18.
17. KADYA TALL, E, « De la Démocratie et des cultes *voduns* au Bénin », in *Cahiers d'Etudes africaines*, 137, XXXXV-4, 1995, pp.195-208.
18. LALOUPO, F., « La Conférence nationale au Bénin : un concept nouveau de changement de régime politique », in : *L'Année africaine*, 1992-1993, pp.89-113.
19. MIGUEL HERRERA, C., « Culture juridique et politique : une Introduction », in *Revue internationale de Sémiotique juridique* 29, (2016), pp. 721-727.
20. METENA, S. « Après les élections, comme avant les élections », Les dernières élections ont-elles déçu ? » in *:* Congo-*Afrique,* n° 424, Avril 2008, p.293-327.

21. NGOY-NDOUBA, K et KAYAMBA TSHISTHI, N, *Le constitutionnalisme historique de la R.D. Congo*, L'Harmattan, Paris, 2021, 267p.

22. TOSSOU, M, « La Conférence des Forces vives du Bénin de Février 1990.Vingt-cinq ans après : Echec ou réussite politique ? », Journal de la Recherche scientifique de l'Université de Lomé, Vol. N°2 (2019), 2020.

23. TSHIYEMBE MWAYILA, M., « Résistance actuelle à la démocratisation en Afrique : mystification et réalités », in : *Revue Afrique 2000*, pp.39-48

24. WESTH'OKONDA KOSO SONGA, M., « La définition des actes législatifs dans l'arrêt de la Cour suprême de justice n° R. CONST.51/TR du 31 juillet 2007 à l'épreuve de la Constitution du 18 février 2006 », in : *Horizons, Revue de Droit et de Science politique du Graben* n°5, juin 2008, pp.2-36.

25. YOKA MAPUNGA, J.-J. Contribution à un ouvrage collectif, « Analyses des aspects politiques de la Constitution de la R.D.C. », in : *MALANDA, F., La nouvelle constitution de la R.D.C. : Aspects juridiques, politiques, économiques et socioculturels*, Konrad Adenauer, Kinshasa, 2003, pp.45-51.

V. MÉMOIRES ET THÈSES.

1. BALBONE, I., *L'encadrement juridique du pouvoir constituant dérivé en Afrique*, Thèse de doctorat, Université Thomas Sankara, 2020-2021.

2. BADET, S.-G., *Contrôle infra normatif et contrôle ultra normatif de constitutionnalité. Contribution à l'identification des sous catégories du modèle kelsénien de justice constitutionnelle à partir des systèmes belge et béninois*, Thèse de doctorat en Droit, Université Catholique de Louvain, Faculté de Droit et de Criminologie, Centre de Recherche sur l'Etat et la Constitution, Louvain 2011-2012.

3. BACHIROU AMADOU, A., *Le constitutionnalisme à l'épreuve de l'intégration dans l'espace CDEAO : contribution à l'étude de la protection des droits fondamentaux depuis « l'ouverture démocratique » en Afrique*, Thèse pour le doctorat en sciences juridiques, Université de Toulon, 2018.

4. BERE KAYABA, A., *Le peuple, ultime gardien de la Constitution en Afrique*, Thèse de doctorat, Université Thomas Sankara, 2020-2021.

5. MBAYANGANG, K., *L'organisation du pouvoir dans la société traditionnelle,* Faculté de Droit public, Faculté de Droit, Université de Kinshasa, 1988.

6. DE SOUZA, W., *La place des élites religieuses et traditionnelles au Bénin. L'Impact de leurs relations avec les élites politiques sur le maintien de l'Etat démocratique*, Thèse de Doctorat en Sciences Politiques, Université de Bordeaux, 2014.
7. DJELO, E., *Contribution à l'étude des tendances unitaristes et fédéralistes dans l'évolution politique et constitutionnelle du Zaïre*, Thèse en Droit public et administratif, Liège, 1974.
8. DJOLI, J., *Le constitutionnalisme africain entre la gestion des héritages et l'invention du futur (l'exemple congolais), Thèse en Droit Public*, Université Paris I Panthéon Sorbonne, 2002, 445 p.
9. KITETE KEKUMBA OMOMBO, A., *Autonomie politique et constitutionnelle du Zaïre. Essai de solution à l'inadéquation institutionnelle du Zaïre,* thèse de doctorat d'État en droit public, Paris II, Panthéon Assas, 1980.
10. LAGRANCE, N., *Le phénomène majoritaire fondement de la Ve République*, thèse de doctorat en droit public, Université de Clermont-Ferrand, 1986.
11. LUMANU, M., *Dépendance et personnification du pouvoir dans la dynamique de l'édification de l'Etat au Zaïre sous la deuxième République. Essai d'explication du fondement et des mécanismes de consolidation du bloc historique actuel*, Thèse en Sciences Politiques et Administratives, Université de Lubumbashi, 1985.
12. MAKIASHI, W, *L'État en Afrique, de la crise à la refondation. Cas de la République Démocratique du Congo*, Thèse de doctorat en droit, Université de Kinshasa, 2014.
13. MAYARGUE, C., *Dynamiques religieuses et démocratisation au Bénin. Pentecôtisme et formation d'un espace public*, Thèse de Doctorat en Sciences Politiques, Sciences de l'Homme et Société. Institut d'études politiques de Bordeaux ; Université Montesquieu-Bordeaux IV, 2002.
14. MBANGALA BIMBU, F., *Le constitutionnalisme en Afrique entre mimétisme et autonomie constitutionnelle : cas de la République démocratique du Congo,* Thèse de doctorat en droit public, Faculté de Droit, Université de Kinshasa, 2014.
15. MBOKO ND'JADIMA, J-M, *État de droit constitutionnel. Encrage et implication de réalisation en République démocratique du Congo*, Thèse de doctorat en Droit public, Faculté de Droit, Université de Kinshasa, 2010.
16. MBORANTSUO, M.-M., *Cours constitutionnelles africaines et État de droit*, Thèse de doctorat en droit public, Université Aix-Marseille 3, 2003.
17. OMEONGA TONGOMO, B., *Le contrôle juridictionnel de l'administration et l'État de droit en RDC., Bilan et perspectives d'une*

justice en mutation, Thèse de doctorat en droit public, Faculté de droit, Université de Kinshasa, 2011-2012.

18. ONYEMBA DJONGANDEKE, L., *Les partis politiques et la construction d'un État de droit démocratique en République démocratique du Congo. Contribution à la théorie du droit constitutionnel congolais des partis politiques,* Thèse de doctorat en droit public, Faculté de Droit Université de Kinshasa, 2022-2023.
19. YAMBU-a-NGOYI, C., *l'institutionnalisation du pouvoir et l'émergence de l'État en République Démocratique du Congo : 1960-2006*, mémoire de D.E.S. en Droit public, Kinshasa, 2005-2006.

VI. COMMUNICATIONS.

1. AKINDES, F.A., « Le Bénin entre le renouveau démocratique et les exigences de l'ajustement structurel », *CODESRIA,* Dakar, 1991.
2. BELIGH N et BAUDERROT J, « Laïcité de l'État et État de droit », Table Ronde, Faculté de Droit, Paris- Est Créteil, 3 juin 2018.
3. KENGO-WA-DONDO, L, « Le pouvoir judiciaire sous la Deuxième République zaïroise », Conférence faite à l'Institut Royal des Relations internationales, Bruxelles, 16 décembre 1974.
4. MASCLET J.C., « Rapport introductif », in *J-C. MASCLET, A ZINZINDOHOUE et Ch. DESOUCHES, Aspects du contentieux électoral en Afrique, Actes du Séminaire de Cotonou*, 11-12 novembre 1998.
5. KABAMBA, B., « Le processus de transition démocratique au Congo », intervention aux journées d'études sur la politique africaine de la Belgique, Louvain-la-Neuve, Université Catholique de Louvain, 9-10 février 1999.
6. MBATA MANGU A., « Vers un nouveau contrat social en République Démocratique du Congo. Une réflexion sur le constitutionnalisme et la démocratie au regard de la Constitution post-transitoire », Communication à la 11ème Assemblée générale du Conseil pour le développement de la recherche en sciences sociales en Afrique (CODESARIA), Maputo, 6-10 décembre, inédite, 2005.
7. VALLET O., « Qu'est-ce que la laïcité à la béninoise ? », Conférence BAV'AGORA », 27 juin 2020
8. VEIL, S., « Discours introductif, 4e Congrès de l'ACCPUF », Paris, du 13 au 15 novembre 2006.

VII. TEXTES CONSTITUTIONNELS ET À VALEUR CONSTITUTIONNELLE.

A. En droit comparé.

1. La Constitution américaine, adoptée par la Convention, le 17 septembre 1787, entrée en vigueur, le 4 mars 1789.
2. La Constitution belge du 17 février 1831, Constitution coordonnée du 17 février 1994, *Moniteur belge du 17 février 1994.*
3. La Constitution française du 5 octobre 1958, telle que révisée par la Loi constitutionnelle n°2008-724 du 23juillet 2008, *JOFR* n° 171 du 24 juillet 2008.
4. La Constitution du Sénégal du 22 janvier 2001, JORS n° 5963 du 22 janvier 2001, telle que révisée par la Loi n° 2018-14 du 11 mai 2018, *JORS* n° 7094 du 12 mai 2018.
5. La Constitution de la République de Côte d'Ivoire du 8 novembre 2016, *Journal officiel de république de Côte d'Ivoire*, 58e année, n°16, spécial, 9 novembre 2016, telle que révisée par la Loi 2020-348 du 17 mars 2020, JO n°23 du 19 mars 2020.

B. En droit congolais.

1. La Loi fondamentale du 19 mai 1960 relative aux structures du Congo, *Moniteur congolais* du 27 mai 1960.
2. La Constitution du 1er août 1964, *Moniteur congolais* numéro spécial du 1er août 1964.
3. La Constitution du 24 juin 1967, *Moniteur congolais,* numéro 14 du 15 juillet 1967.
4. L'Ordonnance-loi n°70-025 du 17 avril 1970 portant révision de la Constitution, *Moniteur congolais* du 1er mai 1970.
5. La Loi n° 70 du 23 Décembre 1970 portant révision de la Constitution, *Moniteur congolais* du 1er juillet1971.
6. La Loi n° 71-006 du 29 Octobre 1971 portant révision de la Constitution, *J.O. du Zaïre* du 15 janvier 1972, édition, n°2.
7. La Loi n°71-008 du 31 Décembre 1971 portant révision de la constitution, *J.O.Z. du 15 mai 1971.*
8. Loi n° 72-003 du 15 janvier 1972 portant révision de la Constitution, *J.O.Z.* du 15 janvier 1972.

9. La Loi n° 73-014 du 5 janvier 1973 portant harmonisation de la Constitution ainsi que celle de tous les textes législatifs et réglementaires en rapport avec les nouvelles appellations dans les structures politico-administratives du pays et modifiant l'article 46 de la constitution, *J.O.Z.* n° 5 du 1er mars 1973, 1ère Partie.
10. La Loi 74-020 du 15 août 1974 portant révision de la Constitution du 24 juin 1967, *Journal officiel,* n° spécial du 1er Janvier 1975.
11. La Loi n°78-010 du 15 février 1978, portant révision de la Constitution, *Journal Officiel,* 19ème année, n° du 1er mars 1978.
12. Loi n°80 -007 du 09 février modifiant et complétant quelques dispositions de la Constitution, *ILEZEZYA et al. Recueil de textes*, Kinshasa, ISE-Consult, 1991, p.p. 111-122.
13. La Loi n°90-002 du 05 juillet 1990 portant révision de certaines dispositions de la Constitution, *J.O.Z,* numéro spécial de juillet 1990.
14. La Loi n°90-008 du 25 novembre 1990 portant révision d'une disposition de la Constitution, *ILEZEZYA et al. Recueil de textes*, Kinshasa, ISE-Consult, 1991, p.140.
15. L'Acte portant dispositions constitutionnelles relatives à la période de transition du 04 août 1992.
16. La Loi constitutionnelle du 02 avril 1993 portant Acte constitutionnel harmonisé relatif à la période de transition, *Journal Officiel de la République du Zaïre*, 34e année, numéro spécial, avril 1993.
17. Le Décret-loi constitutionnel, n° 003 du 27 mai 1997 relatif à l'organisation et à l'exercice du pouvoir en R.D. C., textes coordonnes et mis à jour au 1er juillet 2000, *Recueil de textes pour Dialogue inter congolais, J.O., n° spécial mai 2001,* p.p. 91-101.
18. La Constitution de la transition de la République Démocratique du Congo, *J.O.Z.,* numéro spécial du 4 avril 2003.
19. La Constitution de la République Démocratique du Congo du 18 février 2006, *Journal Officiel*, 47ème année, numéro spécial, 18 avril 2006.
20. La Loi n° 11/002 du 20 janvier 2011 portant révision de certains articles de la Constitution de la République Démocratique du Congo du 18 février 2006 (Textes coordonnés), *Journal Officiel,* 52ème année, numéro spécial, 05 février 2012.

C. En droit béninois.

1. La Constitution dahoméenne du 14 février 1959, in: *MEDE, N*, *Bénin : Constitutions et documents politiques*, L'Harmattan Sénégal, Dakar, 2020, pp. 21-24.

2. La Constitution dahoméenne du 26 novembre 1960, in *MEDE, N, Bénin : Constitutions et documents politiques*, Dakar, L'Harmattan Sénégal, 2020, pp. 25 à 29.
3. La Constitution du 11 janvier 1964, in : *MEDE, N, Bénin : Constitutions et documents politiques*, Dakar, L'Harmattan Sénégal, 2020, pp. 89 à 109.
4. La Charte du 1er septembre 1966. Ordonnance n° /40/PR du 1er septembre 1966 fixant les règles fondamentales de la République du Dahomey, pp.109 à 119.
5. La Constitution du 08 avril 1968Ordonnance n°20/PR portant Constitution de la République du Dahomey, *in : MEDE, N, Bénin : Constitutions et documents politiques*, Dakar, L'Harmattan, Sénégal, 2020, 119 à 143.
6. La Charte du 7 mai 1970Ordonnance n°70-34-CP du 7 mai 1970 portant Charte du Conseil Présidentiel, *in : MEDE, N, Bénin : Constitutions et documents politiques*, Dakar, L'Harmattan Sénégal, 2020, 143 à 151.
7. L'Ordonnance n°73-63 du 14 septembre 1973 portant création, attributions, composition, organisation et fonctionnement du Conseil National de la Révolution, des conseils départementaux, sous-préfectoraux, urbains et locaux de la révolution.
8. L'Ordonnance 74-68 du 18 novembre 1974 portant création, attributions, composition, organisation et fonctionnement du Conseil National de la Révolution, du Bureau Politique dudit Conseil, des Conseils provinciaux, de District, Communaux et Locaux de la Révolution, in : *MEDE, N, Bénin : Constitutions et documents politiques*, Dakar, L' Harmattan, Sénégal, 2020, 151 à 163.
9. La Loi Fondamentale du 26 août 1977, amendée par la Loi constitutionnelle n° 84-003 du 6 mars 1984, in : *MEDE, N., op.cit.*, pp. 171- 207.
10. La Loi constitutionnelle n°90-22 du 13 août 1990 portant organisation des pouvoirs pendant la période de transition, in : *MEDE, N., op.cit.*, pp. 207 à 217.
11. La Constitution de la République du Bénin du 11 décembre 1991.

    Loi n°09-32 du 11 décembre 1990 portant Constitution de la République du Bénin, modifiée par la loi n° 2019-40 du 7 novembre 2019, *Journal Officiel de la République du Bénin*, 102e année, n.1, 1er janvier, 1991.
12. La Loi n° 2019-40 du 7 novembre 2019 portant révision de la Loi n°90-32 du 11 décembre 1990 portant constitution de la République du Bénin.

VIII. LES TEXTES LÉGAUX ET RÉGLEMENTAIRES.

a. Lois et autres Actes des pouvoirs publics béninois.

1. Le Décret n° 89-434 du 18 décembre 1989 portant création du Comité préparatoire des travaux de la Conférence des Forces vives de la Nation.
2. La Décision n°91-042/HCR/PT du 30 mars 1991 portant proclamation des résultats définitifs du deuxième tour des élections présidentielles du 24 mars 1991.
3. La loi n °91-009 du 04 mars 1991 portant loi organique sur la Cour constitutionnelle modifiée par la loi du 31 mai 2001.
4. Le Décret n°94-11 du 26 janvier 1994 portant obligations des Membres de la Cour constitutionnelle de la République du Bénin.
5. Le Décret N°97-275 du 09 juin 1997 portant modification de l'article 2 du Décret N°94-11 du 26 janvier 1994 sur les obligations des Membres de la Cour constitutionnelle.
6. La loi organique n°98-01du 16 janvier 1998 la Haute Cour de justice du Bénin.
7. La Loi n° 2001-28 du 11 décembre 2001 portant détermination du traitement des indemnités et autres avantages dus aux membres de la Cour Constitutionnelle de la République du Bénin.
8. Le Décret n°2014-118 du 17 février 2014 portant attributions, organisation et fonctionnement du secrétariat général de la Cour constitutionnelle.
9. L'Ordonnance n°2018-042/CC/SG du 13 juin 2018 portant création, attributions et composition des chambres de la mise en état.
10. La Loi n°2022 -09 du 27 juin 2022 portant loi organique sur la Cour constitutionnelle.
11. Le Règlement de la Cour constitutionnelle de la République du Bénin du10 août 2022.
12. Le Décret 2022-384 du 06 août 2022 portant attributions, organisation et fonctionnement du Greffe de la Cour constitutionnelle de la République du Bénin.

b. Lois et autres Actes des pouvoirs constitués congolais (RD).

1. La loi n° 72/020 du 5 janvier 1972 attribuant la nationalité congolaise aux ressortissants du Rwanda –Urundi établis dans le Kivu.
2. La loi 82-017 du 31 mars 1982 relative à la procédure devant la Cour suprême de justice.
3. Laloi n°81/002 du 29 juin 1981 relative à la nationalité congolaise.

4. La loi n° 90-007 du 18 juillet 1990 portant organisation et fonctionnement des partis politiques en République Démocratique du Congo.
5. L'ordonnance-loi 82-017 du 31 mars 1982 relative à la procédure devant la Cour suprême de justice.
6. La loi no 04 / 024 du 12 novembre 2004 relative à la nationalité congolaise.
7. La loi n°06/006 du 09 mars 2006 portant organisation des élections présidentielle, législatives, provinciales, urbaines, municipales.
8. La loi n° 13/026 du 15 octobre 2013 portant organisation et fonctionnement de la Cour constitutionnelle.
9. Le Règlement intérieur de la Cour constitutionnelle du 22 mai 2015.
10. La loi de programmation n°15/004 du 28 février 2015 déterminant les modalités d'installation des nouvelles provinces.

IX. JURISPRUDENCE ET AVIS.

A. Décisions et Avis de la Cour Constitutionnelle béninoise.[1008]

1. DCC 96 017 du 05 avril 1996.
2. AVIS CC-001/98 du 19 novembre 1998.
3. DCC 02-058 du 04 juin 2002.
4. DCC-03 du 12 mai 2003.
5. DCC 03-077 du 7 mai 2003.
6. DCC 05-139 du 17 novembre 2005
7. DCC 09-65 du 28 mai 2009.
8. CC 11-001 du 1er septembre 2011.
9. DCC 13-071 du 11 juillet 2013.
10. DCC 22-216 du 24 juin 2022.

B. Décisions et Avis de la Cour suprême de justice et de la Cour constitutionnelle congolaises (RD)

1. CSJ.RA.325 du 1 décembre 1997.
2. CSJ. RA 422 du 25 septembre 2000

[1008] Les décisions et des Avis cités sont consultables dans le Recueil des Décisions de la Cour constitutionnelle de la République du Bénin sur le Site officiel de ladite Cour.URL https://courconstitutionnelle.bj

3. R. Const. 055/TSR du 27 août 2007.
4. R.Const.0089/2015 du 8 septembre 2015.
5. C.C.R. Const. 0089-2015 du 8 septembre 2015
6. C.C.R. Const. 0002/126TSR du 17 décembre 2015.
7. C.C. R. Const. 0338 du 17 octobre 2016.
8. CC, RCE 003/PR/CR, Arrêt du 19 janvier 2019.
9. C.C.R. Const.1200 Arrêt du 13 avril 2020.
10. C.C.R. Const. RCA 0001 du 15 janvier 2021.
11. R.Const.1550 du 6 mai 2021.
12. CC R. Const.1597, Arrêt du 09 juillet 2021.
13. C.C.R. Const.245, Arrêt du 13 novembre 2021.
14. C.C, RCE 014/PR/CR, Arrêt du 03 janvier 2024.
15. C.C, RCE 015/PR/CR, Arrêt du 03 janvier 2024.
16. C.C, RCE 016 /PR/CR, Arrêt du 09 janvier 2024

X. RAPPORTS ET AUTRES DOCUMENTS.

A. Des Institutions béninoises.

1. Discours- programme du 30 novembre 1972 prononcé par le Commandant Matthieu Kérékou à la tête du Gouvernement militaire provisoire.
2. Allocution de l'Evêque Isidore de Souza à la cérémonie de clôture des travaux de la Conférence nationale des Forces vives, 28 février 1990.
3. Déclaration sur les objectifs et les compétences de la Conférence des Forces vives de la Nation, adoptée le 25 février 1990 à Cotonou.
4. Discours du Président de la République à l'ouverture de la Conférence des Forces Vives de la Nation, Cotonou, 19 février 1990.
5. Discours de clôture des travaux de la Conférence des forces vives par le président de la République, Cotonou, 28 février 1990.
6. Motion de la CFVN 28 février 1990 sur l'instauration du renouveau démocratique.
7. Motions et résolutions sur les Droits de l'Homme du 28 février 1990 adoptées par la CFVN.
8. Motion 28 février 1990 adoptée par la CFVN sur la dissolution des institutions de la loi fondamentale.
9. Rapport général de la Conférence nationale du Bénin, 1990.

10. Rapport d'activité de la Cour constitutionnelle 2019, République du Bénin, *éd.*, 2020.
11. Rapport d'activité de la Cour constitutionnelle 2000 République du Bénin, *éd.*, 2000.

B. Des Institutions congolaises.

1. Ordonnance n° 91-010 du 06 mars 1991 portant création et composition de la Conférence constitutionnelle.
2. Acte constitutif n° 91 -097 du 11 avril 1991 portant création et composition de la Conférence nationale.
3. Acte fondamental proclamant la souveraineté de la Conférence national du 5 mai 1992.
4. Compromis politique global sur la transition du 31 juillet 1992.
5. Arrangement particulier relatif au partage équitable et équilibré du pouvoir pendant la période de transition du 16 juin 1994.
6. *Accord Global et Inclusif sur la Transition en République Démocratique du Congo*, J.O, RDC, n° spécial du 5 avril 2003.
7. Rapport du séminaire interinstitutionnel sur le processus électoral et la future Constitution de la République Démocratique du Congo, Kinshasa, Affaires étrangères, février 2005.
8. Rapport de la Commission politique, administrative et juridique de l'Assemblée nationale relatif à l'avant-projet de Constitution de la République Démocratique du Congo, Kinshasa, Palais du Peuple, avril 2005.
9. Rapport du Sénat sur l'avant-projet de la Constitution de la République Démocratique du Congo, Kinshasa, Palais du Peuple, avril 2005.
10. Rapport-synthèse du débat général sur le texte de l'avant-projet de Constitution de la République Démocratique du Congo, Kinshasa, Palais du Peuple, avril, 2005.

XI. SITES INTERNET.

1. https://saintebible.com...
2. https://courconstitutionnelle.bj...
3. https://www.lemonde.fr...
4. https://www.editions-ellipses.fr...
5. https://sgg.gouv.bj/doc/loi-1960-36...
6. https://le-politiste.com...

7. http://tel.archives-ouvertes.fr...
8. http://tel.archives-ouvertes.fr...
9. https://univ-droit.fr/actualites-de-la-recherche/manifestations...
10. https://www.conseil-constitutionnel.fr/decision.fr/...
11. https://courconstitutionnelle.bj/documentthèque/textes-fondataux...
12. https://www.conseil-constitutionnel.fr...
13. https://courconstitutionnel.b...
14. https://dial.uclouvain.be...
15. https://courconstitutionnelle.bj...
16. https://courconstitutionnelle.bj...
17. http://www.jeuneafrique.com/311614/politique/presidentielle-benin-lionel-zinzou-reconnait-defaite-face-a-patricetalon/...
18. https://courconstitionnelle.bj/documentheque/avis...
19. https://courconstitionnelle.bj/documentheque/avis...
20. https://www.jstor.org/stable/4481968...
21. https://www.jstor.org/stable/4481968...
22. http://www.editions-harmattan.fr./auteur/article_pop.asp.no=316&no=316_artiste=10190
23. http// :www.constitution-en-afrique.org…
24. https://mjp.univ-perp.fr/const/us.htm...
25. https://fr.africanews.com/2022/02/11benin-au-moins...
26. https://perspective.usherbrooke.ca/bilan/servlet/BMAnalyse=3282...https://www.jeuneafrique.com/1311934...
27. https://www.amnesty.org/fr/latest/news/2022/07/ben...

https://www.presidence.cd/files/Constitution de la transition 1992.pdf

POSTFACE

Lorsque Corneille Yambu-a-Ngoyi, que j'appelle affectueusement « cher ami » m'a sollicité pour rédiger cette postface, je n'ai pu y résister, car j'ai lu en filigrane son ouvrage, non seulement avec beaucoup d'intérêt mais aussi avec une pleine satisfaction. Il enrichit la doctrine sur une matière qui met tous les pays en effervescence, dès qu'on la remue, tel que c'est le cas actuellement en République Démocratique du Congo : le ménage entre le pouvoir politique et la Constitution.

Par nature le pouvoir est réfractaire aux limites, par essence la Constitution les lui fixe. Ce dualisme conflictuel en régime démocratique constitue le point de départ de réflexions de l'auteur. Delà découle le titre du présent ouvrage consécutif à sa thèse soutenue brillamment, le 20 septembre 2024, à la Faculté de Droit de l'Université de Kinshasa, devant un jury solide auquel, j'ai eu l'honneur de participer. Il est vrai que depuis les observations de Montesquieu sur la nécessité de protéger le citoyen contre l'abus du pouvoir, les écrits abondent et qu'à ce propos, le doute est dissipé. Toutefois la question de savoir par quelle voie y parvenir sans dommage est d'une actualité constante suscitant de nombreux écrits sur le constitutionnalisme. Cependant, la quête de solutions appropriées aux réalités de chaque pays, sans démolir le fond commun est un chantier encore ouvert.

C'est à ce niveau qu'il faut saluer l'audace de l'auteur qui relève à travers une évolution lente depuis John Locke et Jean Jacques Rousseau, les efforts et les idées tendant à concilier le pouvoir de l'État avec la liberté de l'individu. Or un tel aménagement n'a pu se réaliser et se maintenir que grâce à un Statut de l'État : « la Constitution ».

Même si l'écriture constitutionnelle rend compte de cette mission assignée à la loi fondamentale, la praxis institutionnelle révèle que la Constitution subit toujours de déviation allant dans le sens de l'abus ou du renforcement du pouvoir.

L'ouvrage soulève et rencontre un certain nombre de préoccupations liées, par exemple, aux vertus de la Constitution d'un pays à contenir le pouvoir ; à l'aptitude de gouvernants à s'y plier ou faire respecter le texte dont ils sont les garants alors qu'ils sont souvent reprochés de la méconnaître, et à la difficile cohabitation de la tradition patrimoniale du pouvoir avec l'exigence démocratique du pouvoir institutionnalisé en Afrique. Le goût de concision de l'auteur apparaît de ce qu'il a su tracer un champ précis face à un sujet aussi vaste. Pour cela, il se penche essentiellement sur la République Démocratique du Congo et la République du Bénin sans ignorer les axes universels de démocraties constitutionnelles.

L'étude se déroule en deux parties dont la première aborde les fondements normatifs de l'encadrement du pouvoir. Elle met en exergue des principes généraux sans lesquels la suite s'obscurcirait et serait sans objet. La seconde traite de techniques juridictionnelles de limitation du pouvoir desquelles émerge le rôle du juge constitutionnel qui retrouve ses lettres de noblesse.

Malgré l'écart entre la réalité et la norme, l'auteur note que la Constitution a toujours été sollicitée comme solution incontournable à l'exercice du pouvoir. Remontant l'histoire constitutionnelle africaine, il signale l'appel à la Constitution pour plâtrer les fractures politiques consécutives aux différentes crises soldées par des compromis politiques.

S'agissant de la République démocratique du Congo, il inscrit la Constitution de Luluabourg du 1er août 1964 et les Constitutions de transition qui ont suivi, dans cette logique ainsi que la Constitution de la Troisième République.

Pour le Bénin, le Constituant du 11 décembre 1990 a posé un cadre de réconciliation nationale qui a permis l'avènement d'une ère de renouveau démocratique après une succession des crises institutionnelles et des changements des régimes. Ce pays jadis, considéré comme l'enfant malade de l'Afrique avec une demi-dizaine de coups d'État en une décennie de 1960 à 1970, a réussi à conjurer le sort de l'instabilité institutionnelle non seulement grâce à sa nouvelle Constitution qui le maintien sur la voie démocratique, mais surtout par l'appropriation graduelle et collective d'une culture constitutionnelle autour d'un consensus national.

Corneille Yambu-a-Ngoyi, démontre que le droit constitutionnel positif de la République du Bénin et de la République Démocratique du Congo comporte, du point de vue théorique, un arsenal suffisant pour encadrer le pouvoir politique, que l'effectivité des juridictions constitutionnelles fait passer la barre de l'illusion à la réalité.

En vue d'évaluer l'incidence de textes et de la justice constitutionnelle sur le pouvoir, l'auteur emprunte quelques repères impliquant la prise en compte du facteur humain. Ce qui donne à l'exégèse juridique une dimension sociologique et même anthropologique. Tel est, par exemple, le cas lorsqu'il démontre le poids de facteurs religieux sur le régime béninois ou de paramètres ethniques et tribales sur l'ordre institutionnel congolais. Au bout d'une analyse approfondie de la pratique du pouvoir et de l'évolution constitutionnelle en Afrique noire francophone en général, au Bénin et en République démocratique du Congo en particulier, le livre conclut à un parcours paradoxal. D'une part, les velléités autoritaristes réapparaissent et, d'autre part, l'aspiration à la liberté fondée sur l'encadrement constitutionnel persiste. Ainsi, l'auteur observe des écueils parmi lesquels figure principalement, le déficit de culture constitutionnelle, plus accentuée en République Démocratique du Congo qu'au Bénin.

Les perspectives tracées en rajoutent à l'originalité de cette œuvre qui suggère notamment une pédagogie constitutionnelle à l'intention du peuple régulièrement invité à se prononcer sur ce qu'il ignore.

Par ailleurs, c'est à bon propos que Corneille Yambu exhorte, le juge constitutionnel à se conserver aussi pure que « la femme de César » face au bâton ou à la carotte tenu ou offerte par le pouvoir, et à veiller à la cohérence et l'à l'équité de sa jurisprudence.

Cet ouvrage est une mine d'informations pour les étudiants en droit, les praticiens du droit, les gouvernants et les gouvernés, soucieux de la pérennité paisible de l'État démocratique. Sur ce, il ne me reste qu'à lui souhaiter plein succès entre les mains des uns et des autres.

Benjamin MULAMBA MBUYI.

Professeur Ordinaire des Universités et Doyen Honoraire.

TABLE DES MATIÈRES

Structures éditoriales du groupe L'Harmattan

L'Harmattan Italie
Via degli Artisti, 15
10124 Torino
harmattan.italia@gmail.com

L'Harmattan Hongrie
Kossuth l. u. 14-16.
1053 Budapest
harmattan@harmattan.hu

L'Harmattan Sénégal
10 VDN SICAP AMITIE 3
BP 45034 Dakar-Fann
direction@senharmattan.com

L'Harmattan Cameroun
Tsinga/Derrière polyclinique FECAFOOT
BP 11486 Yaoundé
Jacques.koukam@harmattan.fr

L'Harmattan Burkina Faso
Villa 281, secteur 23 623, rue 14.32
Ouagadougou
zagbie@outlook.fr

L'Harmattan Guinée
Almamya, rue KA 028 OKB Agency
BP 3470 Conakry
harmattanguinee@yahoo.fr

L'Harmattan RDC
185, avenue Nyangwe
Commune de Lingwala - Kinshasa
matangilamusadila@yahoo.fr

L'Harmattan Congo
219, avenue Nelson Mandela
BP 2874 Brazzaville
deunovmikhael@gmail.com

L'Harmattan Mali
Immeuble Mgr Jean Marie Cissé
Aci Hamadallaye
BP 145 Bamako
syllaka@yahoo.fr

L'Harmattan Togo
Djidjole - Maison Amela
face EPP BATOME
02 BP 20680 Lomé
didieramela11@gmail.com

L'Harmattan Côte d'Ivoire
Résidence Karl - Cité des Arts
Abidjan-Cocody
03 BP 1588 Abidjan
harmattan.ivoire@gmail.com

L'Harmattan Bénin
Rue 604, (Immeuble à l'entrée
de la rue UCAO- Cite de Saint-Jean)
Cotonou
stepcorpus@gmail.com

Nos librairies en France

Librairie internationale
16, rue des Écoles
75005 Paris
librairie.internationale@harmattan.fr
01 40 46 79 11
www.librairieharmattan.com

Librairie des savoirs
21, rue des Écoles
75005 Paris
librairie.sh@harmattan.fr
01 46 34 13 71
www.librairieharmattansh.com

www.ingramcontent.com/pod-product-compliance
Lightning Source LLC
LaVergne TN
LVHW011157061026
849535LV00003B/768